100세 시대를 讀하다

김 현 기

한국 금태습(금융에 대한 태도와 습관)연구소 소장, 레이크투자자문 고문/경영자문, 금융과 행복네트워크 금융교육 분과 위원장으로 활동하고 있다. 2012년부터 2020년 6월 까지 신한금융투자 '신한 Neo50 연구소' 소장으로 재직했다. 외로움에 대비하는 것이 은퇴설계이며, 100살까지 갖고 있어야 하는 단 한 가지는 호기심이라 주장하고 있다. 건강 하고 행복한 삶을 살기 위해서는 오늘을 만끽하고 짜릿하게, 딴짓하며 실컷 살아야 하고, 이때 필요한 것이 호기심이기 때문이다. 그 스스로도 '호기심 하나로 평생을 버티고 있는 사람'이라 칭하기도 한다.

한편 노후에 직장이 없고 소득이 없더라도 몰입할 수 있는 일을 만들고 그 일을 의미 있게 표현하는 '명함이 있는 노후'를 강력 추천하고 있다. 주로 연금과 은퇴, 금융과 투자 등을 주제로 다양한 강의와 기고, 발제와 토론 등에 참여하고 있다. 그의 강의는 군대생활에서 부터 현재에 이르기까지 쓴 일기를 토대로 실제 경험과 함께 쉽고 재미있게 진행하는 것으로 유명하다. 또 그 내용들을 책으로 출판하기도 했다.

현재까지 쓴 책으로는 인간의 심리를 거꾸로 활용하는 투자의 지혜『투자행태학』, 금융투 자 현장의 생생한 기록『금융 오뚝이의 꿈』, 100세 시대 은퇴설계『명함이 있는 노후』, 노후 에 3층 연금으로 월급 받는 방법『퇴직연금도 모르면서』, 새로운 50년을 나답게 살기 위한 인생지침서『100세 시대 인생공부 다시 할래요』가 있다.

〈약력〉
(현) 한국 금태습(금융에 대한 태도와 습관) 연구소 소장
(현) 레이크투자자문 고문/경영자문
(현) 금융과 행복 네트워크 금융교육 분과 위원장
(전) 신한금융투자 '신한 Neo50연구소' 소장

〈강사 경력〉
금융감독원 금융교육 강사
금융투자협회(전국투자자교육협의회) 강사
공무원 연금 공단 은퇴지원실 은퇴준비 강사
청소년 금융교육 협의회 강사
한국 공인 노무사회 퇴직연금 강사
생명보험 사회공헌위원회 은퇴설계 강사
한국외국어대학교 금융회계학부 외래교수

천 권의 서재
백 권의 독서노트가 전하는
따뜻한 인생 이야기

100세
시대를
讀
하다

김현기 지음

천 권의 서재, 백 권의 독서노트가 전하는 따뜻한 인생 이야기!

한국에서 생애설계와 노년 노후 은퇴를 공부할 때 그 방법이 궁금했다. 방법들 속에 관련 책들을 살펴보아야 함은 당연하다. 무슨 책부터 읽어야 할까? 단순하지만 닥치는 대로 읽는 방법이 최선의 방법이다. 책 제목에 생애설계와 노년 노후 은퇴가 들어간 책들을 찾아볼 수도 있다. 처음엔 그렇게 시작해도 시간이 지나면 요령이 생긴다. 각종 세미나, 심포지엄, 포럼, 아카데미 장소에서 강연자가 언급하거나 사례 속 책들을 사서 읽는다. 특히 강연자가 직접 추천하는 책은 반드시 사본다. 이렇게 읽은 책은 아직까지 한 번도 후회하지 않았다. 신문 기고에 언급된 책도 좋은 결과로 이어질 가능성이 높다. 큰 느낌으로 와 닿은 책 안에 언급된 책도 성공 가능성이 높다. 성공이란 선택의 결과가 만족스럽다는 의미다. 감동이 있는 책을 쓴 저자의 또 다른 책은 반드시 읽어야 하는 목록과 같다. 작가의 책 목록 집중 탐구는 그 작가와 나를 일치시켜준다. 마치 내가 작가의 생각 속에 있는 느낌이 들 때도 있다. 작가 별, 주제별 범주로 묶어 집중적으로 읽는 방식을 적극적으로 추천한다. 이런 방식은 짧은 기간에 독자의 수준을 한 차원 높은 단계로 끌어 올리는 최고의 방법이다.

나는 지난 10년간 연관된 책 천여 권을 읽었다. 책은 무차별적으로 읽혀졌고, 그저 구매 순서에 따라 마구 책꽂이에 꽂혔다. 처음엔 은퇴를 주제로 몇 권을 읽어 나가다 노년과 중년으로 이어지고 100세 시대를 관통하는 다른 주제들로 관심이 확장되었다. 건강과 웰다잉을 포함하여 인생과 행복, 어떻게 살 것인가로 이어졌다. 주제어의 경계를 넘나들며 독서를 계속했다. 독서를 할수록, 각종 관련 행사장을 찾을수록 가족의 영역은 핵심 주제어로 부상했다. 그러던 어느 날 범주가 확실한 구분 값으로 눈에 들어왔다.

① 중년 ② 노년 ③ 은퇴 ④ 건강 ⑤ 웰다잉 ⑥ 인생 ⑦ 행복 ⑧ 어떻게 살 것인가 ⑨ 돈 ⑩ 가족이었다. 이 범주 별로 제목을 붙여 책꽂이를 새로 정렬했다. 뿌듯했다. 자부심이 느껴졌다. 이러한 독서의 과정에서 몇몇 책은 정말 혼자 읽고 덮어 두기에 너무 아까웠다. 그래서 나중에 쓸모를 고려하지 않더라도 독서노트를 작성 했다. 줄 친 내용과 붙임 쪽지의 면을 가능한 그 느낌 그대로 옮겨 보았다. 선택된 책의 독서노트는 A4용지로 10면을 넘나들었다. 독서노트는 범주 별로 각 열 권의 책을 선정했다. 그리고 범주 별 독서노트 작성을 계속했다. 총 백 권에 이르는

독서노트는 지극히 나의 자기 취향으로 결정하였음을 밝혀둔다. 당연히 독자들의 생각과 다를 수 있다.

2018년과 2019년 일 년 이상의 기간 동안 신한금융투자 게시판에 '신한 Neo50! 독서노트 100선'이란 제목으로 매주 화, 목요일에 범주 별 시리즈로 게시했다. 반응은 폭발적이었다. 미리 보기와 독서노트로 감동 받고, 책을 구매하고, 고객들에게 선물도 한다고 했다. 독서노트를 보는 시각 중에 100권의 책, 범주 별 10권의 책에 의미를 부여하신 분들이 많았다. 우리는 많은 책을 본다. 근무하는 분야가 각기 다르며 사는 시대도 다르지만, 우리가 읽은 책들을 이와 같은 방법으로 정리해 볼 것을 제안한다. 독서노트 100선을 공유한 직원들과 지인들로부터 서평 요청이 들어왔다. 나는 신한금융투자 '금융 레시피'에 서평을 게재하기 시작했다. 한국 공인 노무사회 월간 '노사 포커스'에 서평 기고도 진행했다. 서평이 쌓여갈수록 많은 사람들과 교류할 방법을 고민하기 시작했다. 그렇다면 100권의 독서노트를 전부 서평형식으로 작성해 보면 될 것이란 생각이 들었다. 생각은 곧 실천으로 이어졌다. 그렇게 100권의 서평

형식 독서노트가 새로이 작성되었다. '작성'이란 표현 속 오랜 시간과 고민의 흔적을 함께 봐 주실 것을 요청한다.

알베르토 망겔은 책 『서재를 떠나 보내며』에서 "우리는 어떤 사람의 애독서 목록을 살펴봄으로써 그가 어떤 사람인지를 알 수 있으며 또 그 사람과 사귀고 싶은 마음이 드는지 여부도 미리 알 수 있다. 그래서 모든 서재는 일종의 자서전이다.(8쪽)"라고 말했다. 또 "나의 서재는 그 자체로 위로와 조용한 안식의 장소였다. 나는 우리가 책을 소유하는 것이 아니라 책이 우리를 소유하기에 이런 안식을 주는 것이라고 생각한다.(88쪽)"고 표현했다. 서재와 책은 존재만으로 안식을 준다고 한다. 그럼 독서가 취미라고 하는 사람들은 책이 주는 위로와 안식을 즐길 줄 아는 사람들이다.

나는 2018년 가을 학기 50+ 서부캠퍼스가 진행하는 '작은 책방' 과정에 참여했다. 그 과정에서 여러 곳의 작은 책방, 독립서점과 동네서점을 방문했다. 각각의 서점은 주제별과 관심분야로 나눠 전시되어 있었다. 서점의 책은 800권에서 2천 6백 권 정도였다. 신한금융투자 13층 한 켠은 책으로 꾸며져 있고, 신한은행 15층 휴게실의 한쪽 면은 책으로 가득하다. 강의를 하러 해당 장소에 가면 그곳 건물에 책으로 꾸며진 공간이 있는 경우가 있다. 나는 한참 동안 구경하며 책 목록을 살피고 사진도 찍는다. 이런 장소의 책들은 대부분 1,000권을 넘나 들었다. 그런데 그 풍경이 포근하고 아담했다. 때론 꽉 찬 느낌과 풍요로움마저 들었다.

천 권의 책으로 꾸미는 서재, 호기심으로 야금야금 하는 독서는 인생을 즐겁게 한다. 서재와 독서가 강요될 수 있는 성질은 아니나 다만 권유하고 싶어 안달이 나고 있다. 『100세 시대를 독하다』는 10년의 시간, 천 권의 독서, 백 권의 독서노트와 서평의 결과물이다. 그 과정에서 많은 사람의 도움을 받았다. 특히 독서노트 전체의 일관성 있는 정리와 교정, 편집에 적극적으로 참여한 사랑하는 둘째 딸 채은이의 노력이 없었다면 이 책은 세상에 빛을 보지 못했음을 강조해둔다. 채은이의 오랜 시간 심혈을 기울여 노력한 특별한 수고를 여기에 기록해 둔다.

내가 여러분에게 요청하는 소망은 단 하나다. 이제부터 여러분의 천 권
의 서재, 백 권의 독서노트를 작성하는 것이다. 형식과 내용이 중요한
게 아니다. 다만 여러분의 서재를 꾸며 보는 것만으로도 좋겠다. 여러분
의 소망이 이루어지는데 이 책이 작은 도움이나마 되었으면 좋겠다.

천 권의 서재에서

김 현 기

차례

01 중년
독서노트 10선

02 | 노년
독서노트 10선

03 | 은퇴
독서노트 10선

04 | 건강
독서노트 10선

05 | 웰다잉
독서노트 10선

08 어떻게 살 것인가
독서노트 10선

09 돈
독서노트 10선

10 가족

독서노트 10선

11 부록 & 에필로그

김현기의 독서에 대한 생각정리

독서노트 100선 당부사항

1. 독서노트는 총 10개의 범주와 범주 별 10권의 책으로 구성되어 있습니다.
    각 범주는 다음과 같습니다.
    ① 중년 ② 노년 ③ 은퇴 ④ 건강 ⑤ 웰다잉 ⑥ 인생 ⑦ 행복
    ⑧ 어떻게 살 것인가 ⑨ 돈 ⑩ 가족

2. 100권의 책은 지극히 자의적으로 선정하였습니다.
    따라서 특별한 의미를 지니는 것은 아닙니다.
    향후 지속적인 독서로 책 목록이 달라질 수 있습니다.

3. 책 선정은 이론전문가와 현장전문가 등의 저자를 망라하여
    내용의 다양성과 깊이를 감안하려 노력하였으나
    이 또한 자의적 관점임을 해량해 주시길 요청합니다.

4. 특히 '인생'과 '어떻게 살 것인가' 범주의 목록은 특별한 이해를 부탁합니다.
    특별한 이해란 여러분이 생각하는 목록과 다를 수 있기 때문입니다.
    또한 '돈' 범주의 책들은 노년 노후 은퇴와 관련한 각 연구소의 소장이나
    해당 기관에서 발간한 책을 주로 선정하였음을 밝혀둡니다.

5. 독서노트를 보시고 여러분도 해당 책을 구매하여 정독해 보실 것을 적극
    추천해 드립니다. 다만, 이미 절판되었거나 구입할 수 없는 책이 있습니다.
    이점은 양해를 부탁드립니다.

6. 독서노트가 여러분의 독서 욕구(호기심)에 큰 영향을
    미칠 수 있기를 소망합니다.

7. 독서노트 100선이 100세 시대 인생공부에 도움이 되길 기원합니다.

8. 독자 여러분도 자신만의 천 권의 서재, 독서 100선 또는
    범주 별 10권의 책을 선정해 보시기 바랍니다.

독서노트 100선 목록

NO	카테고리	문헌	지은이	옮긴이	출판사	발행일
001	중년 01-1	어른들의 사춘기	김승기		마젠타	2013-01-16
002	중년 01-2	중년연습	팀 번즈	정미현	베이직북스	2013-03-25
003	중년 01-3	중년수업	가와기타 요시노리	장은주	위즈덤하우스	2012-03-13
004	중년 01-4	서드 에이지, 마흔 이후 30년	윌리엄 새들러, 제임스 크레프트	김경숙	사이	2008-08-30
005	중년 01-5	오십후애사전	이나미		추수밭	2011-07-07
006	중년 01-6	중년의 발견	데이비드 베인브리지	이은주	청림출판	2013-10-18
007	중년 01-7	마흔앓이	크리스토프 포레	김성희, 한상철	MID	2013-01-15
008	중년 01-8	마흔 이후, 인생길	한기호		다산초당	2014-07-08
009	중년 01-9	마흔으로 산다는 것	전경일		다산북스	2005-03-11
010	중년 01-10	중년의 배신	김용태		Denstory	2016-04-01
011	노년 02-1	노화혁명	박상철		하서	2010-06-10
012	노년 02-2	100세인 이야기	박상철		샘터	2009-04-30
013	노년 02-3	노년의 기술	안젤름 그륀	김진아	오래된 미래	2010-07-15
014	노년 02-4	지금 외롭다면 잘되고 있는 것이다	한상복		위즈덤하우스	2011-10-07
015	노년 02-5	노년의 아름다운 삶	한국노년학회		학지사	2008-11-20
016	노년 02-6	멋지게 나이 드는 기술	존 레인	고기탁	베이직북스	2012-09-15
017	노년 02-7	황혼의 반란	EBS제작진		비타북스	2014-01-20
018	노년 02-8	가끔은 격하게 외로워야 한다	김정운		21세기북스	2015-12-21
019	노년 02-9	인간은 왜 늙는가	스티븐 어스태드	최재천	궁리	2005-01-10
020	노년 02-10	나는 에이지즘에 반대한다	에슈턴 애플화이트	이은진	시공사	2016-12-10

NO	카테고리	문헌	지은이	옮긴이	출판사	발행일
021	은퇴03-1	은퇴의 기술	데이비드 보차드	배충효, 이윤혜	황소걸음	2012-06-20
022	은퇴03-2	나이듦의 기쁨	애비게일 트래포드	오혜경	마고북스	2004-12-01
023	은퇴03-3	은퇴하지 않고 일하기	데이비드 보건, 키이스 데이비스	조경연	넥서스BIZ	2010-01-10
024	은퇴03-4	은퇴 생활 백서	어니 J, 젤린스키	김상우	와이즈북	2006-12-30
025	은퇴03-5	노인 자서전 쓰기	한정란, 조해경, 이이정		학지사	2004-01-10
026	은퇴03-6	은퇴남편 유쾌하게 길들이기	오가와 유리	김소운	나무생각	2009-08-24
027	은퇴03-7	은퇴수업	노년교육연구회		학지사	2012-09-30
028	은퇴03-8	나는 매일 은퇴를 꿈꾼다	한혜경		샘터	2012-02-27
029	은퇴03-9	은퇴혁명	미치 앤서니	이주형	청년정신	2004-04-22
030	은퇴03-10	남자가 은퇴할 때 후회하는 스물다섯 가지	한혜경		아템포	2014-07-10
031	건강04-1	웰 에이징	박상철		생각의 나무	2009-06-04
032	건강04-2	당신의 100년을 설계하라	박상철		생각속의 집	2012-12-03
033	건강04-3	내망현	김철중		MID	2013-06-20
034	건강04-4	성공적 노화를 위한 노인건강	김혜경, 백경원, 신미경		신정	2013-03-10
035	건강04-5	건강한 노화	KEN DYCHTWALD PH.D.	김수영	양서원	2002-07-15
036	건강04-6	100세 인생도 건강해야 축복이다	라시드 부타르	제효영	라이프맵	2012-02-10
037	건강04-7	의사의 반란	신우섭		에디터	2013-04-15
038	건강04-8	똑똑하게 사랑하고 행복하게 섹스하라	배정원		21세기북스	2014-03-24
039	건강04-9	자존감 수업	윤홍균		심플라이프	2016-09-01
040	건강04-10	날 꼬옥 안아 줘요	Susan M. Johnson	박성덕	이너북스	2010-09-15

NO	카테고리	문헌	지은이	옮긴이	출판사	발행일
041	웰다잉 05-1	나는 죽을 때까지 재미있게 살고싶다	이근후		갤리온	2013-02-01
042	웰다잉 05-2	죽을 때 후회하는 스물다섯 가지	오츠슈이치	황소연	21세기북스	2009-12-18
043	웰다잉 05-3	나는 죽음을 이야기 하는 의사입니다	운영호		컬처그라피	2012-11-26
044	웰다잉 05-4	인생의 끝에서 다시 만난 것들	레지너 브릿	문수민	비즈니스북스	2013-02-25
045	웰다잉 05-5	아름다운 죽음의 조건	아이라 바이오크	곽명단	물푸레	2010-04-05
046	웰다잉 05-6	나는 한국에서 죽기 싫다	윤영호		엘도라도	2014-07-08
047	웰다잉 05-7	이별 서약	최철주		기파랑	2014-07-25
048	웰다잉 05-8	상실 수업	엘리자베스 퀴블러 로스	김소향	이레	2007-04-04
049	웰다잉 05-9	죽어가는 자의 고독	노르베르트 엘리아스	김수정	문학동네	1998-05-07
050	웰다잉 05-10	마지막 선물	오진탁		세종서적	2007-07-15
051	인생 06-1	인생의 재발견	하르트무트 라데볼트, 힐데가르트 라데볼트	박상은	알에이치코리아	2012-07-31
052	인생 06-2	내가 알고 있는 걸 당신도 알게 된다면	칼 필레머	박여진	토네이도	2012-05-12
053	인생 06-3	그들은 소리 내 울지 않는다	송호근		이와우	2013-03-11
054	인생 06-4	인생수업	법륜스님		휴	2013-10-19
055	인생 06-5	차마 울지 못한 당신을 위하여	안 앙설렘 슈창베르제, 에블린 비손 죄프루아	허봉금	민음인	2014-04-16
056	인생 06-6	인간이 그리는 무늬	최진석		소나무	2013-05-06
057	인생 06-7	아직도 가야 할 길	모건 스콧 펙	신승철	열음사	2007-03-20
058	인생 06-8	강신주의 감정 수업	강신주		민음사	2013-11-20
059	인생 06-9	노력중독	에른스트 피펠	이덕임	율리시즈	2014-08-28
060	인생 06-10	사피엔스	유발 하라리	조현욱	김영사	2015-11-23

NO	카테고리	문헌	지은이	옮긴이	출판사	발행일
061	행복 07-1	세상 모든 행복	레오 보만스	노지양	흐름출판	2012-05-09
062	행복 07-2	행복의 조건	조지 베일런트	이덕남	프런티어	2010-01-10
063	행복 07-3	행복에 목숨 걸지 마라	리처드 칼슨	이창식	한국경제신문	2010-07-20
064	행복 07-4	행복의 함정	리처드 레이어드	정은아	북하이브	2011-05-20
065	행복 07-5	How to be happy	소냐 류보머스키	오혜경	지식노마드	2008-01-03
066	행복 07-6	행복의 경제학	쓰지 신이치	장석진	서해문집	2009-10-01
067	행복 07-7	행복의 과학	데이비드 해밀턴	임효진	인카운터	2012-06-25
068	행복 07-8	이타적 인간의 출현	최정규		뿌리와이파리	2009-08-31
069	행복 07-9	행복의 기원	서은국		21세기북스	2014-05-22
070	행복 07-10	행복의 중심, 휴식	올리히 슈나벨	김희상	걷는나무	2011-06-20
071	어떻게 살 것 인가 08-1	사람은 무엇으로 성장하는가	존 맥스웰	김고명	비즈니스북스	2012-10-05
072	어떻게 살 것 인가 08-2	어떻게 살 것인가	유시민		아포리아	2013-03-13
073	어떻게 살 것 인가 08-3	몰입, flow	미하이 칙센트미하이	최인수	한울림	2013-02-28
074	어떻게 살 것 인가 08-4	습관의 힘	찰스 두히그	강주헌	갤리온	2012-10-30
075	어떻게 살 것 인가 08-5	텅 빈 레인코트	찰스 핸디	강혜정	21세기북스	2009-05-25
076	어떻게 살 것 인가 08-6	프레임	최인철		21세기북스	2007-06-20
077	어떻게 살 것 인가 08-7	한번은 원하는 인생을 살아라	윤태성		다산북스	2015-01-15
078	어떻게 살 것 인가 08-8	왜 우리는 대학에 가는가	EBS제작진		해냄출판사	2015-03-02
079	어떻게 살 것 인가 08-9	습관의 재발견	스티븐 기즈	구세희	비즈니스북스	2014-11-25
080	어떻게 살 것 인가 08-10	열두 발자국	정재승		어크로스	2018-07-02

NO	카테고리	문헌	지은이	옮긴이	출판사	발행일
081	돈 09-1	비하인드 은퇴스토리	한화생명은퇴연구소		W미디어	2013-01-31
082	돈 09-2	스마트 에이징	김동엽		청림출판	2013-02-05
083	돈 09-3	당신의 노후는 당신의 부모와 다르다	강창희		샘앤파커스	2013-06-12
084	돈 09-4	우물쭈물하다 이럴 줄 알았다	김진영		홍익출판사	2013-05-06
085	돈 09-5	40세, 흔들리지 말아야 할 7가지	인생전략회의		이콘	2014-01-27
086	돈 09-6	불안한 노후 미리 준비하는 은퇴설계	한화생명 은퇴연구소 최성환 외		경향미디어	2015-12-21
087	돈 09-7	정해진 미래	조영태		북스톤	2016-09-30
088	돈 09-8	2020 하류노인이 온다	후지타 다카노리	홍성민	청림출판	2016-04-25
089	돈 09-9	빚 권하는 사회 빚 못 갚을 권리	제윤경		책담	2015-08-21
090	돈 09-10	1인 1기	김경록		더난출판	2016-04-19
091	가족 10-1	부모의 5가지 덫	비키 호플	도희진	예담프렌드	2014-01-09
092	가족 10-2	문제는 무기력이다	박경숙		와이즈베리	2013-02-19
093	가족 10-3	몸에 밴 어린시절	W. 휴미실다인	이종범, 이석규	가톨릭출판사	2005-08-05
094	가족 10-4	가족이라는 병	시모주 아키코	김난주	살림	2015-07-20
095	가족 10-5	버럭맘 처방전	박윤미		무한	2016-05-05
096	가족 10-6	상처받은 내면아이 치유	존 브래드 쇼	오제은	학지사	2004-09-24
097	가족 10-7	가족	존 브래드 쇼	오제은	학지사	2006-07-28
098	가족 10-8	천 일의 눈맞춤	이승욱		휴	2016-03-28
099	가족 10-9	엄마 냄새	이현수		김영사	2013-01-18
100	가족 10-10	가족의 두 얼굴	최광현		부키	2012-02-22

01 중년
독서노트 10선

01 어른들의 사춘기

중년에 사춘기가 다시 온다

『어른들의 사춘기』
김승기 지음/
마젠타 2012

사춘기는 1904년 미국의 교육학자인 스탠리 홀이 『사춘기』라는 책에서 인생 발달단계 중 하나로 10대를 독립된 격동기로 묘사하면서부터 비로소 등장한 용어다. 엘리자베스 1세 시대(1533~1603)부터 그 후 1900년까지만 해도 평균 수명은 40세 미만으로 너무 짧았다. 사춘기가 들어갈 자리가 없었던 것이다. 그래서 당시에는 우리의 인생을 아동기와 성인기로만 구분하였다. 그러나 인간의 수명이 50세로 연장되면서 아동기에서 성인기 사이에 사춘기라는 과도기적 단계가 떠오르게 되었다. 누구에게나 사춘기는 내적으로 반항기이기 때문에 충동을 억제하지 못하는 과정을 거쳐 내면의 성숙한 사고를 형성하게 된다. 외적으로는 자신과의 관계를 연결하여 생각할 수 있는 균형 잡힌 시각을 갖게 하는 힘을 갖게 한다.

그렇다면 평균 수명 50세에 사춘기가 생긴 것처럼, 새로운 50년을 더 사는 100세 시대는 한 번 더 사춘기와 같은 격랑을 겪을 수 있지 않을까?

김승기 정신분석 전문의는 책 『어른들의 사춘기』에서 100세 인생을 바라본 중반에 다시 겪는 격동의 사고방식과 행동을 책 제목과 같이 '어른들의 사춘기'라 이름 붙였다. 그는 언젠가 강의를 요청 받아 간 자리에서 한 학부모가 아들이 사춘기 때문에 너무 힘들어한다며 그냥 지나갈 수는 없는 것이냐는 질문을 받았다고 한다. 김승기 전문의는 "사춘기는 부모에게서 독립하려는 나름의 몸부림입니다. 만약 사춘기가 없다면 평생을 데리고 살며 먹여 살려야 할 것입니다."라는 답을 해 주었다고 한다. 중년에 오는 사춘기도 이와 다르지 않다. 지난 삶으로부터 독립하여 앞으로의 삶을 제대로 살고 싶은 몸부림이다. 그러니 내면과 외부에서 겪는 방황과 충동이 있게 마련이고, 이를 겪어내야 한다. 김승기 전문의는 『어른들의 사춘기』의 부제로 '환자를 통해 나의 내면을 들여다보았던 날들'이란 제목을 붙였다. 왜 이런 부제를 붙였을까? 환자들은 그들의 지난 인생이야기를 풀어 놓으면서 대부분 눈물을 흘린다고 한다. 그러니 휴지 빼주는 일을 가장 먼저 하는 것이라 했다. 김승기 박사는 '휴지 빼주는 남자'라 불리기도 한다. 사실 눈물은 가장 기초적인 감정의 표현이다. 슬픔을 드러내는 방법이고, 흘린 눈물만큼 치유의 효과도 있다. 그런데 우리는 눈물은 참아야 하는 것, 눈물이 나오면 이내 멈추어야 하는 것으로 생각한다. 그럼 왜 눈물을 흘릴까? 중년에 흘리는 눈물은 인생에 대한 회한과 제대로 살고 싶은 몸부림이 몸 밖으로 나온 결과다.

김승기 박사는 환자들의 눈물 속에 우리의 내면을 함께 고민하였던 거다.

그럼 중년의 몸부림은 왜 일어나는 걸까? 이 부분에 대해 우선 '중년기(40세~65세)가 되었을 때 무슨 생각이 먼저 들까'를 생각해 보자. '내가 진짜 어른이 되었다'고 당당하게 말할 수 있을까? 오히려 '어른이라고 부르기엔 너무도 어린 나'를 발견할 수도 있다. 이 부분 김승기 박사는 '우리의 성격은 다섯 살 이전에 90% 이상이 형성된다'고 했다. 우리말에 '세 살 버릇 여든까지 간다'는 말이 맞다'는 거다. 그는 이때 형성된 성격 속에 양육자와의 '분리불안감'과 어린 시절의 상처와 충격 등이 고스란히 간직되어 있어, 인생의 어느 시점에 지속적으로 분출되며, 어른이 되어서도 여전히 어린 시절의 눈으로 생각하고 행동하게 된다고 했다. 나는 중년의 몸부림이 어린 시절 자신의 모습에서 벗어나려는 내면의 갈등과 연결되어 있다고 생각했다. 그렇게 중년의 사춘기가 시작된다. 그럼 중년에 들어서면서 먼저 해야 하는 일은 지금까지의 삶을 되돌아 볼 시간을 가져야 한다. 누구나 반성할 일이 있고, 못 다한 일들이 있고, 못 다한 사랑이 있을 수 있다. 여러분도 예외는 없다. 어른이 되어 여전히 나타나는 어린 시절 형성된 성격도 들여다보아야 한다. 이러한 관점의 성찰이 지속되면 철학적 사고가 일어난다. 중년에는 삶의 목적에 대해 한 번쯤 고민해 보는 시기이고, 삶의 어려움을 인식한 시기여서 더욱 그렇다. 그래서 '중년이 되면 누구나 철학자가 된다'고도 한다. 철학을 거창한 학문의 세계로 인식할 필요가 없다. 살아가면서 느끼는 삶의 본질을 한 번쯤 고민해 보았다면 철학적 사고가 생겨난 것이다. 중년에 생각하는 삶의 본질은 인생을 더욱 깊이 있게 한다. 어차피 겪는 중년의 철학적 사고라면 혼동의 늪으로 빠져 보는 것도 무조건 나쁘게 볼일은 아니다.

김승기 박사는 '건강한 사춘기를 보냈던 사람들이 건강한 어른으로 성장한다'고 했다. 이를 '건강한 중년의 사춘기를 보낸 사람들이 건강한 노년의 어른으로 성장한다'라고 바꾸어 본다. 마흔이 넘어도 여전히 갈 길을 몰라 방황하거나, 아직 다 자라지 못한 마음 속 어린 시절을 안고 살아가거나, 남을 믿지 못하고, 자신도 믿지 못할 경우, 새로운 삶을 제대로 살아 보고자 하는 경우 이 책에서 중년의 길을 찾아보았으면 한다. 어른들의 사춘기를 잘 겪어 내어 설렘과 호기심으로 발현된다면 성공하는 노년 노후로 연결 될 수 있다.

02 중년연습

 중년에는 삶을 재조정하자

앞서 〈어른들의 사춘기〉에 대해서 말했다. 사실 이를 한 마디로 요약할 수 있는 단어가 있는데, 바로 중년이다. 기존에도 중년이라는 개념은 있었지만 지금과 같은 의미는 아니었다. 단순히 장년과 노년 사이의 시기였을 뿐이다. 그러나 100세 시대가 되면서 말 그대로 '어른들의 사춘기'와 같은 시기가 되어버렸다. 일반적으로 40세~65세 사이다. 이때는 참 오만 생각이 든다. 인생의 실체에 대한 충격적 깨달음을 조금씩 느끼게 되는데, 그렇다고 깊게 생각하지는 않는다. 인생은 생각할수록 골치가 아프기 때문이다. 또 그동안 선택한 결과가 맘에 들지 않기도 하고, 그렇게 되리라고 상상도 못했는데 내가 선택한 길의 결과가 최악으로 치달아 힘들기도 하다. 호기심이 점점 줄어들어 생활이 단조롭고 지루할 때가 있고, 노후를 생각하면 준비된 것이 부족하니 막막하게 느껴진다. 사회적으로 청소년, 노년이 활발하게 논의가 되는 반면 중년은 그렇지 않다 보니, 무엇인가를 배울 수 있는 기회가 마땅하지 않아 여러 생각들이 드는 것이다. 그런데 가만 보면 결국 여전히 가야 할 길이 먼 인생인데 더 이상의 기회는 없고 어떻게 해야 할지 잘 모르겠다는 내용들이다. 과연 중년은 우리에게 어떤 시간으로 받아들여야 하는가? 다시 한 번 더 인생을 기회로 활용하기 위해 중년에 해야 하는 일은 무엇인가?

『중년연습』
팀 번즈 지음 /
정미현 옮김/
베이직북스 2013

『중년연습』의 저자인 팀 번즈는 이를 자동차에 빗대어서 설명했다. 1980년대 이후로 자동차 산업에는 커다란 변화가 찾아왔다. 예전에는 10만 킬로미터도 못 채우고 기력이 쇠했던 차들이 이제는 수십만 킬로미터를 달려도 끄떡없다. 바로 튜닝 덕분이다. 튜닝(Tuning)은 자동차의 사용자에게 적합하도록 차량을 바꾸는 것으로 일반적으로 조율로 해석한다. 팀 번즈는 인생도 이와 같아서 인간의 삶이 양적으로나 질적으로 비할 바 없이 길어지고 높아졌다면서 우리 대부분이 중년기 즈음에 본래의 컨디션을 되찾거나 막 '길들여지기' 시작한다고 주장했다. 팀 번즈의 시각에서 보면 중년은 기회이자 삶의 새로운 전환을 모색해 볼 수 있는 과도기인 셈이다. 그러니 우리 스스로를 돌보는데 집중하라고 조언한다. 그는 중년에 해야 할 일곱 개의 핵심 튜닝을 설명했다. 정서적 튜닝, 경제적 튜닝, 직업 튜닝, 관계 튜닝, 신체적 튜닝, 지적 튜닝, 영성 튜닝이 그것이다.

이 책에서 소개하는 중년연습 프로그램을 성공적으로 수행하기 위해서는 장기 목적을 우선순위로 두고 구체적인 목표와 활동으로 세분화한 다음 그 활동을 일정에 따라 실행해야 한다. 절대 어려운 일은 아니다. 그러나 그 궤도를 유지하기가 만만치 않다. 성공적인 중년연습의 비결은 '적당한 목표설정'과 '목표의 주기적 점검'이다. 그리고 목표를 이루거나, 무언가 제대로 일을 해낸 때에 스스로에게 보상을 해 주어야 한다. 한편 해야 할 목록 대신 하지 말아야 할 목록을 만드는 게 오히려 최선일 때도 있다.

나는 〈인생의 중년이 노년에게 시비를 걸다〉라는 제목의 글에서 "노년이 길어서 100살까지 사는 게 아니다. 중년이 제 역할을 하기 때문에 100살까지 산다. 제 2의 사춘기와 철학을 끼고 야금야금 땅을 넓혀온 중년! 가장 큰 공을 세운 놈이 큰소리 치는 법. 중년이 터널을 뚫었으니 노년이 있는 것이다. 인생의 중년이 노년에게 시비를 건다. 지금도 계속 땅을 넓혀가고 있다."라고 표현했다. 중년이라는 시기는 위기가 명쾌함으로 바뀌는 마법을 체험할 수 있는, 마법과 같은 시기이기도 하다. 자동차가 밋밋해 보일 때, 원하는 모습으로 바꾸고 싶을 때 하는 튜닝처럼, 우리의 삶도 중년을 계기로 튜닝해야 한다. 굴곡이 많은 중년을 보내고 있거나, 앞으로 기대할 만한 게 별로 없다고 생각하거나, 지나온 길에 대해 후회하고 있거나, 냉정과 평온을 유지하기 힘든 중년의 독자에게 이 책을 추천한다. 성공적인 중년 생활로 더 멋진 노년이 다가오게 될 것이다.

03 중년수업

중년! 이제부터 진짜 인생이 시작된다

중년 Middle Age이 되면 누구나 철학자가 된다고 한다. 왜 그럴까? 중년에만 해당하는 특별한 어떤 생각과 고민이 있기 때문이다. 철학적 사고를 하는 중년은 어떤 시기인지 그 내용을 기술해 본다. 청년과 노년 사이에서 신체적 변화가 빠르게 진행되다 보니 내 몸을 들여다보는 시기. 심각하게 받아 들였던 일들이 가볍게 느껴지면서 지혜롭게 사는 방법을 고민하는 시기. 지금까지 쌓아온 명성과 지위가 가볍게 느껴지면서 존재의 무게를 느끼는 시기. 갑자기 외롭고 고독함을 느끼면서 결국 세상은 혼자라는 생각이 드는 시기. 지금까지 선택 결과가 맘에 들지 않지만 내가 선택한 결과에 대해 책임을 생각하는 시기. 인생의 한 가운데 자리하고 있어 일시적인 것과 영구적인 것에 대해 생각하게

『중년수업』 가와기타
요시노리 지음/
장은주 옮김/
위즈덤하우스 2013

되는 시기. 미치도록 그리운 향수가 살아나면서 고통스러웠던 기억조차 추억으로 생각나는 시기. 타인의 삶에 상처를 준 죄책감이 1~2개는 있어 나의 이기심과 탐욕, 경솔함 등이 떠오르는 시기. 성공적인 삶과 쾌락 사이에서 자유롭지 못해 나의 내부에서 심각한 마찰이 일어나는 시기. 세상에 내가 존재하는 이유는 무엇인가를 고민하며 한 번쯤은 우울증을 앓는 시기 등이다. 중년의 철학적 사고는 이전의 삶과 이후의 삶을 구분해 보고자 하는 마음이 저변에 깔려 있다. 철학적 사고 이후에는 더 잘 살아 보고자 하는 열망을 내포하고 있다.

가와기타 요시노리는 이러한 중년의 철학적 사고를 책 『중년수업』에서 '지금껏 맛보지 못한 알짜배기 시간'이라고 말했다. "오로지 당신만을 위한 시간이 다가오고 있다. 그 시간들은 순전히 당신 것이며 누구의 간섭도 받지 않고 마음껏 쓸 수 있다."고도 표현했다. 이 부분에 있어 저자는 우리가 보내는 시간 사용의 문제를 제기한다. 그동안 우리는 '시간을 어떻게 쓸 것인가'라는 생각에 매몰되어 지금껏 시간을 너무 혹사시켜 왔다고 했다. 하루 24시간, 한정된 시간 안에 엄청난 내용물을 담으려고만 했다는 거다. 그는 이제 "시간을 어떻게 채울 것인가라는 질문을 시간과 어떻게 화해 할 것인가로 바꿔 놓고 생각해 보자."라고 제안하였다. 나는 우리의 시간 사용을 '시간의 역설'이라 표현한다. 우리는 모든 환경을 누리기 위해 필요한 돈을 벌어야 한다고 하면서 많은 시간을 일한다. 또 지금의 환경을 확장, 유지하기 위해 더 많은 돈을 벌어야 하고 그러기 위해서 더 많은 시간을 일하는 것은 불가피하다고 여긴다. 한마디로 우리는 내 시간을 팔아 돈을 벌고 있다. 일면 어쩌지 못한다는 것을 인정한다. 그러나 계속해서 이를 추종하면 어떻게 될까? 가와기타 요시노리가 얘기한 시간과의 화해는 시간을 계속해서 채울 것이 아니라 비우는 노력을 하라는 의미다. 이때 비워진 시간을 중년의 철학적 사고와 함께 알짜배기인 나만의 시간으로 채워가면 된다.

그럼 만일 중년부터 진짜 재미있는 인생이 시작된다면 무엇을 알아야하는가? 『중년수업』은 그 내용을 상세히 기술했다. '즐겁지 않으면 어찌 인생이라 할 수 있겠는가? 나이를 즐기기 위한 9가지', '멋을 지닌 사람은 나이를 초월한다. 멋있게 나이 들기 위한 7가지', '돈 걱정에서 벗어나기위한 6가지', '기대지 않고 스스로 서는 인간관계를 만들어 가는 혼자의 아름다움을 위한 9가지', '오랫동안 남의 것이었던 시간을 내 것으로 만드는 '지금'을 갖기 위한 10가지', '아름답게 떠나는 법을 배우는 집착을 버리기 위한 6가지'가 그것이다.

가와기타 요시노리는 중년뿐만 아니라 정년과 은퇴에 대해서도 다음과같이 표현하고 있다. "정년은 빼곡히 들어찼던 수첩의 스케줄이 어느 날 갑자기 텅 비어 버리는 것이다."가 그것이다. 나는 평소 〈사람들은 은퇴 후 6개월 동안 텅 빈 스케줄의 현실을 받아들이지 못한다. 은퇴 후 9개월이 지나면 새로운 명함이 필요하다고 느껴 무슨 일이든지 벌려 시작하려 한다. 그러다 문제를 일으킨다〉고 말하고 있다. 그래서 중년뿐만 아니라 정년과 은퇴도 배워야 한다. 가와기타 요시노리의 『중년수업』에

수업이 포함되어 있는 것도 중년을 포함하여 은퇴도 배워야 한다는 의미다. 예컨대 가와기타 요시노리는 그동안 함께 해 왔던 부부도 "독립된 부부관계를 구축하려면 '부창부수(夫唱婦隨)'에서 '부창부수(婦唱夫隨)', 즉 아내가 주장하고 남편이 따르는 생활로의 전환이 필요하다. 중년 이후의 부부관계는 전쟁이 끝난 뒤의 전우 같은 관계다. 아내에 대한 감사의 마음을 잊어서는 안 된다. 그때까지 집안 대소사를 야무지게 치러 온 아내를 존중하여 뭔가를 이루도록 배려해야 한다."라고 하였다. 즉, 부부 관계도 변하기 때문에 새로운 관계 설정이 필요하다는 것이다.

호기심이 적거나 아무것도 즐기지 못하는 사람은 점점 기억력이 쇠퇴해 버릴 우려가 있다. '이 나이에 무슨…'이라는 말을 입에 달고 살면 초스피드로 늙어 간다. 중년 이후를 생각하는데 있어 '고독에 대한 내성'을 키우는 일도 필요하다. 그러니 배워야 하는 것이 얼마나 많은가? 이 책을 곧 중년이 되거나 지금 중년인 경우, 지난 젊음을 떨쳐 버리고 새로운 인생을 살고 싶을 때, 나이 듦을 걱정하거나, 이제부터라도 즐겁고 재미있게 살고 싶은 중년의 사람들에게 꼭 일독을 권한다.

04 서드 에이지, 마흔 이후 30년

서드 에이지! 보너스 인생 30년을 준비하라

『서드 에이지,
마흔 이후 30년』
윌리엄 새들러 지음/
김경숙 옮김/
사이 2015

인생에 있어 중년은 착륙의 시기인가? 한 번 더 이륙을 준비해야 하는 시기인가? 이 질문은 근본적으로 잘못되었다. 평균 수명이 40세~60세인 경우에는 착륙을 해야 하는 시기로 표현해도 무방하다. 그러나 평균 수명이 80세를 넘어 100세 시대를 바라보는 지금 중년은 확실히 또 다른 이륙을 해야 하는 시기임에 틀림없다. 또 중년이란 개념이 100세 장수 시대를 맞아 생겨난 용어다. 그러니 중년은 삶의 중간에 위치하고 있다. 100세 장수시대에 중년을 어떻게 받아들이느냐는 개인의 삶에 엄청난 영향을 미치게 되어 있다. 만일 착륙을 준비한다면 급격한 수명의 연장을 이해하지 못하고 있고, 여전히 평균 수명이 짧은 시대에 고착화된 생각을 하기 때문일 가능성이 높다.

100세 장수시대를 생물체의 시그모이드 곡선으로 설명해 본다. 생물체의 성장 패턴은 S자형으로 성장하는 것과 계단식으로 성장하는 것 등 두 가지로 나뉘는데, 그중 S자로 성장하는 패턴을 '시그모이드' 곡선이라 한다. 시그모이드 곡선에 따르면 생물체는 처음에는 모험과 실수로 그 능력을 발휘하지 못하고 침체되다가 어느 정도 숙달하고 경험이 쌓이면 그 능력을 본격적으로 발휘하게 된다. 그리고 어느 단계에 이르면 절정기에 이르고 그 다음은 쇠퇴기가 온다. 평균 수명이 짧았던 시대는 인간의 성장 패턴이 하나의 시그모이드 곡선으로 충분했는지 모른다. 그러나 100세 시대는 이와 다르다. 시기별로 새로운 시그모이드 곡선을 준비해야 한다. 100세 시대는 몇 개의 시기로 나누어 볼 수 있을까?

『서드 에이지, 마흔 이후 30년』의 저자 윌리엄 새들러는 인생을 모두 네 번의 시기로 나누면서 그것을 제1연령기에서 제4연령기로 나누어 설명하고 있다. 제1연령기(First Age)는 배움을 위한 단계로 태어나서 학창 시절까지의 시기, 제2연령기(Second Age)는 일과 가정을 위한 단계로 2,30대의 시기, 제3연령기(Third Age)는 생활을 위한 단계로 우리 생애 중간쯤인 40대에서 70대 중 후반의 시기, 제4연령기(Fourth Age)는 노화의 단계다. 이 중 우리가 주목해야 하는 시기는 제3의 연령기다. 윌리엄 새들러는 제3의 연령기에 대해 "우리는 인생의 정상에 다다르는 자신을 상상하며 살아왔을 수도 있다. 그러나 지금 우리는 원하기만 하면 올라갈 정상이 하나 더 있다는 사실을 길어진 수명이라는 유리한 입장에서 바라볼 수 있어야 한다. 새로운 미개척지인 제3의 연령기는 코스를 완주하는 것뿐만 아니라, 동시에 멋지게 뚜렷한 목적의식을 갖고 끝까지 가야 하는 과제를 우리에게 던져준다."고 말했다.

이를 시그모이드 곡선의 개념에 적용해 보자. 인생의 각 시기를 시그모이드라 한다면 모두 네 개의 시그모이드 곡선이 있다. 인생은 각 단계를 지나 다음 단계의 시그모이드 곡선으로 진행한다고 볼 수 있다. 시그모이드 곡선 이론은 새로운 시기의 곡선은 그 전 단계의 절정기 전부터 준비해야 한다고 기술되어 있다. 즉, 앞선 시기에 시간과 에너지 그리고 자원이 충분할 때 미리 다음 시기를 준비하라는 의미다. 윌리엄 새들러는 제3의 시기가 30년 이상이며 이는 새로운 이륙이어야 한다고 선언했다. 함인희 교수는 책『서드 에이지, 마흔 이후 30년』의 추천사에서 "안전벨트를 매고 착륙 준비나 해야 하나보다 하고 좌절하고 있던 우리네 중년들을 향해, 다시금 이륙할 준비를 하라는 활력 넘치는 충고와 더불어 앞선 세대는 상상도 할 수 없었던 신선한 역할 모델을 제시해 주고 있다."고 적었다.

윌리엄 새들러는 이 책을 쓰기 위해 200명의 4,50대 성인들을 인터뷰하고 그 삶을 살펴 그중 50명을 12년 동안 추적하여 마흔 이후 그들의 삶이 어떻게 변화 하였는지를 살펴보았다고 한다. 이 책은 그들의 삶 중에서 2,30대 젊은 시절보다 오히려 활기차게 사는 사람들의 공통점을 '마흔 이후, 인생의 새로운 성장을 위한 6가지 원칙'이라는 내용으로 정리하였다. 중년의 정체성 확립하기, 일과 여가활동의 조화, 자신에 대한 배려와 타인에 대한 배려의 조화, 용감한 현실주의와 낙관주의의 조화, 진지한 성찰과 과감한 실행의 조화, 개인의 자유와 타인과의 친밀한 관계의 조화가 그것이다.

많은 이들이 아무런 준비 없이 서드 에이지를 맞는다. 서드 에이지는 치열하게 생각하고 자신의 시각을 바꾸고 용감하게 뛰어 들어야 한다. 그래야 서드 에이지가 우리 인생에서 가장 길고 멋진 시기가 될 수 있다. 당신은 서드 에이지를 위해 지금 무엇을 하고 있는가라는 질문을 던져본다. 답답한 직장으로부터 은퇴하였으나, 느껴지는 해방감이 두렵거나, 그동안 자기 자신을 등한시해 왔거나, 회사를 더 다닐지, 그만 둘지를 고민하거나, 새로운 50년을 위한 변화를 필요로 할 경우 이 책의 일독을 권한다.

| **05** | 오십후애사전

 오십은 인생의 후반기를 시작하는 제2의 생일이다

"요즘 모두들 100세 시대, 100세 시대! 하는데요, 그런 의미에서 나도 100살 이상 살 것 같다고 생각하시는 분 손들어 보세요!" 강의실에서 내가 청중들에게 하는 질문이다. 100세 시대라고 하지만 막상 이 질문에 손을 드는 분은 거의 없다. 여전히 자신의 일로 받아들이지 못하고 설마 100살까지 살겠느냐는 분위기다. 세계보건기구는 2030년이 되면 한국이 전

『오십후애사전』
이나미 지음/
추수밭 2011

세계에서 가장 오래 사는 나라가 된다고 한다. 평균 수명은 87세에 이르고 여자는 90.82세, 남자는 84.07세다. 세계 사람들이 한국 학자들에게 물었다. 한국이 어떻게 하여 가장 오래 사는 나라가 되는지에 관한 질문이다. 한결같은 대답은 첫째, 한국 사람들이 너무 잘 먹는다. 즉 영양 상태가 좋기 때문이다. TV 방송도 먹는 방송이 쉬지 않고 나온다.

몸에 좋다고 하면 어떻게든 찾아 먹으려 한다. 둘째, 건강보험체계가 너무 잘 되어 있다. 그만큼 병원을 잘 활용한다. 세계보건기구의 보고 자료를 토대로 추측해보면 2030년 가장 많이 돌아가시는 나이, 즉 최빈사망연령은 90세다. 최빈사망연령이 90세가 되면 우리 주변에서 이 사람도 100살, 저 사람도 100살, 흔히 100살까지 사는 사람들을 보게 된다고 하여 '100세 시대'라고 한다. 즉, 2030년 최빈사망연령 90세가 되면 본격적인 100세 시대가 도래한다고 본다. 여기까지 설명을 하고 다시 질문해 본다. "본인이 생각할 때 평균보다 더 잘 산다고 생각하면 당연히 평균 수명보다 훨씬 더 오래 삽니다. 그런 관점에서 볼 때 나는 100살 이상 살 것 같다고 생각하시는 분 손들어 보세요!" 좀 전보다 훨씬 많은 사람이 손을 들지만 그래도 100명 중 20명 정도다. 나는 단호히 말한다. "50%가 손을 들어야 진도가 나갑니다. 적어도 여성분들은 모두 100살까지 삽니다. 모두 손들어야 합니다." 그제야 50%가 훨씬 넘게 우르르 손을 든다. 우리는 100살을 산다. 100살까지 못살지라도 가능성의 영역으로 확실하게 들어왔다. 당연히 100살을 염두에 두고 생애 설계를 해야 한다. 그런데 강의가 종료되고 나면 몇 분이 다시 묻는다. "진짜 100살까지 사나요?" 그렇게 설명했는데도 여전히 의구심을 갖고 있다. 이러한 질문 속에 100살까지 살고 싶지 않다는 생각도 포함되어 있다. 내가 원하든 원하지 않든 100살을 염두에 두어야 함은 당연하다. 그런데 이를 받아들이지 못한다. 왜 그럴까? 이런 현상의 원인은 명백하다. 눈으로 확인 못 할 만큼 너무 빠른 변화여서 미처 보지 못한 것이다.

책『오십후애사전五十後愛事典』에서 이나미 정신과 전문의는 "오십은 인생의 후반기를 시작하는 제2의 생일이다. 오십 이전의 나는 죽고, 오십 이후의 또 다른 '내'가 태어나야 하는 시기이다. 태어나서 십 년간 어떤 교육을 받고 어떤 음식을 먹으며 어떤 생활을 하느냐에 따라 그 이후 수십 년의 인생이 결정되듯, 오십을 넘기고 십 년간 어떻게 사느냐에 따라 노년의 생활이 전혀 다른 방향으로 전개 될 것이다."고 말했다. 이나미 박사는 이 책에서 인생을 단계별로 나눈 여러 내용을 소개하고 있다.

공자는『논어』위정편에서 나이별로, 셰익스피어는『희곡 뜻대로 하세요』에서 일곱 단계로, 에릭 에릭슨은 여덟 단계로, 융은 〈인생의 단계〉라는 논문에서, 일본의 정신과 의사 마치자와 시즈오는『마흔의 의미』에 그 내용이 나온다. 저자는 이 이론을 종합하여 '50대는 사회인으로 의무를 마무리할 준비를 하면서 안정된 노년을 위해 자신의 건강과 행복을 돌보는 시기이며, 자신의 통합성을 유지하면서 주변 사람들에게 많은 것을 베풀어야 하는 나이'라고 결론을 지었다.

이 책의 제목은『오십후애사전五十後愛事典』이다.

오십(五十)은 오십이라는 나이를 들여다보기 위함이다. 세상과 어떤 방식으로 화해하고 불화할지는 알 수 없으나, 세상과 새롭게 관계를 맺어야 하는 나이가 바로 오십이다.

후(後)는 오십 전후의 몸과 마음, 건강과 사랑을 설명한다. 늙고 죽는 것에서 도망가려 하지 말고 오히려 젊은 몸에서 늙은 몸으로 바뀌는 전환점에서 자신의 정체성을 어떤 식으로 확립해 나갈지에 대한 생각과 직접 대면해야 한다.

애(愛)는 사추기(四秋期)라 하는 오십대에 느끼는 감정의 변화, 질투, 수치심과 불안, 사랑을 설명하고 있다.

사(事)는 일을 의미한다. 오십 이후의 일은 양보다는 질이 중요하다는 것, 부부간의 사랑과 새로운 배움에 대해 설명을 하고 있다. 이나미 전문의는 생각을 바꾸면 신세계가 보이고, 자기에게 맞는 새로운 일을 시작한다는 것 자체로도 이미 성공한 50대라고 주장한다.

전(典)은 법과 책을 의미한다. 즉, 강조하고 싶은 내용을 여기 모았다는 의미다. 이나미 박사는 전典에서 오십 무렵에 배워야 할 제일 큰 덕목으로 늙음과 죽음을 얘기하고 있다. 누구와의 비교를 내려 놓고 자신을 들여다보아야 하며, 죽음을 상상하되, 현재의 삶을 즐겨야 한다고 했다.

오십 전후의 감정과 신체적 변화는 당연하다. 한 번쯤 심하게 겪고 넘어가야 한다. 나만 그런 생각을 하는 것은 아니다. 갑자기 길어진 인생을 바라보며 누구나 그런 생각을 한다. 나이 오십 언저리에 있거나, 나이 듦을 부정하고 젊음에만 집착하고 있는 경우, 감정의 파도를 심하게 겪고 있는 중년이거나, 나이 오십 전후에서 인생 2막을 본격적으로 시작해 보고 싶은 경우, 오십 이후의 삶을 어떻게 살지 심각한 고민에 빠져 있다면, 내가 하고 있는 심리적 육체적 갈등을 제대로 들여다보고 싶다면 이 책의 일독을 권한다.

06 중년의 발견

`중년의 발견`
데이비드 베인브리지
지음/ 이은주 옮김/
청림출판 2013

왜 나이 들수록 시간이 빨라진다고 느낄까?

나이가 들면 왜 시간이 빨리 간다고 느낄까? 첫째는 시간을 느끼는 생체 시계가 달라졌기 때문이다. 살아온 나이와 주어진 1년을 비교해 보면 10살의 나이는 1년이 10%다. 20살은 5%다. 그런데 50살은 1%가 된다. 주어진 1년을 똑같이 느끼지 않는 이유다. 이를 시간 계산의 가속화 현상이라 한다. 60세 무렵에는 시간 간격을 30%쯤 깎는다는 연구 결과도 있다. 둘째는 태어나서 청소년이 되는 과정은 매일매일이 새로운 일로 빼곡하게 채워지는 반면, 나이가 들면 그렇지 않기 때문이다. 신입생, 군입대, 신입사원, 결혼 등 처음으로 겪는 모든 일들은 추억이라는 기억으로 차곡차곡 쌓이기도 하지만, 곧 고민, 근심, 걱정을 가지게 한다. 이는 시간을 더디게 가는 것처럼 만든다. 반면에 나이 들어가면 일어났던 일들이 반복되기 쉽고 생활이 단조로워질 가능성이 높다. 새로운 일들이 별로 없는 반복되는 일상은 지나고 보면 세월은 너무 빠르다고 인식한다. 셋째는 세상의 변화가 너무 빨라서 적응한다고 따라가면 세상의 변화 속도만큼 세월이 빨리 지나 갔다고 느낀다. 바쁘게 산다는 것은 주변을 살펴볼 겨를이 없다는 뜻이다. 인생을 넓고 깊게 살아야 하는데 변화를 추종하다가 인생을 마쳐버리는 상황이 된다. 그러면 세월도 바쁘게 지나간다. 넷째는 삶과 죽음을 인식하면서 미래를 생각하면 세월이 아깝다. 아까운 감정은 세월의 속도를 높여 주는 역할을 한다. 내 인생이 얼마 정도 남았다고 하는 주관적 시간이 세월을 빨리 느끼게 하는 기준이 된다. 살아온 날보다 살아갈 날이 적게 남았다고 생각하는 순간 아쉬운 마음에 주관적 시간이 빨리 흐른다.

시간이 흐르는 속도에 대하여 케임브리지대학교 임상 수의과 해부 학자이자 세인트 캐서린즈 칼리지 인문학부의 선임 연구원인 데이비드 베인브리지는 책 『중년의 발견』 8장에서 '왜 나이 들수록 시간이 빨라진다고 느낄까?'라는 주제로 가설 여섯 개를 제시하고 설명하고 있다. 가설과 설명은 다음과 같다.

가설 1: *세상이 빨라지는 것이지, 당신이 그런 게 아니다.*
(설명) 더욱 빠른 속도로 일어나는 문화적 사건들의 결과다.
가설 2: *시간이 얼마나 흘렀다고 생각하느냐에 달려 있다.*
(설명) 어린 시절 1년보다 성인시절 1년이 더 짧게 지속되는 것처럼 느낀다.

가설 3: 걱정하지 않으려고 시간을 왜곡한다.

(설명) 삶의 남은 시간이 얼마 없음을 알고 있지만 그래도 많이 남았다고 주장하며 생활하려 한다. 이는 시간이 더 빨리 흐른다고 느끼게 하는 요인이 된다.

가설 4: 우리의 기억은 왜곡되며, 이 시간 때문에 시간이 왜곡된다.

(설명) 최근 기억은 생생하지만 과거의 기억은 희미하다. 따라서 과거의 기억은 시간의 기간을 짧게 느끼게 한다.

가설 5: 별로 새로울 것 없는 일들이 일어난다.

(설명) 새로운 것이 별로 없을 때, 반복되는 일을 할 때 시간은 더 빨리 간다고 느낀다.

가설 6: 우리에게는 시계가 많이 있지만 쓸 만한 시계는 드물다.

(설명) 나이가 들수록 시계의 시간보다 느끼는 시간이 훨씬 짧다. 즉, 시간 계산의 가속화 현상이 나타난다.

저자는 나이 마흔에 느낀 눈 깜짝할 사이 지나가는 시간의 속도를 느끼며 『중년의 발견』을 서술하기 시작하였다고 적었다.

저자가 이 책을 쓴 또 다른 동기는 마흔 무렵 찾아온 신체적 변화에 대한 고민이다. 중년에 접어들면서 갑자기 희어지는 머리카락과 흐려지는 시력, 떨어지는 기억력을 걱정하던 그는 '이제 인간으로서 생산적인 삶이 끝났는가?', '지금부터 나는 무엇을 위해 살아야 하는가?'라는 의문을 가졌다. 그리고 이 모든 의문을 과학적으로 탐구하고자 했다. 신경과학과 생식생물학, 심지어 심리학과 인류학 분야 등까지 최근 연구들을 바탕으로 중년의 신체적, 정신적, 정서적 변화를 다각적으로 분석했다. 그 결과로 그는 중년을 다음과 같이 정의한다.

첫째, 중년은 사회적 지위가 높으며, 교육 수준이 높고,
　　　취업 상태에 있고, 당신에 대해 좋게 이야기해주는 사람들이
　　　주위에 있는 시기다.
둘째, 중년은 '생명의 시계'와 '죽음의 시계'가 만나는 경계로
　　　이루어진 시기다.
셋째, 중년은 다른 생물 종에서는 보이지 않는 인간만이 갖고 있어
　　　매우 독특하며, 변화가 갑작스럽다.
넷째, 중년은 인간 삶에 있어 창조의 힘과 파괴의 힘이 대등하게
　　　겨루는 시기다.
다섯째, 중년은 인지력이 가장 뛰어나고 통제력이 있는 시기다.
여섯째, 중년은 본질적으로 암울한 시기이지만 정신적 회복력을
　　　　갖춘 시기다.
일곱째, 중년은 과도기적 단계로 인간 생태를 고려할 때
　　　　새로운 삶을 생각해 볼 수 있는 시기다.

이상의 내용을 바탕으로 데이비드 베인브리지가 표현한 중년의 발견이란 결국 '다른 생물 종에서는 찾아볼 수 없는 인간 고유의 중년시기에 대한 긍정적이고 놀라운 결과'라는 점이다.

나는 『중년의 발견』을 토대로 중년을 이렇게 정리하고 싶다.

"우리는 중년이 되기에 가장 좋은 시대에 살고 있는 행운아들이다. 중년인 우리는 즐거운 일을 할 시간과 지혜가 있다. 중년은 긍정적인 것이지 부정적인 것이 아니다. 중년은 흐름이지 위기가 아니다. 오히려 해방이다."

중년의 인식을 새롭게 한 우리에게 주어진 과제 중 하나는 빠른 시간의 흐름을 어떻게 더디게 가도록 할 수 있을까 하는 점이다. 현역 의사인 히노하라 시게아키 박사는 "인생의 후반으로 갈수록 생활의 보폭은 줄지만, 잰 걸음으로 살면, 세월이 천천히 따라온다. 생명은 우리 몸에 있는 게 아니라 우리에게 주어진 시간에 있다."고 했다. 잰 걸음으로 사는 것. 바로 호기심을 가지고 살아가는 것이다. 반복적인 삶에서 벗어나 새로운 상황과 자주 접하고 평생 학습하는 것이 시간을 천천히 보내는 방법이다.

07 마흔앓이

 마흔앓이의 핵심은 자기 자신과 마주하기

내가 세상에 나왔을 때 나는 이 세상의 모습을 알지 못했다. 스스로 어떻게 살아야 할지 도저히 가늠하지 못했다. 이때 구세주가 있었다. 그들은 부모님이다. 그들은 나의 삶을 설계하고 길을 놓았다. 나는 그 길만이 유일한 길이며 마치 정답처럼 이해하고 그 길을 따라 살았다. 나는 부모님의 설계도에 따라 성격과 습관, 태도가 형성되어 이를 그대로 사용하였을 뿐이다. 어른이 된 나는 부모님이 투사(投射)된 또 다른 부모의 모습이다. 그렇게 중년의 한편에 진입했다. 어느 날 내가 사용한 삶의 기재인 습관과 태도, 세상에 대한 인식이 결코 바람직하지 않은 구석이 있음을 알게 되었다. 지금까지 살아온 모습은 진정 나인가? 가정과 사회생활에서 맡은 역할로 나를 표현하지 않으면 나를 어떻게 드러낼까를 고민한다. 나로 살아왔다고 여겼는데 실재하는 내가 없음을 느낀다. 삶의 인식은 사회생활과 경제적 여건이 어려워질 때 증폭되어 나타난다.

때로 분노가 폭발할 지경으로 쌓이기도 한다. 건강에 이상 신호가 오면 이보다 확실한 자각은 없다. 중년에 진입한 누구나 겪는 이 현상은 오늘날 세상살이가 그리 호락호락하지 않음을 방증한다. 끊임없이 발전을 거듭했다고 하는 세상의 환경에 우리 개인은 무한 경쟁과 적응을 강요받았다. 삶이란 지치지 않고 넘어지지 않고 견디어 버텨내면 그 이상의 무게로 나를 짓누른다. 어느 순간 그 한계를 느낀다. 그러나

『마흔앓이』
크리스토퍼 포레 지음/
김성희, 한상철 옮김/
MID 2013

이제부터 살아내야 할 인생의 길이도 만만찮다. 중년에 진입한 누구나 겪게 되는 심리가 바로 중년의 가슴앓이다.

정신분석가 크리스토퍼 포레는 중년을 시작하면서 겪는 마음의 병을 '마흔앓이'라 하고 책 제목도 『마흔앓이』라 붙였다. 저자는 『마흔앓이』가 중년의 심리를 분석하고 마음을 치유하는 것을 도우며 풍성한 삶과 새로운 가능성을 향한 첫 발을 내딛는데 큰 힘이 될 것이라고 했다. 마흔앓이를 치유하기 위해 그가 던지는 질문이 있다. 중년인 지금 일어나고 있는 신체적 변화를 어떤 감정으로 받아들이는가? 변함없이 친밀한 부부 관계를 유지하고 있는가? 자녀가 독립하게 될 때 어떤 마음이 들까? 부모에게 어떤 기대를 하고 있는가? 현재의 직장 생활에 권태감을 느끼지는 않는가? 어떤 새로운 변화에 대한 갈망이 느껴지는가? 질문은 곧 지난 삶이 바람직했는지에 대한 의구심이다. 의구심은 회한과 절망 그리고 탄식이 될 수 있다. 또 지난날 삶의 반추는 눈물을 필요로 한다.

이때 맞이하는 상황이 바로 '중년의 위기'다. 『마흔앓이』에서는 '중년의 위기'란 용어를 캐나다 심리학자 엘리엇 자크가 1965년 열린 정신분석 국제 심포지엄에서 처음 사용했다고 소개했다. '중년의 위기'란 그 후 미국 예일대학 다니엘 레빈슨 박사와 UCLA대학 로저 굴드 박사가 인용했고, 그들은 중년의 위기를 '4, 50대 나이의 사람들이 죽음을 의식하면서 돌연 엄습하는 심리적이고 실존적인 위기'라고 정의했다. 또 코넬 대학의 일레인 웰링턴 교수는 '중년의 위기란 사실 성인의 삶 중 어느 한 시점에서 일어나는 부정적인 사실들을 뜻한다'고 설명했다.

중년의 위기를 정신분석가인 제임스 홀리스 James Hollis는 책 『내가 누군지도 모른 채 마흔이 되었다』에서 '중간 항로'라고 부르기도 했다. 그는 '중간 항로에 들어서면 우리는 마음에 지진이 일어난다. 사고방식이 바뀐다. 거짓된 자기를 죽인다. 투사를 거둬들인다. 끝없을 것 같았던 여름이 지나간다. 희망을 줄인다. 우울, 불안, 신경증을 겪는다'고 했다. 『마흔앓이』에서 저자는 중년의 위기가 다급함과 혼란 그리고 두려움까지 동반한 내적 감정을 뜻하며, 이것은 얼마 남지 않은 한정된 삶을 의식한데서 비롯된 것으로 중년의 위기가 변화는 분명하지만 성장과정이라고 강조한다.

중년의 위기가 성장과정이라면, 그 위기를 충분히 앓고 가야 한다. 어디서부터 시작해야 할까? 본격적인 마흔앓이는 진짜 나를 찾는 것에서 시작되어야 한다. 왜냐하면 인생 전반기가 진정한 나로 살지 못했을 가능성이 크기 때문이다. 크리스토퍼 포레는 인생 전반기에 대해 '마음 속 목표가 다른 사람으로부터 인정받고, 환심을 사는 것으로 정해 두어서 세상이 요구하는 것에 자신을 굴복시키고 순종해야 했다'고 적었다. 한 마디로 나 자신의 모습으로 살지 못했을 가능성이 있다고 했다. 그러니 우선 이를 인식하고, 자기와 마주보아야 한다. 그러면 자기 이면에 숨겨져 왔던 본래의 인격이 나타나고 인격의 부정적 측면과 긍정적 측면을 바로 보게 된다. 이때 보이는 모습을 그대로 받아들이면서 자기 속 가면을 벗어버리고, 자신에게 더욱 진실해지는 단계로 나아가야 한다. 저자가 주장하는 마흔앓이의 핵심은 자기 자신과 마주하기란 점을 거듭 강조해둔다.

크리스토퍼 포레는 마주하기를 거울 속 나의 알몸을 들여다보며 나의 몸 상태와 마주하기, 중년의 부부 사이를 각자의 관점에서 마주하기, 노쇠해지는 부모의 모습과 마주하기, 품을 떠나려는 자녀들과 관계 설정을 위한 마주하기, 가족과 사회 관계망에서 홀로되지 않도록 관계 속의 나와 마주하기, 적극적으로 삶을 주도하기 위해 나의 진정한 모습과 마주하기로 설명했다. 마흔앓이란 앓는 것도 아픈 것도 결국 나 자신이며, 나를 치유할 수 있는 것 역시 온전히 내 몫이다. 마흔앓이를 잘하고 난 중년의 삶은 이전과 완전히 다르다. 온전히 자신이 중심이 된 삶이다. 관점이 자신에게로 완전히 바뀐 삶이다.

여러분의 중년은 어떻게 시작하였는가? 마흔앓이는 사실 누구나 겪는 일이다. 인생의 중간 지점에서 혼란을 겪거나, 마흔이 되어 왠지 마음이 불안하고 허전하거나, 중년의 심리가 궁금하거나, 마흔이 지나 갑자기 눈물이 나거나, 중년에 닥친 위기 대처방안이 필요하다면, 이 책으로 자신을 마주 대하는 것에서 중년을 적극적으로 맞이해 보자.

08 마흔 이후, 인생길

 독서 100권으로 인생을 재설계하자!

알베르토 망겔은 책 『서재를 떠나보내며』 8쪽에서 "우리는 어떤 사람의 애독서 목록을 살펴봄으로써 그가 어떤 사람인지를 알 수 있으며 또 그 사람과 사귀고 싶은 마음이 드는지 여부도 미리 알 수 있다. 그래서 모든 서재는 일종의 자서전이다."고 말했다. 한편 223쪽에서는 디오도루스 시쿨루스 Diodorus Siculus (기원전 60~30 그리스 역사가)가 기원전 1세기에 이집트를 방문했을 때, 폐허가 된 고대 도서관 입구에서 본 문구, '영혼의 진료실'을 소개하고 있다. 저자인 알베르토 망겔은 어쩌면 이게 도서관의 궁극적 목표일 것이라 했다. 책은 단순히 읽는 목적으로 존재하지 않는 까닭이다. 책은 나의 자서전이며, 나의 안식과 위로이며, 추억을 소환할 수 있고, 삶의 의미를 읽어 내는 영혼의 진료실이다.

『마흔 이후, 인생길』
한기호 지음/
다산초당 2014

그럼 독서로 중년 이후의 삶을 들여다볼 수도 있지 않을까? 실제 이러한 방법으로 중년 이후의 삶을 설명한 책이 있다. 한기호의 『마흔 이후, 인생길』이 그것이다. 이 책은 작가가 스스로 '독서 100권으로 찾는 마흔 이후 인생길'이라 이름 붙이면서, 마흔 이후 인생길을 10차선 도로로 살지 말고 오솔길을 찾아 그 길로 가라고 전했다. 오솔길을 찾는 방법이 우선 독서에 있다고 적었다.

> "누구나 달리고자 하는 '10차선 도로'를 버리고 나만이 평생 걸을 수 있는 '오솔길'부터 찾아야 한다. 남들이 한 번도 걷지 않은 미답의 길이면 더욱 좋다. 그게 바로 오솔길이다."
> "오솔길을 정한 다음에는 그 분야에 대한 책을 입문서부터 전문서까지 100권을 골라 읽을 필요가 있다. '100세 시대'에는 환갑의 나이에도 2년 동안 투자해 새 '오솔길'을 찾기만 하면 인생의 말년을 풍요롭고 행복하게 지낼 수 있다."

저자는 특히 마흔 이후, 혼돈 속에서 나만의 인생길을 찾게 해 줄 독서 100권의 힘이라며, 스스로 읽은 책들을 이 책 속에 빼곡히 집어넣었다.

결론적으로 저자가 하고 싶은 말은 다음과 같다.
① 노예가 되는 자기 계발서부터 버려라.
② 3포시대(연애, 취업, 출산의 포기)에서
　6무시대(연애, 소득, 일자리, 희망, 아이, 집이 없음)가 된다.

③ 나만의 책과 나만의 글쓰기를 하라.

④ 인문학을 공부하자.

⑤ 디지털 테러리즘에 의한 승자 독식시대가 된다.

⑥ 냉정에서 냉소로 냉소에서 멘붕으로.

⑦ 엑스퍼트에서 프로페셔널이 되어라.

⑧ 편집자 시대가 도래했다.

저자는 '우리가 정말 알아야 할 우리 꽃 100가지' '전국 100대 명산' 등과 같이 내가 정하고 읽은 100권의 책을 계속해서 강조한다. 일을 하다가 직업을 바꾸려 할 때는 새로운 분야의 책을 100권 읽을 것을 권하기도 한다. 저자는 '책모임을 통해 책 100권을 읽는 학교를 세워 보는 것은 어떨까요?'라고 물으면서, 꿈이 '독서 모델' 학교를 세우는 것이라고 전했다. 특히 지금 중년의 시기를 보내고 있는 베이비붐 세대에게는 이렇게 말했다. "우리 사회에도 베이비 붐 세대가 본격적으로 은퇴하고 있습니다. 이들에게 100권의 책 읽기를 권합니다. 100권이면 입문서에서 전문서까지 모두 포함 할 수 있어 이 책들만 잘 읽으면 전문가 수준이 될 것입니다. 일주일에 2권씩 읽으면 1년이면 족합니다. 베이비붐 세대는 100세까지 무려 40년이 남았습니다. 그러니 인생을 새로 시작해 보는 겁니다."

중년과 노년 그리고 은퇴 등이 거대 담론으로 들어 왔다. 스스로에게 물어보자. 거대 담론의 한 가운데에서 이를 이해하기 위한 몸부림을 쳐 봤는가? 내가 어떻게 해야 할지 온 몸으로 부딪쳐 보았는가? 우선 하나의 질문은 답을 해야 한다. 이를 위해 몇 권의 책을 읽었는가? 『마흔 이후, 인생길』은 저자가 마흔 이후 인생길을 어떻게 살아야 하는지 독서한 내용을 바탕으로 풀어내고 있다. 나는 저자의 책을 읽고, 공감하는 내용이 있으면 이를 참조하고, 저자가 본 책 들 중 마음이 가는 내용이 있으면 그 책을 찾아 따로 독서를 해 보고 있다. 당신만의 독서 방법은 무엇인가? 이 글을 읽는 당신도 10차선 도로에서 주행하는 자신이 아니라, 나만의 오솔길을 찾아 그 길에서 멋진 삶을 영위하는 자신을 발견하길 바란다.

09 마흔으로 산다는 것

 마흔! 깊은 혼돈도 때론 필요하다

우리말에는 '나잇값'이라는 표현이 있다. 밥을 먹으면 밥값을 하라고 했으니 아마 나이를 먹으면 나잇값을 해야 한다는 뜻일 것이다. 한국노년학회의 『노년의 아름다운 삶』에서 한서대 한정란 교수는 나이 들어가면서 해야 하는 '나잇값'을 학문적으로는 '발달과업'이라고 말한다. 발달과업에 관한 대표적인 학자는 해비거스트 R. J. Havighurst다. 그에 따르면 인생에는 '영·유아기', '아동기', '청년기', '성인기', '중년', '노년기'가 있다. 그리고 때마다는 각각의 해야 할 일이 있다. 예컨대 '청년기'에는 사랑을 할 줄 알고, 정서적·인격적으로 부모로부터 독립하고, 직업을 찾고, 시민으로서의 책임의식이 있어야 한다. '성인기'가 되면, 배우자를 만나 가정을 꾸리고, 자녀를 낳아 부모로서 책임감을 가져야 하고, 직업을 갖고,

『마흔으로 산다는 것』
전경일 지음/
다산북스 2005

시민으로서 사회적 책임을 다해야 한다. 또 '중년'에 이르면, 청소년 자녀를 도와주고, 배우자와 좋은 관계를 유지하며, 중년의 생리적 변화, 즉 노화를 수용하고 대처하는 한편 연로한 부모님을 보살펴야 하고, '노년기'에는 노화로 인하여 떨어진 체력과 건강에 적응하고, 은퇴로 인한 수입 감소에 대처하며, 배우자의 죽음을 감당하고, 또래와의 긴밀한 관계를 유지해야 한다. 그러나 만일 생애 과정에서 해당되는 시기에 이러한 일을 잘 하지 못하면 어떻게 될까? 영·유아기와 아동기에 잘 놀지 못하면, 20대와 중년에 놀려고 하고, 어릴 때 구슬치기, 딱지치기를 마음껏 하고 싶었는데 못했으면, 나이 들어 도박에 빠질 수도 있고, 공부해야 할 때 못했으면 나이 들어 공부하려 하고, 사랑을 해야 할 때 못했으면 나이 들어 늦바람이 날 가능성이 높다. 그리고 보면 인생의 어느 시기도 중요하지 않은 때는 없다. 이제 여러분에게 묻는다. 지금 당신의 나이는 어디에 있는가?

경제·경영·자기 계발. 성공학 전문 컨설턴트인 전경일은 1964년생이다. 그의 나이 마흔 둘이 된 2005년에 '마흔으로 시작하는 중년'을 곱씹으며 이 책 『마흔으로 산다는 것』을 썼다. 그래서일까? 닥친 중년의 고뇌가 가감 없이 적혀 있다. 그가 프롤로그에서 소개한, 어느 경제 주간지가 정의한 대한민국 40대를 살펴본다.

긴 세대, 어정쩡한 세대, 우리 사회의 축약판을 보여주는 세대, 마지막 주산 세대이면서 첫 번째 컴맹세대, 민주를 말하며 몸에 밴 군사문화를

다 씻어내지 못하는 세대, 부모를 모시는 마지막 세대이자 자식의 부양을 기대할 수 없는 첫 세대, 변화의 이쪽 끝과 저쪽 끝에 매달려 양다리를 걸치고 있는 경계인의 세대, 가랑이가 찢어지는 세대, 조기은퇴 대상자에 속하는 세대, 안정과 변화에 대한 욕구를 동시에 갖고 있는 모순된 세대. 정년퇴직이 없는 세대, 제2의 인생을 시작하는 세대.

이 내용들 속에 희망과 밝은 미래는 없다. 한 번쯤 나이 듦에 대해 짚고 넘어가지 않으면 내 인생의 깊이는 물론이거니와 내 본연의 참 맛을 찾기 어려울 거라는 생각이 불현듯 들 수밖에 없는 상황. 작가도 마찬가지였다. 그래서 그날, 전경일 작가는 퇴근하고 돌아와 밤늦게까지 혼자 자기와 대면하는 시간을 가졌다고 한다. 그가 들여다 본 마흔은 다음과 같았다.

첫째, 더 이상 나를 젊게 봐주는 사람이 없다.
둘째, 얼굴이고 몸이고, 말투고 모든 게 둥글둥글해진다.
셋째, 가끔 기억이 가물가물해진다.
넷째, 그냥 걱정이 앞선다.
다섯째, 원리가 뭔지, 물리가 뭔지 어느 정도는 알게 되었다.
여섯째, 가끔은 확실하게 뜨거워지고 싶다는 욕망이 속에서 인다.
일곱째, 세상의 변화를 온몸으로 감지하게 된다.
여덟째, 삶에 부대껴 한동안 경시했던 가치들, 이를테면 우정, 의리,
　　　　사랑 같은 감정이 중요하게 다가온다.

아홉째, 하고 싶은 말도 참아야 할 때를 알게 되었다.

저자는 이를 '마흔 증후군'이라 했다.

한편, 그는 '마흔에 미련을 갖게 되는 것'으로 다음 사항을 표현했다.

① 남부럽지 않은 사회적 지위에 아직 오르지 못했다.

　　즉, 내 명함은 좀 더 화려해지고 싶다.

② 대학 시절이나 신입사원 시절에 원했던 것을 마음껏 해보지 못했다.

　　이젠 할래야 할 수도 없다. 즉, 늦기 전에 하고 싶은 일들을 마음껏

　　해보고 싶다.

③ 다른 여자를 만날 수 있었는데도 지금의 아내와 결혼했다.

④ 나만의 개성 있는 자아를 가진 한 남자로 살고 싶다.

　　그런데도 현실은 어디의 누구, 누구의 아빠 등 직책과 소속으로만

　　신분 증명이 되고 있다. 즉, 좀 더 나의 인생을 살고 싶다.

⑤ 노후가 두렵다. 뼈 빠지게 이 정도쯤 일했으면 죽을 때까지 먹고 살

　　걱정 하나쯤은 덜어 줄 사회를 꿈꾼다. 즉, 나를 아버지 세대와

　　그만 비교해 달라. 부모님 세대와 비교할라치면 아마 그 분들은

　　강냉이 죽 먹던 시절 얘기를 또 하게 될 것이다.

중년은 청소년기, 청년기, 장년기를 노년기와 연결하는 통로이며, 노화 및 노년의 길목이기도 하다. 이때가 가장 왕성하게 자신의 능력을 발휘하는 시기다. 그런데 사회적으로 보면 이렇게 중요한 중년에 대한 논의는 부족하다. 실제로 보건복지부는 저출산, 청소년, 다문화, 고령화에

대해 중점 과제로 추진 중이며, 중년 문제는 생략되어 있다. 그럼 중년은 어떻게 나잇값을 할 수 있을까?

이에 대해 작가는 나이 마흔에 나는 누구인가를 들여다보고, 자기 인생을 제대로 점검한다면, 마흔 이후 삶은 얼마든지 달라질 수 있다며 특별한 준비를 제안한다. 마흔에 갖추어야 할 덕목 8가지, 마흔에 필요한 좋은 습관 7가지, 마흔의 삶을 밝히는 지혜 10가지, 40대를 위한 삶의 지침 28가지가 그것이다.

40대, 세상을 다 안다고 자부하는가?
변화를 꿈꾸기엔 나이가 너무 많다고 생각하는가?
혹시 '이 나이에 무슨' 이라는 말을 달고 살지는 않는가?
마흔이야말로 매일매일 새롭게 태어날 수 있는, 무엇가를 배울 수 있는 최고의 나이다. 우리가 고민하는 나이, 마흔이 궁금하다면 이 책을 읽어보길 권한다.

10 중년의 배신

🪶 중년! 인생을 바꿀 수 있는 마지막 전환점

우리의 삶은 잠시도 쉬지 않고 어딘가로 이동하고 있
다. 내가 원하지 않더라도 옮겨지는 나를 확인한다.
나이가 그러하고 소속된 조직의 변화도 그러하다.
그런데 어느 날은 그다음 장소가 정해지지 않았는데
이곳에서 방출되기도 한다. 인생 1막과 2막으로 표현
되는 100세 시대는 이와 같은 경계 시점이 반드시 온
다. 경계시점은 사람에 따라 다르며 주로 50세~65

『중년의 배신』
김용태 지음/
Denstory 2016

세에 걸쳐 있는데, 그 경계에는 그냥 걸어 넘어갈 수 없는 공간이 있다.
그래서 이 경계를 지나는 일은 빙하가 갈라져 생긴 긴 틈인 크레바스,
수량이 가득 넘쳐흐르는 큰 강, 혹한과 눈사태가 있는 히말라야 산맥을
넘어가야 하는 일과도 같다.

2018년 2월 27일 공무원 연금공단 제6회 은퇴설계포럼에서 남경아 서울 50+ 재단 서부 캠퍼스 관장은 '50 이후의 삶, 여가의 의미' 토론에서 "은퇴 후 새로운 단계로의 전환은 서커스의 공중 그네타기와 같은 모험"이라고 말했다. 2막의 진입이 결코 만만하지 않음을 이리 표현했다. 2막을 확실히 깨닫는 나이는 늦어도 50세다. 이보다 일찍 느끼는 사람들도 많다. 50이 되면 무슨 생각이 들까? 열심히 살아왔다는 느낌이 들 수도 있고, 앞으로 50년을 더 살아야 한다는 압박감이 들 수도 있다. 그런데 무엇보다 존재로서 나는 누구인가로 귀결된다. 그동안 자신을 회사, 직책, 다른 사람과의 관계, 집을 비롯한 소유로 표현해 왔던 것에서 이제는 이런 것들을 생략한 나에 대해 알고 싶다. 조지프 캠벨 Joseph Campbell은 "중년이란 당신이 사다리 맨 위에 올라가서야 사다리가 엉뚱한 벽에 놓여 있다는 사실을 발견하는 시기"라고 했다. 다시 말해 나의 인생을 재조명하고 그 길을 바로잡을 기회가 주어진다는 것이다. 엉뚱한 방향의 사다리를 놓고 있었다면 이젠 올바른 사다리로 다시 놓아야 한다. 하버드 대학교 하워드 스티븐슨 교수는 "인생이란 누구에게나 처음이기에 세상은 전환점이라는 선물을 숨겨놨어. 그걸 기회로 만들면 후회 없는 인생을 살 수 있다네."라고 인생의 터닝 포인트에 대한 명언을 남겼다. 인생의 여러 전환점 중 나이 50에 맞이하는 전환점은 대전환점이며, 누구나 짚고 넘어가야 한다. 먼저 존재로서 나는 누구인가의 질문에 답을 해 보아야 한다. 50의 전환점에 존재로서의 가치를 높여 인생을 더욱 풍부하게 하고 영적으로 편안한 삶을 영위하자. 꼭 50이 아니어도 얼마든지 생각해 볼 수 있다. 가능한 빠를수록 좋다.

철학박사 김용태는 중년, 특히 한국 중년 남자에 주목하여 책 『중년의 배신』을 썼다. 그는 "젊을 때는 이때쯤이면 안정되어 있을 것이라고 예상 했는데 현실은 몸 둘 곳도 마음 둘 곳도 없는 황량한 벌판이다. 황량한 벌판에 서 있는 마음속은 시베리아보다 춥다."라고 중년 남자를 표현했 다. 그러면서 "남자는 자존심으로 사는데, 그 자존심이었던 파워적 요 소인 돈, 권력, 명예가 직장을 나오면서 사라져 버리고, 신체는 볼품없이 변한다. 성적으로는 예전 같지 않아 당혹스럽다. 집에서는 돈 벌어다 주 는 기계였고, 정서적으로는 홈리스다. 위로는 부모님, 아래로는 자녀들 의 미래, 여기에 노후까지 생각하면 불안하고 두렵다."라 덧붙여 설명했 다. 상담가인 저자가 만나본 중년의 모습은 일이 전부라고 생각하며 최 선을 다해 생활하다 실직한 경우, 가정 내에서 자리 잡지 못한 가장의 모습, 자신의 고민을 아내에게 다 털어 놓지 못하는 남편, 자신의 초라한 모습을 못 견뎌하는 태도, 육체적 변화가 못마땅하여 거부하려는 행동, 남성의 기능 상실에 의한 무력감, 노후 준비 미흡에 따른 초초함 등이 넘 친다. 이러한 모습은 중년 남성이라면 누구나 겪는 문제다.

저자는 에릭 에릭슨이 인생의 전 단계를 8단계로 구분한 것에서 '중년기 는 청소년기와 많은 부분 연동되어 있다. 청소년기에 형성했어야 할 정 체성을 형성하지 못해 중년기에 직업을 바꾸거나 중단하기도 하고, 새 로운 정체성을 찾아 나서면서 가족 간의 문제를 일으키기도 한다'를 인 용하면서 누구나 갖고 있는 우리 안의 성인아이를 지적했다. 성인아이 는 영·유아기, 청소년기로부터 그 당시 성장에 필요한 부분을 차근차근

겪지 못하고 어른이 되어 나타나는 성인 속 아이의 모습이다. 성인아이는 중년에 나타나는 여러 현상의 설명문과 같다. 책 속에 표현한 성인아이는 '누구도 신뢰하지 못한다. 자신을 부끄러워한다. 지나치게 염려한다. 주변 사람들의 근황을 알고 싶어 한다. 불평을 달고 산다. 완벽해지려고 한다. 자아도취를 한다. 타인에게 의존한다' 등이다. 그럼 성인아이로 살아가는 나는 어떻게 해야 하는가? 먼저, 내 속에 있는 성인아이의 모습을 인정하자. 성인아이 때문에 인간은 누구나 부족한 존재임을 받아들여야 한다. 그리고 질문을 마구 해 보자. 그동안 나는 존재적 삶을 살았는가? 직장 등에서 파워가 사라진다면 나는 어떻게 표현할 수 있나? 가족 내에서 경제적 지원자 외 나의 역할은 무엇이었나? 아내에게 속마음을 얼마나 털어 놓았는가? 지인들과 소소한 대화를 해본 적은 얼마나 되는가? 나는 사람들 사이에서 마음으로 연결되는 존재인가?

저자는 중년을 인생을 바로잡을 수 있는 마지막 기회임을 받아들이고, 남은 인생을 성숙하게 살 방법을 찾으라고 주문한다. 중년은 일이 없어졌다고 내가 없어지지는 않고 쓸모없어지지도 않는다. 중년 남성은 이제 가슴으로 느끼는 훈련이 필요하다. 자신이 중년의 남자로 돈 버는 기계 같이 느껴지거나, 집에 가도 왕따라고 생각하거나, 직장에서 위기를 맞고 있거나, 자녀와 아름다운 관계를 맺고 싶거나, 인생의 마지막 전환점인 중년을 활용하고 싶다면 이 책을 읽어 보길 추천한다.

02 노년
독서노트 10선

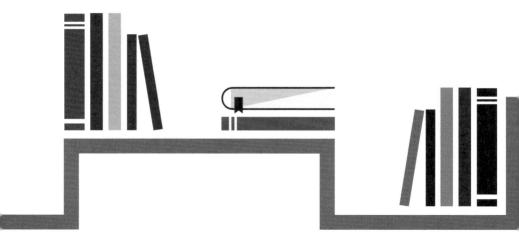

01 노화혁명

나는 9988124 하고 싶다

영국의 인구학자 폴 월레스는 노쇠하고 생산성이 떨어진 노인이 증가하는 현상을 우려하여 '고령화 충격 agequake'이라는 개념을 만들었다. 반면에 이화여대 조성남 교수는 고령인 증가 현상을 사회를 개조하고 변화를 가져올 수 있는 새로운 기회로 보자는 의미에서 '고령화 기회 ageboom'라는 개념을 제안하고 있다. 사실 이 두 가지 모두를 받아들이기 위해선

『노화혁명』
박상철 지음/
하서 2010

사회에 어느 정도의 시간이 필요하다. '고령화 충격'을 흡수하려면 고령화가 과속하지 않고 서서히 진행되어야 한다. '고령화 기회'도 마찬가지로 준비해야 하는 것을 미리 알고 대비하면 가능하다. 그런데 우리나라는 짧은 시간에 고령화가 진행되었다. 고령화의 충격과 고령화의 기회가 동시에 도래한 것이다. 만일 앞서 겪은 세대가 있으면 물어볼 수도 있고,

또 모범적 사례가 있으면 따라서 하면 될텐데, 그런 사례가 없다. 그래서 우리는 100세 장수인들에 대해 탐구한 학자들의 연구를 살펴보아야 한다.

박상철 교수는 서울대학교 의과대학 교수이자, 서울대학교 노화고령사회연구소 소장이다. 그는 이 책『노화혁명』에서 100세인을 면담 조사한 연구자로서 100세 장수인의 모습을 설명한다. 나는 이 책에서 강조하는 것 중 세 가지 주제를 선정했다. 기능적 장수, 수명의 직각화, 장수 집짓기 모델이 그것이다. 기능적 장수란 단순한 생명 연장이 아니라 삶의 질을 고양하며 인간의 존엄성을 생애 마지막 순간까지 지킬 수 있는 건강한 장수의 패턴을 의미한다. 기능적 장수를 위해서는 생의 마지막까지 생체 기능을 극대화하여 유지하는 노력을 필요로 한다. 박상철 교수는 바로 이러한 개념이 참늙기, 웰에이징의 본질이라 했다. 수명의 직각화는 사는 날까지 건강하게 사는 삶을 의미한다. 학계에서 노화연구의 궁극적 지향점으로 언급되는 인구 생존곡선의 직각화는 바로 이러한 웰에이징의 기능적 장수가 추구하는 목표다. 우리나라에서 얘기되고 있는 9988124, '99세까지 팔팔하게 살고 하루 이틀만 아프다 죽자' 운동과 일본 나가노 지역에서 얘기되고 있는 PPK(Pin Pin Korori) '팽팽하게 살다 팍 죽자' 운동은 기능적 장수와 수명의 직각화의 내용을 포함하고 있다. 장수 집 짓기 모델(Park's Temple Model for Longevity)은 장수하기 위한 모델을 절(㉛)의 모양으로 만들어 설명한다. 장수 집짓기의 기초요인은 고정요인으로 유전자, 성별, 성격, 사회문화, 환경생태 등이다.

기둥 요인은 개인적 가변 요인으로 운동과 영양의 육체적 요소, 관계와 참여의 정신적 요소다. 지붕 요인은 정치·사회적 요인으로 사회 안전 망, 의료시혜, 사회적 보호 등이다. 건강한 장수를 하려면 이러한 장수 변인을 단계적으로 보강해야 한다. 건물을 높이 튼튼하게 지으려면 바닥을 튼튼하게 다지고 기둥을 균형 있게 세우며, 지붕을 튼실하게 씌워야 하듯이, 장수도 기초와 기둥, 지붕을 튼튼하게 해야 가능한 일이다.

한편 이 책의 제목은 『노화혁명』이다. 왜 노화를 혁명이라 이름 붙였을까? 혁명은 변화와 혁신과는 완전히 다르다. 급격하며 어느 순간 우리 앞에 펼쳐지는 사건이다. 박상철 교수는 노화가 혁명적 사건으로 우리 앞에 있다고 말한다. 노화의 혁명적 사건은 무엇인가? 이 부분에 대해 박상철 교수는 다음과 같이 선언한다.

① 고령화되더라도 열정을 가진 사람은 연령에 상관없이 자신의 능력을 발휘할 수 있다. 국내의 백세인 조사에서도 장수인들의 열정과 집념을 쉽게 볼 수 있었다. 따라서 연령에 따라 인간의 능력이 소실된다는 일방적인 편견은 큰 오해다.
② 오늘날의 고령인의 건강상태는 영양, 의료, 사회 안전시설, 생활습관 개선 등의 많은 노력에 의해 호전되고 있다. 1977년에 70세인 사람의 건강 상태가 30년이 지난 2007년에는 87세인의 건강 상태와 같았다.
③ 장수인의 의료비 지출은 폭발적으로 증가하지 않는다. 6, 70대의 나이에 병들면 고가의 의료수요를 필요로 하지만, 90대는 폐렴이나 낙상

등으로 단기간의 의료시혜를 필요로 한다. 또 대체로 사망 원인이 자연사이기 때문에 의료비가 적게 든다. 건강하게 장수하면 사실상 복잡한 의료가 필요 없어지기 때문에 돈이 적게 들어간다.

④ 인구 고령화에 따라 질병의 증가 현상은 나타나지 않고 오히려 사망 직전에 비로소 질환이 증가한다. 따라서 미래 고령사회의 의료비 지출이 현재 상황을 바탕으로 하여 예상한 지출보다는 현저하게 낮아질 수 있다.

박상철 교수는 이상의 내용을 바탕으로 우리가 생각하는 노화의 암울한 생각을 완전히 뒤집어 놓는다. 오늘의 노화는 예전과 다르며, 건강한 노화는 죽는 날까지 모든 기능을 사용할 수 있다. 또 건강한 노화는 질병으로 인한 비용이 적게 든다는 것이다.

박상철 교수는 연구자로서 『노화혁명』의 책 속에 초 장수인의 모습을 비교적 상세히 기술하고 있다. 혹시 나이가 들면 모든 능력을 상실한다고 믿는가? 그럼 인간이 100세 정도가 되면 그 상태가 어떨 것 같은가? 아마도 신체적, 인지적 기능의 악화를 예상할지 모른다. 하지만 실제는 그렇지 않다. 초장수인의 모습은 우리의 생각보다 훨씬 온전하다. 전국의 백세인은 어떻게 장수할 수 있었는지 살펴보고, 어떻게 나이 들어갈 것인지를 연구자의 관점에서 들여다보고 싶다면 『노화혁명』을 읽어야 한다. 이 책에서 우선 건강한 장수를 위한 기본 토대를 충분히 이해하고 그 실천 방법을 찾았으면 한다.

02 100세인 이야기

100세인을 직접 면담 조사한 결과를 소개합니다

노년에 대한 공부를 진행하면서 실제 100세인들의 삶을 들여다 본 결과에 주목하는 것은 매우 당연하다. 그래서 선택한 책이 『100세인 이야기』다. 이 책은 100세인들에 대한 이야기다. 이 책의 저자인 박상철 교수는 이 책의 말미에 100세인 면담 조사에 관하여 다음과 같이 정리하고 있다.

100세인에 대한 조사는 1999년부터 시작하였다. 처음에는 서울 근교에 계시는 100세인을 초청하여 건강검진과 무료진료를 해 드리면서 조사하였으나 협조 부족으로 성과가 없었다. 통계청 자료를 중심으로 100세인에 대한 전국 분포도를 작성하고 그 밀집도가 높은 지역을 선정하여 현지 관계자에게 조회하였다. 2001년부터 2004년까지 본격적으로 현지를 방문해 면담조사를 하였다. 100세인은 물론 95세 이상 남성 장수인과 100세인의 가족을 포함하여 600여 명을 만났다. 가장 중요한 것은 연령의 확인이다. 다행스럽게도 우리나라의 경우 100세인들이 태어난 간지(干支)를 비교적 확실하게 기억하고 있었다. 또 100세인의 결혼 연령이 14, 15세가 보통이었고, 여성의 경우는 거의 예외가 없었다. 따라서 20세 이전에 대개 자식을 낳아서 여든이 넘은 자식의 존재는 중요한 근거가 되었다. 아직까지 초 100세인(Supercentenarian)이라고 불리는 110

『100세인 이야기』
박상철 지음/
샘터 2009

세를 넘은 어르신을 찾아뵙지 못해 아쉽지만 우리나라에도 초 100세인이 나타났다며 세계에 자랑하고 싶은 마음이 간절하다.

저자는 100세인을 조사한 항목을 분류하여 100세인의 건강, 생활, 사랑, 가족, 이웃, 이별, 빛과 그림자, 바다 건너 100세인으로 정리했다. 그 결과 통계적으로 100세인의 모습을 알 수 있었다. 우리나라 100세인의 평균 출산 자녀수는 5.4명인데 반하여 생존 자녀 수는 2.9명 정도이다. 대상 100세인들 중 배우자가 현재 있는 경우는 3%에 불과 하며, 평균 사별 시기는 남자 79세, 여자 58세로 배우자와 사별 후 30~40년을 홀로 사셨다. 대부분은 가족과 함께 살고 있지만 9% 정도는 홀로 생활하고 있다. 직계 자녀들의 방문 빈도는 월 1회 이상이 40%에 불과하고, 17%는 연 1~2회, 23%는 집안 행사 때만 그리고 전혀 접촉이 없는 경우도 21%나 되었다. 백세가 되도록 사신 어르신들은 누가 모시고 사는지만큼 중요한 문제는 없다. 살펴본 바에 의하면 며느리가 67.5%, 딸 8.2%, 손자 2% 정도였고, 독거노인 12%의 비율로 나타났다. 며느리가 모시는 경우 남편이 이미 죽고 없는 경우가 삼분의 일에 달했다. 그리고 이들 며느리의 대부분은 맏며느리였다. 시부모를 모신 기간이 평균 43년이었고, 가장 오랫동안 시부모를 모신 분은 64년을 넘었다. 할머니들은 혼자 사는 경우가 7~8% 정도 되는데, 독거 장수 할아버지는 거의 없다. 혼자 사는 할머니들은 이웃들이 생활을 돕기도 하지만 대부분 혼자서도 깔끔한 생활을 유지하고 있었다. 그러나 할아버지들은 대개 생활이 말이 아닐 만큼 처참하였다.

이상의 100세인 모습에서 나는 몇 가지 참고로 할 내용을 찾았다. 100세인은 잠시도 가만히 있지 못하는 활동가다. 100세인은 사랑꾼이다. 100세인은 당당하며 자신의 의지대로 산다. 100세인은 술을 마다하지 않으나 절제한다. 100세인은 며느리와 살던, 손부와 살던 서로 의지하며 외로움을 극복하고 있다. 100세인은 친구와 이웃과 함께 어울린다. 100세인은 감정이 풍부하다. 100세인은 까다롭지 않고 성격도 급하지 않다. 100세인은 이별의 슬픔과 삶의 고통을 극복하며 산다. 100세인은 외로움을 고독력으로 견디어 낸다. 100세인은 나이 탓을 하지 않는다.

나는 박상철 교수의 『100세인 이야기』에서 100세 장수를 위한 나만의 결론을 도출했다.

첫째, 사랑하는 사람을 만나 결혼을 하고 가족을 이루어 살아야 한다. 이것이 인간 본성의 첫 번째 항목이다.

둘째, 건강을 위해 성실하고 담백한 삶을 살자. 육체적·정신적·사회적 건강은 넘치지 않는 생활과 특별한 삶을 살지 않음으로 가능하다.

셋째, 삶은 움직임으로 표현하자. 항상 나의 몸을 움직이고 활용하자. 몸은 움직일 때 살아 있는 것이다. 산다는 것은 움직인다는 것과 같다.

넷째, 나와 만나는 누구와도 어울려라. 사람 사이에서 어울리기 위해서는 부드러워지고 유연해야 한다. 나이가 들수록 더욱 관용을 베풀자.

다섯째, 특별한 음식을 찾지 말고 골고루 먹자. 자연식품을 선호하고 한 끼라도 정성을 다해 먹자.

여섯째, 청결하고 깨끗한 환경에서 생활하자.

일곱째, 가능하면 즐겁게, 낭만이 있는 삶을 추구하자.

여덟째, 삶의 마지막 순간까지 나의 존엄을 유지하는 삶을 살자.

아홉째, 죽음을 의연하게 맞이할 수 있도록 대비하자.

이러한 결론은 우리가 사는 삶에 대해 두 가지 중요한 사실을 일깨워준다. 인간 본성의 발현과 성실함이다. 인간의 본성은 사랑과 사람들과의 어울림이고, 성실함은 그 사람의 삶의 모습이다. 인간의 본성대로 살지 않으면 나의 존재를 확인할 방법이 없다. 성실함이 없으면 내가 살다간 흔적을 찾을 수 없다.

그런 의미에서 나는 책『100세인 이야기』가 장수 비결에 관한 내용이 아니라 그들의 감정과 열정에 관한 이야기라 생각한다. 인간에 대한 이해를 하는 덤을 기대해도 좋다. 여러분도『100세인 이야기』로 장수 하기 위한 마음가짐에 대해서도 함께 생각해 보는 시간이 되었으면 한다.

03 노년의 기술

노년의 기술! 나의 과거와 화해부터 해라

청춘이란 인생의 어느 한 시기가 아니라 마음가짐을 뜻하나니/

장밋빛 볼, 붉은 입술, 부드러운 무릎이 아닌

풍부한 상상력과 왕성한 감수성과 의지력 그리고

인생의 깊은 샘에서 솟아나는 선함을 뜻하나니/

청춘이란 두려움을 물리치는 용기, 안이함을

뿌리치는 모험심, 그 탁월한 정신력을 뜻하나니/

때로는 스무 살 청년보다

예순 살 노인이 더 청춘일 수 있네/

누구나 세월만으로 늙어가지 않고

이상을 잃어버릴 때 비로소 늙어 가나니/

세월은 피부에 주름을 만드나 정을 가진 마음을

시들게 하지는 못하네(중략)/

『노년의 기술』
안젤름 그륀 지음/
김진아 옮김/
오래된 미래 2010

영감이 끊기고 정신이 냉소의 눈에 덮일 때 비탄의 얼음에 갇힐 때

그대는 스무 살이라 하더라도 늙은이라네/

그러나 머리를 높이 들고 희망의 물결을 붙잡고 있는 한

그대는 여든 살이어도 늘 푸른 청춘이라네.

- 책 『노년의 기술』 5, 6쪽 사무엘 울만의 청춘 中에서 -

『노년의 기술』의 저자인 세계적 영상가 안젤름 그륀 신부는 이 책에서 '어떻게 늙어 갈 것인가?'라고 묻는다. 나는 그 답이 앞서 실은 사무엘 울만의 청춘이라는 시에 담겨 있다고 생각한다. 그러나 용기와 이상, 희망과 열정이 그저 하고 싶다고 되는 일일까? 신부님은 그러니 기술이 있어야 한다며 책 제목을 노년의 기술이라 이름 붙였다. '삶의 기술이 곧 늙음의 기술', '기술은 능력에서 나온다'는 뜻이다. 늙는 기술도 저절로 알아지는 것이 아니며, 늙는 기술도 배우고 익혀야 한다는 뜻이기도 하다. 안젤름 그륀 신부는 그런 늙어 가는 기술의 항목을 시간, 깨달음, 도전, 사랑, 내려놓음, 화해, 이별이라 했다. 그리고 항목별로 어떻게 기술을 익혀야 하는지를 이 책에 담았다. 노년의 기술을 배우기 위한 시작점은 신부가 한 다음의 말에서 찾을 수 있다. "노년의 배움은 끊임없는 진실 찾기다. 우리를 지탱하고 우리 삶에 의미를 주는 것이 과연 무엇인지 끊임없이 질문하는 일이다. 나는 누구인가? 내가 인생에서 가치 있게 생각하는 일은 무엇인가? 나는 어디로 가는가? 무엇 때문에 나는 나인가?" 시작점은 바로 '나는 누구인가?'라는 질문에서 출발해야 한다. 이 질문은 미래를 내다보기 위해 현재에서 과거를 돌이켜 보겠다는 의미이다.

나를 알아야 올바른 미래 설계가 가능하기 때문이다. 또 안젤름 그륀 신부의 늙어 가는 기술의 항목 중 내려놓음과 화해가 '나는 누구인가?'라는 질문과 닿아 있기도 하다. '나는 누구인가?'의 질문은 나의 과거와 연결되어 있고, 그 과거는 내려놓음과 화해와 연관되어 있기 때문이다.

안젤름 그륀 신부는 내려놓음을 받아들이기와 놓아 보내기로 설명한다. "받아들인다는 것은 있는 그대로의 과거를 인정하는 것이다. 그 역사 속에서 펼쳐진 내 삶과 나 자신을 마음으로부터 긍정하는 것이 진정한 받아들임이다. 과거를 바꿀 수는 없으나 과거에 대한 생각은 바꿀 수 있다. 놓아 보낸다는 것은 무작정 잊는 것이 아니라 후회하는 일을 그만두는 것이다."고 했다. 한편 화해는 과거와의 화해다. "과거와 화해할 수 있다면, 나는 과거를 통해 더욱 담담하고 현명해질 수 있다. 놓쳐버린 기회가 자꾸만 떠오르거든 그 미련과 마주하라. 그리고 충분히 아쉬워하라. 그리고 다시 지금 이 순간으로, 자기에게로 돌아오라."고 한다. 내려놓음과 화해가 그저 가능한 일은 아니다. 독일출생의 미국 정신분석학자인 에릭 에릭슨은 노년기에 '절망' 하지 않기 위해서는 인생이 서로 다른 두 개의 요소, 즉 성공과 실패, 선과 악, 기쁨과 슬픔, 즐거움과 고통으로 뒤섞여 있다는 걸 알아야 하고, 나이가 들면 양면적인 요소를 모두 인생의 조건으로 받아들여 '통합' 할 수 있어야 한다는 점을 강조했다. 젊을 때는 결코 인정하고 싶지 않았던 인생의 어두운 부분, 아팠던 과거. 그리고 앞으로 다가올 죽음마저도 자신의 인생 안에 '통합' 해야 한다는 것이다.

나의 과거와 화해하고 나의 과거를 나의 인생과 통합하기 위해서는 나의 과거를 알아야 한다. 나는 나의 과거가 내가 한 습관과 태도, 행동의 결과물이라고 생각한다. 그리고 그 습관과 태도, 행동은 5살 미만의 가정환경에서 형성되었다고 본다. 우리말에 '세 살 버릇 여든까지 간다'는 말도 있다. 그러니 나의 과거는 습관과 태도, 행동을 형성하는데 절대적 역할을 한 부모님으로부터 왔다. 그러니 나의 과거가 맘에 들지 않는다고 하여 너무 자책하지 않았으면 한다. 내가 추천하는 방법은 다음과 같다.

우선 내 앞에 나의 모습을 닮은 모형이 하나 세워져 있다고 생각하자. 그리고 모형을 보고 말해야 한다. "00아, 그동안 살아 낸다고 고생 많았다. 살아보니 세상만사가 쉽지 않지? 사실 그 어려움들은 너의 잘못이 아니란다. 부모님으로부터 물려받은 습관과 태도, 행동으로 지금까지 살아 온 결과이기 때문이다. 부모님만 탓하고 있기엔 아직도 50년을 더 살아야 한다. 그러니 마음에 들지 않는 습관과 태도, 행동은 바꾸어서 살자. 바꾼다는 게 쉽지는 않을 거야. 세상살이를 견뎌낸 끈기만 있으면 못할 것도 없다고 생각하자. 000을 응원한다!"

지금의 모습이 맘에 들지 않으면 과거의 나와 과감하게 결별해야 한다는 것이다. 그 방법은 무엇인가? 우선, 나의 삶에 영향을 미친 습관과 태도, 행동이 무엇인지 알아야 한다. 또한 어린 시절의 상처가 어떻게 형성되어 성인이 된 오늘날까지 영향을 미치고 있는지를 직시해야 한다. 이를 감추지 말고 완전히 드러내어 치유의 시간을 갖고, 어려운 과정으로 여겨지면 가정심리치료사 등의 도움을 받아야 한다. 어느 가정심리

치료사는 황혼 이혼은 결혼 후 쌓인 되돌릴 수 없는 감정 때문에 일어나는데, 그 전에 먼저 가족 심리 치료를 받아 보도록 권유했다. 심리 치료의 과정에서 남편과 아내가 해온 습관, 태도, 행동이 어린 시절 가정환경에서 형성된 결과임을 알게 되기 때문이다. 그렇게 의도하지 않았던 상처를 서로에게 준 사실을 깊이 받아들이면서, 앞으로 어떻게 살아갈지 서로 상의하여 극적으로 관계를 복원할 수 있다.

안젤름 그륀은 책의 말미에서 "인간은 태어남과 함께 늙기 시작한다. 우리는 늙으려고 산다. 사람이 늙어 죽는다는 단순한 사실을 아는 것, 그 속에 지혜가 있다. 삶의 길 위에는 배울 것이 많다."고 했다. 잘 늙는 법을 배우고 싶다면, 지나간 젊음에 갇혀 늘 슬퍼만 하고 있다면, 나이는 들지만 마음만은 항상 청춘이고 싶다면, 늙어가는 것에 대한 질문이 있다면, 노년에 자기 자신의 삶을 특별하게 받아들이고 싶다면, 이 책을 읽어라. 당신의 노년을 더욱 특별하게 해 준다고 확신한다.

04 지금 외롭다면 잘되고 있는 것이다

 노년에는 외로움과 서러움을 친구처럼 대해야 한다

인생을 규정하는 많은 말들 속에 '외로움'이 있다. 인문학자 김열규 교수는 『아흔 즈음에』에서 "노년이 되어 나이가 더 드는 것과 외로움을 타는 것은 정비례하는 것 같다. 나이가 들면 들수록 외로움의 도수가 늘어만 간다."고 했다. 아일랜드 시인 존 오도노휴 John O'Donohue는 "인간에게 심각하고 혹독한 외로움이 냉혹한 겨울처럼 다가왔다."고 했고, 이근후 교수는 "노후 대비로 젊었을 때 보험이나 연금을 드

『지금 외롭다면 잘되고 있는 것이다』 한상복 지음/ 위즈덤하우스 2011

는 것도 중요하지만 외로움에 대비하는 일도 잊어서는 안 된다. 살다 보면 아무도 나에게 관심을 갖지 않는 시기가 꼭 온다. 그 상태를 당연하게 받아들이고 그에 적응하는 법은 스스로 찾아야 한다."고 했다.

『지금 외롭다면 잘되고 있는 것이다』를 쓴 한상복 작가도 이 외로움에 주목했다. 그는 사람들의 뒷모습을 유심히 관찰하다가 '외로움'이라는 비공식적인 동기를 발견했다고 한다. 명분, 성공, 체면, 사랑 등의 공식적인 동기만큼이나 사람들은 의외로 외로움이라는 동기에 커다란 영향을 받는다. 그래서 작가는 사람들이 외로움을 어떻게 만나, 친구가 되고, 마침내는 일상의 에너지원으로 활용하고 있는지 오랜 기간 관찰해 이 책을 썼다고 한다. 그가 말하는 '외로움'은 다음과 같다.

삶에서 피할 수 없는 세 가지가 있다. 그것은 죽음, 세금, 외로움이다. 우리는 죽는 날까지 외로움에서 벗어날 수 없다. 외로움은 '평생을 함께하는 그림자'이자 '또 다른 나'이기 때문이다. 외로움은 '모든 태어난 자의 숙명'이다. 외로움은 대개 부정적인 단어로 쓰인다. 불안, 위축, 고립, 단절, 슬픔, 무기력, 우울, 패배, 나락, 공포, 몰락, 고통, 절망 등이다. 외로움이 분노와 결합하면 마음속에 악마를 키워내는 경우도 있다. 외로움의 원한이 스스로에게 겨눠지면 자기학대를 거쳐 자멸로 이어지기도 하고, 남에게 겨눠지면 병적 분노의 발산으로 표출되기도 한다. 사람들은 외로움으로부터 벗어나기 위해 남과 함께 있으려고 한다. 서로에게 의존해 외로움의 텅 빈 허전함을 메우려는 것이다. 그러나 외로움은 함께 있는 것으로 채워지지 않는다.

함께한 외로움이 나이가 들면 더 외롭고, 그 외로움은 증폭되어 '서러움'이 된다. 서러움은 우울증으로 발전하는 기폭제다. 이제 평생에 걸쳐 외로움을 어떻게 다루어야 하는지가 관건이다. 우선 외로움을 겪는 실체적 이유를 알아보지 않을 수가 없다. 한상복 작가는 이를 삶 자체가 나를 지향하는 게 아니라 외부를 향하고 있기 때문이라 하고, 삶이 나를 지향해야 하는 이유를 다음과 같이 표현했다.

사회생활 중에는 너무 바쁜 나머지 내가 없다. 남들이 부러워하는 모든 것, 학력, 재산, 명예 등은 좋은 조건들이지만, 그 속에 자기 기준은 없다. 우리는 하고 싶은 것을 추구하는 플러스형 인간이 아니라 되고 싶은 마이너스형 인간을 추구한다. 내가 즐거워하는 일을 하지 않고 남들이 좋다고 하는 일을 따라 한다. 이런 생활은 날이 갈수록 나를 지치게 한다. 왜 그럴까? 결론은 하나다. 내가 없는 생활이기 때문이다. 기준으로 '나'를 중심에 두지 않았기 때문이다. 외롭지 않기 위한 첫 단계가 사람들 속으로 들어가는 것이라 하지만, 사람들 속에 있어도 외로움은 사라지지 않는다. 궁극적 지향점은 나를 향한 생활과 생활의 기준점을 나에게 맞추어야 한다.

즉, 한상복 작가는 우리에게 내가 있는 삶을 살고 있는가라고 묻는 것이다.

저자는 외로움이라는 하나의 표현을 이해하기 쉽도록 영어로 표현하면서 론리니스 Loneliness와 솔리튜드 Solitude로 구분하고 있다. 이중 론리니스 Loneliness는 혼자 있는 고통을, 솔리튜드 Solitude는 혼자 있지만 이를 긍정적으로 보는 것이다. 한상복 작가는 정신분석학자 H.S. 설리번도 관계로부터 격리된 부정적 혼자됨을 '론리니스'로, 스스로 선택해 나다움을 찾는 긍정적 혼자됨을 '솔리튜드'로 분류했다고 하면서, "우리는 '홀로'라는 선택을 통해 더 좋은 것, 솔리튜드로 도약할 수 있다. 솔리튜드는 쉽게 얻어지는 것이 아니다. 솔리튜드는 론리니스를 통과해야만 도달할 수 있다."고 했다.

나는 이 솔리튜드가 맘에 든다. 외로움 속으로 들어가서 나다움을 찾아 그 생활을 즐길 수 있다면 어느새 외로움은 작아지는 까닭이다. 물론 너무 즐거운 솔리튜드로 사는 길은 인간이기 때문에 쉽지 않다. 그러나 받아들이기에 따라서 솔리튜드의 경지는 경제적 노후 준비의 부담도 줄여 주는 또 다른 노후 대책, 대박 보험이란 생각이 맞을 수 있다는 생각이다. 그런 의미에서 내가 생각하는 솔리튜드를 위한 훈련들을 추천해본다.

1. 혼자서 재미있게 산책하고 여행하고 등산할 수 있다.
2. 혼자서 영화관, 미술관 가는 것이 편하게 생각될 때가 있다.
3. 혼자서 최고 경영자 과정, 평생 교육원, 세미나, 포럼, 심포지움 등에 참여하여 공부할 수 있다.
4. 혼자서 봉사활동에 참여하는 방법을 알고 있고, 동참하는 것에 긍지를 느낀다.
5. 혼자서 집이나 식당에서 식사하는 것이 자연스럽게 가능하다.

6. 휴일 날 혼자 지내면서 조용히 멍 때리고 있더라도 그 여유를 즐길 수 있다.

7. 교리를 몰라도 특정 종교 행사에 참여할 수 있다.

8. 최소한의 돈으로 한 달 버텨보는 연습을 해보았다.

9. 동창회, 사회단체, 계모임 등에 참석하지 않아도 견딜 수 있다.

10. 경비원, 택시기사, 공익일자리, 청소용역 등 일자리를 매력적으로 여겨 할 수 있다.

11. 남편(아내)과 자식들과 떨어져 있어도 빈둥지 증후군을 극복할 수 있다.

12. 문명의 이기(TV, 컴퓨터, 핸드폰)가 없어도 불편함을 느끼지 않을 수 있다.

나이가 들면 외로운 것이 당연하다. 당신은 그 외로움과 어떻게 살아갈 것인가? 론리니스로 살 것인가, 솔리튜드로 살 것인가? 외로움을 완전히 떨쳐낼 수는 없다. 혼자인 인생을 받아들이고 혼자만의 시간을 즐길 수 있는 훈련을 알고 싶다면, 외로움이 새로운 희망이자 즐거움이 되는 방법이 필요하다면 이 책을 추천한다. 아마 여러분 각자의 긍정적인 혼자를 만날 수 있을 것이다.

05 노년의 아름다운 삶

노년을 멋지게 사는 인식의 전환

광화문역 3번 출구 앞 기둥에 책꽂이를 디자인한 그림 사이로 책 속 문구가 몇 개 적혀 있다. 그중 하나는 '질문의 크기가 내 삶의 크기를 결정한다/공부의 달인 호모쿵푸스/고미숙/북 드라망'이다. 나는 질문이 핵심 공부 방법임을 항상 생각해 왔으나 왜 그런지 설명하려면 꽤 시간이 걸렸는데, 광화문역의 이 표현이 그 이유를 하나의 문장으로 표현하고 있었다. 사진을 찍고, 한달음으로 교보문고 광화문점에서 이 책을 샀다. 책을 멀리까지 읽을 필요 없었다. 9쪽 머리말에 이 표현이 있었다.

공부란 무엇인가? 학교를 떠나는 순간 공부가 끝나는 것이라면, 생로병사에 대한 통찰력은 언제, 어디서 배워야 하는가? 학교에선 왜 독서하는 힘을 길러 주지 않는가? 독서와 공부는 서로 다른 것인가? 존재의 근원은 무엇인가? 행복의 조건은? 등등 공부란, 세상을 향해 이런 질문의

그물망을 던지는 것이다. "크게 의심하는 바가 없으면, 큰 깨달음이 없다."(홍대용) 고로, 질문의 크기가 곧 내 삶의 크기를 결정한다!

『노년의 아름다운 삶』
한국노년학회 지음/
학지사 2008

지은이 고전평론가 고미숙은 공부하는 인간을 호모 쿵푸스(Homo Kungfus)라 했다. 그리고 호모 쿵푸스는 인생의 모든 순간을 학습한다고 적었다. 나는 강의할 때 '질문의 크기가 내 삶의 크기를 결정한다'는 표현을 빌어 "은퇴에 대한 호기심과 질문의 크기가 은퇴 후 삶의 크기를 결정한다." 다른 말로는 "노년에 대한 호기심과 질문의 크기가 노년의 삶의 크기를 결정한다."등으로 확장하여 표현하고 있다.

마찬가지로 노년에 대해서도 호기심과 질문이 있다면 그 답을 알아가는 과정이 필요하다. 그래서 이 책을 소개한다. 책『노년의 아름다운 삶』은 1978년 창립한 한국노년학회가 창립 30주년을 기념하여 출판한 수필집이다. 당시 3,000명의 회원 중 28명이 참여하였다. 이 책의 발간사를 쓴 송미순 20대 회장은 노년학회 회원들이 노년학 연구와 노인 관련 실무 경험을 통하여 체득한 늙음에 대한 깨달음, 노인에 대한 애정이 묻어 있는 글, 회원들의 감성이 조각보처럼 이어져 사랑과 철학을 담은 글이라 표현했다. 머리말을 쓴 김동배 19대 회장은 사는 동안 삶의 질을 얼마큼 높게 유지하여 개인적으로 행복하고, 사회적으로 보람되며, 국가적으로 생산적인 노후를 보내는가 하는 것은 우리나라뿐만 아니라 전세계의 화두라 하고 노년학자들이 노인이 되어 간다는 것을 어떻게 생각하는 지, 자신과 주변의 경험을 진솔하게 이야기하였다고 적었다.

김동배 교수는 '옛날의 금잔디'에서 노인에 대한 사회적 편견으로 '늙으면 쉬어야지, 나돌아 다니다가 다치기라도 하면 어떻게 하나?', '그건 젊은이들이나 하는 일이지, 늙은이가 주책없이 무슨 바람이 나서 그런 일을 하나?', '늙으면 다 노환이란 게 있는 법이다. 그런 정도 가지고 병원까지 갈 필요는 없다', '평생 그렇게 같이 살아 왔으면 됐지, 무슨 황혼이 혼인가? 그 나이에 무슨 재혼?' 등의 예를 들었다. 그러면서 노인에 대한 부정적 의식은 편견 및 고정관념을 심게 되고, 노인의 능력을 과소평가하며, 사회적 지위를 저하시키고 노인 학대와 노인 자살로 이어질 수 있다고 했다.

위와 같이 이 책은 주로 노인에 대한 부정적 이미지, 가족 내에서 인정받지 못하는 노인의 위치 등에 관한 내용을 담고 있다. 한편 어떻게 노년을 준비해야 하는지에 대하여 고령 친화 주거 선택 방법, 실버타운 선택의 체크 포인트, 일상생활 예방 규칙, 자녀와의 관계 설정, 노후 필요자금과 관리, 자기 성취를 위한 제 3기 인생 설계 방법, 노인이 해야 할 인생 과업, 건강한 노년과 성생활, 신 노년 문화, 행복하게 살아가기 위한 주요한 조건, 노인과 효 등도 상세히 표현하고 있다. 실제 노인들의 삶을 긍정적으로 바라보고 그들의 생활의 모습에서 노인의 배움과 열정, 인품, 사랑, 행복한 생활, 배우자와 함께하는 제3의 인생, 자유분방한 삶,

다양한 주거형태, 다시 뛰는 노인 등을 알려주기도 한다.

100세 시대가 좋은 이유는 늙어 간다는 것에 대한 부정적 요소들을 긍정적 요소로 바꿀 수 있는 충분한 시간을 확보하고 있어, 미리 대비한다면 자신만의 멋진 노년 설계가 가능하기 때문이다. 노년학자들이 생각한 노인이 되어 간다는 것과 그들이 깨달은 '늙음'이라는 주제에 대하여 궁금하다면 이 책을 읽어 보자. 그리고 책 속 연구자들이 계속하고 있는 연구 주제에 관심을 갖고 참관해 보았으면 한다. 우리는 지금 이 순간에도 늙어가고 있으니.

06 멋지게 나이 드는 기술

『멋지게 나이 드는
기술』
존 레인 지음/
고기탁 옮김/
베이직 북스 2012

급격한 수명연장에 당황하셨나요?

우리는 왜 이렇게 오래 살게 되었을까? 그것도 급격
한 수명연장을 이루어 낸 것일까? 그 원인으로 현재
의 환경, 위생, 영양, 보건이 그 차이를 만들어 냈다
는 것이 많은 연구들의 결과다. 환경의 측면에서 보
면 비바람을 막아주고, 추위와 더위를 극복하기 좋
은 아파트와 주택 등 주거환경을 갖고 있다. 위생은
상, 하수도의 정비와 냉장고와 세탁기, 청소기 등의
보급을 들 수 있다. 영양에서 보면 지금은 오히려 과
잉섭취를 고민할 정도다. 보건은 우리 주변에 병원과 보건소가 가까이
에 있고, 건강검진이 정례화되고 있다. 그럼 현재의 환경, 위생, 영양,
보건이 가능하게 된 결정적인 요인은 무엇일까? 그것은 경제적 여건의
개선이다.

한스 로슬링 교수가 200개 국가를 대상으로 1810년부터 2009년까지 200년 동안 소득과 수명의 관계를 연구한 결과에 관한 TED 동영상을 보면 1810년에 영국과 네덜란드의 수명이 40세 정도였을 뿐 대부분 나라는 40살을 넘지 못했다. 당시 소득 수준은 연간 400달러가 채 되지 않아서 가난하고 병약하였다. 1900년이 되면서 연간 소득이 4,000달러를 넘어서는 나라를 중심으로 평균수명 50세가 되었다. 1948년 무렵에 스웨덴과 미국이 가장 많은 소득과 70세 정도의 가장 긴 수명을 보여 주고 있는 반면에 저소득 국가에서는 여전히 수명이 50세에 미치지 못하였다. 이 때의 수명 분포도가 가장 넓게 나타난다. 그 후 각국의 소득 증가에 따라 급격한 고령화가 진행되었다. 2009년에 국민소득이 2만 달러 이상인 국가에서 수명이 80세 전후까지 늘어나게 된다. 한국의 평균수명도 1900년에 40살, 1971년에 60살, 2017년에 82.7세로 급격하게 연장되었음을 알 수 있다. 모든 급격함 뒤에는 긍정적인 면보다 부정적 요소가 더 많다. 우리도 평균수명 60살을 염두에 두고 살아왔는데 갑자기 오늘날에는 100살을 산다고 한다. 예상하지 못한 수명연장에 당황스럽다.

화가이자 교육자인 존 레인은 『멋지게 나이 드는 기술』에서 수명연장에 대해 "고고학적 증거에 따르면 네안데르탈인과 구석기인은 남녀를 통틀어 절반에 달하는 숫자가 20세 이전에 죽었다고 한다. 중세에 이르러서 유럽의 평균 수명은 대략 30세로 늘어났다. 20세기에 들어서 적어도 산업화가 진행된 나라에 한해서 기대 수명이 평균 30년 이상이 늘어나서

77세를 넘어섰다. 의술과 공중보건 혁명의 혜택을 누리기 시작했다.”라고 기술하였다. 이는 우리의 수명 연장이 20세기 들어 나타난 현상으로 수명연장의 원인이 환경, 위생, 영양, 보건 등의 영향임을 말해 준다. 이제 우리는 두 가지 사실에 직면해 있다.

하나는 누구나 오래 산다는 사실이다.

또 다른 하나는 길어진 노년을 어떻게 보내야 할 것인가가 그것이다.

존 레인은 장수혁명의 시대를 맞아 잘만 준비하면 멋진 삶을 살 수 있다고 하고 그 방법을 이 책에 빼곡히 채워 넣었다. 그는 “겨우 최근에야 노인학을 연구하는 젊은 학자들이 어떤 문제에 의문을 품기 시작했다. 즉 인간답게 사는 데 있어서, 자식을 다 키우고 나서 노인으로 사는 긴 기간이 젊은 시절만큼 중요하지 않은가 하는 점이다. 우리는 노년을 왜 인생의 새롭고 진화적인 단계로 보지 않는가? 젊었다가 쇠퇴하는 것이 아니라 그 자체를 제약이 없는 발전으로 여기지 않는가? 실제로 나이에 제약을 가하는 것은 우리가 아닐까?”라고 하였다. 존 레인은 젊음에 비해 노년은 다음의 점들로 인해 특별한 기회를 제공한다고 강조한다.

① 불확실한 젊은 시절에 비해 만족스러운 안정감이 존재한다.

② 일에 치여 살던 시절에 비해 자유가 있다.

③ 미숙하고 피상적 존재에서 연륜이 있고 이해심이 있는 존재로 거듭난다.

④ 부산함에 방해 받지 않는 평온함이 있으며, 새로운 흥미를 찾아 잠재성을 탐험할 수도 있다.

그는 그 연장선으로 이 책을 통해 유쾌하게 나이 드는 아홉 가지 방법과 멋지게 나이 드는 기술 스물세 가지를 제안하고 있다. 나는 제안의 많은 내용이 건강하게 나이 드는 방법에 관한 내용과 연결되어 있다고 생각했다. 아무리 오래 살아도 건강하지 않으면 어떤 방법도 유쾌하거나 멋질 수 없다.

늙어 가는 나의 모습을 온전히 바라보며 노년을 긍정적으로 보내기는 어쩌면 불가능한 숙제인지 모른다. 미리 들여다보고 먼저 대비하고 준비해야 하는 이유다. 특히 건강은 유쾌하게 나이 들어가는 방법, 멋지게 나이 드는 기술의 선결조건이다. 『멋지게 나이 드는 기술』은 제목만으로도 우리를 유혹한다. 누구나 꿈꾸지만 쉽지 않은 멋진 노년의 삶을 이 책으로 계획해 보자.

07 황혼의 반란

100세 시대! 축복인가 재앙인가

우리나라 사람 100명을 나이순으로 세우면 가운데 선 사람의 나이를 '중위 연령'이라고 한다. 1973년에는 우리나라 중위 연령이 19세였다. 1997년에는 이 중위 연령이 30세가 되었고, 2013년에는 40세가 되었다. 이제 2043년에는 54세가 될 거라고 한다. 초고령 사회의 도래는 사회의 나이도 중년으로 옮겨 놓는다. 짧은 기간에 갑자기 길어진 수명은 국민들로 하여금 처음에는 축복으로 여기게 한다. 그러나 이내 준비되지 못한 상황에 당황하는 모습으로 전개된다. 박종훈 KBS 경제전문기자의 『세대 전쟁』에 보면 서기 1세기 로마제국도 60세 이상 고령 인구가 전체 인구의 6~8%였다고 한다. 현재의 기준으로 보더라도 로마제국은 고령화 사회에 진입해 있었다. 의료기술은 아니더라도 위생의 인식 수준이 높아 유아 사망 시기만 잘 지나면 천수(天壽)를 누리는 경우가 적지 않았다고 한다. 그러나 세대 전체가 초고령 사회(20% 이상)로 진입하는 현상은 없었다. 결국 장수 리스크의 핵심 원인은 "대한민국 국민들의 평균 수명이 짧은 시간에 급격히 증가한 것"이다. 우리는 우리의 할아버지 할머니의 수명을 생각했는데 이보다 30년은 더 사는 환경에 놓여있다. 과연 100세 시대는 축복인가 재앙인가?

『황혼의 반란』 EBS 제작진 지음/ 비타북스 2014

하버드대학교 심리학과 엘렌 랭어 Ellen J. Langer 교수는 1979년, 일명 '시계 거꾸로 돌리기 연구 Counterclockwise Study'라 불리는 실험을 진행했다. 그 해 9월, 70대 후반에서 80대 초반의 노인 8명은 20년 전인 1959년의 풍경으로 가득 꾸며진 집에서 스스로의 힘으로 일상을 영위한지 단 일주일 만에, 50대로 돌아간 것처럼 신체 나이를 20세 이상 거슬러 시력과 청력, 기억력, 악력 등이 향상되고 체중이 느는 등 실제로 젊어졌다. 이것은 다른 어떤 의·과학적 가설들을 확인하는 것보다도 눈을 번쩍 뜨이게 하는 놀라운 연구 결과다. 이 내용은 이 책『황혼의 반란』 프롤로그에 나오는 내용이다. EBS 황인수 PD는 '2012년 한국판 시계 거꾸로 돌리기 실험'을 진행한다. 그는 연구를 위해 수많은 전문가를 만났고, 초기 실험 세팅은 연세대학교 심리학과 서은국 교수와 함께 했다. 이 실험에는 ENG 카메라 2대, VJ 5명, 무인카메라 10대, 조명팀, 소품팀, FD, 차량 등 총 동원 인원 30여 명, 여타의 예능 프로그램에 버금가는 규모로, 일주일간 진행되었다. 황인수 PD의 말에 따르면 이러한 촬영은 PD 25년여 경력에 처음 있는 일이기도 하지만, EBS에서도 처음 있는 일이라고 했다. 6명의 실험 참가자를 선정하기 위해 세 배수 이상의 사람들을 만났고, 최종 선정된 사람은 평균 나이 82.6세로 78세 가수 한명숙, 78세 성우 오성룡, 81세 프로 레슬러 천규덕, 82세 코미디언 남성남, 86세 배우 하연남, 89세 사진작가 김한용이었다. 시간 여행을 떠나기 전 노인상담전문가 김은미 교수가 참가자들을 만나 참가자들의 환경과 심리상태 등을 체크하는 시간을 가졌다.

시간 여행은 30년 전으로 시계를 돌리는 것부터 시작했다. 독립된 공간을 제공하여 젊은 시절처럼 작은 것 하나라도 본인 스스로 하게끔 했다. 각자의 방을 사용하고, 새로운 친구를 사귀거나 적당한 도움을 주고받게 했다. 또 주어진 일정에 참여할 수 있도록 공동 공간이 있는 독채 펜션을 선택했다. 이 장소에는 1982년에 맞게 LP판과 턴테이블, 당시 포스터와 잡지, 당시 TV 프로그램과 신문, 달력까지 준비했다. 심지어 참가자들에게는 30년 전을 회상하며 1982년 이전 물건들을 담은 추억 상자를 가져오게 했다. 각자의 방 또한 앨범과 추억사진, 즐겨 입던 옷과 액세서리, 트로피, 출연의상, 자신이 나온 잡지 등으로 꾸며졌다. 6박 7일 동안의 시간 여행에서 참가자들은 현재를 1982년이라 가정하고,

그에 맞게 말하고 행동하면서, 모든 일은 스스로 해야 한다. 모든 일정은 마음가짐을 변화시킬 수 있는 세 가지 요소, 즉 1982년에 돌아 왔다고 느낄 수 있는 '의식의 집중', 스스로 선택하고 행동할 수 있는 '통제력', 30년 전의 낯익으면서도 새로운 경험을 하는 '행복감'에 집중해 짜였다. 참가자들은 스스로 짐을 옮기는 것부터, 1982년의 나이로 자신을 소개하고, 30년 전 자신의 모습, 생활, 의식에 집중하면서 준비된 일정에 활발하게 참여했다.

이러한 시간 여행이 만들어 낸 7일 만의 변화는 무엇이었을까? 가수 한명숙씨는 운동 능력이 매우 좋아져 지팡이로부터 자유로워지고, 우울감이 사라지면서 인지 기능이 향상 되었다. 성우 오승룡 씨는 시력이 향상되고, 근육량이 늘면서 체 지방량은 오히려 줄었다. 코미디언 남성남 씨도 근육량 1kg 증가, 체지방율 2% 감소와 얼굴색이 매우 밝아졌다. 배우 하연남 씨는 정상 혈압으로 회복되었고, 걸음걸이가 빨라지며 균형감각을 포함하여 신체기능이 좋아졌다. 사진작가 김한용 씨는 청각적 집중력이 좋아지고, 피부 톤과 혈색도 좋아졌다. 이 실험을 진행한 제작팀은 '노화에 대한 부정적 고정관념이 공포증을 증폭시킨다'고 하면서 '긍정적인 마음은 수명도 연장시킨다'고 했다. 예전부터 어렵지 않게 들었던 '모든 것은 마음먹기에 달렸다'는 단순하지만 명확한 진리다. 앞의 시간 여행을 통해 살펴본 것처럼, 노화도 마음먹기에 달렸다. 마음의 변화는 신체기능 향상을 가져왔을 뿐 아니라 수명에도 영향을 미친다. 마음이 어디에 있건 몸은 그곳으로 따라갈 수밖에 없다.

『황혼의 반란』 책의 첫머리 글은 "우리 중 어느 누구도 늙기를 원하지 않는다. 다시 젊은 시절로 시간을 되돌릴 수도 없다. 그러나 간단한 생각만으로 젊어질 수 있다면, 어떻게 하겠는가?"로 시작한다. 우리를 늙게 하는 것은 '나이 들면 늙는다'라는 우리의 고정관념이다. 젊은 시절의 환경과 생각으로 사는 것만으로도 젊어질 수 있다. 우리가 가지고 있는 노인에 대한 부정적인 생각이 노화에 대한 공포증을 증폭시킨다. 100세 시대를 축복으로 만들지, 재앙으로 만들지도 마음먹기에 달렸다.

08 가끔은 격하게 외로워야 한다

외로움을 삶의 에너지로 만들 수 있다면

『가끔은 격하게
외로워야한다』
김정운 지음/
21세기북스 2015

공지영 작가는 책 『빗방울처럼 나는 혼자였다』에서 "생각해 보면 젊은 날 내 부대낌은 바로 이 외로움을 떼어 버리기 위한 지난한 시간이었는지도 모른다. 혹여 타인으로 인하여 이것이 상쇄될까 하고 부질없는 무리들을 기웃거리고 산만한 저잣거리를 헤매어 다닌 것도 몇 십 년인지 모르겠다. 그러나 어느 날인가 나는 내 동반자로서의 외로움에 의자를 내어 주었고 그러자 외로움은 고독이 되었는데 그 친구는 뜻밖의 선물들을 내게 많이도 안겨 주었다."고 작가의 말에 적었다. '그리운 성산포'의 시인 이생진은 구순 나이에 시집 『무연고』를 내고 "90세까지 시를 쓰려면 고독을 잘 관리해야 해요. 고독을 밥처럼 씹어 먹고 그 에너지로 시를 씁니다. 지금도 고독이 찾아오면 섬으로 가서 시를 써요. 섬에서 시를 쓰면 물새도 날아오고 파도 소리도 밀려옵니다. 마치 내가 앉은 곳에 시가 밀려오는 것 같습니다."라고 인터뷰했다. 공지영 작가와 이생진 시인 그리고 우리 주변의 자연인들은 외로움과 고독을 나의 반려자로 받아들였다. 정호승의 시 '수선화에게'에 표현된 외로움에 대한 내용이다.

울지 마라. 외로우니까 사람이다. 살아간다는 것은 외로움을 견디는 일이다. (중략) 가끔은 하느님도 외로워서 눈물을 흘리신다. 새들이 나뭇가지에 앉아 있는 것도 외로움 때문이고 네가 물가에 앉아 있는 것도 외로움 때문이다. 산 그림자도 외로워서 하루에 한 번씩 마을로 내려온다. 종소리도 외로워서 울려 퍼진다.

이번에 소개할 책은 문화 인류학자 김정운의 『가끔은 격하게 외로워야 한다』다. 그는 우리의 삶에서 무엇을 보았기에 '가끔은 격하게 외로워야 한다'는 것일까? 작가는 우리네 삶을 너무 바쁘게, 또 그 위치까지 가기 위해 미친 듯 살아오면서 얼마나 많은 경쟁자를 밟고, 이를 꽉 물고 버텼겠느냐고 묻는다. 그러면서 사람들은 그게 성공하는 삶이라 여기고 자꾸 모임을 만들기도 하는데 그러다 점점 공허해지고 한방에 훅 간다고 적었다. 정상이 아닌 우리는 자기의 마음이 어떤 상태인지 알지 못한다면서, 자동차도 정기 점검과 수리를 하고, 몸도 정기검진을 하는데 왜 마음은 돌아보지 않느냐고 물었다. 그가 이렇게까지 표현한 이유는 외로움이 '존재의 본질'이기 때문이다. 사람들은 그럼에도 불구하고 끝없이 외로움을 극복하기 위해 발버둥친다. 김정운 작가는 그 과정에서 상처 입을 내면을 염려한다. 사실 사회생활에서 채워 주었던 외로움 극복

기재들은 나이 들면서 궁극적으로 내려놓아야 한다. 그럼 노년의 외로움은 어떻게 극복할 수 있을까? 결국 노년의 외로움은 극복이 아니라 받아들여야 할 과제가 된다.

작가는 만 50세가 되는 2012년 1월 1일 다이어리 첫 페이지에 '난 이제부터 내가 하고 싶은 일만 한다!'고 썼다. 이에 대해 그는 실제로 그렇게 되는 것과 상관없이 결심이라도 그렇게 하고 싶었다면서 지난 50년과 다르게 앞으로의 50년은 정말 내가 원하는 삶을 살아보고 싶었다고 했다. 그리고 그 결심을 '내려놓음'과 '단절' 그리고 '거꾸로 생각하고 행동하기'를 실천함으로써 행동으로 옮겼다. 예를 들어 이제부터 내가 하고 싶은 일만 하기, 만나기 싫은 사람 만나지 않기, 일찍 일어나지 않기, 쓰기 싫은 원고 쓰지 않기, 하고 싶지 않은 강의 하지 않기 등이 그것이다. 심지어는 몇 년 만 기다리면 연금이 보장되는 교수직을 그만두고 일본으로 건너가 4년을 홀로 보냈다.

책의 저자 소개 글을 보면 '일본 생활의 시작과 끝을 담은, 지난 4년간의 결실이자 격한 외로움의 결실'이라 했다. 즉 이 책은 일본에서 경험하고 느낀 외로움의 단면을 다른 이야기들과 함께 담은 글이다. 그는 2016년에 귀국하여 여수로 내려갔다. 그곳에서 미역창고를 작업실 삼아 바다를 마주보며 그림을 그린다. 김정운 작가는 미역창고(倉庫)를 '미역창고(美力創考)'라 하고, 2019년에는 『바닷가 작업실에는 전혀 다른 시간이 흐른다』 책을 출판했다. 부제는 '인생을 바꾸려면 공간부터 바꿔야 한다!'라고 붙였다. 독일 유학을 다녀온 그는 자기만의 방해받지 않는 공간을 '슈필라움'이라 했다. 슈필라움(SPIELRAUM)은 독일어 '놀이(SPIEL)'와 '공간(RAUM)'의 합성어다. 아무에게도 간섭받지 않는 나만의 공간인 슈필라움은 심리적 안정과 창조적 삶을 가능하게 한다고 표현했다. 『바닷가 작업실에서는 전혀 다른 시간이 흐른다』는 김정운이 슈필라움에서 여수 생활의 경험을 글로 모은 에세이다. 그러고 보면 『가끔은 격하게 외로워야 한다』는 일본, 『바닷가 작업실에는 전혀 다른 시간이 흐른다』는 여수 생활을 담았다. 그 결실은 순전히 외로움으로 들여다 본 세상 이야기라 할 수 있다. 나는 김정운 작가가 스스로 내려놓음과 단절을 선택하여 외로움을 받아들이고, 외로움을 동력 삼아 일하고 있다고 생각한다. 즉, 외로움을 받아들이면 외로움을 극복하기 위해 사용해야 했던 에너지가 고스란히 남는다. 그 에너지를 나를 위해 사용하는 거다.

감당할 수 없는 삶의 속도는 우리를 슬프고 우울하게 한다. 모든 문제는 외로움을 회피하기 위해 선택한 어설픈 인간관계에서 시작된다. 단 한 번뿐인 인생, 내 맘대로 사는 걸 결코 두려워할 이유는 없다. 간단한 방법은 외로움을 나의 친구로 받아 들이면 된다. 책『가끔은 격하게 외로워야 한다』는 그 방법을 자연스럽게 이해하도록 돕는다.

09 인간은 왜 늙는가

 노화 없이 건강하게 늙는 방법은 없을까?

박상철 서울대 교수는 책 『웰 에이징』에서 정상적 노화에 따른 우리 몸의 변화를 아래와 같이 정리했다.

첫째, 심장의 변화. 크기가 증가한다. 운동과정 중 최대산소 소모량이 매 10년마다 남자는 10%, 여자는 7.5%정도 저하된다.

『인간은 왜 늙는가』
스티븐 어스태드 지음/
최재천. 김태원 옮김/
궁리 2005

둘째, 폐 기능 등 최대 호흡능력의 변화. 최대 호흡능력은 20대에 비하여 70대에서는 40% 정도 저하된다. 더욱이 폐 내부가 세균이 자라기 이상적인 습도와 온도를 지닌 공간이기 때문에 노화에 따라 쉽게 폐렴으로 연결될 수 있다.

셋째, 뇌의 변화. 뇌는 노화함에 따라 신경세포가 감소되고 손상을 받는다.

넷째, 신장기능의 저하. 신장기능은 저하되어 혈액으로부터 노폐물을 처리하는 능력이 줄어든다. 특히 방광이 작아져서, 요실금이 초래된다.

다섯째, 체지방 분포 변화. 나이가 들어가면 남자는 주로 복부로 여자는 엉덩이와 하체 쪽으로 지방축적이 이동된다.

여섯째, 근육량 변화. 꾸준히 운동하지 않으면 남녀 모두 20% 이상 근육이 감소된다.

일곱째, 시력의 변화. 40대 이후 가까운 물체에 초점을 맞추지 못하게 되며, 50대 이후로는 순간적인 강렬한 빛에 대한 과민성이 증가하고, 조명이 낮은 곳에서의 시력이 감소하여 움직이는 물체를 구별하기 어려워진다.

여덟째, 청력의 변화. 높은 소리에 더욱 약해지고, 여자보다 남자의 청력이 많이 떨어진다.

아홉째, 피부의 변화. 주름살이 지고, 거칠어지고, 두께 또한 얇아지며, 결과적으로 체온 보호 효과도 상실된다.

나이가 들어도 젊을 때 건강상태를 유지한다면 얼마나 좋을까? 왜 이러한 신체적 변화가 일어나는 걸까? 과연 노화의 비밀은 무엇인가? 이를 잘 분석하면 건강하게 장수하는 방법을 강구해 볼 수도 있을 것 같다.

스티븐 어스태드의 『인간은 왜 늙는가』는 누구나 궁금해 하는 내용을 제목으로 정해 눈길이 확 가는 책이다. 저자는 하버드 대학에서 생태학 교수로 있을 때 야외 생물학자로는 드물게 노화 연구를 시작했는데,

이 책은 그 늙음에 대한 생물학 관점의 연구 결과다. 장수한 사람, 장수 지역, 노화에 관한 이론, 장수를 돕는다고 하는 모든 요소들에 대한 연구 등을 망라했다. 과연 그는 노화의 본질을, 그리고 우리가 더 장수할 수 있을지를 어떻게 바라보았을까? 나는 이 책에서 하고 싶은 얘기를, 내 의견을 포함하여 질문과 답으로 풀어 보려 한다.

_첫 번째 질문,_ 과거 사람들이 장년 또는 늙었다고 여기는 나이는 현재와 달랐을까? 어스태드는 "과거나 현재나 '장년'이라고 여기는 나이는 비슷하다. 고대 그리스에서는 기대수명이 30세에 미치지 못했지만 40세를 장년으로 생각했다. 알렉산드로스 대왕은 당시 기대수명보다 오래 살았지만 사람들은 33세라는 젊은 나이에 죽었다고 생각한다. 플라톤은 80세, 소포클레스는 90세에 죽었을 때 사람들은 늙었다고 생각했다."라고 했다. 과거 사람들이 평균 수명 30세라 하더라도 30세 전후를 늙었다고 하지 않았다는 점을 주목해서 봐야 한다. 즉, 과거에도 장년과 늙었다는 나이 개념은 오늘날과 비슷하다.

_두 번째 질문,_ 인간의 평균수명은 18세기까지만 해도 30세 이하에 머물렀는데 그 후 급격한 수명 연장의 이유는 무엇인가? 어스태드의 연구 결과는 오늘날 의학과 위생학의 발달에 따른 유아 사망률이 1%에 불과하고 우리가 사는 환경이 좋아졌기 때문이라고 한다. 이 두 가지 질문과 답에서 내릴 수 있는 결론은 다음과 같다.

① 고대로부터 현재에 이르기까지 인간의 노화 속도는 같다.

② 과거 사람들의 수명이 짧은 것은 사는 환경의 어려움과 관련이 있다.

③ 오늘날 사람들이 오래 사는 것은 환경, 위생, 영양, 보건이 과거에 비해 현격히 좋아졌기 때문이다.

④ 수명이 증가하는 이유 중에 인간의 생물학적 쇠퇴속도가 크게 달라진 것은 없어 보인다.

세 번째 질문, 장수는 유전되는가? 어스태드는 확실한 정보는 없지만 유전되는 것으로 보이며, 그 이유로 추정해 볼 수 있는 것은 가문마다 특정 질병에 대한 민감성 때문일거라 예측했다.

네 번째 질문, 여성은 왜 남성보다 오래 사는가? 어스태드는 남성은 여성에 비해 위험에 더 노출되어 있고, 스트레스를 더 많이 받으며, 흡연자 수와 흡연량도 많고, 살인, 자살 등 폭력적 요인으로 죽는 비율이 높을 뿐 아니라, 여성은 남성에 비해 식물성 지방을 잘 처리하고, 에스트로겐의 영향으로 심장병에 덜 걸린다고 했다.

마지막 질문은 이 세상에 나와 있는 장수와 노화를 늦춘다고 하는 얘기들은 모두 사실일까? 어스태드는 모두 허구라고 주장한다. 심지어 운동과 비타민조차도 그렇다고 했다.

다른 얘기를 해 보자. 저자인 스티븐 어스태드는 인구통계학자 스튜어트 제이 올산스키와 함께 2000년에 내기를 했다. 어스태드는 2150년까지 150살까지 사는 사람이 나온다는데 걸고 올산스키는 불가능하다는데 걸었다. 내기는 진 사람이 2150년에 2억 5천만 달러를 주기로 했다. 물론 이 돈이 없기 때문에 2000년 150달러씩 미국 주식 시장에 투자하는 것으로 했다.(1930년 이후 주식 시장이 보인 평균 투자수익률이 지속된다면 150달러가 2150년에 2억 5천만 달러가 된다고 한다.) 올산스키가 생물학은 운명이어서 인간은 노화 속도를 크게 바꿀 수 없다고 생각한 반면, 어스태드는 10~20년 내에 획기적인 생의학 발전이 일어나 수명을 급속하게 늘릴 수 있다고 믿는다. 인간 유전체 지도를 그려내고 염기서열을 알아내는 인간게놈 프로젝트가 진행된다면, 결함이 있는 유전자를 파괴하고 정상 유전자로 대체하는 유전자 요법이 현실화된다고 보았기 때문이다. 즉, 유전자 제어 기술이 가까운 장래에 노화를 늦추고자 하는 희망을 실현한다고 본 것이다. 심지어 노화를 중단할 수 있다고도 생각했는데, 어느 정도 늦추는 것은 확실히 가능하다고 주장했다.

어스태드의 관점을 보고 내가 내린 건강한 장수의 결론이다. "향후 유전자 요법의 생의학 발전이 없다면 지금과 같은 급격한 수명연장은 어렵다. 또 내가 그 생의학 발전의 혜택을 누린다고 보기도 어렵다. 그렇다면 지금까지 해 온 것처럼 스스로 환경, 위생, 영양, 보건을 개선해야 한다." 책 『인간은 왜 늙는가』는 인간 수명연장의 근원적 설명문이다. 건강한 노화의 방법을 유전자 요법으로 결론 내려 다소 실망스럽기는 하다. 다만, 노화현상과 고령화 그리고 초장수 시대를 꿈꾸는 인간의 노력을 들여다보는데 매우 유용하다.

10 나는 에이지즘에 반대한다

 내 나이가 어때서

가와기타 요시노리는 『중년수업』에서 "늙는다는 것과 나이가 드는 것을 구분하라. 늙는다는 것은 생물학적인 노화가 찾아온다는 의미이지만 나이가 든다는 것은 젊은이에게는 없는 것들이 생겨난다."고 했다. 또 피천득 선생은 『송년』이란 수필에서, "지금 생각해보면, 인생은 사십부터도 아니요, 사십까지도 아니다. 어느 나이고 다 살만하다."고 했다. 박상철 서울대 교수는 『당신의 백년을 설계하라』에서 "무슨 일이든 '나이 때문에'라는 말은 게으른 핑계에 불과하다. 삶에서 결코 늦은 때란 없기 때문이다."고 하였다. 이 내용들은 인생이 젊은 시기만 의미 있는 것이 아니라 전 세대에서 모두 의미 있음을 말하고 있다. 하지만 이러한 표현들이 무색하게 우리 사회는 나이 자체로 사람을 규정하는

『나는 에이지즘에 반대한다』
애슈턴 애플화이트 지음/
이은진 옮김/
시공사 2016

제도와 고정관념이 존재한다.

『나는 에이지즘에 반대한다』의 저자 애슈턴 애플화이트는 뉴욕타임즈, 미국노화협회가 인정하는 연령 차별 전문가로 활동하고 있다. 그는 미국 자연사박물관에서 일하면서 책을 포함해 여러 글을 쓰던 중 "현실은 전혀 그렇지 않은데, 노년을 바라보는 우리의 시각은 왜 그렇게 암울하기만 할까?"라는 의문을 품게 되었고, 블로그에 연령 차별(AGEISM)에 관한 글을 올리기 시작했다. 여기서 연령 차별이란 인종차별, 성차별, 장애인 차별처럼 나이에 따른 차별을 말한다. 대표적 연령 차별이 노인에 대해 갖는 연령 차별이다.

애슈턴 애플화이트는 이렇게 연령 차별을 일으키는 노인에 대한 어처구니없는 믿음에 대해 얘기한다.
먼저, 노인들이 사회를 뒤덮을 것이다는 믿음이다. 2015년에 60세 이상의 인구가 15세 이하의 인구보다 많아질 것이다라는 통계를 반복적으로 거론한다. 이 현상은 전후 베이붐과 관련이 있고 최근 들어 출산율의 감소와 연관되어 있을 뿐인데도 노인의 급증을 지나친 우려의 시각으로 본다.
둘째는 병들고 노쇠한 노인들을 돌보느라 나머지 인구가 옴짝달싹 못한다는 믿음이다. 사실은 요즘 노인들은 수십 년 전의 노인들보다 단순히 더 오래 사는 것이 아니다. 더 건강할 뿐 아니라 거동이 불편한 채로 사는 기간도 짧다. 늙으면 이런저런 만성질환이 생기지만, 대부분의 미국

노인은 지병을 안고도 계속해서 자신의 역할을 감당하고, 이웃을 돕고, 삶을 즐긴다.

셋째, 젊은이들을 희생시킨 대가로 노인들이 이득을 본다는 믿음이다. 세대들 사이에 불안을 퍼뜨리는 주범 중에 '노인 부양률'이라는 용어가 있다. 노인의 기준인 65세가 되자마자 경제적으로 무거운 짐이 된다는 가정을 깔고 있는 말이다. 다분히 의도적이고 정치적 저의가 있는 용어다. 그래서 최근에는 많은 학자들이 노인 부양률을 비판하고 나섰다. 기준이 천박하고 반(反)노인 이데올로기를 노골적으로 드러낸다는 것이 비판의 요지다. 또 많은 노인들이 자기 힘으로 살아가고, 자기들이 받은 것만큼, 혹은 그보다 더 많이 베푼다는 현실을 반영하지 못하는 말이기도 하다.

넷째, 우리에게는 장수를 감당할 여력이 없다는 믿음이다. 그러나 사실은 감당할 의지만 있으면 충분히 감당할 수 있다.

노년학 대가인 미국 듀크대 명예교수 어드만 팔모어는 "한국에서 노인을 공경하고 노인에게 권위를 부여하는 것, 나이 든 노인이 자전거를 타려 할 때 위험하다며 만류하는 행위, 나이보다 훨씬 젊어 보인다는 일상적인 찬사 등은 고령자를 차별하는 연령 차별에 해당한다. 오히려 노년 세대가 나이와 무관한 동등성을 느낄 수 있도록 도와줘야 한다."고 말하기도 했다. 그럼 이제 어떻게 해야 할까? 애슈턴 애플화이트는 "늙은이와 젊은이를 나누는 잘못된 이분법을 거부하라! 나이를 당당히 밝히고, 그게 왜 중요하냐고 물어라! 나이를 일차 식별자로 쓰는 것을 거부하라!

나이보다 사람을 먼저 생각하라! 성공적인 나이 듦에 얽매이지 마라! 노인이 되기 위한 수련을 하자! 'Agefulness'를 향하여 나아가자!"라고 했다.

연령 차별(AGEISM)을 거부하자는 선언 속에는 사회적 거부 외에 내가 어떻게 노인이 되어 가야 하는지에 대한 배움의 과제가 숨겨져 있다. 이를 위해 애슈턴 애플화이트는 우선 건강 관리를 하라고 한다. "건강은 우리가 나이 드는 방식에 영향을 끼치는 엄청나게 중요한 변수다. 백 살 이상 사는 사람들은 평균 아흔세 살이 될 때까지 질병 없이 산다. '젊음 유지'가 아니라 '건강 유지'를 목표로 살아라!"라고 했다. 그 밖에도 저자는 성적인 것을 포함하여 노인의 사랑, 노인의 일자리, 노화와 죽음 등에 대해 설명했다. 특히 책 말미에 에이지 프라이드를 갖자고 하면서 '모든 연령에 친화적인 세상을 향하여!'라고 표현을 했다. 연령 차별을 이해한 나에게는 스스로 어떻게 나이 들어 갈 것인지를 먼저 생각해 두어야 한다는 걸 더 절실하게 느끼는 시간이었다.

03 은퇴
독서노트 10선

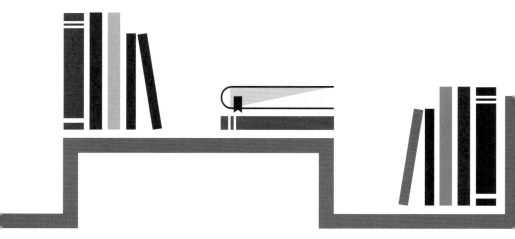

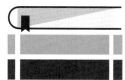

01 은퇴의 기술

 **공부하고 준비할 것이 이렇게 많다면
차라리 은퇴하지 않겠다**

일본의 저명한 기자이자 지성인으로 불리는 다치바나 다카시는 『나는 이런 책을 읽어 왔다』에서 '뇌 연구 최전선'이라는 테마의 글을 쓰기 위해 500권 정도의 책을 읽었다고 밝혔다. 그러면서 왜 이렇게까지 공부를 하는지에 대해 "기본적으로 이런 지적 욕구는 책을 쓰기 위한 욕구가 아니라 제가 본래 가지고 있는 '어떻게 해서든 알고 싶다', '좀 더 자세히 알고 싶다'는 욕구 때문입니다. 확신을 가지고 말씀드립니다만, 이는 저만이 가지고 있는 욕구가 아니라 분명 모든 사람들이 가지고 있는 욕구입니다."라고 했다. 그만큼 알고자 하는 욕구는 누구에게나 있다. 그렇다면 생애설계의 관점에서 인간 수명 100세 시대는 이전의 짧은 수명 세대와는 다르게 궁금한 것이 훨씬 더 많아야 한다. 특히 가장 핵심은 이전 세대가 거의 생각하지 않아도 되었던 은퇴에 대한 것이다. 지적 욕구와 호기심을 따라 은퇴를 탐구해 보자.

『은퇴의 기술』
데이비드 보차드·패트리샤 도노호 지음/
배충효·이윤혜 옮김/ 황소걸음/ 2012

은퇴를 Retirement(Re+tire), 타이어를 다시 갈아 끼운다. 즉 새롭게 시작한다는 의미로 사용하기도 하지만 책 『은퇴의 기술』에서 데이비드 보차드, 패트리샤 도노호는 '직장, 현역, 공적인 삶에서 물러나는 것, 사회생활에 모습을 보이지 않고 그만 두는 것, 물러나거나 은둔한, 만나거나 알거나 보기 어려운'으로 정의하고 있다. 이를 다르게 표현해 보면 '소비 위주로 생활하며 삶을 즐기는 것에 치중하는 것', '그저 놀고먹는 것을 소일거리로 삼는 것' 정도로 해석할 수 있다. 은퇴는 한마디로 완전히 놀고먹는 것이란 의미다. 그렇다면 여러분은 은퇴가 참으로 멋진 생활이라고 생각하는가?

은퇴라는 개념은 독일에서 보불전쟁(1870~1871년)이 끝나고 징집된 군인들이 고향으로 돌아가지 않자, 비스마르크가 65세 연금제도를 만들어 고향으로 가도록 유도한 데서 생겨났다고 한다. 이 연금제도는 공식적으로 1889년 세계 최초의 공적연금보험제도인 「장애 및 노령보험에 관한 법률』이 제정되어 1891년 시행되었다고 한다. 이때 연금의 수혜 나이로 정한 65세가 현재 노인이라고 인정되는 나이로 굳어졌다. 당시의 평균 수명이 45세였다는 것을 생각해 보면 사실 은퇴란 개념이 적용될 수 있는 국민이 거의 없었다고 할 수 있다. 그러나 100세 시대인 지금의 관점에서 보면 은퇴는 누구에게나 적용될 수 있다. 우리가 원하지 않더라도 정년퇴직 명예퇴직을 하고, 또 새로운 일자리는 찾기 어렵다. 100세 인생의 은퇴 기간은 30년에서 40년에 이른다. 은퇴 생활 30~40년의 설계와 실천이 '은퇴의 기술'이다.

『은퇴의 기술』은 "회사를 그만 둔 날, 홀가분한 마음으로 집에 돌아왔다. 그런데 아내가 자기도 일(가사)에서 은퇴하겠다고 했다. 나는 갑자기 새로운 문제에 맞닥뜨렸다. '이제 내 저녁은 누가 차려주지?'"라고 읊조리던 은퇴한 날을 회상하는 물리학자의 내용을 기록하고 있다. 남편은 그동안 고생했기 때문에 장기 위로 휴가를 집으로 왔다고 생각하는데, 집에 있는 아내도 그동안 내조 한다고 고생했으니 남편의 은퇴와 더불어 나도 가사 일에서 은퇴 좀 해야겠다고 생각한다. 그런데 막상 아내의 경우 가사 일에서 은퇴하는 것은 쉽지 않다. 은퇴한 남편이 할 줄 아는 것이 전혀 없기 때문이다. 남편들에게 물어보자. 지금 나열하는 너무 늦지 않게 일어나기, 이부자리 정리하기, 청소기 돌리기, 옷가지를 분류하여 세탁기 돌리기, 빨래 널고 정리하기, 세탁소 일보기, 마트 장보기, 간단한 요리 배워서 직접 하기, 밥하기, 식사 후 설거지하기, 분리수거와 음식물 쓰레기 버리기, 옷장 신발장 등 정리하기, 집안 내 불필요한 물건

정리하기, 흐트러져 있는 물건 정돈하기, 화분 물주기, 관리비 등 각종 고지서 챙기고 납부하기, 주민 자치센터 일보기, 금융기관 일보기 등에서 할 줄 아는 것이 몇 가지나 있을까? 은퇴한 남편의 모습은 마치 집안에 어린아이가 새로 생긴 것과 같다. 모든 것을 챙겨줘야 하기 때문이다.

『은퇴의 기술』은 인생의 전환기 맞이하기, 노년기의 성장, 잠재력 이해하기, 인생에서 중요한 가치와 궁극적인 성공은 무엇인지 이해하기, 자신의 흥미, 재미, 재능을 알기, 50세 이후 삶의 우선순위 찾기, 하고 싶은 일 찾기, 살기 좋은 곳 찾기, 변하는 세상에서 젊게 살기 등의 내용을 설문과 작성, 평가 및 과제로 일목요연하게 제시하고 있다. 이 내용들을 받아들이고 실천할 수 있을 때 비로소 은퇴 생활의 기본 발자국을 내딛을 수 있다. 은퇴를 얘기하기 위해선 은퇴의 기술부터 익혀야 한다. 은퇴 후 인생의 의미와 목적을 찾거나 인생 후반부의 삶을 재창출하고자 하는 독자, 또 나이 50, 변화 과정에 놓여 있는 사람과 '제대로' 자아실현을 하고 싶은 노년 독자에게 이 책을 권한다.

02 나이듦의 기쁨

제2의 사춘기에는 제대로 사랑하고 싶다

이번에 소개할 책은 워싱턴 포스트 칼럼니스트인 에비게일 트래포드의 『나이듦의 기쁨』이다. 나는 이 책이 표현한 제2의 사춘기에 주목한다. 에비게일 트래포드는 "약 50세에서 75세에 이르는 시기에 나타나는 사춘기와 유사한 역동적인 심리 과정을 의미하는 새로운 용어가 필요해졌다."라고 하고 이를 '제2의 사춘기'라 일렀다. 제2의 사춘기는 50세와 75세 사이에도 겪어야 하는 방황과 충동이 있기 마련이라는 의미다. 제2의 사춘기는 10대의 사춘기와는 다르다. 제2의 사춘기에는 지혜와 경험에서 나오는 능력이 있고, 따라서 원숙한 사고를 할 수 있다. 10대의 사춘기에는 누구나 꿈을 꾸지만, 제2의 사춘기는 꿈을 꾸는 사람에게만 있다. 10대의 사춘기에는 학교 가는 시간, 학원 가는 시간 등 시간 계획표가 정해져 있다. 그런데 제2의 사춘기에는 다시 꿈을 꾸어야 하고, 스스로 계획을 세워 시간표도 만들어야 한다. 제2의 사춘기에 나타나는 방황과 충동이 설렘과 호기심으로 발현된다면 성공하는 노후로 연결될 수 있다. 제2의 사춘기에는 먼저 내가 좋아하는 일이 무엇인지 다시 탐색해 보는 일부터 시작하면 좋다. 공부를 다시 시작해도 된다. 그리고 못 다한 꿈은 무엇이 있는지 생각해 보자. 50대에 꿈을 꿀 수 있다는 것은 지금까지의 경험과 지혜로 삶이 어느 정도 안정되어 있다는 의미도 내포하고 있다. 꿈은 누구의 도움도 없이 혼자 찾는 것이 좋다. 어니스트 헤밍웨이는 "은퇴는 사전에 올라 있는 가장 추악한 단어다."라고 말했다. 은퇴하지 않고 제2의 사춘기를 누릴 수 있는 삶이 나이듦의 기쁨이다.

『나이듦의 기쁨』 에비게일 트래포드 지음/ 오혜경 옮김/
황소걸음/ 2012

나는 제2의 사춘기를 사랑의 관점에서 재조명한다. 우리는 흔히 사랑이란 것이 젊은이들만의 전유물로 생각하기 쉽다. 하지만 사람에게 로맨스는 인생에서 7~10번 정도 찾아온다고 한다. 10대, 20대, 30대뿐만 아니라 50~90대에서도 로맨스가 존재하고 또 그때의 로맨스라고 해서 결코 젊은이들과 다를 게 없다. 연세 있으신 분들이 말씀하시는 것을 보면

'사랑의 감정은 젊을 때나 지금이나 똑같다'라고 하시는 것을 볼 수 있다. KBS 2TV 풀하우스에 출연한 배우 윤문식 씨는 18세 연하의 부인과의 금슬을 자랑하면서 노년의 사랑이 결코 젊은이들과 다르지 않음을 강조했다. 가수 현미 씨는 MBC 세바퀴 방송에 나와 연하의 남자 친구를 만나고 있다고 하면서 연애를 하는 것이 젊음의 비결이라고 말했다. 특히 50~75세 사이의 제2의 사춘기는 늙고 지쳐 있는 시기가 아니라 로맨스가 다시 일어날 수 있는 시기다. 그렇다고 해서 누구나 그렇다는 것은 아니다. 우리는 가정이 있고, 배우자가 있다. 그래서 100세 시대는 평소 부부관계에 얼마나 충실했느냐가 행복한 노년을 결정한다.

알젤름 그륀은 『노년의 기술』에서 부부가 늙어 가면서 겪는 사랑의 감정에 대해 "노년의 사랑은 다른 느낌으로 우리에게 다가온다. 더 이상 감정의 격한 동요에만 그치지 않고 상대를 지켜봐 주는 것, 더 이상 할 이야기도 없는 지루한 관계가 되었다는 사실과 예전처럼 매력적이지 않다는 것을 담담하게 인정해야 한다. 허물없는 파트너로서 있는 그대로의 모습으로 서로를 받아들여야 한다는 것을 의미한다."고 하였다. 다만 어쩔 수 없이 홀로 되었거나, 그 밖의 경우로 혼자되었을 때에는 새로 오는 로맨스를 잘 다루어야 한다. 나는 새로 오는 로맨스를 적극적으로 맞이하길 권유하는 편이다.

100세 장수 시대를 표현하는 다양한 용어들이 있다. 'Neo'는 새로운, 희망으로 가득 찬이란 뜻의 용어다. 그런 의미에서 100세 장수 시대를

'Neo 50'으로 표현하기도 한다. 또 슬기로운 사람이라는 현생 인류의 학명 '호모 사피엔스 Homo Sapiens'와 관련하여 평균 수명 100세를 바라본다는 뜻으로 '호모 헌드레드 Homo Hundred 시대', 또는 '슈퍼 센테니얼 Super Centennial 시대', 은퇴 이후 제2의 인생의 개념인 '앙코르 커리어 Encore Career', 한창 인생을 꽃 피울 수 있는 시기라 하여 '생의 르네상스' 등으로 부르기도 한다. 최근에는 이 책처럼 제2의 사춘기를 '두 번째 사춘기'라 부르기도 한다. '제2의 사춘기'를 어떻게 받아들이느냐가 노년을 결정한다. 격동, 설렘과 호기심, 사랑으로 받아들이면 준비가 되었다. 이 모든 것을 내려놓았다면 당신은 100세 시대를 전혀 이해하지 못하고 있다는 뜻이다. 이 모든 것을 다시 당신의 삶에 올려놓으면서, 제2의 사춘기를 시작하길 바란다.

03 은퇴하지 않고 일하기

'명함이 있는 노후'를 준비하세요

나는 강의, 세미나, 심포지움의 현장에서 "100살까지 사는 것은 이미 정해진 기본 값(Default Value)입니다. 그러니 계획을 세울 때 100세에서 거꾸로 채운다는 개념으로 해야 합니다. 채워야 하는 필수 항목은 돈과 시간입니다."라고 말한다. 시간의 경우, 비록 돈이 준비되었다 하더라도 그 많은 시간을 어떻게 보낼 것인지를 계획하여야 한다. 계획을 할 때 우리에게 일은 무엇인가와 내가 진정 일에서 느끼고자 한 것은 무엇인지 생각해야 한다. 이러한 계획 없이 무작정 은퇴하면 무슨 일이 벌어지는지 정도는 염두에 두어야 한다.

『은퇴하지 않고 일하기』
데이비드 보건·키이스
데이비스 지음/
조경연 옮김/
넥서스BIZ/ 2010

책 『은퇴하지 않고 일하기』에서 데이비드 보건 David Bogan과 키이스 데이비스 Keith Davies는 은퇴를 다음과 같이 표현했다.

은퇴는 산업사회에서 노동의 과잉 공급을 해결하기 위해 고안되었다. 은퇴는 시장에서 자동 퇴출된 브랜드이다. 인생을 되찾겠다고 은퇴를 하겠다는 말은 하지 마라. 은퇴란 우리의 잠재의식에 침투해 우리가 가장 좋아하는 일을 하지 못하게 하는 교활한 바이러스와도 같다. 은퇴는 희망적인 꿈이 아닌 악몽이 될 수도 있다. 은퇴 후 생활을 감당할 능력이 있는 사람들은 은퇴를 하지 않는다. 그러나 은퇴를 할 수 없는 상황에 있는 사람들도 은퇴를 하지 않는다. 은퇴하기를 거부하면 '은퇴'는 아무런 문제가 되지 않는다. 노동은 인간, 사회 관계는 물론 자존심을 유지시켜줄 뿐만 아니라 수입도 발생시킨다. 은퇴 바이러스 같은 허튼소리 하지 마라. 은퇴하지 않겠다고 결정하는 일은 비난을 동반할 수 있다. 비난을 감수할 준비를 하자.

은퇴가 결코 바람직하지 않음을 절절히 표현하고 있는 내용이다. 그렇다면 우리 마음 속에 있는 은퇴라는 목표와 생각을 말끔하게 지워 버려야 하지 않겠는가? 은퇴 뒤의 삶을 시작하는 신(新) 노인들을 미국에서는 '2Y2R(Too Young To Retire)', 즉 은퇴하기엔 너무 젊은 세대라고 부른다. 은퇴라는 행동은 100세 장수시대와 어울리지 않는다. 나는 '은퇴하지 않는 것이 은퇴설계'라 주장하기도 한다.

앞서 소개한 책 『나이듦의 기쁨』은 은퇴가 어떤 의미의 변화를 겪었는지를 설명한다. 다음은 그 내용이다.

미국에서는 1910년 평균 수명이 55세일 때, 노년의 나이 65세 이상 산 국민들의 2/3가 65세까지 일을 했다. 사실상 은퇴 없이 계속 일하다가 돌아가신 셈이다. 그 후 2차대전이 끝나고 평균 수명이 65세에 이르렀을 때, 65세 이상 산 국민들의 1/2이 65세까지 일을 했다. 그러자 "죽을 때까지 일을 하는 것은 인생에서 보면 너무 과하다. 열심히 일했는데 은퇴 후 5~10년 정도는 쉬고 놀고 즐기는 시간이 필요하다!"는 생각이 확산되기 시작했다. 즉 은퇴를 레저 생활의 일부로 보고 인생에 있어 은퇴 여부를 성공과 연결하여 해석하기 시작한 것이다. 1985년에 이르러서 수명은 70세가 되었지만 국민의 16%만이 65세까지 일을 하였다. 그런데 2001년을 넘어서면서부터 평균 수명이 77세가 되었고, 실제로는 90세 이상을 사는 장수시대가 도래하였다. 은퇴 후에 5~10년 정도를 여유롭게 보내려 생각했는데 30년 안팎의 기간이 주어졌다. 이제 은퇴 후 삶이 생각한 것보다 길다는 것을 자각하게 된 것이다. 이때부터 사람들은 은퇴가 나에게 유리한 것인지 고민하기 시작했다. 은퇴 이후 남은 수명이 5~10년 정도면 여명(餘命) 또는 여생(餘生), 즉 '인생의 남은 시간'이라 할 수 있겠지만 30~40년을 그렇게 표현할 수는 없다. 길어진 수명, 은퇴 후 삶의 경제적 어려움, 노동에 대한 매력 등으로 판단해 볼 때 '은퇴'란 장수시대에는 절대 좋은 것이 아니란 결론에 도달하였다. 결국 은퇴란 용어는 2차 세계 대전 후 산업화에 따른 후유증으로 '일을 쉬고 싶은 욕구'와 '평균 수명 60~65세 시대'가 맞물린 때에 태어나서, 50년 정도 세상을 지배하다가 2000년 이후 100세 시대가 도래 하면서 서서히 사라져야 하는 운명에 처해졌다.

이제 은퇴라는 용어를 다시 정리해 보자.

첫째, 『은퇴하지 않고 일하기』에서도 표현하듯이 우리 삶에는 유효기간이 없다. 오히려 나이가 들어서 하는 일이 더 소중할 수 있다. 일의 가치는 나이와 상관없으며, 60세 이후 삶의 가치를 성공적으로 실현하는 분들도 많다. 그래서 미리 유효기간을 정하는 은퇴를 염두에 두지 않아야 한다.

둘째, 은퇴는 절대 유리한 거래 관계가 아니다. 은퇴하고 나면 신체적, 정신적, 경제적으로 모두 힘들어 질 가능성이 높다. 은퇴가 좋은 줄 알았더니, 그날로부터 무기력 해지기 쉽다. 은퇴하지 않는 삶이 신체적으로 건강하고, 정신적으로 강건하고, 경제적으로 풍요로운 삶이 된다.

셋째, 5~10년 뒤에 죽는다면 은퇴해도 된다. 그런데 우리는 죽는 날을 정하지 않았다. 따라서 삶 속에 일과 여가와 휴식 그리고 학습을 동시에 하는 것이 장수 시대에 어울리는 삶의 방식이다.

넷째, 흔히 '일찍 죽으면 죽은 사람만 억울하다'란 말도 있는 만큼 인생은 오래 사는 것이 이기는 것이라고 생각해야 한다. 같은 이유로 '은퇴하지 않는 사람이 궁극적으로 성공하는 삶이다'라고 주장하고 싶다.

다섯째, 노년에 있어 가장 힘든 것은 '외로움'이다. 이 외로움을 극복하는 가장 좋은 방법은 은퇴하지 않는 것이다.

그러니 '은퇴'를 대체할 새로운 용어가 있어야 한다. 인생을 50세 이후에 다시 한 번 꿈꿀 수 있다면, 긍정적이고, 내가 하는 일에서 보람을 찾고, 희망과 미래를 얘기할 수 있는 용어를 찾아야 한다. '은퇴'란 용어를 빼고 100세 장수시대를 표현 할 수 있는 용어는 무엇이 적당할까? 권하고 싶은 용어는 '명함이 있는 노후'다. 노년에 직장이 없더라도 몰입할 수 있는 일을 만들고 그 일을 의미 있게 표현하여 명함을 만들어 보자.

04 은퇴생활 백서

오, 은퇴라니! 감사합니다

서평이 낮은 독서율을 높일 수 있을까? 그러기 위해선 우선 서평이 읽혀져야 하고, 그 서평에서 표현된 문구가 와 닿을 때, 실제 책 속에서 그 글귀의 위치를 찾아 읽어 보고자 하는 호기심이 일어나야 한다. 직접 읽는 방법이 가장 감동이 크기 때문이다. 그러면 책을 찾는 나를 발견할 수 있다. 독서율 상승은 여기까지 이어져야 가능하다. 나는 여러 서평책을

『은퇴 생활 백서』
어니 J. 젤린스키 지음/
와이즈북/ 2006

접해봤다. 순전히 독서광들은 왜 독서를 하는가를 알고 싶었기 때문이다. 그들은 왜 읽은 책을 서평으로 소개 하고 싶어 안달이 난 것일까? 이유경의 『독서 공감, 사람을 읽다』는 소설이 왜 읽혀져야 하는지를 알리고 싶어 안달이 났다. 그에 따르면 소설은 위로 받고, 공감하고, 때로는 우는 우리의 삶이다. 작가는 소설이 우리에게 떠오르는 추억, 행복한 상상, 그리

운 추억, 벅찬 감동, 스치는 느낌을 준다고 한다. 이유경이 소개한 이순원의 소설 『19세』를 읽었다. 읽게 된 이유는 33쪽에 나온 "사람이 세상을 살아가는 데 공부 많이 한 사람과 적게 한 사람의 차이는 많이 나지 않는다. 그러나 책을 많이 읽은 사람과 적게 읽은 사람의 차이는 몇 마디 얘기만 나눠봐도 금방 눈에 보인다."는 내용 때문이다. 이러한 이야기를 소설은 어떻게 풀어내고 있을까의 호기심이 책을 읽도록 충동질하였다. 상업학교가 적성에 맞지 않는다며 농사를 짓겠다고 선언한 둘째 아들에게 아버지는 농사를 짓는 조건으로 책을 보내주고 다 읽을 것을 약속 받는다. 소년은 2년의 농사 후 어른 놀음을 그만두고 다시 학교로 돌아 갈 것을 결심한다. 소년은 '그동안 아버지한테 받은 숙제처럼, 그리고 나중엔 거기에 내가 더 깊이 빠져 한 권 두 권 읽기 시작해 커다란 서가 하나를 채우고 남을 정도에 이른 책들도 나의 이런 생각을 도와주었을 것이다'고 했다.(『19세』272쪽) 서가를 가득 채울 정도의 몰입을 한 독서는 사람의 태도와 행동을 바꿀 수 있을 것인가? 한 번쯤 해 보고 싶은 도전이다. 몰입의 주제가 '100세 시대, 인생'이면 더 말할 나위가 없다. 나는 100세 시대를 주제로 한 책들을 섭렵하고 있다. 그리고 각각의 주제별로 10여 권을 엄선하여 독서노트를 하고 있다. 그중에 은퇴라는 주제는 '은퇴하지 않는 것이 은퇴 설계'라고 주장되기도 하지만, 한편으론 '화려한 은퇴가 인생의 참 즐거움'이라 주장되기도 하기 때문에 더욱 다양한 견해와 해법을 제시한 책들을 읽어 보려 노력하고 있다.

어니 J. 젤린스키의 『은퇴 생활 백서』는 그렇게 꿈꾸던 은퇴생활을 위해 어떻게 해야 하는지, '은퇴를 내 인생의 최고의 기회로 만드는 방법'에 대한 내용을 담고 있다. 은퇴를 최고의 기쁨과 즐거움으로 생각한다면 이 책을 펼쳐 그 해답을 찾아야 한다. 그러나 은퇴는 단지 은퇴함으로써 완성되지 않는다. 은퇴 후 어떻게 생활 하느냐가 관건이다. '적극적인 은퇴를 계획하지 않으면 힘든 은퇴를 하게 된다', '여가에 소질이 없다면 삶에도 소질이 없는 것이다', '삶이 지루해지기 시작하면 인생에서 퇴장할 시간이 가까워졌다는 뜻이다' 등의 표현은 은퇴도 철저히 대비하고 준비해야 즐거운 은퇴가 됨을 강조하는 말들이다.

우리나라의 경우 고등학교, 대학교를 졸업하면 사회생활을 30~40년 정도 하고 은퇴를 한다. 30~40년의 사회생활을 하기 위해 12~16년의 교육을 받는다. 은퇴기간이 3~5년 정도라면 은퇴 교육을 하지 않아도 된다. 노년이 쓸모없고, 무의미한 시간으로 채워도 되는 시기라면 교육이 필요 없다. 또 노년의 노화를 낡아가는 기계장치로 생각한다면 교육이 중요하지 않다. 하지만 은퇴 후에 주어지는 기간 또는 노년, 노후의 기간이 30~40년 정도가 되었다. 이렇게 긴 노년기를 의미 있게 보내기 위해서는, 꿈꾸는 은퇴가 되기 위해서는 은퇴, 노년, 노후 교육이 반드시 필요하다. 개인은 은퇴를 배우는 장소를 찾아 나서야 한다.

어니 J. 젤린스키는 은퇴생활을 위해
① 여가를 사용하는 방법을 배운 적이 없다면 주어진 시간으로
   무엇을 할텐가?

② 배우자 혹은 파트너보다 앞서 은퇴한다면 그들에게 뭐라고
   말할 셈인가?
③ 직업이 없는 환경에서 어떻게 성취감과 만족감을 느낄 것인가?
④ 당신이 귀족처럼 느긋하게 사는 동안 여전히 직장에 남아 있는
   친구들과는 어떻게 관계 맺을 것인가?

이러한 질문에 답하기 위해 해야 하는 것으로 남은 인생의 목표 정하기,
몰입할 수 있는 좋아하는 일과 여가 활동 확인하기, 하고 싶은 배움과
공부 실천하기, 인간관계 정립하기, 건강의 3요소(건강한 음식, 운동,
긍정적 태도) 바로 알기, 여행의 생활화와 의미 부여하기, 어디에서 살
것인가, 행복한 은퇴생활 설계하기에 대한 상세한 설명을 하고 있다.
이 책은 성공한 은퇴선배들의 조언이 필요하거나, 당당하고 행복한 은
퇴를 준비하고자 하는 경우, 앞으로 은퇴하게 될 30, 40, 50대, 실제로
은퇴생활을 하고 있는 60, 70대에게 적합하다. 은퇴를 축복과 즐거움
으로 여겨 최고의 목표로 기다린다면 이 책에서 제시하는 준비 목록과
실천 항목을 살펴 보고 시작하자. 그러면 은퇴가 살맛나는 인생 2막이
될 수 있다.

05 노인 자서전 쓰기

나의 인생을 발견하는 방법

앨런 버넷의 소설『일반적이지 않은 독자』는 일반적이 지 않은 독자인 영국 여왕이 책에 빠져 들면서 일어 나는 일들을 다루고 있다. 주인공인 여왕은 '어떤 책 을 읽으면 그 책이 길잡이가 되어 다른 책으로 이끈 다는 것도 깨닫게 되었다. 고개를 돌리는 곳마다 문 들이 계속 열렸고, 바라는 만큼 책을 읽기에는 하루 가 짧았다'고 고백한다.

『노인 자서전 쓰기』
한정란, 조해경, 이이정/
학지사/2004

이러한 독서방법이 '꼬리 물기 독서법'이다. 호기심이 계속 꼬리를 물 듯 이어져 지속적 독서가 가능하게 하는 방법이다. "책을 읽고 마음에 든 작가가 생겼는데, 그 작가가 쓴 책이 그 한 권만 있는 게 아니라, 알고 보 니 적어도 열 권은 넘게 있는 거예요. 이보다 더 즐거운 일이 있을까요?"

와 같은 표현은 저자에게 매료되어 '저자의 저서 완독하기'로 이어진 즐거움을 나타내고 있다. 여왕은 책 읽기 덕분에 전혀 예상하지 못했던 방식으로 인생이 풍부해졌다고 한다. 그러나 책 읽기는 거기까지만 이끌어 주었을 뿐이라고 한탄한다. 책을 읽는 것으로 뭔가 부족함을 느낀다고 하였다.

책 읽기 이후의 새로운 지평을 열어가기 위한 방편은 무엇이 있을까? 여왕이 택한 방법은 책 쓰기다. 여왕은 어떤 방법으로라도 책 쓰기를 강행하려 한다. 왕가에서 책을 발간한 적이 없다는 총리의 말에 왕위를 포기하겠다는 의사까지 비치면서 책 쓰기에 강한 의욕을 보여준다.

이처럼 책 쓰기에 몰두하는 이유는 무엇일까? "책을 쓰는 일은 자신의 인생을 적는 것이 아니다. '자신의 인생을 발견하는 것'이다."의 내용이 여왕의 함축된 의사 표현이다. 나는 100세 시대를 사는 우리 세대는 나이 70이 '자신의 인생 발견'을 위한 노력의 절정기가 된다고 주장한다. '자신의 인생 발견'을 위한 방편이 책 쓰기가 될 수 있다. 책 쓰기의 보편적 구현은 자서전으로 가능하다. 한 개인의 일생의 사적(史蹟)을 적은 기록을 전기(傳記)라 하고, 특히 자기가 쓴 자신의 전기는 자서전이라고 한다.

『노인 자서전 쓰기』를 쓴 한국노년교육학회에서 함께 활동하고 있는 한정란, 조해경, 이이정 등 세 명의 저자는 우리나라 노년학의 대가들이다. 노년, 노후, 은퇴를 대학에서부터 공부하고 지금까지 그 연구를 계속하고 있다. 그들이 자서전 쓰기에 주목하는 이유는 명료하다. 자서전이 '살아온 시대를 이야기하고 자신의 인생 역정에 대해 반성해 보는 가운데 삶의 의미를 발견하고, 자신의 인생을 정리해 보는 기회를 갖게 되며 또 앞으로 남은 삶을 어떻게 살아야 할 것인지에 대한 통찰을 얻을 수 있다'고 본다. '서투르고 조악한 문장이라고 하더라도 자신이 직접 집필하는 과정에서 자기 삶에 대한 반성과 참회, 자긍심, 만족감 등을 얻는 것이 더 큰 수확'이라고 적고 있다.

자서전을 쓰는 방법은 '개인적으로 쓰기', '그룹으로 함께 쓰기', '오디오 자서전 쓰기', '치료목적으로 쓰기' 등 다양한 방법을 소개하고 있다. 자서전의 내용으로 인생의 전환점, 가족에 대하여, 일과 역할, 사랑과 증오, 건강, 고난과 역경, 인간관계, 학문과 예술, 신념과 가치관, 이별과 죽음으로 설명하고 있다. 자서전을 쓰기 위해서는 자료와 지인들의 증언 등이 필요하다. 자료에는 일기, 사진, 메모와 기록, 편지와 카드 등이 있다. 나는 평소 메모 기록 일기 쓰기를 강조하고 있다. 사소한 메모 기록 일기가 쌓여 가는 과정을 기록을 쌓아 올린다고 하여 기적(記積)이라 하고 그 결과가 기적(奇籍)을 이룬다고 표현하고 있다.

모든 사람들은 글쓰기를 매우 두려워한다. 그러나 글, 특히 자신에 관한 글은 꼭 써보아야 한다. 구본형 컨설턴트는 『구본형의 변화 이야기』에서 "평범한 개인의 미시사(微視史)는 본인이 남기지 않으면 유실된다. 기록이 없으면 역사도 없고, 자신의 세계도 없다. 기록의 형태는 일기여도 좋고, 메모여도 좋고, 홈페이지여도 좋고, 사진첩이어도 좋고, 이 책 같은 자서전이어도 좋다. 무엇이 되었든 개인의 역사는 스스로에 의해 편찬 되어야 한다. 이것이 군중 속에서, 군중으로 흔적 없이 매몰되는 자신을 잊지 않는 길이다."고 하였다. 그런 의미에서 『노인 자서전 쓰기』는 매우 자연스럽고 편하게 접근할 수 있는 방법들로 글쓰기를 안내하고 있으니 꼭 독서해 보시길 바란다.

06 은퇴남편 유쾌하게 길들이기

남편이 은퇴한 날 = 애기가 태어난 날

『은퇴남편 유쾌하게
길들이기』
오가와 유리 지음/
김소운 옮김/
나무생각/ 2009

책을 소개하기에 앞서 한 가지 이야기를 해보려고 한다. 한 남편이 정년퇴직을 하고 집에 왔다. 그는 집에 들어서면서 "여보! 나 정년퇴직했어. 축하해줘."라고 말했다. 아내는 남편을 꼭 안아 주면서 한마디 한다. "당신 너무 고생하고 수고 많았어요. 축하해요." 이어서 한마디 더 하는 말이 "그런데 나도 당신의 은퇴에 맞춰 가사일로부터 은퇴했어요."라고 하는 게 아닌가. 다음 날 그의 아침을 여느 때와 같이 아내가 차려 주었다. 한참 아침을 먹고 있는데 아내가 "아침 먹고 설거지 할래요, 청소할래요." 한다. 잠시 당황한 남편이 청소하겠다고 했다. 청소가 끝나자 아내는 거실에 있는 소파, 책상, 컴퓨터, 전화기를 애들이 결혼 후 비어있는 빈 방에 모두 넣어 주곤 "여기가 당신 사무실이니까 앞으로 집에 있을 때는 이 방을 이용하세요." 한다. 거실 소파에 앉아서 아내가 집안일 하는 모습을 보고 잔소리나 참견하는 꼴을 못 보겠다는 거다. 이어서 하는 말은 "점심은 각자 알아서 챙겨 먹기에요."다. 한 끼 정도는 남편으로부터 해방되고 싶다는 거다. 오후에 아내가 밖에 나가는 모습을 보고 "어디가?"라고 물으니 아내가 마트, 세탁소, 주민센터, 금융회사 등을 얘기 했다. 그러자 남편이 "나도 따라가도 돼?"라고 물었다. 이때 아내가 "따라 오지 마."라고 선언한다. 앞으로 마누라 뒷 꽁무니만 졸졸 따라다니는 바둑이가 되어 가는 남편을 거부하겠다는 뜻이다. 이 밖에도 집안 물건이 어디에 있는지 전혀 알지를 못하니 모두 이름표를 붙여야 할지도 모른다. 이는 이번에 소개할 책『은퇴남편 유쾌하게 길들이기』에 나온 내용을 각색한 것이다.

우리는 은퇴 후 40년에 대해 남편이 감내해야 하는 일과 아내가 받아들여야 할 부분을 잘 알지 못한다. 분명한 것은 직장 생활과 은퇴 생활은 완전히 다르다. 다름을 알아야 하는데 지금까지의 습관과 태도로 그냥 살아가려 한다. 이런 얘기를 오가와 유리는『은퇴남편 유쾌하게 길들이기』에서 구구절절 풀어내고 있다. 오가와 유리는 책 뒷면에서 은퇴한 남편의 특징을 다양한 모습으로 표현해 내고 있다.

어디든지 따라다니려는 바둑이가 된다. 차려주지 않으면 굶어 죽을지도 모른다. 소파와 TV를 껴안고 산다. 이웃의 얼굴을 모르고 세탁소가 어디 있는지도 모른다. 마누라 전화가 울리면 직장에서 하듯이 쫓아와

서 받는다. 그 많던 친구들이 사라지고 취미활동도 없어 집안에서만 논다. 주변을 의식하지 않고 온 종일 파자마 바람으로 생활한다. 가족에게 짜증 섞인 말만 한다.

오가와 유리는 아내들이 절대 싫어하는 은퇴 후 남편의 유형을 바둑이, 삼식이, 하루 종일 마주보기, 거실을 지키며 마누라 감시하기, 마누라 일 참견하기, 코 골며 같이 자기, 집에만 있기, 집안 일 모른 체하기, 파자마 차림으로 외출하기, 지독한 자린 고비 등으로 표현한다. 아내들에게 이러한 남편이 집안에 있으면 '은퇴한 남편 증후군'이 생기니 조심하라고 경고한다.

오가와 유리가 제시하는 육옹(育翁) 교육 방법에서 남편과 아내가 어떤 사고를 갖고 실천해야 하는지 확인해 보자.

① 점심은 직접 차려먹고 설거지도 하세요! = 0에서 20까지 인내심을 갖고 가르쳐라!

② 상갓집 분위기의 저녁식사 자리를 대폿집 분위기로 바꿔라! = 배경 음악과 맥주를 준비하라!

③ 집안일에 남편을 참여 시켜라! = 청소기 돌리기와 설거지 중 어떤 것을 할래요?

④ 얼굴 마주하는 시간을 줄여라! = 방 하나를 거실로 내주고, 대문을 나서면 타인이 되자.

⑤ 각 방을 쓰자! = 부부관계를 고려하여 결정하자, 위급상황에 대한

대비책도 세우자.

⑥ 남편이 바둑이가 되지 않도록 하자! = 떼 놓고 다니는 것을 습관화하자.

⑦ 밖에서 즐기는 취미 활동을 적극 추천하자! = 부부가 다른 취미 활동을 하자.

⑧ 두 달에 한 번은 단 둘이 외출하라! = 때로는 부부로서의 친목을 다지는 시간이 필요하다.

⑨ 병이 났을 때는 위로를 아낌없이 하자! = 잘못하면 후환이 따른다.

⑩ 마주 앉아 대화 할 것을 요청하라! = 부부에게 이심전심은 없다.

⑪ 남편의 지역사회 데뷔를 응원하라! = 이웃의 얼굴과 이름을 익히게 하라.

⑫ 일주일에 한 번이라도 일을 하자! = 일은 얼굴에 긴장감을 준다.

⑬ 서로의 사생활을 존중하자! = 남편에게 감시당하는 기분은 없어야 한다.

⑭ 무신경한 남편으로 만들지 마라! = 생기 넘치는 남편, 멋쟁이 남편을 만들어라.

⑮ 유사시에 대비해 통장을 가져라! = 자기 명의의 통장과 카드는 필수품이다.

아내라는 이름을 가진 '마누라님'들께서는 위 내용을 잘 새겨 실천하시기 바란다. 그러면 '은퇴한 남편과 원수가 되지 않고, 행복한 관계를 유지' 할 수 있다. '은퇴한 남편님'들은 현실을 받아들이고 '마누라님'들의 가르침을 고분고분 받아들여 걸음마부터 잘 배워야 한다. 학교 다닐 때 공부야 좀 못해도 어찌 해 볼 수 있지만 황혼에 마누라님 말을 잘 듣지 않으면 무슨 사단이 벌어질 지 모른다. 특히 살면서 아내에게 잘못한 일이 한두 가지는 있게 마련이니 조심해야 한다. 잘못하면 집안이 엉망이 될 수 있다. 노년의 행복한 가정을 유지하기 위해서는 은퇴한 남편의 관리가 필수다. 오가와 유리는 "남편이 은퇴한 날은 집안에 애기가 새로 태어난 날이라고 생각해야 한다."는 점을 강조하였다. 책『은퇴한 남편 유쾌하게 길들이기』는 가장 현실적인 남편의 문제, 아내의 숙제로 와 닿는다. 이 책으로 은퇴 후 행복한 가정을 유지하는 방법들을 생각해 보는 계기가 되었으면 한다.

07 은퇴수업

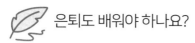 은퇴도 배워야 하나요?

책 제목이 『은퇴수업』이다. 은퇴 교육, 은퇴 학습, 은퇴 배움, 은퇴 공부가 아니라 '은퇴수업'인 이유는 무엇일까? 수업(授業)은 '교사가 학생에게 지식이나 기능을 가르쳐 주는 것'이다. 노년교육연구회 회원들이 관련 분야의 교수님을 중심으로 모인 노년 전문가들이셔서 이 분야를 연구한 결과 하시고 싶은 말씀이 얼마나 많았을까를 생각해보면 수업이라고 이름 붙여진 이유를 알 것 같다. 이 참에 교육, 학습, 배움, 공부가 갖는 의미를 구분해서 생각해 보자.

교육(敎育)은 가르치고 기른다는 의미이므로 선생님들의 입장에서 사용되는 말이다. 학생들은 교육을 받는다고 한다. 교육은 '가르치면 배운다', '사회에 필요한 인력 자원을 정해진 틀에서 가르친다'와 같이 학습자의 수동적 자세를 생각해 볼 수 있다. 학습(學習)은 배우고 익히는 것이니, 학습자의 능동적 자세가 엿보인다. 배움은 새로운 지식이나 교양을 얻다. 새로운 기술을 익히다. 남의 행동, 태도를 본받아 따른다는 뜻이다. 배움은 자기 주도적 공부 방법이며, 배움도 학습자의 능동적 태도에 기반을 둔다. 공부(工夫)는 예술가, 과학자, 엔지니어나 남편 등 어떤 역할을 하기 위해 학문이나 기술을 배우고 익힌다는 뜻이다. 공부는 어느 정도 강제된다는 점에서 학습자의 수동적 태도가 포함되었다고 본다.

『은퇴수업』
노년교육학회/
학지사/ 2012

그럼 노년, 노후, 은퇴를 공부하기에 맞는 방법은 어떤 것일까? 학교처럼 강제할 수 없으니 스스로 참여하는 능동적 태도가 중요하다. 나는 학습과 배움의 방법을 추천한다. 그런데 이번 책만큼은 책 제목이 책 제목이니만큼 마치 학교 다닐 때 교육을 받던 자세로 충실히 배워보는 것도 좋겠다.

우리나라에는 '대한노인회 노인생애체험센터 Aging Simulation Center'에서 은퇴 이후 생활환경과 불편한 나의 모습을 경험해 볼 수 있다. 효창동 백범 기념관 뒤쪽에 위치하고 있다. 노인생애체험센터는 집안의 구조를 노인, 장애를 가지고 있는 분 또는 일반인 등 누구나 쉽게 사용할 수 있는 제품인 '유니버설 디자인'으로 꾸며 놓고 체험할 수 있도록 해 놓았으며, 노안 안경, 척추 억제대, 관절 억제대, 모래주머니, 손가락 움직임 억제 장갑 등 노인체험 장비를 직접 착용하는 순간 80세 노인의 신체 환경을 만들어 준다. 노인체험을 진행하는 사회복지사는 중학생에게 실습하면 효과가 가장 높다고도 했다. 중학생들은 이해도 잘하고 할아버지, 할머니께 더 잘해 드려야겠다는 생각을 하게 된다고 한다. 또 체험 장비를 입고도 밖에서 농구를 하는 부류도 있는데, 남자 고등학생들이라고 한다. 그만큼 혈기가 왕성하다는 얘기로 들렸다. 여행사 직원들이 노인체험을 하고 나면 "그동안 어르신들을 너무 혹사시켰다. 앞으로는 충분한 시간을 갖고 여행하시도록 배려해야겠다."라고 말한다고 한다.

『은퇴수업』에도 '노화유사체험'이라는 이름으로 노인체험을 소개하고 있다. "노인체험 기구를 착용하는 데 걸리는 시간은 약 15분 정도인데, 착용이 끝나면 15분 사이에 본래 자기 나이에서 사오십 년을 훌쩍 뛰어넘어 80세의 몸이 된다. 갑자기 80세의 신체적 노화를 체험 하게 될 때 사람들은 어떤 느낌을 갖게 될까? 결과는 예상만큼 만족스럽지 못하다. 결국 몸은 80세이지만, 생각과 태도는 모두 20세에 머물러 있기 때문이다."라고 표현되어 있다.

책 『은퇴수업』은 은퇴에 대해 교수님들께서 하시고자 하는 말씀을 망라하고 있다. 이를 두 가지로 요약해 볼 수 있다.

첫째, 은퇴준비! "여러분 은퇴 기간이 생각보다 정말 길어요. 이 기간을 잘 보내기 위해 준비해야 할 것이 많습니다. 그것을 얘기해 드릴게요." 둘째, 은퇴 기간의 활용! "여러분 은퇴기간은 쇠퇴의 기간이 아니라 어떻게 활용하느냐에 따라 발달의 단계로 만들 수 있습니다. 여러분이 해 보고 싶으신 발달의 주제는 무엇인가요?"로 들린다. 첫 번째 은퇴준비에 대해 건강하게, 활기차게, 행복하게, 풍요롭게, 지혜롭게 은퇴하는 방법 등을 은퇴 실습과 함께 풀어내고 있다. 두 번째인 은퇴 기간의 활용에 대해 '인간은 전 생애의 기간 중 언제부터 언제까지 발달하는가?', '노년기도 발달의 과정에 포함될 수 있는가?'에 대한 질문으로 도입부를 할애하고 있다. '노년기는 체력과 기력이 쇠하는 반면, 인생의 지혜와 경륜은 더 깊어만 간다. 잠재력이 지속되어 노년기에 더 큰 결실을 보이기도 한다. 노년기는 발달하고 성장하며 변화하는 인간의 발달과정 중 하나다.'라고 하면서 노년기가 발달의 단계임을 명시하고 있다.

나는 이 책에서 발달에 대해 설명한 부분에 주목했다. 우리는 흔히 발달이란 지속적인 성장을 염두에 둔다. 그런데 이 책은 발달을 일방향이 아니라 다방향의 변화로 설명한다. 즉, 발달이란 플러스(+)의 성장만이 아니라 마이너스(−)의 쇠퇴가 동시에 따르는 과정이라는 것이다. 이 부분을 우리 인생도 플러스의 성장만 계속 되는 시기는 한 순간도 없다고 강조한다. 예를 들어 걸음마를 배우는 동시에 기는 능력이 쇠퇴하고, 씹는 법을 배우는 동시에 빠는 능력이 쇠퇴한다고 적었다. 그런데 우리는 아동 및 청소년기는 성장으로, 중년 및 노년기는 쇠퇴로 보는 경향이 있다. 왜 그럴까? 그것은 '어릴 때는 외형적 성장이 눈에 잘 띄고, 눈에 잘 띄지 않는 부분이 쇠퇴하는 반면, 나이가 들수록 쇠퇴하는 것은 눈에 잘 띄고, 얻어지는 부분은 눈에 잘 띄지 않기 때문'이다. 이를 노년에 적용하여 노년은 주름과 흰머리가 늘고 기력이 쇠퇴하지만, 인생의 깊이와 지혜, 경륜은 성장하기 때문에 인간의 잠재력은 일생에 걸쳐 유지된다고 강조한다.

『은퇴수업』은 모두 열아홉 명의 노년 전문가가 참여하여 2012년 집필했다. 학계의 시선으로 은퇴와 노년의 내용을 망라하고 있다. 우리는 어떤 분야를 알고 싶을 때, 가장 먼저 선택하여 읽어 볼 책을 찾게 된다. 나는 『은퇴수업』으로 은퇴와 노년을 공부하기 시작했다. 여러분도 수업을 받는 자세로 일독해 보길 권유한다.

08 나는 매일 은퇴를 꿈꾼다

꿈꾸는 은퇴! 'Me'가 아닌 'I'로 살기!

2013년 6월 23일 제8회 서울 노년학 국제 심포지엄이 열리는 코엑스를 찾았다. 이날 전남대 심리학과 윤가현 교수는 '이승에서 못된 짓을 많이 하면 지옥 가서 받는 가장 가혹한 형벌이 뭔지 아느냐?'고 하면서 그것은 '아무 일도 하지 못하게 하는 것'이라 했다. 은퇴하고 하는 일 없이 놀거나 쉬고 싶은 게 사람의 마음인데, 일하지 않는 것이 지옥이라 한다. 그럼 은퇴하지 말고 계속 일하란 말인가? 이날부터 '은퇴의 정의를 어떻게 규정해야 하는가?'라는 질문이 계속 따라다녔다. 그 결과 '은퇴하지 않는 것이 은퇴 설계'란 결론에 도달하였다.

그런데도 우리는 은퇴를 꿈꾼다. 아무 일도 하지 않고 완전히 놀고 싶은 거다. 놀고먹는 것은 아무 준비도 필요 없을까? 꿈꾸는 은퇴도 기본적으로 갖추어

『나는 매일 은퇴를 꿈꾼다』
한혜경 지음/
샘터/ 2012

야 할 무엇이 있게 마련이다. 그럼 그것이 무엇인지 공부해야 한다. 우리가 배우고자 하는 공부는 교육(敎育) 즉, 가르치고 기르는 것을 단순히 받아들이는 것이 아니다. 배운 내용이 왜 그러한가, 다르게 볼 수는 없는가, 여기서 더 나아간 공부는 무엇인가 등으로 보아야 진정한 공부라 할 수 있다. 공부는 사실을 그냥 인정하는 것이 아니라 '합리적으로 의심'하는 것이다. 우리가 익히 믿음을 가지고 보는 모든 것은 그저 믿으면 안 된다. 그것은 사실인지, 내가 모르는 다른 부분이 있는지 의심해 보아야 한다. 그것이 공부다.

이제 노년, 노후, 은퇴를 공부의 관점에서 들여다보자. 은퇴설계, 노후설계와 관련된 각종 교육의 내용을 그대로 받아들여도 될까? 합리적으로 의심해야 한다면 그것은 무엇일까? 그 질문은 아래와 같다. 전반기 삶에서 배운 것들로 후반기를 살아 낼 수 있는가? 건강, 가족, 자산, 일, 친구 등을 준비하면 노후 준비는 충분한가? 종합 은퇴설계 교육 한 번으로 노후 설계가 완성될 수 있는가? 강사들은 넓고 깊이 있게 연구한 것인가? 강사 본인의 노후 준비는 어떻게 하고 있는가? 받은 교육 내용을 정답으로 생각하고 그 틀에 나의 후반 인생설계를 해도 되는가? 나만의 은퇴 설계 방법이 따로 존재할 수 있지 않을까?

이번에 소개할 책은 한혜경 교수의 『나는 매일 은퇴를 꿈꾼다』이다. 한혜경 교수는 꿈꾸는 은퇴 후 삶을 "이룰 수 없는 꿈을 꾸고, 이룰 수 없는 사랑을 하고, 이길 수 없는 적과 싸우고, 견딜 수 없는 고통을 견디고, 잡을 수 없는 별을 잡는 돈키호테처럼 살라."고 조언한다. 은퇴 후의 삶이라는 새로운 도전 앞에서, 새로운 여정 앞에서 돈키호테처럼 무모하게, 혹은 대담하게 뛰어가 보자라고 제안한다.

나는 나이 들어 돈키호테처럼 살고 싶은 욕망이 누구에게나 있다고 생각한다. 그런데 그렇게 하지 못한다. 평생을 '나'로 살아 보지 못했기 때문이다. 한혜경 교수는 이제부터 'Me'가 아닌 'I'로 살아야 한다고 강조한다. 즉, 목적어인 'Me'로 살지 말고 주어인 'I'로 살자는 것이다. 누구누구의 목적이 아니라 나 스스로 주인이 되는 삶. 나는 이 책에서 이 한 구절을 찾았다. 'Me'가 아닌 'I'로 살기! 내가 들여다본 은퇴 교육과 공부의 핵심은 바로 '나'로 살기였다

한혜경 교수는 미국 베이비붐 세대(1946~1964년 출생)에 대한 USA 투데이 기사는 그들을 가족이나 타인 중심의 삶을 사느라고 정작 자기 자신을 위한 투자는 하지 못하는 'Me세대'로 정의하였다고 하고, "우리나라 베이비붐 세대도 독립성보다는 의존성에 기반을 두고 있다. 결혼한 자녀를 계속 지원하고 그들에게 의존하는 모습은 진정으로 독립적인 'I'의 삶과는 거리가 있다. 본인의 가치와 독자성을 존중하고 사랑하는 '건강한 자기중심성'을 위한 노력이 필요하다. 결국엔 나에게 주어진, 나를 위한 인생이니까…"라고 말했다. 은퇴설계는 '나로 살 준비가 되어 있느냐?'는 질문과 같다.

JTBC 드라마 'SKY 캐슬'은 상류 사회에서 자녀들을 보다 나은 대학에 보내기 위해 펼쳐지는 치열한 상황과 부모들의 욕망을 다루고 있다.

특히 18회에서 강준상(배우 정준호)이 어머니(배우 정애리)와 아내 한서진(배우 염정아)과 대화를 나누는 장면은 압권이다. 나이 50 평생에 얼굴이 어떻게 생겼는지도 모르고, 내가 누군지도 모르겠다고 외치는 그 장면을 한번 여기 옮겨 본다.

강준상(정준호 분): 저 주남대 사표 낼 겁니다.

윤여사(정애리 분): 뭐라고? 병원에 뭐를 내? 너 제정신이니? 여기까지 어떻게 왔는데. 병원장이 코앞인데 사표를 내?

강준상(정준호 분): 어머님은 도대체 언제까지 절 무대 위에 세우실 겁니까? 그만큼 분칠하고 포장해서 무대 위에 세워놓고 박수 받으셨으면 되셨잖아요. 어머님 뜻대로 분칠하시는 바람에 제 얼굴이 어떻게 생겨먹었는지도 모르고 근 50 평생을 살아왔잖아요.

윤여사(정애리 분): 내가 널 어떻게 키웠는데. 지금까지 내 덕분에 승승장구 대학병원 의사로써 순탄하게 살아왔으면서 이제 와서 내 탓을 해?

한서진(염정아분): 여보, 당신 얼굴 뭔데요. 어머님 아들, 우리 예서 예빈이 아빠, 내 남편, 주남대 교수. 그거 말고 당신 얼굴 뭐. 뭐가 더 있는데요.

강준상(정준호 분): 강준상이 없잖아. 강준상이. 내가 누군지를 모르겠다고.

과연 여러분은 나로 살고 있는가? 나로 살지 않으면 내가 누구인지도 모르고 죽을 수 있다.

나는 노년, 노후, 은퇴를 공부하면서 50세 전후 사람들의 심경 변화를 눈 여겨 보아 왔다. 그동안은 외부와 연결된 상호 비교와 소유, 서열 중심의 사고로 살아온 사람들도 이때부터는 급격히 주관적 사고를 하기 시작한다. 50세 전의 삶은 내가 어느 위치에 있는지 확인할수록 열등감에 빠지지만, 50세 이후의 삶은 타인을 의식하지 않는 삶으로 전환하였기 때문에 서열이 없다. 내가 추구하는 행복한 길은 오직 나만의 길이기에 굳이 서열을 따지자면 당연 내가 1등인 삶이다. 50대 이후의 모든 사람이 이런 삶을 추구하면 모두 1등인 행복한 삶을 살아 갈 수 있다. 필자는 이러한 모습을 빗대어 50대 이전은 '세로로 줄을 지어 늘어선 종대와 가로로 줄 지어 늘어선 횡대의 모습으로 모두 같은 방향만을 바라보는 서열이 있는 삶'이지만, 50대 이후는 '원형으로 각기 다른 방향을 보고서 있는 모두가 1등인 행복한 삶'이라 부르기도 한다. 그리고 이를 위해선 은퇴 후 삶은 반드시 나로 살아야 한다. 매일 꿈 꾸는 은퇴는 준비 없이 이루어지지 않는다. 은퇴가 꿈이라면 책 『나는 매일 은퇴를 꿈꾼다』를 읽고 나로 살 준비부터 하자.

09 은퇴혁명

 은퇴! 20대부터 준비해야 하는 이유

미치 앤서니의 『은퇴혁명』은 은퇴에 대하여 "은퇴는 역사적으로 '그릇된 나이 조정'을 강요해왔다. 일정한 나이가 되면 경주에 참여하지 말아야 한다고 꼬드겼다. 은퇴를 처음 고안했던 사람들이 의도했던 은퇴는 이제 사라졌다. 시대도 바뀌었으니 은퇴생활에 대한 우리의 사고방식도 당연히 변해야 한다."고 은퇴에 대한 사고방식의 변화를 주문했다. 그래서인지 이번에는 책 제목이 『은퇴혁명』이다. 사고방식을 혁명적으로 바꾸어야 한다고 주장하는 것일까? 사실 이 책의 원제목은 The New Retire-mentality이다. '은퇴에 대한 새로운 사고방식' 정도로 번역될 수 있다. 이렇게 굉장히 부드러운 표현의 제목을 옮긴이는 혁명이란 용어를 사용했다. 아마도 은퇴의 환경은 혁명적 사고가 아니면 수용하기 어렵다고 보았을 가능성이 높다.

『은퇴혁명』
미치 앤서니 지음/ 이주형 옮김/
청년정신/ 2004

중국의 철학자 리쩌허우(李澤厚)는 "역사는 혁명(Revolution)이 아니라 진화(Evolution)를 통해 발전해야 한다."고 말했다. 혁명적인 상황은 제 1 조건이 생존이며, 그다음은 새로 형성될 문화를 빨리 내 것으로 받아 들이고 그 문화를 선도해야 한다고 말하기도 한다. 이런 연유로 우리는 리쩌허우가 말한 것처럼 역사는 혁명이 아니라 진화를 통하여 발전하기 를 바라고 있는지도 모른다. 그만큼 혁명은 많은 대가와 희생을 요구하 기 때문이다. 은퇴를 변화와 혁신으로 볼 것인가, 혁명으로 볼 것인가? 준비된 은퇴는 변화와 혁신의 과정을 거쳐 왔다. 전혀 몰랐던 어떤 환 경 때문에 당황하면 이미 혁명의 파고가 쓰나미처럼 내게 도달했다. 은 퇴는 혁명적 사건임을 가정하고 변화와 혁신으로 대비해야 함이 정답이 다. 『은퇴혁명』은 '은퇴'가 기존의 낡은 틀이므로 이를 혁명적 사고로 받 아들여야 한다고 주장한다. 만일 이것이 사실이라면 이미 파고는 우리 의 삶 곳곳에 깊이 들어와 있다고 봐야 한다. 그런데 우리는 여전히 기 존의 '은퇴' 틀 속에 갇혀 변화의 파고를 전혀 모르고 있는 것은 아닐까?

알고 있으면서 그저 옛 사고 방식에 젖어 거부하고 있는 것은 아닐까? 우선 기존의 낡은 은퇴의 틀이 어떤 신념을 심어 주었는지를 알아야 한다. 『은퇴혁명』은 '은퇴의 환상을 떠받치고 있던 그릇된 통념'의 일곱 가지를 들고 있다. 나는 그릇된 통념 일곱 가지를 나의 견해와 더불어 표현한다. 여기 일곱 가지를 넘어서야 비로소 은퇴의 개념과 환경을 이해하는 첫걸음을 떼었다고 생각한다.

첫째, 65세는 늙은이다? 수명이 크게 늘어났음에도 불구하고 우리 사회는 계속 은퇴를 판촉하고 있다. 그것도 100년 전 평균수명이 46세이던 시절에 규정한 은퇴연령을 말이다. 이제는 늙음의 개념이 달라졌다. 65세는 늙은이가 아니다.

둘째, 은퇴는 더 이상 일을 하지 않는 것을 뜻한다? 미래의 은퇴 개념은 오직 한 사람. 즉 자기 자신이 정의하게 될 것이다. 은퇴 후에도 계속 일할 수 있다. 얼마나 열심히 일하여야 하는지, 어디서 언제 일하길 원하는지 스스로 결정할 것이다.

셋째, 62세가 되어야 자신이 원하는 일을 할 수 있다? 우리 사회는 언젠가 충분한 돈을 모으면 자신이 원하는 일을 할 수 있다고 믿는다. 그런데 그 나이가 너무 늦다. 이 대목에서 미치 앤서니는 혁신적인 인생 재무계획(Financial life planning) 방법을 활용하여 재정적으로 준비되면, 여러분이 진정으로 원하는 삶의 길로 언제든지 옮겨 갈 수 있다고 말한다.

넷째, 은퇴는 하나의 경제적 사건이다? 그보다는 종합적인 접근방식을 개발해서 개인의 열망과 삶의 단계, 가족에 대한 책임과 건강문제, 경제적 우려 등을 함께 다루어야 한다. 즉, 은퇴는 경제적, 비경제적 부분이 함께 존재한다.

다섯째, 안락한 생활이 은퇴의 궁극적 목표이다? 은퇴는 무조건 놀고 먹는 것이 아니다. 균형 잡힌 은퇴 계획을 수립해서 즐거움과 성취감을 동시에 맛볼 수 있는 방법이 존재한다.

여섯째, 은퇴 소득의 대부분을 진료비와 약값으로 쓴다? 건강하고 즐거운 은퇴생활을 설계하면, 진료비와 약값으로 돈이 많이 들지 않는다.

일곱째, 미래 재무계획을 혼자서 설계할 수 있다? 건강전문가의 도움이 필요한 시기와 장소가 있듯이 자산전문가나 자산설계사 혹은 머니코치의 도움이 필요한 인생의 시기와 장소도 있다.

우리는 자의 반, 타의 반으로 은퇴 환경으로 밀려간다. 그러나 준비는 미흡하다. 어느 날 갑자기 은퇴가 닥치면 그 순간 혁명이 된다. 닥친 혁명은 고통이다. 지금 그 혁명의 순간을 당겨 미리 계획을 세워야 한다. 이 책은 표지에서 20대가 먼저 알고 실천해야 할 『은퇴혁명』이라고 표현했다. 은퇴를 20대부터 준비해야 한다고 한다. 이렇게 준비하면 은퇴가 혁명이 아니라 변화와 혁신이 될 수 있다. 우리가 추구해야 할 방향은 변화가 우선이며, 그다음이 혁신이고, 어쩔 수 없을 때 혁명이 되어야 한다. 물론 혁신도 쉬운 일은 아니다. 내가 방문한 모 상장회사의 벽에 혁신에 관한 문구가 있어 소개하며 이 글을 마무리한다.

혁신은 가죽을 벗기는 아픔을 감수하는 것,

혁신(革新)의 혁(革)은 갓 벗겨낸 가죽(皮)을
무두질해 새롭게 만든 가죽(革)을 말하는 것으로
면모를 일신한다는 뜻을 가지고 있다.
즉, 혁신은 경쟁우위를 창출하거나
잠재적인 위기를 돌파하고
역량을 구비하기 위해 기존의 것을
새롭게 바꾸거나 고치는 것을 말한다.

혁신은 가죽을 벗기는 아픔을 이겨내야 한다는 뜻도
동시에 내포하고 있다.
가죽을 벗기는 과정(혁신)이
영원히 계속되어야 한다는 점을 우리는 엄숙히 받아들여야 한다.

혁신을 멈춘다는 것은 사망을 뜻한다.
지속적으로 가죽을 벗기는 아픔을 감수하면서
기꺼이 새로움을 추구하는
즉, 혁신을 즐기는 생명체만이 진정한 강자가 될 수 있다.

10 남자가 은퇴할 때 후회하는 스물다섯 가지

 지금 당장 버킷리스트를 작성하고 실천하자!

『남자가 은퇴할 때 후회하는 스물다섯 가지』는 사회복지학과 교수인 한혜경 박사가 은퇴한 남자들 1,000명을 조사하여 도출한 후회 목록표다. 우리가 후회 없는 삶을 바랄 수는 없다. 그렇게 사는 것은 불가능하다. 한혜경 교수는 "우리가 해야 할 일은 후회하지 않기 위해 열심히 살기를 포기하거나 노력을 멈추는 것이 아니라 우리 인간이 언제나 후회하는 존재라는 걸 인정하고, 꿋꿋하게 앞으로 나아가는 것이

『남자가 은퇴할 때
후회하는
스물다섯 가지』
한혜경/
아템포/2014

다. 단, 중요한 일에는 후회를 덜 할 수 있도록, 그리고 매우 중요하고 소중한 일은 절대 후회하지 않도록 끊임없이 노력할 뿐이다."고 하였다.

이 책에는 정말 일밖에 몰라서 하게 된 후회 여섯 가지, 내 몸을 함부로

다루어서 하게 된 후회 여섯 가지, 가족과 함께 하지 못하여 발생한 후회 여섯 가지, 50년이나 더 남은 인생을 어떻게 살지 준비를 철저히 하지 못한 후회 일곱 가지를 담고 있다. 나는 이 부분에서 '꿈을 담은 나만의 명함을 만들었더라면'이라는 후회에 주목한다. 명함을 만들지 못한 후회는 총 스물 다섯 가지 후회 중 스물두 번째 후회다. 한혜경 교수는 '평생 하나의 명함, 회사 이름이 크게 박힌 명함만 쫓던 시대는 지났다. 당신은 앞으로 여러 개의 명함을 더 만들어야 할 것이다. 이왕이면 당신만의 개성, 당신만의 강점을 보여 줄 수 있는 명함을 구상해 보시라. 이왕 만드는 김에 한 대여섯 개쯤 어떠신가?'라고 했다.

나는 평소 직장 생활 중이라도 제2의 명함을 준비하라고 말한다. 지금 다니는 직장이 아니면 절대 대안이 없을 때, 사람은 너무 힘든 직장 생활을 한다. 항상 이 일이 아니라면 어떻게 할 것인지 대비해야 한다. 이런 생각으로 노력하는 사람이 지금 직장에도 도움이 된다. 반드시 이직하라는 얘기가 아니다. 새로운 직장을 예비해 두라는 뜻이다. 그런 생각만으로도 힘이 난다. 100세 시대가 하나의 직장으로 끝낼 수 없는 것은 자명하다. 새로운 직장을 염두에 두면 삶에 탄력이 생긴다. 나는 이러한 생각을 바탕으로 책 『명함이 있는 노후』를 출판했고, 책의 내용을 바탕으로 세미나와 심포지엄을 진행하고 있다.

한 번은 강의가 끝난 후 자신이 가진 명함을 내게 전달하면서 '내 나이가 몇 살일 것 같으냐?'라고 묻는 이가 계셨다. 그리고는 83세라고 하셨다. 여든이 넘은 나이에 당당하게 직장 생활을 하는 자신을 자랑하였다. 그리고 명함이 갖는 의미를 다시 새겨들었다고 했다. 어느 날은 자신이 갖고 다니는 명함이 네 개나 된다고 하면서 보여 주신 이도 있었다. 이를 모두 받아서 다른 강의장에서 교재로 사용하고 있다. 물론 주신 분께 양해를 구해 두었다. 나의 강의를 들은 분을 우연히 만나기도 했다. 강의를 듣고 만든 명함을 보여 주셨다. 정년퇴임 후 오미자 농사를 지으시는데 농장 이름을 넣어 명함을 만드셨다. 명함을 받은 나도 기분이 좋았다.

한편 책에서 소개하는 남자가 은퇴할 때 후회하는 스물 다섯 가지의 목록은 누구에게 알려주어야 하는가? 당연히 은퇴 전 10~20년 이상의 시간을 갖고 있는 남자들이다. 문제는 그들이 은퇴 후 어떤 일을 후회할 것인지 관심이 없다는데 있다. 그럼 어떻게 해야 하는가?

로브 라이너 감독, 잭 니콜슨, 모건 프리먼 주연의 죽기 전에 꼭 하고 싶은 것 '버킷리스트'라는 영화가 있다. 그들의 버킷 리스트(Bucket List)에는 세렝게티에서 사냥하기, 문신하기, 카레이싱과 스카이 다이빙하기, 눈물 날 때까지 웃어 보기, 가장 아름다운 소녀와 키스하기, 화장한 재를 깡통에 담아 경관 좋은 곳에 두기 등이다. 사실 버킷리스트는 중세에 '사형을 집행하기 전 꼭 해보고 싶은 일의 목록'으로 해석되어 왔다. 그런데 버킷 리스트는 꼭 죽기 전에만 해야 하는 것일까? 필자는 이 영화를 보면서 '삶의 현재에서 버킷리스트를 작성하고 실천하면 어떨까'

하는 생각을 했다. 내 나이가 20대이든, 30대이든 버킷리스트를 작성할 수 있다. 3개의 버킷리스트를 실천하고 나면 새로운 버킷 리스트가 5개 만들어지는 놀라운 모습을 확인하게 된다.

버킷리스트는 '오늘의 삶을 만끽하고, 오늘을 짜릿하게 보내며, 오늘을 실컷 향유하게' 만들어 준다. 버킷리스트를 작성하고 실천하며, 더 많은 버킷리스트를 만들어 가는 삶이 후회를 줄이는 첩경이다.

우리는 이번 책이 말하는 후회 목록표 속에서 내가 해야 하는 버킷리스트를 만들 수 있다. 예컨대 필자는 매주 홀로 산행으로 외로움과 친해지기, 주 3회 운동으로 건강 지키기, 아내와 주 2회 함께 공유정서 만들기, 노후 명함 만들기를 버킷리스트로 정해 실천하기로 했다. 평균수명 50~60세일 때의 후회와 100세 시대의 후회는 그 차원이 다르다. 은퇴 후 당신은 '무엇인가'에 대해서 후회를 할 것이다. 장담한다. 하지만, 보다 중요하고 소중한 일에 후회를 덜 할 수 있다면? 지금 이 책을 펼쳐, 후회 목록표에서 삭제할 수 있는 내용이 많을수록 노후가 행복할 수 있다. 그 방법이 이 책 속에 있다.

04 건강
독서노트 10선

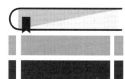

01 웰 에이징

📝 부부가 함께 백년해로 하는 방법

『웰 에이징』
박상철 지음/
생각의나무 2009

노화에 관한 학계의 정의는 '누구나 겪게 되는 보편성(普遍性), 피하지 못하고 어쩔 수 없이 닥치게 되는 불가피성(不可避性), 어떠한 경우에도 노화를 돌이킬 수 없는 불가역성(不可逆性), 결국 기능이 저하되어 죽음에 이르는 퇴행성(退行性)'이다. 이에 반해 박상철 교수는 노화에 대해 외부 독성자극으로부터 생존을 유지하는 적응 현상이라 하고, 노화에 따른 변화는 불가역적이고 불가피한 일이 아니라 그 형태와 기능 모든 측면에서 회복적이고 가변적인 현상임을 강조한다. 또한 노화 방지로 표현되는 안티 에이징 Antiaging이 아니라 노화를 받아들이고 능동적으로 수용함으로써 삶의 질을 향상 시키는 웰에이징 Wellaging을 주장한다.

나는 웰 에이징을 위한 전제조건으로 부부관계가 좋아야 한다고 주장하고 있다. 가와기타 요시노리는 『중년수업』에서 "중년 이후의 부부관계는 전쟁이 끝난 뒤의 전우 같은 관계다. 아내에 대한 감사의 마음을 잊어서는 안 된다. 그때까지 집안 대소사를 야무지게 치러 온 아내를 존중하여 뭔가를 이루도록 배려해야 한다."라고 하였다. 부부가 전우인지 원수인지는 집안을 들여다봐야 알 수 있다. 전우이면 다행이지만 20~30년 정도만 살아도 사실 원수일 가능성이 있다. 지금의 부부는 30세에 결혼했다 하더라도 최소 50~70년을 함께 살아간다. 그럼 죽을 때까지 부부가 원수가 되지 않고 전우로 살아가기 위해서는 어떻게 해야 할까? 박상철 교수는 부부가 함께 백년해로 할 수 있는 비법으로 서울대 가족학 전공 한경혜 교수의 말을 소개하고 있다. "부부에게 가장 중요한 덕목은 측은지심(惻隱之心)이다."가 그것이다. 함께 나이가 들어가면서 서로 뜨거웠던 시절도 있었고, 서로를 이해하고 공감하여 살아오기도 했지만, 이제 팔순 구순이 되었을 때 부부를 이어주는 가장 중요한 덕목은 서로를 안타깝게 바라보고 아껴주는 마음이 가장 중요하다는 주장이다. 그러면서 서로를 바라보면서 "저 사람이 나 때문에 저렇게 늙었지."라고 생각하며 상대를 이해하고 감사해 하는 태도가 가장 중요하다고 했다. 나는 이 측은지심이 첫 번째 덕목이라고 본다. '아내가 나를 만나서 고생이 많다. 내가 잘 해주지 못하고 자상하지 못해 늘 미안하다.', '내 남편이 나를 만나 고생이 많다. 집에 오면 따뜻하게 대해 주어야 하는데 그렇지 못해 미안하다'처럼 생각하고 행동해야 한다.

그럼 두 번째 덕목은 무엇일까? 두 번째는 공통의 정서를 많이 만들어야 한다. 음악, 미술, 여행, 등산, 종교 등 함께 할 수 있는 자연스런 시간 할애는 부부관계를 더욱 돈독하게 한다.

세 번째 덕목은 공감과 배려 그리고 편들기다. 남편이 나와 좀 다른 의견을 얘기한다 하더라도 충분히 공감해주고 편들어 주는 것이 좋다. 예를 들어 남편이 밖에서 친구들을 만나고 들어 왔는데 친구가 자식 자랑을 늘어놓아서 속이 상한 나머지 자식, 며느리, 사위를 욕하면 "맞아요, 우리 애들은 좀 못하는 편이죠."라고 하면서 남편에게 힘을 실어 주어야 한다. 그런데 "당신이 뭐 잘해 준 게 있다고 애들 흉을 봅니까?"라고 하면 그날뿐만 아니라 영영 소원해지는 길로 갈 수도 있다.

『웰 에이징』의 1부는 웰에이징에 대한 구체적인 설명문이다. 박상철 교수는 당당하고 행복한 웰에이징 장수를 위하여 몇 가지 제안을 한다.

첫째, 노화 자체가 아픈 것이 아니므로 마음의 여유를 갖자. 실제로 다른 질환이 나타나지 않으면 신체적 변화로 나타나는 노화 자체로는 별다른 증상을 보이지 않기 때문에, 85세 이상의 초고령 노인 중에서도 생활에 불편을 받는 사람은 3분의 1 정도에 불과하다.

둘째, 암은 나이가 가장 중요한 위험 인자임에 틀림이 없다. 조기진단과 예방수칙을 지키자. 암 예방을 위해 제일 먼저 실천해야 할 것은 금연이다.

셋째, 죽는다는 것은 당연한 일이다. 담담히 받아들이고, 죽기 전까지 최선을 다해 살며, 삶에 대한 여유를 갖자.

넷째, 지적 활동을 계속하자. 생명활동이 유지되는 한 머리를 써서 추진하는 모든 활동이 다 계속되어야 한다.

다섯째, 우리 몸은 정직하므로 항상 돌보자. 몸은 먹는 음식, 마시는 술, 움직이는 운동, 수면의 질 등에 그대로 반응한다.

여섯째, 자연이 인간에게 부여한 생명의 5원칙을 지켜나가자. 5원칙은 어울림, 협동과 나눔, 여유에서 우러난 멋, 당당한 나이 듦, 남녀의 성차를 이해하고 부부가 백년해로 하는 것이다.

일곱째, 건강한 장수 다섯 가지 원칙을 지키자.

〈건강한 장수 다섯 가지 원칙〉

원칙 1. 움직여야 한다. 장수 비결은 운동이다.

원칙 2. 적응해야 한다. 장수인은 환경과 사회적 스트레스 요인 등에 적응을 잘 한 사람이다.

원칙 3. 정확해야 한다. 우리 몸이 간직한 유전체 속 삶의 본질인 성장을 위한 성실한 순종, 생식을 위한 조화로운 선택 등이 정확하게 작동되게 해야 한다.

원칙 4. 느껴야 한다. 기쁘다가 슬프고, 울다가 웃는 과정에서 때론 반드시 절제도 해야 한다.

원칙 5. 생각해야 한다. '생각하므로 나는 존재한다'라는 데카르트의 명언은 인간이 인간답게 살기 위해서는 사유(思惟)가 중요함을 적시하고 있다.

이상의 박상철 교수의 제안은 백세인 탐방과 연구의 결과를 담담히 풀어 낸듯하다. 『웰 에이징』의 2부는 내 몸과 생활습관 개혁 프로젝트에 관한 내용이다.

우리가 사는 세상은

웰빙(Wellbeing, 참살이)하고,

웰에이징(Wellaging, 참늙기)하고,

웰다잉(Welldying, 참죽음)을 준비해야 한다.

모두가 공감하는 선언적 표현이지만 현실에서 어떻게 해야 하는지를 익혀 실천하기는 쉽지 않다. 이 중에서 웰 에이징은 길어진 수명만큼 중요하다. 따라서 우리는 누구나 나이 들어가는 올바른 방법을 알고 싶어 한다. 그 과정에서 노화는 무엇이고 어떻게 받아 들여야 하며, 건강하게 나이 들어가는 방법은 무엇인지 배워 실천하고 싶다. 박상철 교수는 장수비결을 연구한 최고의 학자다. 그는 이 책을 웰 에이징 매뉴얼이라 한다. 사람답게 늙는 것, 건강하게 나이 들어 가는 것에 관한 설명서인 셈이다. 당당하고 행복한 장수를 원하거나, 백세인들의 비법을 엿보고 싶거나, 배우자와 백년해로하고 싶고, 질병을 막는 최고의 보약이 무엇인지 궁금하다면 이 책을 선택하자. 그리고 나만의 웰 에이징 매뉴얼도 만들어 보자.

02 당신의 100년을 설계하라

 100세 인생을 당당하게 사는 방법

『당신의 100년을
설계하라』
박상철 지음/
생각속의집 2012

100세 장수시대에는 나이를 표현하는 방법도 다양해졌다. 한국의 대표 사회학자 송호근 교수는 『그들은 소리 내 울지 않는다』에서 '생물학적 나이 Biological age' 보다 '주관적 나이 Subjective age'가 젊어야 한다고 하였다. 태어난 해를 기준으로 하는 달력나이, 즉 생물학적 나이는 숫자상의 나이로 해가 바뀌면 하나를 더하게 된다. 최근에는 달력나이를 무색하게 하는 말들이 많이 생겨났다. 65세는 6학년 5반이라고 하기도 하고, 80까지는 세다가 그 다음은 잊어 버렸다고도 한다. 또 80세 노인이 60살은 엿 바꿔 먹었다고 하면서 스무 살이라고 말하기도 한다. 그만큼 노익장을 과시하는 분들이 증가하고 있으며, 생물학적 나이와 다른 나이 개념들이 등장하기 시작했다.

특정 신체, 장기 등이 달력나이에 비해 어느 정도 기능을 하는지를 나타내 주는 신체 나이, 또 본인이 느끼는 심리적 상태나 감정에 따라 생각 하는 나이 즉 주관적 나이가 있다. 최근에는 나이가 들어가면서 서로의 차이를 별로 느끼지 못하고 평준화되어 가는 것을 표현한 말로 40대가 되면 학력 불문, 50대가 되면 재력 불문, 60대가 되면 외모 불문, 70대가 되면 건강 불문, 80대가 되면 생사 불문이라는 우스개가 회자되기도 한다.

이번에 소개할 책의 저자 박상철 교수는 1990년 중반 종로2가 탑골공원에 모여 있는 엄청난 수의 노인들을 보고 사람이 늙어가면서 어떤 변화가 진행되는지 연구를 시작했다고 한다. 백세인을 찾아 전국 방방곡곡과 해외까지 찾아다니기도 했다. '장수의 비밀을 아는 사나이' '세계 최고의 장수 과학자'로 불리는 박상철 교수의 『당신의 백년을 설계하라』는 총 2부로 나뉘어져 있는 책이다. 그 중 1부는 100세 인생에 대한 박상철 교수의 선언서다.

당신도 100세까지 산다. 더 이상 나이핑계를 대지 마라. 노화의 속도는 개인마다 다르기 때문에 나의 노년은 얼마나 건강할까를 생각하라. 늙었다고 더 아픈 것은 아니다. 90세 이상 장수하면 의료비도 적게 든다. 가장 중요한 것은 건강 수명이다. 죽기 전까지 사회적 책임과 의무를 다하고, 인간의 존엄성을 유지할 수 있는 상태로 늙는 기능적 장수(Functional Longevity)를 하자. 인생을 진품으로 살자. 더 적극적으

로 당당하게 나이 들자. 최고의 재테크는 평생현역이다. 인생근육을 단련하자. 은퇴 후부터가 진짜 인생이다.

이상의 내용에서 내릴 수 있는 결론은 '건강한 100세와 기능적 장수는 그저 주어지는 것이 아니므로 설계해야 한다'는 점이다.

2부는 박상철 교수가 본 100세인의 모습을 정리하고 있다. 백세인의 운동법, 식사법, 관계법, 공부법, 참여법이 그것이다. 나는 백세인의 운동법에 주목하게 되었다. 박상철 교수는 백세인의 운동법에서 특히 남성 장수인이 부족한 이유를 운동부족에서 찾는다. 나이 들수록 꼼짝을 않고 그저 마누라나 며느리가 챙겨주는 밥만 먹는 즉, 대접 받는 문화, 가부장적 문화도 한 몫하고 있음을 지적하고 있다. 남자도 건강하게 장수하려면 가부장적 의식을 버리고 아내를 위해 물도 떠다 주고 밥상도 차리고 설거지도 하고 청소도 하라고 충고한다. 100세인의 특징 중 하나가 규칙성과 순환성인데 운동도 이와 같이 하고, 마음에도 근육이 있으니, 마음운동도 하라고 했다. 100세 인생을 연구하고 100세인을 만나 본 박상철 교수는 이 책에서 우리의 골드 인생을 위한 원칙과 실천요건을 제시한다.

그 첫 번째 원칙은 무엇이든 하자(Do it)다. 실천요건은 '하고 싶다 I will do, 할 수 있다 I can do, 함께 하자 Let's do'로 정의했다.

두 번째 원칙은 아낌없이 주자(Give it)다. 실천요건은 '사회 참여, 봉사, 기부'다.

세 번째 원칙은 끊임없이 배우자(Prepare it)다. 실천요건은 '지적 호기심, 학습 동기 부여, 성실한 열정'이다.

박상철 교수는 백세인들의 죽음에 관한 생각을 다음과 같이 정리하였다. "여전히 삶에 대한 성실함과 가족에 대한 애틋함을 품고 있다. 그러면서도 죽음에 대해서는 매우 담담한 태도를 보인다. 두려워하거나 고통스러워하는 기색 없이 그들은 죽음을 마치 해가 뜨면 아침이 찾아오고, 달이 뜨면 밤이 오듯 지극히 당연한 것으로 받아들인다." 이 부분을 박상철 교수는 "평생을 웰빙(Well-being 참살이)했으니, 웰에이징(Well-aging 참늙음)하고, 그러면 당연히 웰다잉(Well-dying 참죽음)할 자격이 충분하지 않겠는가."라고 하였다. 박상철 교수의 100세 인생을 사는 결론은 "하늘 아래 최고의 보람은 삶이며, 살아 있다는 것은 축복이다. 생명보다 아름다운 것은 없으니, 100년 인생 남김없이 쓰자. 그리고 최대치의 인생을 살고, 삶의 멋과 맛을 즐기자."고 맺고 있다.

장수시대에 따른 노년 연구는 우리나라의 경우 30년 전쯤에 시작되었고, 관련한 활동은 20년이 채 되지 않았다. 노년, 노화, 은퇴 등과 관련 있는 세미나 심포지엄 포럼 등에 참석해 보면 행사를 주관하는 교수님과 토론자 등은 사회학과 교수님들이 많다. 그분들께서 "우리가 대학에서 사회학을 공부하면서 노년을 연구한다고 하면 모두들 이상하게 생각하곤 했습니다. 그런데 짧은 기간 동안 노년 연구가 이렇게 활발하게 진행될 줄은 몰랐습니다."와 같은 말씀을 하는 걸 자주 듣게 된다.

누구나 건강한 100세 인생을 원한다. 우리는 100세 시대를 건강하고 당당하게 그리고 행복하게 살고 싶어 한다. 그러나 긍정적 노화와 건강한 100세는 그저 주어지는 것이 아니다. 정신과 의사이자 뇌 과학자인 이시형 박사와 문화인류학자 이희수 박사가 지은 『인생내공』에는 100세 인생의 다섯 가지 목표로

첫째, 100세까지 내 발로 걸어 다닐 수 있어야 되고,

둘째, 100세까지 치매에 안 걸려야 되고,

셋째, 100세까지 현역으로 뛸 수 있어야 되고,

넷째, 100세까지 병원에 안 가도 되는 사람이어야 되고,

다섯째, 100세까지 우아하고 섹시하고 멋있게 살아야 된다고 하였다. 그러면서 결코 웃고 넘길 사항이 아니라 가능한 주제라고 하였다.

『당신의 100년을 설계하라』는 결국 '어떻게'라는 방법이 있어야 한다고 얘기하며 설계와 실천을 말한다. 이 책을 읽고 나의 건강 장수 실천방법은 무엇인지 스스로 질문해 보았으면 한다.

03 내망현

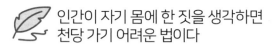 인간이 자기 몸에 한 짓을 생각하면
천당 가기 어려운 법이다

책 제목이 내망현(內望顯)이다. 이 책의 저자인 김철중 기자는 건강과 의료라는 것이 누구나 환자가 되는 우리의 삶에 어떻게 들어와 있는지 내시경으로 들여다보고, 무엇이 문제이고 어떤 일이 일어나는지 현미경으로 살펴보고, 어디로 움직여야 하는지 망원경으로 내다보려 한다고 적었다. 나는 이 책의 표현들을 보면서 나 자신 매우 숙연해졌다. 평소 내 몸을 다루는 방식이 너무 가혹했다는 절절한 반성이 뒤따랐기 때문이다. "사람이 자기 몸에 한 짓을 생각하면 천당 가기 어려운 법이다." 이 한 표현으로 우리가 평소 내 몸에 무슨 짓을 하는 건가 하는 후회가 되는 순간이었다. 이 책과 더불어 건강 관련 책을 읽어가면서 내가 내린 결론 중 하나는 '내 몸이 견디지 못하고 반란을 일으키는 것이 질병이다!'는 것이다. 질병은 나타날 때까지 잠복 기간이 있다. 그럼 질문을 안 해볼 수가 없다. '당신은 지금 자신의 몸에 무엇을 하고 있나요?'

환자도 아니면서 의사를 가장 많이 만난 기자인 동시에 가장 많은 독자를 가진 의사인 저자가 내망현으로 본 세상은 어떤 모습이었을까? 그는 "실연의 아픔이 정신의 성찰을 가져다주듯, 질병의 고통은 육체에 대한 자성을 주고, 죽음을 가까이 느껴봐야 비로소 삶의 가치를 깨닫는다."고 한다. 또 "누구나 환자가 되어 죽는다. 건강했던 사람도 병을 앓았던 사

『내망현』
김철중 지음/
MID 2013

람도 죽는 그 순간에는 모두 환자가 된다. 대한민국 사람 99% 이상은 잉태되는 순간 산부인과 환자로 시작해, 태어나자마자 소아과 환자에서 인생을 출발한다. 영안실 장례문화가 보편화한 요즘에는 죽는 순간에도 환자가 되어 이승을 마감한다."고도 했다. 문장 하나하나가 그 자체로 경구다.

한편 2019년 6월 14일 조선일보 1면에 '근육, 치아, 집안 문턱까지… 노인을 위한 나라는 달랐다'라는 기사가 올라왔다. 김철중 기자가 해외 특파원으로 1년간 초고령 사회 일본에서 살면서 일본을 통해 우리나라의 미래 모습과 그 준비에 대해 쓴 내용이었다. 그는 일본의 세 가지 화두는 움직이는 고령사회, 병원에 입원하지 않고 동네에서 늙어가기, 고립되지 않고 어울리기 등이라고 했다. 특히 움직이는 고령 장수의 핵심은 근육에 있다고 하고 '근육이 연금보다 강하다'면서 '40대부터 근육 저축하세요'라는 표현으로 의미를 전달했다. 조선일보 칼럼 속 김철중 기자가 전달하는 내용에도 주목해 보았으면 한다.

나는 수많은 세미나, 심포지엄, 포럼, 아카데미를 다녔다. 그곳에서 발표와 토론 그리고 청중들과의 질의응답을 지켜보았다. 항상 현장 전문가의 내용은 매우 사실적이고 진정성을 갖고 있어 확실한 의미로 전달되었다. 특히 책을 써보았거나 글을 써본 경험이 있는 사람은 표현이 간결하고 문장마다 삶의 기준으로 삼을만한 내용이 많았다. 나는 김철중 기자의 『내망현』이 그런 내용으로 채워져 있다고 생각한다. 소금에 절여진 한국사회, 고혈압에 파묻힌 한국인, 냉장고를 열면 암이 보이고 구두를 보면 치매의 농도가 보인다. 20세기는 담배와의 전쟁, 21세기는 나트륨과의 전쟁, 과체중은 당뇨병, 고혈압, 고지혈증, 심장병, 뇌졸증, 대장암, 유방암을 양산했다. 조선시대와 21세기가 공존하는 한국인의 몸, 약발로 버티고, 의술로 다지는 신인류의 등장, 시집살이 꾹 참은 착한 며느리는 병나기 쉽다 등으로 표현되어 있다. 그 밖에도 중년의 질병은 지나온 삶을 되돌아보라는 쉼표, 사람은 사회를 만들고 사회는 질병을 키운다, 병을 앓으면 철학자가 되고 중증환자는 신앙인이 된다, 인간이 자기 몸에 한 짓을 생각하면 천당 가기 어려운 법이다 등의 표현은 그 자체로 울림이 있다. "인간이 자기 몸에 한 짓을 생각하면 천당 가기 어려운 법이다."를 강의장에서 표현하면 순간 놀라 몸을 움츠리는 사람도 있다. 나는 "지금부터 자기 몸에 잘하면 천당 간다."고 수정해서 다시 말하곤 한다.

여기 표현 중에 냉장고에 관한 내용을 보고 나는 우리 집 냉장고를 열고 자세히 들여다보았다. 생각보다 상태가 심각함을 단박에 느낄 수 있었다. 김철중 기자는 고기, 버터, 베이컨 등 고지방 음식들로 채워져 있다면 이는 대장암 심장병 냉장고, 젓갈, 장아찌, 절인 생선이 가득하면 위암 고혈압 냉장고, 청량음료, 초콜릿, 아이스크림 등이 눈에 먼저 들어오면 소아비만 냉장고, 신선한 야채와 과일, 요구르트, 두부, 콩 음식으로 꽉 차 있으면 항암 냉장고, 계란, 우유, 살코기 등 철분과 칼슘이 많은 음식이 있으면 성장 클리닉 냉장고라 표현했다. 여러분의 냉장고는 어떤지 한번 살펴보기 바란다.

한국인의 건강과 의료, 한국 사회와 질병과의 관계, 환자와 의사, 병원의 현장 이야기, 성격과 질병의 상관관계를 알고 싶다면 그리고 건강을 위한 현실적인 조언을 얻고 싶다면 『내망현』을 적극 추천한다.

04 성공적 노화를 위한 노인건강

 의사들이 치료보다 예방으로 보수를 받는다면
어떻게 될까요?

장수시대는 나이 들어가는 현상을 매우 긍정적으
로 설명한다. 나는 책과 강의장 등 다양한 곳에서
언급되는 긍정적 노화에 대한 표현들을 모아 보았
다. 훌륭한 노화 Good aging, 활기찬 노화 Active
aging, 건강한 노화 Healthy aging, 생산적 노화 『성공적 노화를 위한
Productive aging, 긍정적 노화 Positive aging, 노인건강』
김혜경, 백경원,
최적 노화 Optimal aging, 강건한 노화 Robust 신미경 지음/
신정 2013
aging, 성공적 노화 Successful aging, 창조적 노화 Creative aging,
적응적 노화 Adaptive aging, 러브 노화 Love aging, 골든 노화
Golden aging, 디지털 노화 Digital aging, 기능적 노화 Functional
aging, 통합적 노화 Integrative aging 등이 있다. 이 중에서 가장 와
닿는 노화 Aging는 무엇인가?

김혜경, 백경원, 신미경의 『성공적 노화를 위한 노인건강』은 연구자들이 거대한 노인 건강에 대해 탐색한 자료집이다. 급격한 인구 고령화를 맞이한 우리 사회에서 '어떻게 하면 오래 살 것인가'보다 '어떻게 하면 건강하게 오래 살 것인가'하는 질문에 관심이 증폭된 만큼, 저자들은 이 책에 대해 노년기의 건강과 관련한 이슈를 망라하여 썼다고 밝혔다. 덧붙여 노인복지학을 전공하는 학생들을 대상으로 노인의 건강관리에 대한 이해를 돕는 것이라고도 했다. 그 때문인지 이 책에서는 인구 고령화와 노인건강 실태, 노인건강 관련 윤리, 노인건강 관련 정책 및 서비스, 건강의 개념과 질병, 건강교육과 예방서비스, 노인의 음주, 노인학대, 고령자 운전, 호스피스 완화의료, 노년기 정신건강, 노인자살, 노인성치매, 노년에 나타나는 각종 신체적 질환을 모두 표현하고 있다.

책에서 말하는 성공적 노화 Successful aging 란
건강한 노화 Healthy aging + 적응적 노화 Adaptive aging +
활기찬 노화 Active aging + 생산적 노화 Productive aging다.
책은 "성공적 노화라는 용어는 1986년 미국노년학회에서 처음 제시된 이후 생물학, 사회과학, 의학 등의 다양한 학문 분야에서 사용되는 개념으로 정착하였다. 성공적 노화란 말 그대로 노화과정에 성공적으로 적응하는 것을 말하며, 기존의 부정적이고 의존적인 존재로서의 노화 관련 인식에 비하여 긍정적 측면을 강조하는 개념이다. 성공적 노화에서는 사회보장제도의 성숙으로 경제적 여유를 가지고, 사회활동에 적극적으로 참여하는 건강한 노인의 모습을 강조하는 것이다."라고 설명

하고 있다. 성공적 노화에서 적응적 노화, 활기찬 노화, 생산적 노화는 다른 책들에서도 다루고 있어 여기서는 건강한 노화를 중점적으로 들여다보려 한다. 건강한 노화의 핵심은 '어떻게 하면 건강하게 오래 살 것인가?'로 귀결된다. 책은 건강한 노화란 직접적인 병의 치료가 아니라 예방이 더 중요함을 강조한다.

〈나는 네가 지난여름에 한 일을 알고 있다〉는 짐 길레스피 감독이 1997년 제작한 영화의 제목이다. 이 영화의 제목처럼 되어 가고 있는 것이 현재 우리가 살아가는 세상이다. CCTV가 도처에 있고, 카드로 결제한 흐름만 따라가면 우리의 동선을 다 파악할 수 있다. 차량에는 블랙박스가 있고, 사용한 전화로 생활을 재구성할 수도 있다. 우리의 신체도 이와 같아서 무엇을 얼마나 먹는지, 운동은 얼마나 하고 있고 근육은 키우고 있는지, 스트레스는 얼마나 받고 있고 해소하기 위해 무슨 노력을 하는지를 모두 기억하고 있다. 그리고 감당하지 못하면 질병이라는 방법으로 속내를 드러낸다. 우리 몸이 항상 등식으로 상태를 표현하는 것도 아니다. 어떤 경우에는 그저 심술을 부리듯 불쑥 성질을 내기도 한다. 이럴 경우 몸에게 대화를 걸어 달래야 하는데 참 쉽지가 않다. 건강은 장수시대의 기본이다. 은퇴, 노년 학교에서 배워야 하는 첫 번째 강좌가 건강이다. 그런데 치료를 목적으로 병원을 찾는다면 이미 늦다. 건강을 위해서 영양, 운동, 예방에 대한 교육이 선행되어야 한다. 어느 날 병원에 가서 진료를 받는데 옆 자리에 앉으신 할머니께서 무슨 말인가를 중얼거리고 계셨다. 자세히 들어보니 "아프지 말아야지. 아프지 말아야지."

를 계속 말씀하셨다.

음주, 흡연, 스트레스, 치매, 우울증을 미리 예방하고 싶거나, 고혈압, 당뇨, 뇌졸중, 동맥경화, 심근경색, 심부전, 난청, 백내장, 녹내장, 전립선 비대, 요실금, 폐경, 암, 치아, 욕창 등 노인성 질환이 궁금하다면 이 책에서 학자들이 연구한 내용을 공부할 수 있다. 각종 질문지를 첨부하고 있어 자신의 현재 상태를 파악하는데도 도움이 된다. 특히 노인복지학을 전공하는 학생이나, '성공적 노화'를 직접 이해하고자 하는 경우, 노인 건강과 관련된 정책 및 서비스를 한 눈에 보고 싶거나, 노년기의 심리적·신체적 건강 이슈를 탐독하고자 한다면 이 책을 꼭 읽어보길 바란다.

05 건강한 노화

건강한 노화!
오래 건강하게 살고, 빠른 기간 내에 사망하라

『건강한 노화』는 켄 디치월드를 비롯한 다양한 노인전문가들이 참여하여 임상적인 근거와 정책분석을 통해 노화와 질병을 예방하는 전략과 정책 대안을 제시하고 있다. 이 책에서 말하는 건강한 노화(Healthy aging)란 성공적인 노화(Successful aging), 활발한 노화(Active

『건강한 노화』
KEN DYCHTWALD
PH.D 지음/
김수영 옮김/
양서원 2002

aging) 등과 더불어 노화를 긍정적, 적극적으로 표현한 개념이라 설명했다. 건강한 노화가 이처럼 강조되는 이유는 장수시대가 되었으나 오히려 병약하고 질병에 시달리는 기간이 길어졌음에 기인한다. 바로 20세기만 하더라도 일반 성인은 자신의 인생에서 1% 정도의 시간을 질병이나 허약한 상태로 보냈지만, 오늘날 일반 성인은 자신의 인생에서 10% 이상을 병약한 상태로 보낸다. 보츠 W. Bortz는 『인간은 사는 기간이 너무 짧으며, 죽는 데 걸리는 시간이 너무 길다 We Live Too Short and Die Too Long』라는 자신의 저서에서 제목처럼 '우리는 건강하게 생명을 연장하고, 병약해져서 사망하는 데 걸리는 시간을 단축시킬 수 있는 방법을 배워야 한다'고 강력하게 주장하기도 했다.

나는 이 책의 핵심 내용이 이환(罹患)상태(건강하지 못한 상태)를 어떻게 하면 감소시킬 것인가에 있다고 생각한다. 책은 '사용하지 않으면 잃을 것이다', '쓰지 않으면 녹이 슨다'는 표현을 사용하고 있다. 우리 몸을 어떻게 사용해야 이환 상태를 감소시킬 수 있는지를 알려 주고 있다. 아울러 20세기 초, 중반까지 질병이나 허약 상태의 비율이 지속적으로 증가하였고, 이환 상태를 압축할 수 있다는 이상을 믿지 않았으나, 지금은 이환 기간이 최대로 줄어들게 할 수 있다고 한다. 1900년부터 1980년까지 20년 간격으로 그린 5개의 생존 곡선으로 질병, 이환, 압축을 설명하기도 한다. 1900년에 기대 수명은 47세이고, 1980년은 73세다. 생존 곡선은 같은 년도에 태어난 아이가 100살이 될 때까지 죽지 않고 살아남은 비율 곡선이다. 생존 곡선은 세월이 지나면서 점차 더 직사각형이 되어 간다. 이는 이환 상태가 줄어드는 것이고, 건강관리를 잘해 77~85세를 넘기면 크게 아프지 않고 장수를 누린다는 의미를 담고 있다.

책이 강조하는 '오래 건강하게 살고, 빠른 기간 내에 사망하라'(Live long, Live Healthy, Die fast)는 누구나 꿈꾸는 건강한 노화의 기준값이다. 두말할 필요 없지만, 인간의 열망은 죽는 데 더 오랜 시간을 끄는 것이 아니라, 치명적인 조건과 비치명적인 조건을 지연시킴으로써 좋은 건강 상태를 유지하며 더 오래 사는 것이다. 어떻게 하면 이환 상태를 줄이고 건강하게 오래 살 수 있을까? 『건강한 노화』는 이환율 압축에 대한 호의적인 집단은 아픈 기간이 감소한다고 결론을 내리고 있다. 이환율 압축에 영향을 미치는 4가지 변수로 ① 사회경제적인 지위, ② 교육수준, ③ 유산소 운동의 꾸준한 실천, ④ 운동, 흡연, 체중을 포함한 다양한 건강 위험 요인의 감소 등을 들고 있다. 켄 디치 월드는 "건강 위험요인을 조금만 변화시키더라도 이환율(아픈 상태)의 발생을 8년 정도 지연시킬 수 있다는 증거가 있다."고 했다. 우리는 나 자신이 이환율 압축에 대한 호의적인 집단에 속하는지 자문해 보아야 한다.

내 몸을 돌보지 않은 결과가 노년기에 한꺼번에 찾아온다. 다행히 질환과 함께 일찍 죽으면 좋으련만 현대 의학과 생활은 그것을 허락하지 않는다. 내가 강연에서 하는 말로 이 책에 대한 이야기를 마치고자 한다.

"100세 시대를 맞이하여 누구나 100세를 사는 세상이 되었다.
당신이 몇 살까지 살 수 있을지는 모르나 마지막 10년은 아프다.
그 마지막 10년을 덜 아프고 9988124 하려면 무엇을 해야 할까요?"

06 100세 인생도 건강해야 축복이다

 내 몸! 유효기간 100년으로 만들기

한 달간 유럽을 여행하고 지금 막 집에 돌아왔다고 가정해보자. 집 대문을 열고 들어서는 순간, 여러분이 상상할 수 있는 최악의 악취 때문에 쓰러질 지경이다. 이런 상황에서 상식적으로 여러분은 무엇을 해야 할까? 창문 열기? 공기청정제나 살균제 뿌리기? 파리 내쫓기? 이런 걸로는 문제를 해결할 수 없다. 잠깐은 견딜 수 있게 해줄지 몰라도 문제는 계속 남아 있을 테니까 말이다. 그렇다면 가장 완벽하면서 동시에 영리한 해결책은 무엇일까? 바로 그 쓰레기부터 당장 집 밖으로 내보내는 것이다! 마침내 냄새도 사라지고 파리떼는 다른 먹잇감을 찾아 떠난다. 그런데 불행히도 현대 의학은 지난 50년의 세월 동안 만성 질환이라는 부패한 쓰레기를 두고서 파리를 내쫓거나 창문을 여는 데

『100세 인생도 건강해야 축복이다』
라시드 부타르 지음/
제효영 옮김/
라이프맵 2012

시간을 허비했다.

쿠바에서는 자동차의 수명이 40년이 넘는다고 한다. 그 이유는 간단하다. 자동차를 바꿀 경제적 여건이 어렵기 때문에 애초부터 잘 관리 하고, 고장이 나면 잘 수리해서 사용한다는 것이다. 이 내용과 비슷한 내용이 『100세 인생도 건강해야 축복이다』에 나온다. "3, 40년은 족히 된 자동차 이지만 긁힌 자국 하나 없이 잘 관리된 차는 '클래식 자동차'로 인정받는다. '클래식 자동차'의 생산 기술보다 뛰어난 생산 기술로 7~15년 전에 만들어졌지만 이미 고물이 된 자동차도 있다. 이 둘의 차이는 '자동차가 얼마나 잘 관리 되었는가' 일 것이다. 그 자동차 주인이 차의 수명을 유지 하기 위해, 고물이 되지 않도록 매일 꾸준히 애쓴 결과인 것이다. 여기에 핵심이 있다."고 했다. 이런 내용을 요약해 보면 우리 몸의 독소를 제거 하고, 잘 관리해서 장수시대를 건강하게 살아가라는 의미가 담겨있다.

『100세 인생도 건강해야 축복이다』의 저자인 라시드 부타르 Rashid A. Buttar는 노스캐롤라이나 주 샬럿의 진보의학 및 임상연구센터 책임자 다. 이곳은 기존 의학이 치료하지 못한 환자들을 전문으로 치료하는 곳 이다. 저자는 지금까지 우리가 접했던 잘못된 정보를 지우고, 건강에 진 짜 변화가 나타날 수 있도록 하는데 필요한 현실적이고, 실용적인, 입증 된 도구를 제공하는 것을 목적으로 이 책을 썼다고 말한다. 그리고 그 도구를 모두 아홉 가지의 원칙으로 정리했다.

제1단계는 영양의 원칙이다. 식사, 식습관을 뜻하는 영어 단어 'diet'에서 처음 세 글자가 죽다die로 시작되는 데에는 이유가 있다. 건강에 유익한 방식으로 음식을 먹는 것은 맨 처음에는 고통스럽게 느껴질지 모르나, 결국에는 고통스럽지 않다. 히포크라테스는 "우리가 먹는 음식이 곧 약이어야 하며, 약은 곧 우리가 먹는 음식이어야 한다."고 말했다.

제2단계는 영양 보충의 원칙이다.

제3단계는 물의 원칙이다.

제4단계는 운동의 원칙이다. 신체를 더 많이 사용할수록, 나이 들면서 더 많은 것을 경험할수록 우리는 더 나은 사람이 된다.

제5단계는 나쁜 습관의 원칙이다. 불법 약물을 사용하는 것을 제외하고 자기 자신에게 할 수 있는 최악의 일은 담배를 피우는 것이다. 흡연은 자신의 몸을 업신여기고 무시하는 행위이자 인체에 가할 수 있는 가장 형편없는 폭력이다. 담배 단 한 개비를 피우는 것만으로 인체 수명이 7.4년 이상 줄어든다. 나쁜 습관을 없애면 어떤 점이 좋은가? 일단 피부가 좋아지는 결과가 나타나고 가장 중요한 체내 독성물질이 감소한다. 심혈관계 기능은 향상되고 몸 전체의 산소 공급 수준도 증대된다.

제6단계는 휴식과 스트레스 관리의 원칙이다. 스트레스로 발생하는 화, 분노, 공포는 우리 몸에 생리학적으로 심각한 영향을 준다. 이런 스트레스를 방치한 채 해결하지 못하면 '고름 주머니'가 생기듯 곪기 시작하고 그 압력이 증가하여 고름이 터지면 결국 몸 전체에 '감염'을 확산시킨다. 하루 20분정도 자기 자신만을 위한 시간을 내라. 이 시간에 스트레스를 완화시키고, 스스로에게 살아 있다는 것이 얼마나 좋은 일인지 떠올릴 수 있도록 한다.

제7단계는 기도와 명상의 원칙이다.

제8단계는 웃음의 원칙이다. '웃음은 만병통치약'이라는 말이 그냥 은유적인 표현만은 아니다. 실제 과학적으로 깊은 곳에서 우러나는 웃음, 뱃속에서 터져 나오는 웃음에서 치유를 위한 전체적인 신호전달 과정이 시작된다.

제9단계는 재생의 원칙이다. 히포크라테스는 "인체에서 기능을 가진 모든 부분은 평상시에 적당히 사용하고 운동하면 건강해지고 제대로 발달하며 노화도 서서히 진행되지만, 사용하지 않으면 질병에 걸리기 쉽고 성장에 문제가 생기며 노화도 빨리 진행된다."고 말했다. 라시드 부타르는 이 9가지 단계가 생활방식과 관련되어 있다고 말한다. 그리고 이를 실천하며 살아가기로 결정할 때만 비로소 그 가치가 발휘되는 하나의 철학으로 설명했다. 그는 우리가 이 9가지 단계를 꾸준히 실천하는 한, 생동감 넘치는 건강을 누릴 수 있다고 강조한다.

이제 의학과 관련하여 여러분이 알고 있는 어휘에서 '갑자기' 라는 표현은 삭제하라. 총에 맞거나 칼에 찔리는 것 외에 인체에 '갑자기' 일어나는 일은 없다. 모든 현상은 그 나름의 원인이 있고, 그 원인은 시간이 지날수록 점차 불어난다. 우리가 최종 결과를 확인하는 것은 그 이후이다. 그 어떤 질병이든 그것을 치유하고 만성적으로 나타나는 증상을 바로잡으려면 '반드시' 그 밑바탕에 있는 원인부터 찾아야 한다. 원인을 해결하지 못한다면 만성질환과의 전쟁에서 반드시 패하고 말 것이다.

07 의사의 반란

 불치의 병은 없다. 다만 불치의 습관이 있을 뿐이다

신우섭 원장은 약보다는 올바른 식사를 통해 환자 스스로 병을 치유하게 도와주는 의사로 알려져 있다. 그는 "건강하려면 병원과 약을 버려라."라고 말한다. 그러니 책 제목이 『의사의 반란』이다. 일반적인 의사들은 아프면 병원을 찾아 진료를 받고 약을 먹어야 한다고 주장하는 반면 이와 거꾸로 주장하고 있어서다.

『의사의 반란』
신우섭 지음/
에디터 2013

나는 이 책을 통해 적어도 네 가지는 확실히 알게 되었다.

먼저, 염증은 왜 생기는 걸까? 염증은 아픈 부위를 우리 몸이 치유하는 과정으로 생긴다. 염증은 붓고 화끈거리고 통증이 동반 되는 등 세 가지 반응이 있다. 또 그 부위가 부어오른다. 부어오르는 것은 그 곳으로 혈액이 몰려가기 때문이다. 혈액이 모이면 붓고 화끈거리게 된다. 우리 몸은 염증 반응을 통해 노폐물을 제거하고 정상적인 조직을 재생한다. 따라서 염증 반응은 건강하다는 증거가 될 수 있다. 반면에 자주 아프면 그 곳을 치유하느라 많은 혈액이 몰려가 우리 몸의 다른 구석구석에 혈액이 공급되지 못해 문제를 일으킬 수 있다. 이런 이유로 건강할 때 건강을 지켜야 한다는 말이 나온다.

두 번째, 스트레스는 왜 몸에 좋지 않은가? 우리 몸은 교감신경과 부교감신경이라고 하는 자율신경계가 있다. 교감신경은 주로 혈관을 움직이는 역할을 한다. 부교감신경은 마음 편히 식사하거나 잠자는 등의 일을 한다. 아침에 일어나면 주로 교감신경이 작동한다. 교감신경은 맥박과 혈압을 높여 혈류를 머리로 보내 하루를 시작하게 한다. 이때 스트레스를 받으면 생각이 많아진 것이고, 많은 생각을 하려면 머리가 팽팽 돌아가야 한다. 머리가 팽팽 돌아가려면 많은 피가 필요하고 순간적으로 머리로 피를 보낸다. 화가 났을 때, 스트레스 받을 때 피가 거꾸로 솟구친다는 말은 이래서 나왔다. 문제는 그 다음이다. 피가 머리로 몰려갔으니 손과 발, 배가 차가워진다. 있어야 할 피가 머리로 몰려갔기 때문이다. 이때 체한다던가, 위염, 역류성 식도염 등이 생기는 이유다. 스트레스는 만병의 근원이다.

세 번째, 깨끗한 피와 깨끗한 혈관이 중요한 이유는 무엇일까? 혈액은 우리가 먹는 음식으로 만든다. 매일 먹는 음식이 위와 장을 거쳐 소화되고 혈관을 타고 간으로 가고, 간에서 만들어진 깨끗한 피는 심장으로 간 뒤 폐를 거쳐 우리 몸 구석구석으로 흘러간다. 깨끗한 피가 만들어지고 이를 깨끗한 혈관을 통해 우리 몸 구석구석으로 전달하는 게 우리 몸 건강의 핵심이다. 그런데 먹는 음식이 몸에 맞지 않는 것이 들어 있으면 소화기관이 문제를 일으킨다. 위와 장이 문제를 일으키면 간도 손상을 입고, 간에 이상이 있으면 혈관에 노폐물이 쌓인다. 뇌졸중이나 심근경색 같은 질환이 만들어지기도 한다. 깨끗한 피와 깨끗한 혈관의 제일 중요한 요소가 먹는 음식임을 명심하자.

네 번째, 배가 따뜻해야 하는 이유는 무엇일까? 소화와 흡수를 위해 장이 움직이고 음식이 발효하면서 열이 발생해 체온이 올라가야 혈관이 열린다. 혈관이 열려야 온 몸으로 피를 전달한다. 바로 장에서 발생하는 열을 온 몸으로 전달할 때 손과 발을 비롯한 전신에 혈액 순환이 이루어진다. 우리 몸의 체온을 유지하고 필요에 따라 열을 올리는 곳은 바로 배다. 당신의 배는 따뜻한가? 현대인들은 아랫배의 차가움을 느끼며 산다. 배가 차가우면 몸의 온도가 떨어져 혈액 순환에 문제가 생긴다. 장을 움직이지 못하는 변비는 암이라고 말하는 학자도 있다. 암환자나 난치성 질환으로 약을 먹는 환자들은 36.5도를 유지하지 못하는 경우가 대부분이다. 따뜻한 돌이나 핫팩 등을 올려 놓을게 아니라 올바른 식사를 통해 장운동을 좋게 해야 한다.

『의사의 반란』이라고 했으니 그 밖에 신우섭 원장의 논리를 몇 가지 살펴보자.

질병이 나를 죽인다?

불편한 증상이야말로 우리 몸을 정상으로 되돌리려 할 때 생기는 정상적인 반응이다.

앞으로 수명이 늘어난다?

우리의 후세들은 화학적 과정을 거친 가공 음식을 먹고 그 때문에 나타나는 문제들을 약으로 해결하려고 한다면 절대로 70~80대를 살 수 없을 것이다.

골고루 먹어야 한다?

골고루가 아니라 편식이 문제다. 과도한 동물성 식사와 과도한 당분 섭취가 문제다.

싱겁게 먹어야 한다?

현대에 널리 퍼져있는 고혈압을 비롯하여 당뇨병과 고지혈증으로 인한 뇌졸중과 심근경색증은 모두 소금부족에서 온 것이다. 천일염을 먹어라.

우유는 완전식품이다?

우유를 먹으면 과도한 단백질로 인해 성장이 촉진될 수 있지만 그만큼 빨리 노화되어 질병이 생길 수 있다.

비타민과 건강보조식품은 나이 들수록 챙겨 먹어야 한다?

내 몸에 생긴 불편한 증상은 나의 잘못된 생활 습관에 의해 만들어진 것이지, 이런저런 건강 보조 식품을 먹지 않아서 생긴 것이 아니다. 근본적인 해결책은 통곡물로 돌아가면 되는 것이다.

체질별로 맞는 음식이 있다?

건강을 위해 자신에게 맞는 음식을 골라먹겠다는 것은 맞는 방법이다.

신우섭 원장은 "생활습관을 점검하면서 식습관을 바꾸는 분들은 일 반적으로 2주에서 한 달 정도면 몸이 변하는 것을 느끼게 됩니다. 생활습관 중에서 일차적으로 식습관을 바꾸면 생각보다 빨리 몸이 변하는 것을 볼 수 있습니다. 특히 고혈압, 당뇨병, 고지혈증 같은 대사 질환(代射疾患)은 빠른 반응을 보이는데 혈액이 맑아지기 시작하면서 변화되는 것을 쉽게 볼 수 있습니다. 불치병은 없습니다. 다만 불치의 습관이 있을 뿐입니다. 이 습관을 고치지 못하면 우리는 질병의 고통에서 벗어날 수 없습니다."라고 했다. 그러면서 '병원과 약을 버려야 내 몸이 산다'고 주장하였다.

『의사의 반란』은 우리가 갖고 있는 건강 상식, 좋다고 하는 식습관, 약의 효능 등에 대해 의구심을 가져 보는 시간이다. 나의 깨끗한 혈액과 혈관을 위해 올바른 식습관을 생각하는 시간으로 삼기에 충분하다.

08 똑똑하게 사랑하고 행복하게 섹스하라

 성, 연애, 사랑에는 은퇴가 없다

한국에서 하면 안 되는 얘기가 세 가지 있다. 돈, 사랑을 포함한 성, 죽음이 그것이다. 그런데 이 세 가지는 나이가 들수록 중요해진다. 따라서 완전히 겉으로 드러내어 토론하고 논의 할 수 있어야 한다. 특히 성은 삶의 핵심 의미다. 『똑똑하게 사랑하고 행복하게 섹스하라』의 저자 배정원은 성전문가, 성상담자 및 성칼럼리스트이다. 현재 신문과 방송 등 다수의 언론 매체를 통해 성칼럼 및 성전문 자문 등으로 활약하고 있다. 행복한성문화센터 소장으로 재직 중이기도 하다. 배정원은 "유명한 다국적 제약 회사가 전 세계 사람들을 대상으로 조사한 연구 결과에 따르면 '성이 인생에서 중요한가?'라는 질문 항목에서 87%가 '그렇다'고 대답한 우리나라가 1위를 차지했다. 그렇게 성이 중요하다고 생각

『똑똑하게 사랑하고
행복하게 섹스하라』
배정원 지음/
21세기북스 2014

하는 나라에서 성에 대한 이야기를 건강하게 하기 어려울 뿐만 아니라 오히려 쉬쉬하고 있다는 게 아이러니하다." 라고 말한다.

나는 이 책이 표현하는 내용의 함의를 다음으로 요약한다.

어느 사회학자는 결혼을 '두 사람간의 섹스를 사회가 공인하는 것'이라고까지 말한다. 그것은 결혼하면 두 사람 간에 섹스가 있을 것이라는, 있어야 한다는 묵계가 존재함을 말한다.

"사랑은 여러 가지로 표현할 수 있습니다. 키스하기, 눈빛 맞추기, 손잡기, 그 사람에게 잘 해 주기 등. 그런데 각자의 사랑을 벽돌이라 치고 행복이라는 집을 만들어간다면 벽돌만 쌓아서는 그 집은 쉬 무너집니다. 벽을 단단하게 하기 위해 벽돌 사이에 시멘트를 발라 접착해야만 하죠. 말하자면 섹스는 이렇게 사랑이라는 벽돌 사이를 단단하게 붙들어 주는 시멘트 같은 역할이라고나 할까요?"

사랑과 섹스는 서로 화학작용을 일으켜 두 사람 관계를 돈독히 만드는 것이다. 따라서 부부간에 섹스가 없어지면 사랑도 없어지는 것이다. 그것이 '섹스리스'가 바로 '사랑리스'라고 말하는 이유다. 우리는 말로도 대화를 하지만 몸으로도 대화를 한다. 사랑의 한 표현으로 섹스는 내가 사랑 받고 누군가를 사랑하는 완벽한 존재라는 그 존재감의 실현이다. 만족스러운 섹스를 하는 사람은 얼굴에서 빛이 나고 행동에 자신감이 넘친다. 그것은 확실하게 자신이 누군가를 사랑하고 또 그(그녀)에게 사랑 받는 '멋진' 존재이기 때문이다.

나는 책『똑똑하게 사랑하고 행복하게 섹스하라』에서 성에 대해 우리가 궁금해 하는 내용을 질문과 답으로 정리해 보려 한다.

첫째, 섹스가 몸에 좋은 이유는? 섹스의 효능 중에 긴장 해소라는 면이 있는데, 이는 만족스러운 섹스를 하고 나면 엔드로핀과 옥시토신이라는 진통 및 평화를 지향하는 호르몬이 분배되어 몸과 마음이 이완되고 편안해 지기 때문이다.

둘째, 몸이 멀어지면 마음이 멀어지고 마음이 멀어지면 몸이 멀어진다는 속담은 사실일까? 사실이다. 결국 몸이 가까워지면 마음도 가까워지고 마음이 가까워지면 몸도 가까워진다는 말이다. 그래서 부부는 규칙적으로 섹스를 해야 한다.

셋째, 속 궁합이 좋아야 한다는 말은 사실일까? 전혀 사실무근은 아니라고 생각한다. 그러나 반면에 좋아하는 관계를 깰 만큼 맞지 않는 속 궁합도 없다고 생각한다.

넷째, 사랑하는 사람인데도 섹스가 좋지 않은 이유는 무엇일까? 두 사람의 섹스 기술에 문제가 있다고 할 수 있다. 우리 사회가 섹스에 대해 가르치지 않아 행복하고 즐거운 섹스가 무엇인지 모르는 탓도 있지만, 파트너가 만족하는 섹스가 무엇인지에 대해 대화하고 소통하지 못하는 이유가 가장 크다. 또 섹스를 너무 진지하게 의식처럼 하고 있거나 의무방어전처럼 하고 있지는 않은지도 돌아볼 일이다. 섹스는 사랑하는 사람들이 하는 게임이고 놀며 대화다.

다섯째, 남자의 단단한 발기는 건강하다는 증거인가? 남자의 단단한 발기는 몸만이 아니라 정신적, 심리적인 자신감과 만족도를 가져다준다.

남자의 발기에 영향을 미치는 것은 심인성과 기질성 원인이 있는데, 기질성 원인은 무엇보다 혈류의 문제다. 혈류는 '건강한 피돌기'와 깊은 관련이 있다. 건강해야 몸의 아랫부분인 성기로 혈류가 가고 발기가 된다. 건강한 피돌기는 정력의 상징이자, 건강하다는 증거가 될 수 있다.

여섯째, 건강한 젊은 남녀가 만나서 결혼을 했는데도 아기를 쉽게 가지지 못하는 이유는 무엇인가? 기본적으로 따뜻해야 할 여자의 몸 온도는 낮아지고, 시원해야 할 남자의 몸 온도는 올라갔기 때문에도 불임이 많아 졌다고 본다. 즉 여자의 생식을 위해 난소나 자궁은 가장 따뜻해야 함에도 아무 데나 앉고, 옷은 얇아지고, 얼음이 든 차가운 음료수를 너무 많이 마시기 때문이다. 남자의 경우에도 성기가 몸의 온도보다 낮아야 건강한 정자를 만들 수 있기 때문에 생물학적으로도 고환이 몸 밖에 돌출되어 있음에도 불구하고 반신욕, 사우나, 노트북, 열판이 있는 차 시트 등으로 고환의 온도를 높이는 것은 남자의 성 건강에 결코 이롭지 않다고 볼 수 있다.

일곱째, 낯빛만 봐도 섹스리스를 알 수 있을까? 부부대상 성교육을 하게 될 때 나는 가끔씩 "여기 계신 분들 얼굴만 봐도 누가 섹스를 안 하는지 난 다 알 수 있어요."라고 장난을 치곤 한다. 섹스리스로 살아온 아내는 눈빛도 건조하고 얼굴에 윤기가 없으며 딱딱한 표정인 것을 알 수 있기 때문이다. 반대로 남편과 금슬이 좋은 아내는 얼굴 표정도 부드럽고 눈빛도 촉촉하며 다정하다. 부부간에 섹스가 순조롭고 만족스러우면 얼굴빛도 행동도 부드럽고 여유가 있어진다. 가을 은행잎조차 햇빛을 잘 받는 위치인가 아닌가에 따라 단풍색이 다르지 않은가?

여덟째, 남자가 여자를 만질 때의 원칙은 무엇이 되어야 하는가? 바로 "softly, tenderly, gently, lightly…….." 즉 '달콤하게, 부드럽게, 친절하게, 가볍게." 우리가 자라면서 자연스레 배워야 할 것은 교과서의 지식이나 정보뿐 아니라 사람을 대하고 만지는 방법 또한 그에 포함되어야 하는 것이다. 우리 부모님들이, 어른들이 우리를 사랑하지 않았던 것은 아니지만, 우리는 접촉에 인색한 사람들이었던 것은 분명하다. 여자들의 뇌는 피부에도 있다.

아홉째, 사랑을 하게 되면 예뻐지는가? 그렇다. 그 사람은 더욱 날씬해지고 예뻐지고 건강해지며, 또 반짝반짝 빛이 난다. 그 사람의 얼굴이나 행동에 생기가 돌고, 더욱 감성적이 되며, 친절해지고, 섹시해진다. 그래서 사랑의 힘은 무섭다.

이 책은 그 밖에도 남편을 비참하게 만드는 확실한 방법들, 성공적인 결혼을 위한 9가지 Tip, 꿈에라도 만나고 싶은 남자, 남편이 항상 섹스에 대해 생각하는 10가지, 남편을 성적으로 만족시키기 위해 여자들이 노력해야 할 것, 섹스에서의 8가지 반칙, 섹스리스를 막는 10가지 방법, 노년의 행복한 성생활을 위한 조언, 부부관계의 경계경보, 사람이 바람을 피우는 이유, 기러기 가족의 성문제 등이 담겨 있다.

나는 서울 50+ 서부캠퍼스에서 2016년 6월 12일 저녁 7시~9시까지 진행된 행복한 성문화 센터 배정원 대표의 세미나에 참석했다. 세미나 제목은 '성, 연애, 사랑에는 은퇴가 없다'이다. 우리가 살아가는 삶에는 사랑이 주제이고, 성적인 요소도 삶의 중요한 부분이다. 겉으로 드러내어 표현하기 어려운 사랑과 성에 대한 전문가의 진솔한 세미나는 어떻게 살아야 하는지를 배우는 소중한 자리다. 이 날 『똑똑하게 사랑하고 행복하게 섹스하라』 책을 갖고 가서 사인을 받았다. 그런데 사인의 내용이 "아름다운 인생을 만끽하세요?"였다. 나는 잠시 쇼크가 왔다. 만끽! 만끽이라니 어디서 들어 본 말이지만 결코 생활 속에 사용해 본 적이 없기 때문이다. 내가 나의 인생을 만끽해도 된다는 뜻인가? 정말 그러해도 문제가 없을 것인가? 순간 번쩍 느낌이 왔다. 그래, 내 인생을 만끽해도 되는 거였다! 그런데 왜 그렇게 하지 못했을까? 지금이라도 늦지 않았다. 아름다운 인생을 만끽하자고 다짐한다. 성적인 여러 내용들도 이와 연관하여 생각한다. 부부간의 성도 겉으로 드러내어 배우고 익혀야 할 과목과 같다는 생각이다.

인간의 삶 속 성에 대해 알고 싶거나, 남자가 원하는 섹스와 여자가 바라는 섹스의 차이를 알고 싶은 경우, 행복해지는 사랑의 기술이 궁금하다면, 나이 들어서도 부부가 함께 행복한 성생활을 하기 원하면 이 책을 읽는 것에서 시작해 보면 된다.

09 자존감 수업

 자존감은 정신건강의 척도다

나는 가족과 관련한 많은 책들을 읽으며 자주 등장하는 단어를 눈여겨 보았다. 그것은 '자존감'이다. 책들은 한결같이 부모의 자존감은 대물림 되며, 그렇게 물려준 자존감은 평생을 살아가는 데 영향을 미치고, 그 자존감을 향상시키는 게 가장 중요하다고 적혀 있었다. 나는 자존감이 정신건강의 핵심 주제어임에 틀림없다고 확신하고 있다. 그럼 부모로부 터 물려받은 자존감은 평생 그대로 가는 것일까?

이번에 살펴볼 책은 윤홍균 정신건강의학과 원장의 『자존감 수업』이다. 책의 제목부터 자존감을 정면으로 다루겠다고 한다. 중년이 된 저자는 성장과정에 비해 총체적으로 행복한 인생인 자기 자신을 돌아보며, '내 가 내 삶에 만족하는 이유'를 찾아보자는 생각에 행복의 의미, 조건 등 을 기록해 나갔고, 그 퍼즐이 맞춰질 때마다 어김없이 '자존감'이 떠올랐다고 했다. 그리고 정신과 차트에 Self-esteem이라고 표기되는 단어. 사전적으로는 '자신을 어떻게 평가하는가', '얼마나 자신을 사랑하고, 만족하고 있는지에 대한 지표'를 뜻하는 단어인 '자존감'에 주목하여 이 책을 썼다고 한다. 윤홍균 원장은 "불행하다며 나를 찾아오는 대다수는 자존감이 부족한 사람들이었다. 배우자가 바람을 피운 사람, 사랑하는 연인과 이별한 사람, 우울증 환자, 중독자, 죽고 싶은 사람과 그 가족…. 이들은 하나같이 자존감 문제를 안고 있었고 나는 그들을 도왔다. 나는 의사이자 자존감 트레이너인 셈이다."라고 스스로를 표현했다.

윤홍균 원장은 사랑의 패턴을 보면 그 사람의 자존감이 보인다고 한다.

『자존감 수업』
윤홍균 지음/
심플라이프 2016

사랑 받을 자격을 의심하는 사람, 자신의 가치를 부정하는 사람, 끊임없이 사랑을 확인하는 사람, 싸우면서도 끊지 못하는 사랑, 이별이 무서워 헤어지지 못하는 사랑, 미움 받을까 자신을 포장하는 사람 등은 모두 자존감의 영향이라고 했다. 또 자존감이 인간관계를 좌우하며, 자존감을 방해하는 감정들로 창피함, 공허함, 양가감정, 자기혐오, 죄책감, 자기연민, 자기애, 실망, 무시, 냉소, 무관심을 예로 들었다. 나는 이 책이 자존감은 회복 가능하고 그 방법을 제시한 데 주목하고 있다. 또 자존감을 회복한 사람은 롤러코스터를 탈 때처럼 내려갈 때도 안전띠를 매고 있으며, 실제로 추락할 확률은 극히 낮다는 것을 알기 때문에 크게 두려워하지 않고, 올라 갈 때도 다시 내려 갈 때를 대비할 수 있다고 한 부분에 크게 공감하였다. 자존감의 수준이 개인에 따른 고정 값이 아니며, 다룰 수 있고 회복 가능하다는데 방점을 찍어 둔다. 그가 제시한 자존 감 수업은 자존감 회복을 위해 버려야 할 마음 습관들, 자존감 회복을 위해 극복할 것들, 자존감을 끌어올리기 위해 실천해야 할 다섯 가지 등 으로 이루어져 있다.

버려야 할 마음 습관은
미리 좌절하는 습관, 무기력, 열등감, 미루기와 회피하기, 예민함.

극복할 것은
상처, 저항, 비난, 악순환.

실천해야 할 것은
자신을 맹목적으로 사랑하기로 결심하기,

실제 자신을 사랑하기,

스스로 선택하고 결정하기,

'지금, 여기'에 집중하기,

패배주의를 뚫고 전진하기 등이다.

윤홍균 원장은 "사랑은 누명을 썼다. 실제 사랑은 아무것도 파괴하지 않는다. 사랑을 믿어야 사랑할 수 있다."고 말한다. 또 우리 마음속에 는 '나'가 세 명 있다면서, 자존감이 낮은 나, 자존감 낮은 나를 다그 치는 나, 자존감 낮은 나를 사랑하는 나를 각기 다른 나로 표현했다. 각기 다른 나는 낮에는 자존감 낮은 내가 활동한다. 자존감 낮은 채로 일하고, 공부하고, 사람을 만난다. 밤에는 낮에 한 자존감 낮았던 나를 다그치는 내가 등장한다. '넌 왜 말을 그렇게 하니? 왜 그렇게 밖에 행동을 못하니?'라며 비난한다. 그래서 더 자존감이 낮아진다. 평소 이 둘이 싸움을 해서 '사랑하는 나'는 들어설 자리가 없다고 적었다. 그럼 어떻게 해야 하나? 윤홍균 원장은 자존감 낮은 나와 사랑하는 나를 결혼시키라고 주문했다. 자존감 낮은 나와 사랑하는 나가 평생 동안 헤어지지 말고 서로 사랑하라고 했다.

자존감이 낮으면 어떤 경우에도 당당한 세상살이가 힘들어진다. 여기 자기의 자존감을 들여다보고 이를 회복하는 방법이 있다고 하는 책이 있다. 또 자존감은 순전히 부모로부터 온 영향이라고 하는 정보는 오해라고 주장하는 책이 있다. 그리고 사랑하고 사랑 받는 방법이 자존감의 회복에 있다고 설명하는 책이 있다. 바로 『자존감 수업』이다. 자존감은 정신건강의 척도다. 당신의 당당한 자존감을 이 책으로 찾아오길 바란다.

10 날 꼬옥 안아 줘요

애정이 넘치는 부부의 대화 방법

『날 꼬옥 안아 줘요』는 정서 중심적 부부치료 모델에 의한 부부치료법을 소개하고 있다. 내가 이 책을 선택한 이유는 100세 시대는 부부가 함께 오래 건강해야 하고, 그 핵심 요소에 정서적 결합이 있음을 알게 되었기 때문이다. 저자인 수전 존슨 교수는 부부 사이의 사랑이 단순한 거래 관계가 아니라 정서적 결합이라는 점에 주목한다. 낭만적 사랑은 애착 행위이며 정서적이고, 애착과 정서적 결합을 부부치료에 적용하면 불화 부부에게 얽혀 있던 다양한 현상이 명확하게 이해된다는 것이다. 정서 중심적 부부치료는 전통적 부부치료에서 사용했던 자기 주장법, 자신의 과거분석, 낭만적인 태도, 새로운 성 체위의 개발을 강조하지 않고, 대신에 부모가 따뜻한 위로와 보호를 통해서 자녀를 양육하듯이 부부 사이에도 정서적 애착과 지지가 중요함을 주장한다.

『날 꼬옥 안아 줘요』
수전 존슨 Susan M. Johnson 지음/ 박성덕 옮김/
이너북스 2010

저자가 말하는 사랑은 단순한 짝짓기와 자손을 퍼뜨리는 역할만 하는
것이 아니다. 사랑은 인생의 풍랑을 만나더라도 서로 위로해 주고 정서
적으로 결합하는 것을 의미한다. 사랑은 정서적 방어 전략으로 우리는
삶의 고통을 겪더라도 사랑으로 극복할 수 있다. 사랑은 애착 대상을 찾
는 인간의 생존 건강 행복을 향한 기본 욕구의 하나다. 사랑하는 사람
에게는 친밀하고 의지할 수 있으며, 자신의 욕구를 쉽게 표현할 수 있
고, 또 상대방의 욕구를 채워 줄 수 있다. 사랑으로 안전하게 결합된 부
부는 고통을 쉽게 극복할 수 있고, 화가 났을 때도 공격적인 태도를 보
이지 않는다. 사랑하는 사람과 안전하게 결합되면 힘이 솟는다. 이상의
내용에서 사랑의 요소 속 정서와 애착이 중요함을 설명하고 있다.

수전 존슨은 부부 문제의 핵심이 정서적 단절과 정서적 안전감의 부재
라고 지적한다. 부부 불화를 자세히 살펴보면 부부들은 다음의 질문을
끊임없이 배우자에게 던지고 있다는 것이다. 당신에게 다가가서 의지

해도 되나요? 언제나 내 곁에 있어 줄 건가요? 당신이 필요해서 전화할 때 반응을 보여 줄 수 있나요? 내가 당신에게 중요한가요? 내가 당신에게 가치 있고 인정받을 만한 사람인가요? 당신에게 내가 필요하며, 당신은 나에게 기댈 수 있나요? 이상의 질문은 모두 정서적 결합에 대한 불만족을 표현하고 있음을 알 수 있다. 부부 사이에 정서적 접근과 반응이 사라지면 무력감과 공포감이 몰려오고, 두려움에 압도되며, 단절되어 지내는 기간이 길어지면 부부관계는 심하게 부정적으로 변한다는 것이다. 수전 존슨은 부부가 서로 사랑하면서도 관심과 유대감을 바라는 배우자의 소원을 들어주기 힘든 이유를 우선 우리는 배우자의 마음에 다가갈 시간이 없을 정도로 자신의 일에 몰두하면서 살고 있고, 부부는 애착 언어를 사용하는 방법을 잘 모르며, 그래서 내가 필요한 것이 무엇인지, 자신의 관심사를 명확하게 전달하지 못한다고 지적했다.

수전 존슨의 부부 관계를 강화하는 7가지 대화법을 소개한다.
[제1대화법: 파악하기]
부정적 대화방식을 밝혀라. 기본적인 세 가지 '부정적 대화방식'이 있다. 그것은 비난-비난형으로 나쁜 사람 찾기, 비난-위축형으로 항의하기, 위축-위축형으로 회피하기다. 가장 흔한 유형은 '항의하기'다. 한 배우자가 비난하고 공격하면 상대 배우자는 방어하고 회피하는 것이다. 상담과정에서 표현된 말을 다시 나누어 보고 말과 태도에 집중하지 말고 부정적인 관계 방식을 보도록 하면 서로에게 상처를 주는 과정을 이해하게 된다.

[제2대화법: 뿌리찾기]

원상처를 찾아라. 원상처는 과거 혹은 현재의 관계에서 애착 욕구가 반복적으로 무시되고 거부당해서 받은 상처다.

[제3대화법: 돌아가기]

갈등의 시작으로 돌아가라. 전체 상황을 이해했고, 감정을 진정시키면서 배우자의 감정에 호기심을 갖기 시작한다. 당신의 깊은 감정을 표현해야 배우자가 그것을 이해할 수 있다.

[제4대화법: 요청하기]

안아 달라고 요청하라. 스스로에게 '내가 가장 원하는 것은 무엇인가?'라고 물어본다. 애착이라는 답이 돌아오면 애착 대상에게 접근하여 안아 달라고 요청하자.

[제5대화법: 용서하기]

상처를 용서하라. 상처받은 배우자가 자신의 고통을 솔직하고 간단하게 표현한다. 가해자가 자신이 배우자에게 주었던 상처를 인정하고 후회의 마음과 양심의 가책을 표현한다. 이제 부부는 애착 손상에 대해서 서로 요청하기 대화가 가능해졌다.

[제6대화법: 접촉하기]

신체적으로 접촉하라. 사랑을 유지하는 데 성적 만족도는 도움을 줄 수 있는가? 불행한 부부는 성문제가 불화 원인의 50~70%를 차지한다는 연구 결과도 있다. 행복한 부부는 성관계를 기쁨과 친밀감을 얻는 하나의 방편 정도로 생각한다. 불화부부에게 성문제가 크게 부각되는 이유는 부부관계가 삐걱거릴 때는 성관계가 가장 먼저 영향을 받기 때문이다.

[제7대화법: 유지하기]

사랑을 생기 있게 유지하라. 부부가 만나고 떨어지거나 친밀감을 느끼는 순간을 기념하는 의식은 중요하다. 유대감을 형성하고 유지하기 위해서는 구조화된 의식이 필요하다. 규칙적이고 의도적으로 접촉하고 포옹하며 입맞춤하기, 수시로 편지를 쓰고 간단한 메모 남기기, 안부 전화 하기, 부부가 함께 지낼 수 있는 특별한 시간 갖기, 규칙적으로 밤중에 데이트하기, 특별한 날, 기념일, 생일을 기념하기 등을 추천한다.

나는 수전 존슨의 부부 관계를 강화하는 7가지 대화법에서 단 하나를 실천해야 한다면 '[제4대화법: 요청하기] 안아 달라고 요청하라'를 추천하려 한다. 내가 추천 하는 방식은 '안아 달라고 요청하라'에서 한 발 더 나아가 '적극적으로 안아주기'다. 나는 강의장에서 남편으로서 아버지로서 지금의 집안 분위기를 바꾸는 방법을 제안하곤 한다. 단 하나의 방법이 시도 때도 없이 배우자를 안아주라는 것이다. 그것도 농도 짙은 몸짓까지 동원해서 말이다. 가능한 자녀들이 보는 앞에서 하면 더 좋다. 평소 애정표현과 관련이 없는 생활을 해 왔다면 더 적극적으로 해보자. 이미 성장한 자녀들 앞에서 무슨 추태냐고 하지 말고 어색하더라도 계속해 보자. 이 광경을 지켜보는 자녀들은 처음 보는 광경에 우리 아버지가 미쳤다고 할지도 모른다. 계속 이어지는 아버지의 애정표현을 받아주는 어머니가 더 이상하다고 여길 수도 있다. 사실 어머니는 싫지 않은 거다. 어느 순간 어머니의 얼굴 표정이 밝게 변했다. 이젠 어머니가 더 적극적으로 응하는 광경을 보게 된다. 집안 분위기가 예전과는 딴판이다. 그제야 자녀들이 말한다. 아버지가 미친 게 아니라 변했다. 어머니도 가족 간의 관계가 소원하다면 우선 배우자에게 적극적 애정 표현을 해보자. 어머니의 변한 모습에 자식들이 탄성을 지를지도 모른다. 이제 집안 분위기가 변했다. 집안 분위기가 바뀌면 자녀들과 함께하는 시간을 늘려가야 한다. 추억거리를 억지로 만들지 말라고 했지만, 품을 떠나면 기회가 없고, 자식은 남이 된다. 추억거리를 많이 만들어야 한다. 가족들과 함께 사용한 시간만큼 후회를 줄일 수 있다.

평생 사랑하는 부부로 정서적 결합에 의해 삶의 만족과 행복을 추구하지만 우리는 그 방법에 대해 잘 모르고 결혼한다. 어디서 배운 적도 없다. 특히 부부란 각기 다른 가정환경에서 성장하고 만난 사이가 아닌가? 책 『날 꼬옥 안아 줘요』는 부부 사이가 멀어지고 나서 읽거나 상담받아야 할 내용이라기보다 결혼을 전후로 반드시 읽어야 하는 책으로 추천해야 마땅하다. 부부 사이의 정서적 건강을 위해 적극 추천한다.

05 웰다잉
독서노트 10선

01 나는 죽을 때까지 재미있게 살고 싶다

 나이 80! 가장 신기하게 느끼는 것은 무엇일까?

2017년 2월 9일 'YOUTH – 청춘의 열병. 그 못다 한 이야기' 전시회가 한국경제신문에 소개되었다. 신문은 〈미술관에서 만나는 '청춘의 열병'〉이라는 주제어 밑에 '디 뮤지엄, 오늘부터 YOUTH-展'이 열린다고 하고 "미래에 골몰하느라 현재를 소홀히 하다가, 결국에는 현재도 미래도 놓쳐 버리고요. 영원히 죽지 않을 듯 살다가 살아 보지도 못한 것처럼 죽어가죠."라는 말이 2층 전시실 바닥에 씌어 있다고 했다.

『나는 죽을 때까지
재미있게 살고 싶다』
이근후 지음/
갤리온 2013

이 말은 파울로 코엘료 산문집 『흐르는 강물처럼』 272쪽에 쓰인 내용이기도 했다. 책의 표현은 다음과 같다.

한 남자가 내 친구 제이미 코언에게 물었다. "사람의 가장 우스운 점은 뭐라고 생각하십니까?" 코언이 대답했다. "모순이죠. 어렸을 땐 어른이 되고 싶어 안달하다가도, 막상 어른이 되어서는 잃어버린 유년을 그리워해요. 돈을 버느라 건강 따위는 안중에도 없다가도, 훗날 건강을 되찾는데 전 재산을 투자합니다. 미래에 골몰하느라 현재를 소홀히 하다가, 결국에는 현재도 미래도 놓쳐버리고요. 영원히 죽지 않을 듯 살다가 살아 보지도 못한 것처럼 죽어가죠."

나는 디 뮤지엄 전시장 2층에서 책 내용의 마지막 부분을 확인 했다. 사실 열병은 청춘만이 앓는 특권이 아니다. 모든 세대가 그 나이에 겪는 열병이 있기 마련이다. 우리는 지금, 여기의 삶에 얼마나 열병을 앓고 있을까?

이번 책은 이근후 교수의 『나는 죽을 때까지 재미있게 살고 싶다』로 정했다. 영원히 죽지 않을 듯 살다가 살아 보지도 못한 것처럼 죽어 가지 않기 위해, Now, Here(지금, 여기)에 충실하기 위해 이 책을 선정했다. 아이들이 배밀이를 하거나, 서고, 걷고, 말하는 것을 배워 나가는 모습은 너무 신기하다. 성장하면서 수영을 할 줄 알게 되고, 자전거를 탈 줄 알게 되면 더욱 신기하다. 그럼 나이가 훌쩍 들어 80살이 되면 무엇이 신기할까? 이근후 교수는 '아침에 눈을 뜨는 것이 그렇게 신기하다'고 했다. 세상을 떠난 동창이나 선후배가 많은 가운데, 눈을 뜬다는 것을 '순간적인 찰나적 신비감'으로 표현하였다. 내가 살아가는 오늘을 신비한 광경으로 바라볼 수 있을 때 Now, Here(지금, 여기)에 충실할 수 있다. 나이 들어 가장 견디기 어려운 것이 '지루함', '권태', '외로움', '고독함'이다. 이를 극복하는 가장 중요한 태도가 삶의 모든 부분에서 '호기심'과

'신기함'을 느껴야 한다. 이근후 교수는 "당신은 어떻게 나이 들고 싶은 가?"라고 직설적으로 묻는다. 그리고 답하기를 "나이 든다는 것은 누구에게나 좋은 일이 아닙니다. 하지만 누구에게나 오는 것이기 때문에 이 또한 받아 들여야 할 생의 궤적입니다. 나이 들어 좋은 점이라기보다 나이 들면서 좋은 일, 즐거운 일을 만들어 가겠다는 마음가짐이 훨씬 중요하지요."라고 말했다. 또 "태어나서 죽을 때까지 삶의 궤적을 따라가다 보면 재미가 없는 나이가 어디 있으랴. 인생은 어느 시기건 그에 알맞은, 그 때만 느낄 수 있는 즐거움이 있다. 그것을 충분히 느끼며 산다면 성공한 인생이다."라고 했다.

이근후 교수는 죽을 때까지 재미있게 살기 위해서 먼저 하지 말아야 할 내용을 제안한다. "늙으면 죽어야지."라는 말을 비롯하여 앓는 소리를 하지 마라. 노화와 질병은 다르다. 노화를 병으로 생각하지 마라. 병은 훈장도 아니요, 인생을 잘못 살았다는 증거는 더더욱 아니다. 그냥 같이 가야 할 삶의 조건이 추가 되었을 뿐이다. "노후엔 못 해본 여행이나 다니며 살아야죠."라는 말을 하지 마라. 막연한 바람이나 환상을 떨쳐버리고, 대신 시간을 마음껏 쓰겠다고 생각하라. "나를 옭아매는 것을 깨뜨려라." 내 마음 속에는 지금도 철들지 않는 소년이 살고 있다. 어릴 때의 심정으로 하고 싶은 것을 찾아 핑계 대지 말고 한번 실천해 보라. "나이 들어서도 젊어 보여야 한다는 강박은 되도록 빨리 버려라.", "남에게 뒤쳐지지 않는 데 소중한 시간을 다 써버리지 마라.", "자녀의 인생에 절대 간섭하지 마라."가 그것이다.

이근후 교수는 여든을 바라보는 현재도 삶의 매 순간을 치열하게 생각하고 스스로 할 수 있는 일을 행동으로 옮길 수 있는 에너지의 원천을 '야금야금'이라 했다. 야금야금 일하고, 야금야금 공부하고, 야금야금 봉사하고, 야금야금 생각하고, 그렇게 조금씩 나아가고 좋아지는 걸 즐기니 지루하지 않게 오래 해 올 수 있었다고 했다. 나는 이 야금야금이 너무 좋다. 지금 야금야금하고 있으면 된다. 야금야금은 내가 알고 있는 것과 모르는 것의 사이, 알고 난 사실과 맞닿아 있어 새롭게 알고 싶은 무엇으로 나아가는 지점, 하나의 호기심을 해결했더니 다시 일어난 새로운 호기심과의 경계에서 앞으로 나아가게 하는 가장 효율적인 방법이다. 우리는 사이, 지점, 경계에서 조금씩 나아가면 된다. 그 방법이 야금야금에 있다.

이근후 교수는 "젊어서의 재미만 생각한다면 노년은 불행하기만 하다. 바로 지금, 자신에게 맞는 재미를 찾는 것이 진정 '나이답게' 늙어 가는 일이다."고 했다. 『나는 죽을 때까지 재미있게 살고 싶다』는 장수시대에 넉넉해진 노년의 시간을 어떻게 재미있게 보낼지 생각해 보고, 그 방법을 찾는 길잡이 역할을 한다.

02 죽을 때 후회하는 스물다섯 가지

 당신은 어느 쪽인가? 살아 있네, 살고 있네

『죽을 때 후회하는 스물다섯 가지』의 저자인 오츠 슈이치는 말기 환자의 고통을 덜어주는 호스피스 전문의다. 2009년 이 책이 출판될 때 이미 1,000명이 넘는 환자를 떠나 보냈다고 한다. 그들은 "선생님은 무언가를 후회한 적이 있나요?"라는 질문을 하고, 오츠 슈이치는 그들에게 "이런 말씀을 드렸더라면…"하고 후회한다고 적었다. 후회 없는 인생이 어디 있으랴. 그러나 죽음을 목전에 두고 후회라니 너무 늦었다. 오츠 슈이치 는 "당연한 이야기지만, 내일 죽을지도 모른다고 생각하며 살아온 사람 은 후회가 적다. 죽음을 염두에 둔 사람은 삶이 유한하다는 사실을 알고 열심히 살아간다. 하루하루 최선을 다하며 순간순간 스쳐 지나가는 인 연을 소중히 여기면서… 실제로 눈을 감는 마지막 순간에 "선생님, 지금 죽어도 여한이 없습니다."라고 당당하게 말하는 환자도, 아주 드물지만, 분명히 있었다."고 표현했다. 이 책은 오츠 슈이치가 호스피스 환자들

『죽을 때 후회하는 스물다섯 가지』
오츠 슈이치 지음/ 황소연 옮김/
21세기북스 2009

에게 받은 질문으로부터 시작한다. "선생님은 후회 같은 거 안 하시죠?"
"저도 항상 가슴을 치며 후회합니다." "선생님도 후회하는군요." "물론
후회하고말고요." "무엇을 가장 후회 하시나요?" "저는…" 여기 '저는' 으
로 시작하는 환자들의 후회를 들으며 그 내용의 공통분모를 엮어 책을
썼다고 한다.

나는 스물다섯 가지의 후회 목록을 '한 일에 대한 후회'와 '하지 않은 일
에 대한 후회'로 나누어 보았다. '한 일에 대한 후회'는 나쁜 짓을 하지 않
았더라면, 감정에 휘둘리지 않았더라면, 죽도록 일만 하지 않았더라면,
단 세 개에 불과했다. 나머지는 모두 '하지 않은 일에 대한 후회'였다. 절
대적으로 하지 않은 일에 대한 후회가 많다.

물론 나는 '한 일에 대한 후회'도 인생 후반에 치명적 영향을 미친다고 본다. 50세 인생에서 있었던 모든 일은 그 후 50년 동안 복기 된다. 학창 시절 잘못한 일은 반성문 하나로 끝낼 수 있었다. 세월이 지나면 잊히고 만다. 간간이 생각나더라도 웃고 넘어가며 멋진 에피소드가 되기도 한다. 하지만 사회생활에서 다른 사람에게 의도와 관계없이 해를 끼친 일은 아니다. 당시엔 전혀 문제가 되지 않고 넘어갔다. 누가 반성문을 쓰라고 하지도 않는다. 그러나 인생의 후반 50년에는 끝없이 이때의 장면이 떠오른다. 스스로 반성문을 쓰기 시작한다. 글자를 직접 쓰는 것은 아니다. 마음에 쓴다. 한 번만 쓰는 것이 아니라 잊을 만하면 더욱더 새로워 끝임없이 반성문을 써야 한다. 떠오르는 장면이 많을수록 반성문은 쌓여간다. 괴로울 수밖에 없다. 이럴 줄 알았으면 잘할 걸 하는 생각이 든다. 잘한 일은 매일 기분이 좋다. 두고두고 즐거움이 된다. 마음이 편안하고, 더욱 열정적으로 살 수 있는 힘이 된다. 누가 상장을 주지 않았으나 스스로 마음속에 상장을 쌓는다. 그 기분이 주변 사람에게 전이된다. 말하지 않아도 자녀들에게 자연스레 전달된다. 그래서 100세 인생은 내신 성적을 잘 관리해야 한다. 내신 성적은 인생 전반기의 생활 모습이다. 내신 성적이 엉망이면 후반기 50년이 이래저래 괴롭다. 이때 내신 성적은 정서적 감성적으로 쌓는다. 물질이 아니라 그 물질을 어떻게 사용했느냐가 내신성적이 된다. 직장과 직책이 아니라 그 직장과 직책으로 무엇을 했느냐가 내신 성적이 된다. 이러한 내신 성적을 잘 쌓기 위해선 감성적, 정서적, 이타적 행동의 성적표가 좋도록 노력해야 한다.

오츠 슈이치는 에필로그에서 "눈부시게 발달한 의학 기술로 육체의 고통은 줄일 수 있다. 그러나 모든 것을 마무리해야 하는 마지막 순간에 인생이라는 선생은 절대 호락호락 넘어가는 법이 없다. 한 사람의 인생을 점검하면서 마지막 숙제를 부과하는 것이다. 그 마지막 과제를 앞에 두고 많은 사람들이 엄청난 고통을 겪는다. 무사히 완성한 사람도 있지만, 마지막까지 해결하지 못한 숙제 때문에 괴로운 시간을 보내는 사람도 있다."고 하면서 자신이 해야 하는 일이 마지막 숙제를 끌어안고 울고 있는 사람들에게 힘을 주는 일이라 했다. 반면에 지금까지 걸어온 길을 되돌아보고, 자신의 역사이자, 자신을 대변하는 인생길이 충분히 만족스럽다면 미소를 머금으면서 다음 세상으로 향할 수 있을 것이라고 적었다. 오츠 슈이치는 그들이 어떻게 아무 미련 없이 떠날 수 있을까에 대해 "아마도 그건 살아있는 동안, 최선을 다해 열심히 살았기 때문이리라. 시간에 관계없이 꽃을 피운다는 소명을 완전히 이루었기 때문이리라. 자연은 변함없는 진실을 우리에게 속삭인다. 살아있는 모든 것은 언젠가 사라지기 마련이지만, 주어진 시간을 열심히 살아내려는 생명은 후회하지 않는다."고 표현했다.

당신은 마지막 순간 해결하지 못한 과제로 괴로워할 것인가? 아니면 충분히 만족한 삶을 살아 미련 없이 떠날 것인가? 그 선택은 오직 지금 하는 생활에 달렸다. 나는 최근 우리 사회에서 흔히 주고받는 대화 중에 '살아 있네'라는 말을 매우 좋아한다. 살아 있음은 '살고 있네'와는 완전히 다르다. '살아 있네'는 자기 주도적 삶이다. 능동적 삶이고, 후회를 덜

하는 방식, 하고 싶은 일을 하는 방식, 하고 싶은 일을 미루지 않은 삶의 방식이다. 지금이라도 '살고 있네'가 아니라 '살아 있네'와 같은 삶의 방식을 살아 보는 것이 어떨까?

진정 후회 없는 삶을 살고 싶은가? 참고 또 참으면서 타인을 위해 희생하는 삶을 살고 있는가? "여행은 나중에……"라고 말하며 일에만 몰두하는가? 사랑하는 이들에게 마음을 표현하고 싶지만 어렵다고 느끼는가? 오츠 슈이치의 『죽을 때 후회하는 스물다섯 가지』는 당신에게 오늘 당장 실천할 수 있는 용기를 불어 넣어 줄 것이다.

03 나는 죽음을 이야기하는 의사입니다

 내가 말기 환자라면

환자가 도저히 회생할 수 없는 상황인데도 불구하고 생명 연장의 기술만 과잉 공급되는 현상을 의학의 혁신이라 말 할 수 있을까? 이건 의료의 인플레이션일 뿐이다. 갈수록 병원이 임종 장소가 돼가는 상황에서 어찌할 수 없는 죽음을 가진 환자를 '돌봄 Care'의 대상이 아닌 '치료 Cure'의 대상으로 여기는 한 이런 문제는 계속될 것이다. 의료계에선 이것을 '죽음의 의료화' 현상이라 부른다. 책『나는 죽음을 이야기

『나는 죽음을 이야기 하는 의사입니다』 윤영호 지음/ 컬쳐그라피 2012

하는 의사입니다』의 저자 윤영호 서울대학교 의과대학 교수는 건강사회 정책실장과 강남케어센터 연구소장을 맡고 있다. 한국 호스피스 완화 의료학회 설립위원으로 일했으며 국립암센터 설립초기 '삶의 질 향상 연구과'를 만들어 호스피스 제도화를 위한 연구와 정책에도 힘썼다. EBS

'나는 죽음을 이야기하는 의사입니다' 편에 출연하기도 했다. 경력에서 알 수 있듯이 그는 2012년 이 책의 출판 당시 23년간 '죽음을 치유하고 삶의 의미를 높이는 일'에 힘써왔다. 윤영호 교수는 스스로 이 책이 중1 때 암으로 세상을 떠난 누나의 죽음 이후 의사의 길로 접어든 기간을 합쳐 35년간 고민해 온 사유의 기록이며, 말기암 환자를 돌보며 그를 일깨웠던 죽음을 고민하는 이들의 흔적이라고 말했다.

윤영호 교수가 던지는 죽음에 관한 질문과 그 답을 다시 정리해본다. 이렇게 하는 이유는 단 하나다. 당신이 말기 환자라는 가정을 세워보고 이 물음에 직접 답해 보라는 의미다. 그리고 나는 어떻게 죽을 것인지 실천 요강을 준비하기 바란다.

(질문1) 대한민국에서 존엄한 죽음은 가능한가?
(답) 대한민국 헌법 제 10조는 "모든 국민은 인간으로서의 존엄과 가치를 지니며, 행복을 추구할 권리를 가진다."고 명시돼 있다. 그렇다면 '모든 말기 환자는 인간으로서의 존엄과 가치를 가지며, 행복을 추구할 권리를 가진다'는 말도 당연한 것이어야 할 텐데, 우리에게 이 부분은 예외 조항인 것 같다. 솔직히 말해 오늘 날의 대한민국은 죽음을 앞둔 말기 환자 들을 위한 '인간적인 돌봄' 장치가 전무한 나라다.

(질문2) 호스피스. 완화의료는 정당한 대우를 받고 있는가?
(답) 호스피스. 완화의료란 암, 뇌졸중, 간경변증 등을 포함한 중증 질환을 앓고 있는 환자들에 대해 완치를 목적으로 하는 의학적 치료 방법

이 더 이상 효과가 없을 때 이들이 마지막까지 겪게 되는 고통을 덜어 주고, 삶과 죽음의 질을 높여 주는 의료 행위다. 호스피스. 완화의료라는 의료 영역이 '죽으러 가는 곳'이 아니라 '그동안 살아온 삶에 의미를 부여하고 완성하는 단계'라는 신념에 기반한다. 환자의 통증관리뿐만 아니라 우울과 불안, 세상에 대한 소외감이나 생의 무의미함을 극복하도록 돕는 '정신적 돌봄'이다. 그러나 한국에서 호스피스 완화의료는 아직 인식의 저변이 이루어지지 않았다.

(질문3) 사전의료의향제도는 적절히 활용되고 있는가?

(답) 사전의료의향제도는 환자가 죽음을 앞두고 스스로 판단을 내릴 수 없을 때를 대비해 건강하거나 의식이 있을 때 '어떻게 죽음을 맞이할 것인가'를 스스로 결정하게 함으로써, 유사시 의료진이 이에 따라 치료 방침을 정하는 것이다. 윤영호 교수는 이 부분에 대해 많은 부분 할애하고 있다. 사전의료의향제도는 2012년 당시 민간 차원에서 진행 되었을 뿐으로 활성화 되지 못했다. 이러한 노력의 결과 2018년 2월 4일 시행된 '호스피스 완화의료 및 임종 과정에 있는 환자의 연명의료 결정에 관한 법률'(일명 웰다잉법)에 의해 '사전연명의료의향서' 작성이 법률적 효력을 갖게 되었다.

(질문4) 죽음에 이르는 과정을 개인은 어떻게 받아 들여야 하는가?

(답) 환자들이 죽음에 이르기까지 겪는 심리적 변화는 부정-분노-협상-우울-수용을 거친다. 그들이 가장 크게 느끼는 심리적 반응은 '참담함'이다. 이 말은 슬픔, 좌절, 분노, 우울과 같은 단어보다 훨씬 높은 옥타브로 가슴속에 울린다. 러시아 속담에 "다른 사람의 눈물은 물과

다름없다."는 말이 있다. 아무리 노력해도 타인의 슬픔을 온전히 내 것으로 하진 못한다. 존엄한 삶이 존엄한 죽음이란 것을 이해하고 평소 죽음을 예비하는 훈련을 해야 한다. 품위 있는 죽음을 배워 미리 대비하는 것이 좋다.

(질문5) 환자는 자신이 죽어 간다는 사실을 알고 싶어 할까?

(답) 설문조사는 96%의 환자가 말기라는 사실을 알고 싶어 한다. 그 시점은 가족의 경우 점차적으로 알렸으면 좋겠다는 입장이 54.7%인 것과 달리 환자는 72.5%가 즉시 알고 싶어 했다. 환자가 진실을 알게 된 것을 다행이라고 답한 이유 중에 68.8%는 '남은 시간 동안 환자와 가족이 인생을 정리할 필요가 있기 때문'이라고 답했다.

(질문6) 죽음에 이르는 대상을 가족은 어떻게 보내야 하나?

(답) 말기암 환자를 대상으로 임종 시 소망을 묻는 한 조사에서 '사랑하는 가족의 품에서 죽음을 맞고 싶다'는 답변이 가장 많았다. 현실은 몸과 마음이 지친 상태다. 환자가 갑자기 떠나 버리면 남은 가족의 가슴엔 소리 없는 못이 박힌다. 서로 사랑과 감사를 주고받으며 차분하게 이별을 준비하도록 미리 준비해야 한다. 당신과 내가 영원한 삶의 입김을 공유한다는 사실, 그래서 당신은 비록 오늘 떠나지만 결코 혼자 가는 고독한 길이 아님을 전한다.

(질문7) 의사는 의료 윤리와 현실의 딜레마를 어떻게 극복하여야 하는가?

(답) 의료윤리란 "의료현장에서 일어나는 의사 결정에 사회가 가지고 있는 윤리적인 원칙을 적용하여 판단하는 응용 윤리의 한 분야"다. 4개의

기본 원칙을 근간으로 한다. '환자 개인의 자율적 의사를 최대한 존중하며 치료해야 한다'는 자율성의 원칙, 악행 금지의 원칙, 선행의 원칙, 정의의 원칙이 그것이다. 의료인은 명쾌한 기준의 부재, 불확실성 등이 존재하는 현장에서 진실과 훈련된 양심 그리고 윤리적 목적성이 이루어지도록 고민하고 연구하여야 한다.

이 책은 이 밖에도 안락사와 존엄사는 어떻게 다른가, 환자는 통증을 어떻게 해결해야 할까, 바람직한 장례문화란 무엇인가 등으로 채워져 있다.

우리는 건강한 장수를 소망한다. 그런데 완치, 장수를 목적으로 하는 의학적 치료방법이 더 이상 효과가 없을 때, 이미 '죽음의 의료화'가 진행되었음을 감안한 계획이 있어야 한다. 책 『나는 죽음을 이야기 하는 의사입니다』는 죽어가는 과정에서의 삶의 질을 얘기하고 있다. 대한민국은 죽음의 질이 OECD국가(40개국) 중 32위에 속한다고 한다. 내가 결정하는 Well-dying이 나의 인생의 질을 결정한다. 이 책을 통해 중증 질환의 환자와 가족들이 어떻게 해야 하는지에 대한 생각을 해 보는 시간이 되었으면 한다.

04 인생의 끝에서 다시 만난 것들

 오늘이 삶의 마지막이라면 무엇을 하겠는가?

어느 날 갑자기 '암' 판정을 받을 수 있다는 생각을 해 본 적이 있는가? 건강을 잃으면 모든 것을 잃는다는 말이 실감 나는 상황을 겪어 본 적이 있는가? 나는 매년 정기 건강 검진을 아내와 같이한다. 2006년 9월에도 가까운 구미 00병원에서 검진을 했다. 검진 결과는 아내가 확인했

『인생의 끝에서 다시 만난 것들』 레지너 브릿 지음/ 문수민 옮김/ 비즈니스북스 2013

다. 병원에서 CT 검사를 해 보는 것이 좋겠다고 해서 아내가 검사 예약을 했다고 할 때 나는 여전히 덤덤하게 응했다. CT검사 결과도 아내가 보았다. 또 MRI검사가 필요하다고 했다. 나는 교육 출장 후에 하겠다고 했더니, 아내가 떨리는 목소리로 이것부터 하자고 했다. 일이 좀 잘못되어 가고 있구나 하는 생각이 든 것은 의사가 MRI 결과를 설명할 때 뜸을 너무 들이는 모습에서 알게 되었다. 담관암이라고 했다. 주변에서

듣던 암 관련 이야기, 건강에 관한 모든 것들을 나와 연결해서 생각해보지 못했다. 그것이 문제다. 세상의 모든 일들이 나의 일이 될 수도 있음을 알아야 했다. 확률로 얘기되는 모든 일들이 나의 일이 되면 100%가 된다는 것을 알아야 했다. 대수롭지 않은 암은 없고 간단한 암 수술은 더욱더 없다. 눈을 떠 보면 현실인 것은 알겠지만 여전히 내게 닥친 일로 와닿지 못했다. 9월 29일 서울 아산병원은 몇 번 가 본 곳이지만 위압적으로 버티고 서 있었다. 구미 00병원에서는 수술하면 된다고 했는데 그곳 일반외과 과장님은 "당신처럼 몸이 과체중인 사람은 수술하다가 죽을 수도 있다."고 하면서 입원부터 하라고 했다. 사랑하는 아내, 예쁜 딸들, 가족들, 친구들, 지인들… 아! 이렇게 그들을 불러 볼 줄은 몰랐다. 눈물이 필요하고 그칠 줄을 몰랐다. 그 후 다행히 양성종양 판정을 받고, 추적 검사를 9년간 계속했다. 그리고 이상이 없음을 확인하고 평생 감사하는 마음으로 생활하고 있다. 건강에 영향을 미치는 나쁜 습관은 축적되는 과정에서 거의 드러나지 않는다. 어느 날 폭발하듯 그 모습을 드러낸다. 내가 내 몸을 돌보지 않으면 반드시 건강에 이상이 온다는 사실을 명심해야 한다. 나는 이 과정에서 내가 오늘 죽을 수 있다는 점을 확실히 알게 되었다. 암 판정 전과 후의 생활은 완전히 달라졌다. 내일 죽을 수 있음이 모든 생활의 기준점으로 작용한다.

『인생의 끝에서 다시 만난 것들』의 저자인 레지너 브릿도 1998년 갑자기 유방암 선고를 받았다. 그의 삶은 한 순간 나락으로 떨어졌고, 화학요법과 방사선요법으로 몸이 망가졌을 때는 과연 중년을 넘겨 살 수 있을까를 고민했다고 한다. 그리고 레지너 브릿은 암 역시 삶의 일부라 여겨 받아들이고 긍정적인 마인드로 극복했다고 한다. 나는 이 책이 저자가 암과 함께 살면서 느낀 인생과 다시 들여다본 삶에 대해 하고 싶은 이야기를 담고 있다고 여긴다.

가끔 스스로에게 던져야 하는 질문이 있다.
그 첫 질문은 "내가 내일 죽는다면 무엇을 해야 하는가?"이다.
다음으로는 "내게 돌이킬 수 없는 치명적인 질병이 생겼다면 어떻게 감당해야 하는가?",
"어느 날 갑자기 다니던 회사를 그만 둔다면 어떻게 해야 하는가?",
"준비하지 못하고 은퇴한다면 나의 삶은 어떻게 될 것인가?"가 있다.

이상의 일들은 어느 날 갑자기 닥쳤을 때 도저히 감당할 수 없게 되어 버린다. 미리 대비해야 하고, 미리 공부해야 하고, 어떻게 하겠다는 계획표가 있어야 하는 일들이다. 그런데 우리는 그렇게 하지 못한다. 나는 노년, 노후, 은퇴를 공부하면서 명확히 했다. 돈, 질병, 죽음 이 세가지는 미리 대비해야 하고, 나의 방식에 따라 어떻게 할 것인지 방법을 정해 두어야 함을 알았다. 왜냐하면 닥친 상태에서는 방법의 부재와 누구의 조언도 귀에 담기 어렵기 때문이다.

이 책 『인생의 끝에서 다시 만난 것들』 표지에는 "오늘이 삶의 마지막이라면 당신은 무엇을 하겠는가?"라고 묻고 더 늦기 전에, 더 잃기 전에 알아야 할 45가지 깨달음이라 적혀 있다. 오늘이 삶의 마지막이라면 당신은 무슨 생각이 들까? 어떤 후회를 할까? 후회 목록을 정리해보았는데, 앞으로 40~50년을 더 산다면 그 때 만든 후회 목록을 행동으로 옮길 수 있을까? 우리는 '오늘이 삶의 마지막이라면'이라는 생각을 가끔 한다. 그러나 영원히 살 것처럼 행동한다. 그러다 어느 날 삶의 마지막과 마주할지 모른다. 그럼 어떻게 오늘을 살아야 하는가?

레지너 브릿은 "나 자신을 믿고, 나 자신으로 살며, 사랑하고, 행복한 삶을 살아라. 하루하루를 행동하며 기적으로 채우라."고 조언하고 있다. 우리도 이와 같은 질문을 던지고 나의 내면이 하는 말에 귀 기울여 당장 해야 하는 일을 해보자. 그러고 보면 기적이란 그리 거창한 단어가 아니다. 바로 내 몸이 말하는 내용에 집중하기, 내 주변 사람들을 사랑하고, 내가 가진 것에서 행복하며, 행동으로 실천하는 삶이 기적이다.

05 아름다운 죽음의 조건

 화해는 못하더라도 용서는 하고 떠나라!

영국 소설가 마틴 에이미스 Martin Amis는 "언제일지 몰라도 반드시 때가 온다. "안녕"이 반기는 인사가 아니라 작별 인사가 되었구나 깨닫는 시기가 온다. 그리고 죽음, 그것은 삶이라는 임시직 후에 찾아오는 상근직이다."라고 말했다. 사람들은 죽음에 관한 한 나와 관계없는 일로 생각하려 한다. 노년학이라고 거창하게 이름을 붙여 준비해야 할 것들을 찾아 들어가면 궁극적으로 죽음이라는 항목에 도달한다. 생활 속에서 뚝 떼어서 멀리 두었다가 절대 꺼내보지 않을 것 같은, 모두가 말하기를 꺼려하는 죽음이, 노년의 바로 앞에 버티고 서 있다. 죽음이란 연속되는 삶의 과정 중 하나다. 그런데 이를 받아들이기는 어렵다. 나는 웰다잉을 강의하는 많은 자리에 참석했다. 발표와 토론 그리고 청중들을 보면서 죽음은 당장 닥친 일로 여겨 여러 준비가 필요함과 동시에 해야 할 일들이 있음을 알게 되었다.

호스피스 전문의 아이라 바이오크는 책 『아름다운 죽음의 조건』에서 "사람은 누구나 '인간 필멸 유전자'의 양성 반응자이다."라고 표현했다. '죽음의 예외 없음' 자체는 확실함을 이리 강조했다. 또 죽음을 앞두고 때를 놓치지 않고 반드시 해야 할 무엇이 있다고 주장한다. 즉, '죽음이란 다른 때라면 찾아오기 힘든 마음의 평정을 얻고 다른 사람들과 친밀감을 쌓을

『아름다운 죽음의 조건』
아이라 바이오크 지음/
곽명단 옮김/
물푸레 2010

수 있는 최고의 기회인 셈이다'고 했다. 죽음이 친밀감을 쌓는 마지막이자 최고의 기회가 되기 위해서 무엇을 해야 하는가? 아이라 바이오크는 이를 위해 반드시 해야 하는 일을 아름다운 죽음의 조건이라 한다. 저자는 30년 동안 수천 명의 죽음을 지켜보았다. 저자는 이 책을 죽음 직전의 사람들에게서 배운 삶의 지혜라 이름 붙였다. 그가 말하고 싶은 아름다운 죽음의 조건은 무엇일까? 그는 죽음 앞에서 우리에게 필요한 것은 단 네 마디 ① 용서해요 ② 고마워요. ③ 사랑해요. ④ 잘 가요 뿐이다고 강조한다. 이 네 마디 말은 죽기 전에 반드시 전해야 할 말이다. 그는 이 네 마디 말이 임종 직전뿐 아니라 언제든지 해도 강력한 힘을 발휘한다고 했다. 이 책이 강조하는 아름다운 조건은 이 네 마디 말과 관련되어 있다.

나는 이 중에서 특별히 용서에 관하여 주목하고 있다. 아이라 바이오크는 "용서는 가해자를 위한 것이 아니라 자기 자신을 위한 것이다. 용서하는 것이 자신을 해코지한 사람을 이롭게 하든 아니든 그것은 상관없

다. 내 삶의 질만 생각하면 그만이다. 묵은 상처에서 벗어날 때 자기 삶의 무게가 가벼워진다."고 했다. 삶을 살다 보면 누구나 원수 하나쯤은 있게 마련이다. 마음 속 원수였다면 그냥 용서할 수 있을까? 나는 노년 노후 은퇴의 많은 책과 강연들 속에 용서를 강조하고 있음을 알게 되었다. 용서에 관한 다른 표현들을 소개한다.

과학 칼럼니스트 김형자의 『행복의 비밀 50』에는 "영어로 용서는 forgive다. 말 그대로 '위해서 for 주는 것 give'이다. 나를 괴롭힌 사람을 위해서 주는 것이 아니다. 오직 나를 위해서 주는 것이다."라고 표현하고 있다. 팀 번즈는 『중년연습』에서 오스카 와일드가 말한 "언제든 적을 용서하라. 용서만큼 적을 잔뜩 언짢게 만드는 것은 없다."를 인용하기도 했다. 노스캐롤라이나 '진보의학 및 임상연구센터' 책임자 라시드 부타르 Rashid A. Buttar는 『100세 인생도 건강해야 축복이다』에서 "용서는 그 상대방이 용서받을 자격이 있어서 용서하는 것이 아니라 여러분이 그렇게 용서할 만한 자격이 있기 때문에 용서하는 것이다. 상대방이 용서를 받을 자격이 있는지는 아무런 상관도 없다."고 하였다. 심리학 박사 프레드 러스킨은 "용서란 평온한 감정이다. 그런 감정은 당신이 자신의 상처를 덜 개인적인 것으로 받아들이며, 자신의 감정에 책임을 지고 그 사건에서 피해자가 아닌 승리자가 되었을 때 생겨난다."고 하였다. 정신과 의사인 스캇 펙은 『이젠 죽을 수 있게 해줘』에서 '훌륭한 죽음'이란 표현을 사용하였다. 스캇 펙의 훌륭한 죽음은 '자살이나 살인의 결과가 아닌 자연스러운 죽음, 자연적이든 고통을 완화시키는 적절한 약효 덕분이든 관계없이 육체적 통증이 없음, 타인과의 용서와 화해가 잘 이루어진 상태에서 맞이하는 죽음' 등을 포함한다. 그러고 보면 화해는 상대가 있어 함께 해야 가능하다. 그러나 용서는 혼자서도 할 수 있다. 힘이 들지만 어쨌든 그냥 용서하면 끝나는 일이다. 나는 죽음을 앞에 두면 화해는 못하더라도 용서는 하고 떠나라고 얘기한다. 물론 말은 이러해도 쉬운 일은 아니다.

사실 아이라 바이오크가 말하는 아름다운 죽음의 조건 네 가지 중에서 용서, 감사, 사랑은 죽음을 목전에 두고 실천해야 할 사항이 아니다. 평소 삶 속에 같이 해야 할 조건인지 모른다. 아이라 바이오크는 "아마도 지금처럼 용서, 감사, 사랑을 성실하게 실천하다 보면 내가 마지막 작별 인사를 하게 될 무렵에는 나도 역시 아름다운 죽음의 조건을 완전히 터득하게 될 것이다."라고 했다. 더불어 "때를 놓치기 전에 반드시 할 말을 해야 한다."고 조언한다. 언제가 때인가 지금이 그 때다. 이 책을 통해서, 당신이 가장 사랑하는 사람들과 더 늦기 전에 관계를 회복할 수 있는 지혜를 배우길 염원한다. '나중'은 없을 수도 있다. 이 때 우리가 평소 잘 하지 못하는 "사랑합니다, 감사합니다, 용서합니다."를 자주 표현해 보자. 그것도 말과 행동 태도를 모두 담아서 해 보자.

06 나는 한국에서 죽기 싫다

당신의 웰다잉 가이드 라인을 작성하라

2010년 영국 경제지 이코노미스트 산하 연구소인 EIU(Economist Intelligence Unit)는 OECD 회원국을 포함하여 40개국을 대상으로 '임종을 앞둔 환자가 얼마나 품위 있게 죽음을 맞이하는지'를 조사해 국가별 죽음의 질 지수를 발표했는데, 한국은 32등이라고 했다. 대한민국에서는 죽음을 다루는 것이 '인생무상'을 공공연하게 인식시킨다고 생각한다. 그래서 죽음 교육도 도전적인 삶과 능동적인 행동을 감퇴시키는 요소라고 여긴다. 그러나 죽음의 인식은 살아 있는 매 순간을 어떻게 살아야 충실 한 것인지, 얼마나 사랑해야 하는지를 일깨워 준다. 또 철학적 사고를 갖게 하여 인생의 깊이를 더하게 한다. 마르쿠스 툴리우스 키케로는 『노년에 관하여』에서 "농부들이 봄, 여름을 보내고 가을이 오는 것을 바라보는 것 이상 죽음을 슬퍼할 이유는 없다. 자연에 의해 이루어진 모든 것은 좋은 것이다. 죽는 것만큼 자연의 순리에 따르는 일이 또 무엇이 있겠는가"라고 하였다. 죽음은 직시(直視)하는 것에서부터 시작하고, 양지로 끌어내어 함께 논의할 수 있을 때 죽음의 질이 향상 될 수 있다. 그래서일까? 책 제목이 『나는 한국에서 죽기 싫다』이다.

이 책의 저자 윤영호 교수는 한국에는 임종의료의 아젠다가 필요하다고 말하며 영국을 언급했다. 영국은 앞선 조사에서 1위를 차지한 나라로, 우리보다 보건의료제도는 떨어지지만 죽음에 관해서는 앞서기 때문이다. 따라서 그 이유인 '대중적 인식', '관련 인력의 훈련', '진통제에 대한 접근성', '의사와 환자 사이의 투명성'과 같은 지표를 눈 여겨 봐야 한다고 주장했다. 그럼 한국의 경우는 어떤가? 윤영호 교수의 지적은 현장 경험자로서 매우 구체적이다.

『나는 한국에서
죽기 싫다』
윤영호 지음/
엘도라도 2014

첫째, 죽음을 이야기 하는 것을 금기시하는 우리 사회를 지적한다. 죽음에 대한 국민적 인식을 전환하기 위해서는 죽음의 현실과 진실을 정확히 알릴 수 있는 캠페인과 교육이 필요하다는 것이다.

둘째, 우리나라가 임종단계에서 수단에 관계없이 끝까지 치료하는 의료환경을 지적한다. 임종케어를 어떻게 해야 하는지 임종대처경험을 공유해야 한다고 말한다.

셋째, 형편없이 부족한 호스피스, 완화의료 기관과 호스피스 서비스에 대한 인식 제고의 필요성을 지적했다. 호스피스 재정 확보를 위한 방안 마련과 인식제고를 위한 적극적인 개선과 홍보가 필요하다는 것이다.

넷째, 선택의 여지가 없이 병원에서 죽는 환경을 지적한다. 임종 장소 선택권을 확대하기 위해 가정 호스피스 활성화, 병원 내 '임종 대기실' 설치, 호스피스 시설의 확충을 건의하고 있다.

다섯째, 고통 없이 죽는 것에 대한 부분이다. 의사들이 환자들의 통증을 과소평가하거나, 마약성 진통제를 처방하면 내성이 생길 우려와 약물 의존성을 걱정하지만, 실제 환자는 통증이 있는 경우 적극적으로 알리고, 의사는 약물 사용 지침에 따라 투여하여야 한다고 하고, WHO에서도 만성통증에 강력한 진통 효과를 내는 약물을 적극적으로 사용할 것을 권하고 있다고 했다.

여섯째, 죽기 전에 해야 하는 일에 대한 내용들에 대한 지적이다. 죽기 전과 후에 필요한 각종 정보들을 정리해서 해 나가는 것, 유언장이나 사전의료의향서 등에 관하여 부연하고 있다. 사전의료의향서는 2018년 2월 4일 '호스피스 완화의료 및 임종 과정에 있는 환자의 연명의료 결정에 관한 법률'(일명 웰다잉법)이 시행되었다. 이 법에 따라 법으로 보호받는 '사전연명의료의향서' 작성이 가능해졌다.

일곱째, 남겨지는 사람들과 해야 하는 일에 관한 내용이다. 가족들은 장례 절차뿐만 아니라 감정을 표현하고 화해하고 감사를 나누고, 죽음을 이야기하고 이별의 말을 전해야 한다. 이를 잘 하기는 쉽지 않다. 미리 학습되어야 가능하다.

윤영호 교수는 『나는 한국에서 죽기 싫다』고 하면서 사실은 어떻게 죽어야 하는지에 대한 절차적 과정을 이 책에 상술하고 있다. 한마디로 한국인의 웰다잉 가이드 라인이다. 건강한 노년기에 해야 할 일, 말기 질환의 발생 또는 노환기에 해야 할 일, 말기 질환기 또는 3개월~6개월 미만 여명 시 해야 할 일, 임종 직전, 임종 직후의 가이드라인, 장례 절차 등이 망라되어 있다고 해야 한다.

나는 죽음에 관한 많은 책을 읽고 내가 스스로 '웰다잉 선언서'를 작성하였다. 선언서는 "내가 생애 말기와 임종기에 접어들어 불치병 등에 시달리며 죽음이 가까워졌을 때를 대비하여 나의 사랑하는 가족과 의료진에게 다음과 같이 실천해 주실 것을 당부하고 요청합니다."로 시작한다. 여기에 병의 경과에 관한 사항, 호스피스 시설 이용에 관한 사항, 병원 비용에 관한 사항, 사전연명의료의향서에 관한 사항, 자기결정권을 존중해 달라는 내용, 사망 장소로 원하는 곳에 대한 사항, 마지막 순간에 대한 사항, 장례에 관한 사항, 마지막 당부 등의 내용을 모두 담았다. 그리고 그 내용을 내 책 『100세 시대 인생공부 다시 할래요』 243쪽에 실었다. '잘 죽기' 위해 우리 모두는 무엇을 해야 하고, 무엇을 할 수 있는가? 당신의 마지막은 어떻게 취급되길 원하는가? 이 질문은 내가 스스로 결정해야 할 무엇이 있다는 명확한 지적과 같다. 윤영호 교수의 『나는 한국에서 죽기 싫다』 책을 읽고 당신의 웰다잉 가이드 라인을 작성해 보았으면 한다.

07 이별 서약

 '사전연명의료의향서'는 작성하였나요?

책 『이별 서약』의 저자인 최철주 기자는 2005년 국립암센터가 주관하는 호스피스 아카데미 고위과정을 수료하고, 우리의 삶과 죽음을 관찰하면서 칼럼니스트 및 웰다잉 강사로 활동하고 있다. 그가 죽음이라는 주제에 몰입하게 된 것은 바로 딸과 아내가 세상을 떠나면서부터다. 딸은 2005년 당시 서른두 살로 자궁경부암으로 투병하던 중 말기 상태에서 수술을 거부하기도 하였고, 중환자실은 지옥과 같은 고통으로 여겼으며, 심폐소생술과 인공호흡기 사용도 거부하는 서류에 서명도 했다고 한다. 또 그에게 호스피스 아카데미 교육을 받아 보라고 권했고, 그가 6개월의 호스피스 고위과정에 들어간 후 세 번째 주에 딸은 눈을 감았다고 한다. 아내는 딸이 떠나고 6년 뒤 난소암 말기 판정을 받았고, 아내도 제발 중환자실에는 넣지 말아 달라고 하고, 사전의료의향서에 쓰여진 대로 해 달라고 했다고 한다. 그에 따라 모든 치료를 중단하고 재택치료

『이별 서약』
최철주 지음 / 기파랑 2014

를 시작했으며, 이후 호스피스 병동으로 갔고, 다시 집으로 와 7개월을
더 보내고 세상을 떠났다고 한다. 그는 웰다잉 공부를 하고, 호스피스
의료진에게 배우고, 임종과정에 대한 이미지 트레이닝을 했지만, 생명의
소멸과 사랑은 그것만으로 심리적 통증을 해결할 수 없었다고 했다.

그래서 『이별 서약』은 딸이 세상을 떠난 이후 또 아내가 세상을 떠나면서
최철주 기자가 웰다잉을 공부하고 배우고 강의하면서 느낀 죽음에 관한
철학서라 할 수 있다. 그는 이 책에서 환자와 가족, 호스피스와 완화의
료, 존엄사와 안락사, 사전의료의향서, 수녀 이해인과 철학자 최진석 그
리고 소설가 최인호의 인터뷰를 통해 죽음 속 우리 삶을 조명했다. 저자
는 웰다잉을 공부하면서 보니 세상이 온통 죽음의 바다인 것처럼 느껴
졌는데, 그것은 착각이 아니라 현실이었으며, 그래서 더 보람 있는 삶이
중요해졌다고 하고, 이별 과정이 인생의 종착역으로 표현되지만 그것이
결국 삶의 결정체로 그만큼 이별 서약이 무겁게 다가왔다고 썼다.

우리나라에서 웰다잉에 관한 논의는 2002년부터 있었다. 최철주 기자는 2009년 2월 연세의료원에서 열린 병원윤리위원회 자문위원으로 참석했는데, 이 자리는 세브란스 병원 김 할머니에 대한 법원 판결을 수용할 것인가 여부를 놓고 논의하는 자리였다고 했다. 이 논의의 자리 몇 일전에 서울고등법원은 존엄사를 처음으로 인정한 1심 판결에 이어 인공호흡기를 제거할 수 있는 네 개의 원칙까지 제시했는데, 그 속에 회생 불가능한 상태에서는 자신을 치료하지 말아 달라는 환자의 진지한 의사표시가 있어야 한다는 존엄사 가이드라인도 있었다고 했다. 김 할머니 사건은 2008년 2월 15일 세브란스 병원에 입원한 할머니가 3일 만에 식물인간 상태가 되었는데, 가족은 할머니께서 평소 인위적 의료 행위로 수명 연장을 하지 않겠다고 말씀하셨기 때문에 연명치료를 중지해 달라고 요청하면서 인공호흡기의 사용 중단을 요구하였고, 병원은 생명유지를 위해 인공호흡기 사용을 계속 주장한 일이 있었는데, 그 후 대법원에서 2009년 우리나라 최초로 존엄사를 허용하는 판결을 하였고, 이를 세브란스 병원 윤리 위원회에서 받아 들여 보호자들과 상의하여 인공호흡기를 제거하였는데, 김모 할머니는 200일을 더 생존하시고 2010년 1월 10일 사망한 사건이다. 김 할머니의 존엄사는 우리나라에서 존엄사와 안락사 등 환자의 삶의 질 문제를 부각시키는 계기가 되었다. 최철주 기자는 존엄사 판결 이후 3개월이 지난 2009년 8월에 의사협회, 대한의학회, 대한병원협회 등이 참여하여 연명치료 중지에 관한 지침 제정위원회를 만들어 국회 공청회에서 공개하였고, 연명치료 중지 가능 대상자와 연명의료 중지 내용과 중지할 수 없는 내용을 명시했다고 했다. 결국 이러한 연명의료를 중지 하려면 환자 본인이 직접 작성한 서류, 대표적인 '사전의료의향서'가 있어야 한다는 것이다. 그러고 보면 2002년 논의의 출발점에서 본다면 7년만의 일인 셈이다. 저자는 이 책의 상당부분을 그 간의 사전의료의향서와 존엄사에 대한 논란에 할애하고 있다.

이러한 과정을 거쳐 2018년 2월 4일 '호스피스, 완화의료 및 임종과정에 있는 환자의 연명의료결정에 관한 법률'(일면 웰다잉법)이 시행되었다. 이 법에 의해 '사전연명의료의향서'는 법률로 지원하는 공식 서류가 되었다. 2002년 논의의 출발점에서 보면 무려 16년 만에 결실을 보았다. 나는 2013년부터 웰다잉에 대해 탐색하고 공부해 왔다. 궁극적으로 웰다잉은 '사전연명의료의향서' 작성이라는 실천으로 시작되거나 완성된다는 생각을 쉼 없이 해왔다. 그리고 주저함 없이 2018년 2월 23일 각당 복지재단을 찾아 '사전연명의료의향서'를 작성했다. 사전연명의료의향서는 반드시 등록기관을 방문하여 상담 받고 설명 듣고 작성해야 한다. 상담은 내담자의 웰다잉 사전 지식과 의향서의 이해 정도를 확인하는 것에서 시작한다. 설명은 의향서 전반의 효력, 변경, 철회와 연명의료 중단을 할 수 있는 심폐소생술, 인공호흡기 착용, 혈액 투석, 항암제 투여 등 네 가지 항목의 내용 등을 포함한다. 내담자가 관련 내용을 충분히 설명 듣고 이해하였으면 온라인으로 해당 되는 내용 란에 체크를 하고 직접 서명한다. 나는 해당 내용에 모두 표시하였다. 작성된 의향서는 국가연명의료기관에 등록된다. 그리고 연명의료 정보시스템에서 관리된다. 마지막으로 사전연명의료의향서 등록기관과 상담자의 이름도 기록한다. 사전연명의료의향서는 호스피스 이용 계획이 있는지도 묻는다. 호스피스 병원은 죽기 전 이용한다. 그럼 죽음이 가까이 있음을 명확히 알고 간다. 그래서 꺼릴 수 있다. 반면, 충분히 알고 나면 맞이하는 죽음이 되도록 도와준다. 영적으로 편안해지도록 돕는다. 의향서가 호스피스 이용도 미리 생각하도록 했음은 매우 잘한 방법이라 여겨졌다.

나는 이 책이 말하는 '이별 서약'이 죽음이라는 이별 앞에 서로 맹세하고 서약하는 내용이라면, 그 형식은 '사전연명의료의향서'여야 한다고 굳게 믿는다. 이 책의 출판 당시인 2014년에는 의향서가 법률로 지원되지 못했기 때문에 최철주는 그 필요성을 절절히 표현했던 거다. '사전연명의료의향서'는 곧 '이별 서약'이다. 왜 작성해야 하는지를 경과보고 형식으로 보고 싶다면 이 책을 읽어야 한다. 혹시 작성을 주저한다면 이 책을 읽고 작성하면 된다. '사전연명의료의향서'를 작성했다면 과감히 이 책을 읽지 않을 권한을 드리고자 한다.

08 상실 수업

 눈물이 나오면 눈물의 샘이 마를 때까지 울라

책 『상실 수업』의 저자인 엘리자베스 퀴블로 로스 박
사는 1926년 7월 8일 스위스 취리히에서 세 쌍둥이
중 첫째로 태어나 2004년 8월 24일 미국에서 세상을
떠났다. 그녀는 호스피스 운동의 선구자이며 20세
기를 대표하는 정신의학자로 평생을 죽음에 대한 연
구로 일생을 바쳤다. 저자는 어떤 계기가 있어 죽음
연구에 몰두하게 되었을까? 그는 1945년 열아홉의
나이에 자원봉사로 폴란드 마이데넥 유대인 수용소를 방문했다. 거기에
는 유대인들이 죽어가면서 벽에 그린 환생을 상징하는 수많은 나비 그
림이 있었다. 박사는 그 그림을 보고 "죽음은 애벌레가 허물을 벗고 나
비가 되어 날아가는 것과 같다."고 생각하였으며, 이를 계기로 평생을 죽
음 연구에 바쳤다.

『상실 수업』
엘리자베스 퀴블로로
스 지음/ 김소향 옮김/
이레 2007

엘리자베스 퀴블로 로스 박사는 말기 환자 500여 명을 인터뷰하며 써낸 『죽음과 죽어감 On Death and Dying』과 죽음 직전의 사람들로부터 듣게 된 '인생에서 꼭 배워야 할 것들'을 정리하여 쓴 『인생 수업』의 저자다.

『상실 수업』의 책 소개 글을 보면 『인생 수업』이 죽음을 앞 둔 사람들로부터 받은 메시지이자, 죽음 앞에서 삶의 열정을 제시하는 책이라면 『상실 수업』은 남겨질 사람들에게 전하는 메시지이자, 죽음 뒤에 더더욱 타오르게 될 삶의 열정을 불러일으키는 책이라 설명했다. 죽음 앞에 다양한 관계인이 있다. 죽어 가는 사람, 가족, 지인들, 병원 관계자 등이 대표적이다. 오늘의 책은 그중에서 죽어가는 사람이 남겨진 사람에게 하고 싶은 말을 모았다고 한다. 그 말은 무엇일까? 그 내용을 나의 관점에서 요약해 보았다.

1. 상실 예감은 우리에게 끝의 시작이다. 상실 예감은 앞으로 마주해야 할 고통스런 과정의 전주곡이며, 궁극적으로 치유되어야 할 슬픔이다. 이 슬픔은 감당하지 못할 정도는 아니다. 신은 우리에게 감당할 만큼만 고통을 준다.

2. 슬픔은 부정, 분노, 타협, 절망, 수용의 다섯 단계로 진행된다. 그 첫 단계인 부정에서는 우리가 상실에서 헤어 나오지 못하도록 만든다. 삶이 이치에 맞지 않아 보이게도 한다. 이때는 슬픔에게 자리를 내주고 슬퍼해도 된다.

3. 눈물이 나오면 눈물의 샘이 마를 때까지 울라. 정작 피해야만 하는 일은 쏟아 내야 할 눈물이 충분히 빠져 나오기 전에 울음을 억지로 멈추는 것이다. 30분 동안 울어야 할 울음을 20분 만에 그치지 말라. 눈물이 전부 빠져 나오면 스스로 멈출 것이다.

4. 떠날 사람은 떠났다. 남겨진 사람은 또 살아야 한다. 삶 속에서 우리는 많은 역할을 맡는다. 사랑하는 이가 죽을 때 그들이 맡았던 모든 역할들은 그대로 남겨진다. 슬픔을 치유하고 그 역할을 하면 된다.

5. 사랑하는 이가 죽으면 '사랑해 줄 수 있을 만큼 그를 사랑하지 않았기 때문에 벌을 받았다'고 생각한다. 실로 중요한 것은 사랑하는 이가 사후 세계에 존재한다는 사실이고, 남겨진 이가 그 때문에 위로를 받는다는 사실이다. 그러니 사랑을 위해 더 사랑했어야 한다는 권리를 내려놓아도 된다.

6. 애도의 시간이 지나면, 이제 당신에겐 오로지 당신 자신만을 들여다보는 시간이 필요하다. 돌아가서 자신과 접촉하고, 스스로 어떤 감정 상태에 빠져 있는지 눈여겨볼 일이다. 몸의 속도를 늦추고, 오직 몸이 해달라는 대로 다 들어주라.

7. 그와 관련된 기념일이 돌아올 때마다, 그동안 네가 힘들여 꾹꾹 눌러두었던 슬픔은 여지없이 또 분출된다. 슬픔은 시작과 끝이 있는 프로젝

트가 아니다. 하지만 상실을 위한 공간과, 상실을 이겨내고 그것과 함께 살아야 할 방법을 찾아야 한다.

8. 슬픔은 밖으로 표현되어야 한다. 고통과 슬픔은 오직 표현할 때만이 충분히 실감할 수 있다. 떠나간 이에게 편지를 써도 된다. 당신이 얼마나 한심하게 지내고 있으며, 얼마나 독하게 잘 참아내고 있는지를, 그리고 단 하루도 당신을 잊은 적 없다는 고백을 쏟아 보라. 가능한 상실의 밑바닥까지 발을 디뎌보라.

9. 상실의 순간은 지난날 했으면 좋았지만 하지 못한 후회가 물밀 듯 차고 들어온다. 또 정신과 마음이 주위의 세상을 쫓아 갈 수 있는 시간을 주지 않는다. 그러니 너무 견디기 어려운 사건 앞에 나를 세우지 말라. 또 신의 이해를 구하기 위해 애쓰지 않아도 된다.

10. 당신이 살아가면서 무언가 잃어갈 것들에 대해 정녕 두려운가? 하지만 우리네 삶은 끊임없이 무언가를 잃어가는 반복 속에, 결국 완성되는 것이다. 그러니 상실이란 '모두 끝났다'의 의미가 아니라 '아직도 계속되고 있다'의 증거가 된다. 어쩌면 '상실'은 가장 큰 인생 수업이라 할 수 있다.

이중에서도 가장 와 닿는 내용은 바로 '눈물이 나오면 눈물의 샘이 마를 때까지 울라'는 부분이다. 사실 눈물은 가장 기초적인 감정의 표현이다. 슬픔을 드러내는 방법이고, 흘린 눈물만큼 치유의 효과도 있다. 그런데 우리는 눈물은 참아야 하는 것, 눈물이 나오면 이내 멈추어야 하는 것으로 생각한다. 『상실 수업』의 역자인 김소향은 이 책의 말미에 옮긴이의 말에서 "이 세상이 하나의 학교라면, 상실과 이별은 그 학교의 주요 과목이다. 삶이 곧 상실이고 상실이 곧 삶이다. 많은 사람들은 이것을 이해하지 못한 채 평생 상실과 싸우고 그것을 거부한다. 상실 없이는 삶은 변화할 수 없고, 우리도 성장할 수 없다."고 말한다. 상실을 수업처럼 배워야 한다면, 죽어가는 사람이 남겨진 자들에게 무엇을 말하고자 하는지 궁금하다면, 그렇게 알게 된 내용을 이해하고 실천하고 싶다면 『상실 수업』 책을 읽어 보자.

09 죽어가는 자의 고독

고독한 죽음을 피할 수는 없을까?

나이 들어간다는 말은 죽음과의 경계가 점점 더 가까워진다는 의미다. 나이 들어 죽음이 바짝 다가선다는 느낌은 주변의 익숙한 환경들로부터 점점 멀어지는 과정이다. 그만큼 상실감이 크다. 아툴 가완디 Atul Gawande 교수는 책 『어떻게 죽을 것인가』에서 "아주 나이가 많은 사람들이 두려워하는 것은 죽음이 아니라, 죽음에 이르기 전에 일어나는 일들, 다시 말해 청력, 기억력, 친구들, 그리고 지금까지 살아왔던 생활 방식을 잃는 것을 두려워한다. 필립 로스 Philip Roth는 소설 『에브리맨 Everyman』에서 '나이가 드는 것은 투쟁이 아니다. 대학살이다'(Old age isn't a battle, old age is a massacre)이라고 더 비통하게 표현했다."고 적었다. 나이 드는 것이 대학살이라니 이것은 가히 노년을 바라보는 충격적 실체다. 나는 대학살 당하지 않을 수 있을까? 피해 갈 수 없는 학살의 현장에서 쪼그라드는 마음을 지켜보는 것은 견디기 어려운 죽

『죽어가는 자의 고독』
노르베르트 엘리아스 지음/ 김수정 옮김/
문학동네 1998

음의 과정이다. 이것이 어떻게 죽을 것인가의 명제를 미리 들여다보아야하는 이유다. 그리고 죽음을 배워야 하고 준비해야 하는 이유다. 그런데우리는 죽음을 멀리 두고, 삶에서 배제한 채 살아가도록 구조화된 사회속에서 살고 있다. 그럼 현대사회는 삶으로부터 죽음을 어떻게 배제하게 되었는가? 삶으로부터 배제된 죽음은 어떤 결과를 초래할까?

『죽어가는 자의 고독』의 저자 노르베르트 엘리아스는 죽음에 대한 태도와 관념을 '문명화 과정'의 산물로 본다. 문명화 과정이 죽음을 위생적으로 신속하게 삶에서 배제해 버렸다는 것이다. 삶으로부터 배제된 죽음은 사람들을 외롭게 죽어갈 수 밖에 없도록 만든다. 그렇게 『죽어가는자의 고독』은 현대인의 죽음을 분석한다. 그럼 우리가 살펴보아야 할 죽음의 두 가지 과제가 설정되었다. 과거의 죽음과 오늘날의 죽음은 어떻게 다른가? 또 현대의 삶은 어떻게 하여 죽음을 배제하게 되었는가?

먼저 전자의 과제에 대해 책은 "중세시기는 죽음, 묘지, 죽은 사람에게 벌어지는 일에 대해 세세하게 언급했고, 이와 같은 것들은 엄격한 사회적 검열의 대상이 아니었다. 썩어가는 시체에 대한 묘사가 흔하게 나타났다. 그리고 모든 사람이 알고 있었기에 그 장면은 사회적으로 자유롭게 말해졌다. 오늘날, 역사상 그 어느 때보다도 죽음은 사회생활의 배후로 밀려났고 위생적으로 제거되었다. 역사상 어떤 선례도 찾아볼 수 없을 정도로 시체는 악취 없이 신속하게, 죽음의 병상에서 무덤으로 너무도 완벽하게 기술적으로 처리되기에 이르렀다. 죽음의 장면이나 시체는 이제 흔하게 볼 수 없는 것이 되었다. 정상적인 삶의 도정에 있다면 죽음을 망각하고 살기 쉽다. 때로 사람들은 죽음이 '배제되었다'고 말한다."고 기술했다.

그럼 '현대의 삶은 어떻게 하여 죽음을 배제하게 되었는가?'라는 질문에 대해서는 어떻게 기술되었을까? 이 부분은 현대 사회의 특수성과 관련하여 책의 내용에 나의 생각을 얹어 함께 기술해 둔다.

첫째, 우리는 100세 시대를 산다. 그러니 나의 수명으로 볼 때 어쨌든 100살까지 산다면 오늘은 죽지 않는다고 생각한다. 우리 사회에서 20대나 30대에 죽는다는 것은 생각하기 어려운 일이다.
둘째, 매우 위중한 상황의 질병이 있더라도 현대의학의 기술에 대단한 희망을 건다. 확률이라는 개념이 있어 나는 살아남을 것이라는 기대도 한다. '다른 사람은 죽는다, 그러나 나는 안 죽는다'라고 생각하기도 한다. 또 의학과 보험에 의해 죽음을 연기시키려는 시도와 이것이 성공할지도 모른다는 희망으로 뒤덮여 있기도 하다.

셋째, 우리는 전쟁, 폭력, 기근, 전염병, 사고, 범죄로 죽는 상황을 상정하기 어려운 환경에 살고 있다. 그만큼 사회가 안전하다는 믿음이 있다. 그러니 죽음은 돌발 변수가 아니다.

넷째, 개인화된 사회의 특수성이 작동한다. 현대사회에서 사람들은 대개 자신을 기본적으로 독립된 개별 존재, 창문 없는 단자, 고립된 '주체'로 간주한다. 이 경우 다른 모든 사람들을 포함한 전체 세계는 '외부 세계'에 위치한다. 사람들의 '내부 세계'는 이 '외부 세계'와 단절되어 있고, 마치 보이지 않는 벽에 의해 타인들로부터 격리되어 있는 것과 같다. 엘리아스는 이를 '갇혀있는 인간 Homo Clausus'이라고 부른다. 의미 없는 개인의 삶은 죽음조차도 의미 없을 것이라 여긴다.

이제 엘리아스의 주장을 다시 정리해보자.

① 현대 사회에서 나이 들고 허약해진 사람은 사회로부터, 나아가 자신의 가족과 친지로부터 더욱 격리된다. 격리는 사회와 국가가 보호해준다는 명분이 크게 작용한다.

② 건강을 보살펴 주는 의사와 간호사가 있다는 것은 좋은 일이다. 그러나 그것 때문에 노인들은 정상적인 삶으로부터 격리되고 낯선 사람들과 같이 살아야 한다. 그것은 개인에게 고독한 일이다.

③ 이 모든 것들로 인해 그 어느 때보다 강력하게, 죽어가는 것과 죽음이 산 자의 시선 밖으로, 정상적인 삶의 배후로 밀려나는 사태가 발생한다. 오늘날처럼 조용하게, 위생적으로, 고독감을 조장하는 사회적 여건 속에서 죽게 되는 건 역사상 유례없는 일이다.

④ 위생과 치료의 효율성을 강조하면서 임종을 앞둔 사람으로부터 가족도 격리한다. 이것은 죽음을 매우 합리적으로 처리하는 것처럼 보인다.

이상의 내용은 우리에게 마지막 질문을 던져준다. 그럼 죽어가는 자의 고독은 어떻게 해야 하는가?

우리가 삶과 죽음에서 인간다움을 달성하는 방향으로 나아간다는 보장은 없다. 오히려 반대 방향으로 가고 있는지도 모른다. 엘리아스는 "지구상 많은 필멸의 피조물 중에서 죽음이 문제가 되는 것은 인간 존재뿐이다. 왜냐하면 인간만이 자신이 죽을 것이라는 것을 알기 때문이다. 인간만이 죽음에 대한 지식을 가지고 있다는 점이다."라고 말한다. 그런데 우리는 현대사회의 특수성 때문에 삶과 죽음을 분리한 세계에 살고 있다. 그러니 죽어가는 자는 누구나 고독하다. 다시 한 번 더 묻는다. 우리는 어떻게 고독하지 않은 죽음을 맞이할 수 있을까? 책『죽어가는 자의 고독』은 어떻게 해야 한다는 답을 제시하지 않고 책이 마무리된다. 당신은 죽을 때 고독할 수밖에 없다고 말한 게 전부다. 죽어가면서 고독하지 않을 방법을 찾는 것은 순전히 당신의 몫이다.

10 │ 마지막 선물

죽음을 선물이라고 하는 이유는 무엇인가?

니코스 카잔차키스 Nikos Kazantzakis의 소설 『그리스인 조르바』에 이런 내용이 나온다. "어느 날 내가 작은 마을을 지나고 있었어요. 아흔 살 먹은 고루한 영감탱이 하나가 아몬드 나무를 심고 있습디다. '저기요, 할아버지,' 내가 물었죠. '정말로 아몬드 나무를 심고 계신 건가요?' 그러자 허리가 땅속으로 기어들어 갈 것 같은 그 영감탱이가 돌아서서 나를 보고 이렇게 말하는 겁니다. '젊은이, 난 영원히 죽지 않을 것처럼 행동한다네.' 그래서 내가 이렇게 대꾸했죠. '전 언제 죽을지 모르는 사람처럼 살고 있는 걸요.' 보스양반, 이 두 사람 중 누구 말이 더 맞을까요?"(민음사, 2018, 70쪽) 아마 영감님은 죽음을 예비해 두었기 때문에 영원히 살 것처럼 행동하였는지도 모른다. 그것이 현재의 삶에 충실한 방법임을 알고 있

『마지막 선물』
오진탁 지음/
세종서적 2007

기 때문이다. 젊은이는 언제든 죽을 수 있기 때문에 오늘을 열심히 살자고 다짐해 둔지도 모른다. 그렇다면 누구의 말이 맞을지 모르나, 죽음을 예비해 두었다는 점은 같다. 우리도 지금 죽음을 예비하지 않는 방식으로 살고 있다면 언제 죽을지 모른다는 명제를 떠올려 보는 것은 어떨까?

내가 이 '죽음'에서 소개할 마지막 책은 바로 한림대 철학과 교수이자, 생사학 연구소 오진탁 소장이 쓴 『마지막 선물』이다. 저자는 이 책이 죽음을 생각하고, 죽음을 이야기하는 책이지만, 궁극적으로 삶에 대해 말하고 있다고 했다. 먼저 오진탁 교수가 말하고자 하는 '죽음을 성찰해야 하는 이유'를 질문으로 던져본다. 가족이 평소에 죽음을 깊이 생각하지 않았고, 죽음을 대화로 나누지 않았다면, 가족 중 누군가 죽음을 코앞에 두었을 때 무슨 말을 할 수 있을까? '건강한 삶', '건강하지 못한 삶'이란 말이 있듯이 죽음에도 '건강한 죽음'과 '건강하지 못한 죽음', '행복한 죽음'과 '행복하지 못한 죽음'이 있는데, 왜 우리는 '건강한 죽음'과 '행복한 죽음'에 대해 묻지 않을까? 죽음이란 삶의 마지막을 완성시켜 주는 최고의 기회인 셈이다. 그래서 지혜로운 성인들은 행복한 죽음을 우리 인생에 주어지는 가장 커다란 선물이라고 말했다. 그만큼 죽음이 삶만큼이나 중요한 인생의 단계임에도 왜 우리는 죽음의 방식을 묻지 않을까? 죽는 시간은 마음대로 선택할 수 없지만, 죽음이 갑자기 찾아 올 때, 어떤 태도로 임하느냐, 어떤 식으로 죽을 것인가는 자신이 정할 수 있다. 죽음을 인생의 도전이자 자극으로 즐기면서 당당하게 맞이하는 것은 누구나 가능한데 사람들은 그런 노력을 왜 하지 않을까?

죽음에 임할 경우, 도대체 무엇 때문에 대다수 사람들은 더 초라해지고 어떤 사람은 한층 성숙해지는 걸까? 이러한 질문 속에 오진탁은 우리 사회가 갖고 있는 죽음에 대한 거부감, 죽음에 대한 오해, 왜곡된 죽음의 정의, 육체 중심의 인간 이해가 자리 잡고 있다고 했다. 그는 "우리 삶은 죽음에 의해 마감되므로, 웰빙은 웰다잉에 의해 완성됩니다. 잘 죽지 못한 삶은 결코 웰빙일 수 없습니다."라고 주장한다. 그럼 잘 죽는다는 것은 무엇인가? 잘 죽기 위해 잘 산다는 것은 무엇인가? 오진탁 교수는 이에 대해 다음과 같이 답한다. "'어떻게 살 것인가?' 하는 물음은 세속적인 성공이나 출세 등을 모색하는 '삶의 양'(Quantity Of Life)과 관계되는 질문이다. 반면에 '어떻게 죽을 것인가?'하는 물음은 삶과 죽음의 의미, 영혼, 가치, 삶의 보람, 죽음 방식의 중요성을 의미하는 '삶의 질'(Quality Of Life)과 '죽음의 질'(Quality Of Death)에 관계된 질문이다." 웰다잉을 염두에 둔다면 삶의 양이 아니라 삶의 질을 우선하는 삶이 웰빙임을 명확하게 표현한 것이다.

그럼 죽음은 끝인가? 저자는 죽음은 끝이 아닌 근거를 모두 다섯 가지 들었다.

첫 번째 근거는 호스피스 봉사자의 증언이다. 병동에서 임종 2~3일을 앞둔 환자는 대화하던 중에도 갑자기 허공 쪽으로 시선을 돌린다고 한다. 호스피스 봉사자가 왜 그러느냐고 물으면 "누가 와 있다.", "누구를 보았다."고 말한다는 것이다. 이미 죽은 사람과 말했다고 하는 이도 있다고 한다. 오진탁 교수는 이 부분에 대해 장갑을 끼었다 벗으려면 손이 빠지는데 조금 시간이 걸리는 것처럼, 우리 몸에서 영혼이 빠져나갈 때는 대개 2~3일 또는 수 시간이 소요된다. 그때 잠깐씩 양쪽 세계를 다 보게 되는 것 같다고 적었다.

두 번째 근거는 임사체험자의 증언이다. 임사체험자는 육신으로부터 영혼이 벗어나 자기의 육신을 허공에서 내려다보는데, 이들의 의식은 분명하고 생생하게 깨어 있는 반면에 자기가 죽었다는 의사의 판정을 직접 듣기도 한다는 것이다.

세 번째 근거는 종교의 가르침이다. 기독교에 있어 죽음이란 다시 되돌릴 수 없는 종말이 아니라 새 생명의 시작이다. 예수 그리스도도 십자가에 매인 채 죽임을 당했지만 부활했다는 점을 예로 들었다. 또 테레사 수녀에게 죽음이란 고향으로 하느님을 찾아가는 것이라고 설명했다.

네 번째 근거는 빙의다. 빙의란 어떤 영혼이 사람에게 침투해 그 사람에게 자신의 의지와는 상관없이 영향을 끼치는 상태를 말한다. 육신을 잃은 영혼이 갈 곳을 찾지 못하고 떠돌다가 머물기에 적당한 사람이나 장소를 만나면 그곳에 숨게 된다. 우리 주변에서 빙의와 관련한 체험은 많이 있다.

다섯 번째 근거는 티베트의 바르도 가르침이다. 바르도란 하나의 상황의 완성과 다른 상황의 시작 사이에 걸쳐 있는 '과도기'를 의미한다. 티베트인들은 바르도를 4단계로 나눈다. 삶, 죽어가는 과정, 죽음 이후, 환생이 그것이다.

오진탁 교수는 죽음의 반응을 절망과 두려움, 부정, 분노, 슬픔, 삶의 마무리, 수용, 희망, 여유와 웃음, 밝은 죽음 등 9가지로 나누었다. 이제 마지막으로 나는 어떻게 죽을 것 같은가라는 질문을 해 본다. 오진탁 교수는 죽음 문화가 없는 사회는 불행하다고 했다. 그는 죽음 준비는 평소에 해야 한다며 다음의 것들을 주문했다. 웰다잉 독서를 통해 올바른 죽음관을 가져라. 웰다잉 도우미들과 함께 죽음을 이야기 하자. 웰다잉 교육에 참여하여 생산적인 토론으로 죽음을 이해하자. 존엄한 죽음을 맞이하기 위한 선언서를 작성하자. 사전연명의료의향서를 작성하자. 호스피스를 적극적으로 활용하자. 이상의 죽음 준비 중 내가 참여하고 실천한 것은 무엇인지를 되돌아보자. 저자는 '죽음은 끝이냐 아니냐는 문제는 설명이나 설득의 문제가 아니라 많은 시간을 두고 스스로 사색하고 노력해서 얻어야 할 결론이다'고 하였다. 맞는 말이다. 누가 죽음을 단정하여 설명할 수 있겠는가? 설득한다고 될 일이 아니다. 강요해서도 안 된다. 그렇다고 죽음을 매일 매시간 염두에 두거나 생각하며 살 수도 없다. 죽음도 삶의 한 과정이니 있을 수 있는 일들을 살펴보고 대비해야 하는 것이 있으면 미리 준비하자는 뜻이다. 미리 준비해 두면 이제 현실로 돌아와 오늘을 열심히 살자고 제안하려 한다. 열심히 사는 삶에 삶의 양이 아니라 삶의 질을 염두에 두고 살자. 그래야 웰다잉 할 수 있다. 나는 여러분께 두 가지 실천 사항을 제시하고 싶다. '나의 웰다잉 선언서'와 '사전연명의료의향서'를 반드시 작성하자는 것이 그것이다. 이것만 작성한다면, 그 과정에서 배우고 또 웰다잉을 위해 어떻게 웰빙해야 하는지를 알 수 있다.

06 인생
독서노트 10선

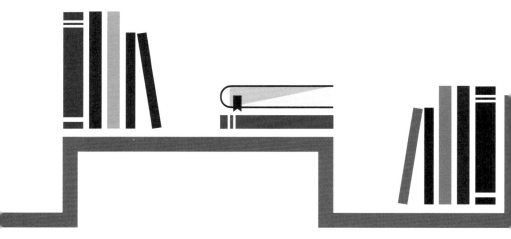

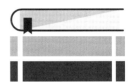

01 인생의 재발견

📝 인생! 나이 드는 것은 저절로 되지만,
행복하게 나이 드는 것은 끊임없이 노력해 배워야 한다

『인생의 재발견』의 저자 하르트무트 라데볼트, 힐데가르트 라데볼트는
1964년 결혼한 부부다. 그중 하르트무트 라데볼트는 1935년 베를린에
서 태어나, 1967년부터 3년간 독일 최초의 노인병원에서 환자들을 상담
하고 진료했으며 이를 계기로 이후 40년 동안 노인의 발달과정, 심리 치
료 및 분석, 심신상관학을 연구한 정신과 전문의이다. 그래서인지 이 책
은 하르트무트의 40년 연구의 결실로 나이든 부모와 더불어 자신들의
노화로 인해 일상에서 벌어진 다양한 변화들을 기록한, 〈부부의 생활지
침서〉라고 소개되어 있다.

그럼 우리는 지금 그렇게 하고 있지 않다는 의미인가? 만일 그렇다면 행
복한 노년은 나이 든다고 그저 주어진 것이 아니라 배워야 할 무엇이 있
다는 얘기로 들린다. 이 부분에 있어 『인생의 재발견』은 우리가 노년을
어떻게 보고 인식하는지를 매우 구체적으로 설명하고 있다. 그 내용을

네 개의 질문으로 풀어 본다. 이렇게 정리하는 이유는 명확하다. 노년에 대한 인식을 바꿔야 새로운 노년을 설정할 수 있어서다.

『인생의 재발견』
하르트무트 라데볼트,
힐데가르트 라데볼트
지음/ 박상은 옮김/
알에이치코리아 2012

첫째, 노인하면 떠오르는 이미지는 무엇인가? 노년 문제에 관심 있는 중년 남녀로 구성된 토론에서 60대 이상 노인들의 특징을 까다로운, 불안한, 느린, 건망증이 심한, 고독한, 소심한, 상처 받기 쉬움, 허약함, 민감함, 과거에 집착하는 삶, 이해력 저하, 변화에 대한 두려움, 자율성 상실에 대한 두려움, 죽음에 대한 두려움을 예로 들었다. 결국 노년 하면 떠오르는 전형적인 이미지는 그리 바람직한 것들이 아니다.

둘째, 2003년 봄 독일에서 14세 이상 2,000명을 대상으로 한 설문조사에서, "어떤 상태를 늙었다고 생각하는가?"라고 물었고, 그 대답은

① 고집스럽고 융통성이 없어지면(25%)

② 돌봄을 받아야 하는 경우가 되면(18%)

③ 스스로 쓸모 없는 존재라는 느낌이 들면(15%)

④ 늘 과거에 집착하면(12%)

⑤ 건망증이 심해지면(7%)늙었다고 여긴다는 것이다. 여기서도 노인은 매우 부정적 모습으로 인식함을 알 수 있다.

셋째, 나이 들어가면서 각자가 전개하는 행동양식은 어떤 것이 있을까?

① "나는 전혀 나이를 못 느끼겠어. 지금까지 살아왔던 대로 그냥 살 거야!"

② "때가 되면 어떻게든 되겠지."

③ "노화는 안티에이징으로 막으면 돼. 아직 당분간은 노화에 대처할 수 있어. 여차하면 성형수술의 도움을 받아서라도!"

④ "나는 조깅도 하고 헬스클럽에도 다녀. 건강 상태도 양호하고 술도 별로 마시지 않아. 그 밖에 또 뭘 해야 한단 말이지?"

⑤ "내가 왜 하고 싶은 걸 억눌러야 하지? 그깟 몇 년 더 살려고?"

⑥ "나중에 몸을 가누기 힘들어지면 양로원에 들어가겠지. 그 중간에 어떻게 살지는 상상이 잘 안돼!"

⑦ "평생 가정을 지켰어. 이제 가족이 나를 돌볼 차례야!"

⑧ "내가 왜 정기적으로 병원에 가야 해? 난 약골이 아니야!"

이 내용들은 나이 들어가면 어떻게 되겠지 하는 태도로 대단히 막연하다.

넷째, 동화에서 다뤄진 부정적 노인의 모습은 어떤 것이 있을까?

『헨젤과 그레텔』에 나오는 친절한 척 하는 나쁜 마녀 할머니, 그림형제의 『늙은 할아버지와 손자』에 나오는 허약하고 노쇠한 할아버지, 『신데렐라』에 나오는 독한 계모, 『백설공주』에 나오는 사과 할머니 등이 있다. 동화 속 노인들은 위험하고 잔인하고 힘이 세든가, 노쇠해서 도움이 필요하든가 한다. 할머니는 극악하고 독한 마녀일 수도 있다. 반면에 사랑이 많고 도움을 줄 수 있는 착한 모습일 수도 있다.

이 책이 전하고자 하는 주제는 이렇게 부정적으로 인식하는 노년과 노화를 나의 전성기로 만들고, 행복한 시간으로 채워 가는 방법에 대한 지침을 제공하는데 있다. 그럼 나이 들어가는 자기 자신을 어떻게 마주해야 할까? 하르트무트 라데볼트는 인생은 중반기까지 정신적, 신체적,

사회적으로 발달하며 이후에는 쇠퇴한다고 하는 지배적인 견해에 반대한다. 사람은 일생 동안 발달한다. 예전에는 관계나 직업 등 행동에서 어떤 쓸모 있는 변화를 발달이라고 했다면 오늘날은 노년과 고령기에 각각의 분야, 시점, 과정을 결산하기 위해 계속 진행되고 전개되는 라인이나 장도 발달이라고 본다. 저자는 이 부분에 있어 미국의 발달 심리학자인 에릭슨 Erik Homburger Erikson의 인성의 점진적 발달이론 8단계를 활용하여 설명한다. 이 이론에 따르면 노년기는 앞선 단계를 잘 이행하고 진행되는 또 다른 단계로 여전히 발달과정에 속한다. 물론 앞선 과제가 해결되지 않고 남아 있으면 여러 후유증을 동반할 수 있다. 하르트무트 라데볼트는 오늘날 노화는 과거 20~30년 전과 다르다고 주장했다. 그 예로 훨씬 더 건강하고, 수입이 더 많고, 교육수준이 높고, 부부만 사는 기간이 대폭 늘어났다는 점, 배우자 사망 후 혼자 사는 기간이 길다는 점을 말했다. 그러면서 발달과정, 생활방식, 건강에 대한 태도, 질병의 상태 등에 따라 노화의 여러 모습이 존재하기 때문에 다채롭고, 바람직한 노후 생활이 가능하지만, 이를 제대로 준비하지 못한 실패한 노년도 있을 수 있고, 비록 성공적 노화의 형식을 찾아냈다 하더라도 그런 삶이 지속되리라는 보장은 없다고 피력했다. 하르트무트 라데볼트는 성공적인 노화와 만족스러운 노후를 보내려면 다음의 단계를 거치는 것이 필요하다고 말한다.

1. 의식적으로 시간을 내어 발달과제를 설정하기
2. 노화에 대한 인식, 노인들에 대한 개인적인 경험, 주변 노인들을 통해 주어진 노년 모델을 확인하기

3. 인간관계와 생활 형편, 주변 환경을 고려하여 자신과 배우자의
   현재 상황을 분명히 하기
4. 설정한 발달과제를 확인하고 과제에 적극 착수하기
5. 계속되는 요구와 필수적인 변화에 반응하기 등이다. 또 만족스러운
노년 생활을 위해서는 개인적으로 자신만의 목표를 정하는 것이 중요
하고 필수적인데, 이와 관련하여 가능하면 오랫동안 자립적으로 살기,
자신의 상황과 인간관계를 가능하면 만족스럽게 형상화하기, 필요한 경
우 도움을 청하고 받아들이기 등을 제안하고 있다. 이를 위해 우선 광범
위한 현재의 상태를 확인해야 한다. 부부 사이, 건강 상태, 재정 상태,
거주하는 집, 사회 지인들과의 관계, 특별한 관심사 등이 그것이다.

결론은 명확하다. 길어진 인생에서 노년이란 우리에게 새롭게 주어진
전성기가 될 수 있다. 다만 그저 만들어지는 것은 아니다. 나이 듦이 두
려움이거나, 어떻게 해야 할지 모른다면, 이 책이 그 방법을 제시하고
있다. 이 책 속에서 왜 제대로 나이 들어가기 위해 공부가 필요한지 깨닫
고 자신만의 실천 방안을 만들어 실행하였으면 한다.

02 내가 알고 있는 걸 당신도 알게 된다면

 인생! 하지 않은 일에 대한 후회는 죽을 때까지 이어진다

인생을 한 번 더 살 수 있다면 두 번째 삶은 처음보다는 잘 살 수 있을까? 이 질문 속에는 지나온 삶에 대한 후회가 반영되어 있다. 두 번 살지 않는 우리네 인생, 한 번뿐인 인생을 잘 살기 위해 가끔은 어떻게 살아야 잘 사는 것인지 누군가에게 미리 물어 보고 싶을 때가 있다. 그래서 이 책『내가 알고 있는 걸 당신도 알게 된다면』을 소개하고자 한다.

『내가 알고 있는 걸 당신도 알게 된다면』 칼 필레머 지음/ 박여진 옮김/ 토네이도 2012

저자인 칼 필레머 교수는 '인생의 성공과 행복에 관한 수많은 책들과 강연의 홍수 속에 살아가면서도, 왜 우리는 여전히 불행한가?'라는 의문에 답을 얻기 위해 2006년 '코넬대학교 인류 유산 프로젝트 Cornell Legacy Project' 연구를 시작했다. 교수는 5년에 걸쳐 1,000명이 넘는 70세 이상의 각계각층 사람들을 대상으로 진행된 이

프로젝트의 내용을 이 책에 담았다. 100년 가까이 산 인생의 현자이자, 인생의 산 증인인 그들의 8만 년의 삶, 5만 년의 직장 생활, 3만 년의 결혼생활을 반영하고 있고, '훌륭한 삶'에 대한 조건과 방법들을 가공되지 않은 날것의 형태로 들려주는 해당 책의 내용을, 나는 오직 인류 유산 프로젝트를 따라 그 결과를 함께 공유하고자 한다.

먼저 인류 유산 프로젝트가 실효성을 가지려면 [노인은 현자인가]라는 질문에서 시작해야 한다. 책은 현자인 이유를 다음과 같이 설명하고 있다.

① 노인들은 다른 연령대 사람들에게 없는 지혜의 원천을 가지고 있다.

② 이 시대의 노인들은 현대를 살아가는 대부분의 젊은 사람들은 상상도 하기 힘든 경험을 했다. 병, 실패, 억압, 상실, 위험 등 갖가지 힘든 산을 넘어왔다.

③ 노인들의 조언은 현대의 틀에 박힌 지침-바람직한 삶에 대한 일정한 상을 규정해놓고 보편적인 가치를 강조하면서 삶의 기술들을 제시하는 것-을 뒤집고 새로운 해법을 제시한다.

④ 시간을 대하는 태도, 시간을 사용하는 방법 등 오늘날의 일반론과 분명 다른 부분도 있다.

두 번째는 [소중한 지혜를 얻기 위해 어떤 방법을 사용하고 어떤 질문을 할 것인가]이다.

세 번째, 이렇게 진행된 [프로젝트로부터 얻을 것으로 기대되는 주제는 무엇인가]이다. 칼 필레머 교수는 주제를 여섯 가지로 분류하고 주제별로 다섯 가지 지혜를 도출하여 '인생에서 가장 소중한 30가지 지혜'라 이름하였다.

'인생에서 가장 소중한 30가지 지혜'를 여기 소개한다.

첫 번째 주제

[잘 맞는 짝과 살아가는 행복한 결혼생활을 위한 5가지 조언 1~5]

1. 끌림보다는 공유, 비슷한 사람과 결혼하라.

2. 평생친구를 찾아라, 설렘보다 우정을 믿어라.

3. 상대의 신발을 신어보라, 결혼은 반반씩 주고받는 게 아니라, 전부를 주는 것이다.

4. 부부는 싸우기 마련이다. 갈등 상황에서도 대화를 하는 방법을 익혀라.

5. 기쁠 때나 슬플 때나 사랑하라.

두 번째 주제

[평생 하고픈 일을 찾아가는 5가지 방법 6~10]

6. 즐거움이 최고의 보상이다, 즐거움이 월급보다 훨씬 중요하다.

7. 좋아하지 않는 일이라도 포기하지 말고 계속하면서 새로운 진로를 탐색하라.

8. 나쁜 직업에서도 많은 것을 배우고 그 경험을 낭비하지 않아야 한다.

9. 직장 생활의 성공은 인간관계에 달렸다.

10. 어렵더라도 스스로 자율성과 융통성을 찾아 일하자.

세 번째 주제

[건강한 아이로 키우는 5가지 방법 11~15]

11. 바로 그 순간, 바로 그 자리에서 아이들과 더 많은 시간을 보내라.

12. 깨물면 유독 아픈 손가락, 드러내지는 마라. 절대 드러내면 안 된다.

13. 매를 아끼면 친구가 된다. 체벌은 최악의 훈육이다.

14. 무슨 수를 써서라도 관계의 균열만은 피하라.

15. 자녀와의 관계는 '평생의 관점'에서 보라.

네 번째 주제

[지는 해를 즐기는 5가지 방법 16~20]

16. 나이 먹는 것은 생각보다 괜찮은 일이다. 노년의 삶은 기회이자 모험
    이고 탐험이며, 성숙의 시간이 될 수도 있다.

17. 내 몸은 100년을 써야 할지도 모른다!
    젊을 때 100년 쓸 몸을 만들어라.

18. 살아있는 동안 죽음은 없다. 아직 오지도 않은 죽음을 미리 걱정하
    느라 불안해하며 시간을 낭비하지 마라.

19. 배우고 다가가라.

20. 미루다 늦는다. 노후의 거처를 계획해두라.

다섯 번째 주제

[후회 없는 삶을 살기 위한 5가지 방법 21~25]

21. 정직하면 당당하다. 정직이 모든 것을 지배한다. 공명정대하지 못하면 훗날 후회하며 고통스러워한다.

22. 기회가 묻거든 '네!' 하고 대답하라. '아니오' 라고 대답할 명백한 이유가 없는 한 '네' 라고 답하라.

23. 여행을 내일로 미루지 말고, 다른 일을 포기하더라도 더 많이 여행하라.

24. 배우자를 고를 때는 신중 또 신중하라.

25. 하고 싶은 말이 있다면 바로 지금 하라. 진심을 나눌 수 있는 순간은 살아 있을 때다. 너무 늦기 전에 꽃을 보내라.

여섯 번째 주제

[나머지 인생을 헤아리는 5가지 방법 26~30]

26. 삶이 아주 짧은 것처럼 살아라. 장례식에는 못 가더라도 친구는 당장 만나라.

27. 행복은 조건이 아니라 선택이다.

28. 다 괜찮다. 걱정은 그만하라. 걱정은 시간을 독살한다.

29. 오늘 하루에만 집중하라. 지구만한 행복도 순간 속에 담겨 있다.

30. 믿음을 가져라. 믿음이 있는 삶은 행복하다. 어떤 종교를 믿는지는 각자의 몫이다.

나는 특히 '인류 유산 프로젝트'에서 다섯 번째 주제 [후회 없는 삶을 살기 위한 방법』에 관심을 갖고 보았다. 후회는 크게 '한 일에 대한 후회'와 '하지 않은 일에 대한 후회'로 나뉜다. 이중 어떤 후회가 더 큰 후회로 이어질까? 문화심리학자 김정운은 『바닷가 작업실에서는 전혀 다른 시간이 흐른다』에서 "한 일에 대한 후회는 그 결과가 잘못되었더라도 그만한 가치가 있었다고 얼마든지 정당화 할 수 있다. 하지 않은 일에 대한 후회는 그 일을 했다면 일어 날 수 있는 변인이 너무 많다. 그래서 했더라면 하는 후회가 죽을 때까지 이어지기 때문에 심리적으로 너무 많은 에너지가 소요된다."고 했다. 하지 않은 일에 대한 후회는 평생을 간다. 지금 해야 할까를 고민하는 일이라면 주저함이 없이 바로 해야 한다. 칼 필레머 교수는 기회와 여행, 하고 싶은 말과 하고 싶은 행동은 머뭇거리지 말고 바로 하라고 얘기한다.

책 『내가 알고 있는 걸 당신도 알게 된다면』은 읽는 동안 여섯 가지 주제에 대해 이미 많은 부분을 익혀 실천할 수 있도록 돕는다. 이만큼 간결하게 삶의 행동 지침을 제공하는 책도 드물다. 그러니 읽을지 말지 고민된다면, 후회하지 않기 위해 주저없이 이 책을 들어 보길 바란다.

03 그들은 소리 내 울지 않는다

베이비부머, 너는 누구냐?

세월이 빠름을 본격적으로 느끼는 나이가 중년의 중턱인 50대와 노후로 진입하는 60대다. 지금 이 시기의 핵심은 바로 베이비부머 세대다. 우리나라 베이비부머는 1955~1963년생으로 모두 715만 명이며 인구의 14.3%를 차지하고 있다. 2020년 기준 나이는 57~65살로, 55년생은 드디어 노년의 나이인 65세로 접어들었다.

만일 여러분이 베이비부머라면 50년, 60년을 어떻게 헤쳐 나왔는지, 삶은 진폭 없이 평온했는지, 나의 의지로 헤쳐온 삶이었는지, 아니면 외풍에 시달린 삶이었는지, 노후 대책은 세웠는지 등 한 번 질문을 해 보자. 비록 베이비부머가 아니라 하더라도 베이비부머의 삶을 탐색해 보면 의미 있는 인생의 깊이를 경험할 수 있다.

『그들은 소리 내 울지
않는다』
송호근 지음/
이와우 2013

그런 점에서 이 책을 소개해본다. 『그들은 소리 내 울지 않는다』는 오직 베이비부머에 관한 책이다. 저자인 송호근 교수는 1956년생 경북 영주 출생으로, 그 자신이 베이비부머다. 한국의 대표적인 사회학자로 서울대 사회학과 교수이기도 하다. 저자는 이 책에서 다른 세대와는 확연히 구별되는 베이비부머들의 독특한 세대 경험을 재구성해보려 한다고 적었다.

한강에는 은빛 모래가 가득했고, 신촌은 각종 채소를 생산하는 근교 농업지였다. 얼음 파는 집이 성행하던 시절, 한강대교 밑에서 얼음을 켜 어디론가 싣고 가는 달구지 행렬, 청량리에서 원효로까지 운행되던 전차, 장작을 한껏 싣고 삐딱하게 달리는 '도락꾸', 공짜 손님을 색출하느라 눈매가 무섭던 버스 차장, 치열한 입시전쟁, 송호근 교수가 영주에서 서울로 와 본 어린 시절의 서울 모습이다. 베이비부머의 삶 속에 이런 시절이 있었음을 표현하고 있다. 급변하는 시대 변화를 겪고 오늘에 이르렀음을 표현하고 싶은 거다. 내가 『그들은 소리 내 울지 않는다』 책 속에 있는 내용을 포함하여 베이비부머의 삶을 정리해 보았는데, 아래 내용에 공감하는 세대가 베이비부머 세대다.

초가집이나 슬레이트집에서 살아본 적이 있다. 초등학교 시절 전후로 집에 전기가 들어 왔다. 제무시GMC라고 하는 차가 신작로에 다니는 것을 본 적이 있다. 한 교실에 60~70명이 공부한 적이 있다. 오전 오후반도 해 보았다. 학교 난로(톱밥, 솔방울 등 사용) 위에 도시락을 데워 먹은 적이 있다. 만화 가게나 옆집의 TV로 스포츠 중계를 본 적이 있다. TV가 잘 안 나와서 안테나를 이리저리 돌려본 적이 있다. 만차 시내버스에 매달려 '오라잇'을 외치는 여자 차장을 본 적이 있다. 한겨울 추운 밤에 연탄불의 연탄을 갈아본 적이 있다. 새마을 운동, 골목대장이 무엇인지 안다.

이 내용에 대해 특히 고향이 시골인 분들은 더 공감할 것이다. 여러분은 몇 가지나 해당되나요? 또 베이비부머는 우리나라 격동기를 온 몸으로 겪고 지금에 이르고 있다. 베이비부머의 역사적 과정을 보면 정치적으로 5·18 민주화 운동(80년), 6·29 호헌 철폐 운동(86년) 등이 있다. 교육제도는 고교 평준화(74년), 대학 입시 전면 개편(80년)이 단행되었다. 경제 사회적으로는 고속도로 개통(70년), 새마을운동(70년), 서울 지하철 개통(74년), 컬러 TV 보급시작(80년), 서울올림픽(88년), OECD 가입(96년), 한일월드컵(02년) 등이 있었고 증권시장에서는 깡통계좌 정리(90년), IMF 경제위기(97년), IT버블 붕괴(2000년), 카드사태(03년), 서브 프라임 금융위기(07년), 남유럽 재정 위기(11년)등 파란 만장한 격동의 시기를 보냈다. 베이비부머는 나무가 고요하려고 해도 바람이 그치지 않듯이(수욕정이풍부지樹欲靜而風不止) 격동의 세월을 살아왔다는 생각이 든다.

송호근 교수는 베이비부머 세대를 '가교 세대'라 칭한다. 가교 세대란 **첫째,** 베이비부머 세대가 부모 세대와 자식 세대의 모든 부양책임을 스스로 짊어지면서도 '농업 세대'와 'IT 세대' 사이에 소통의 다리를 놓았고, 농촌 공동체의 문화적 유전자가 흐르는 마지막 세대이자 유교 전통을 계승한 막내 세대임을 의미한다.

둘째, 근대와 현대 사이에 가교를 놓았다. 즉, 베이비부머는 1960년대를 근대의 끝자락이라고 한다면, 현대가 시작되는 초입인 1970년대에 이른 바 신문명의 담지자가 되었고 이후, 1980년대 '운동권 세대', 1990년대 '탐닉 세대'가 마음껏 뛰어 놀 수 있는 토대를 만들어주었다는 것이다. '근대'가 끝나는 절벽에서 '현대'로 나아갈 수 있는 교량 역할을 담당한 것이 베이비부머라고 표현했다. 가교는 제 몸으로 지나가는 모든 것을 받쳐 준다. 송호근 교수는 1970년대에 유행한 사이먼과 가펑클의 노래 '이 험한 세상의 다리가 되어(Bridge over troubled water)'가 베이비부머의 운명이었다고 적었다.

이 책에는 토목전공자 58년 개띠 김명준씨가 대리기사가 된 사연, 송호근 교수의 인생 스토리에 엮어 함께 쓴 결코 순탄치 않은 대학교수의 삶, 부모에게 의지하지 않겠다면서도 자식들에겐 다 줘야 한다는 무모한 의무감, 아파트에 미친 사회, 베이비부머의 자산과 노후대책, 일찍 끝나는 직장 생활과 긴 노후에 대해 적고 있다. 또 베이비부머들이 연평균 7%의 고성장 시대에 요즘 대학생들에겐 필수 경력인 화려한 스펙 쌓기는 생각도 못하고, 다만 뭔가 할 수 있다는 의욕과 무모한 도전이 필수 항목이었던 청장년 시절을 보냈다고 썼다. 격변하는 사회에 적응하지 못하고 어느덧 50대로 접어들어 잘 준비되지 못한 채 긴 노후를 바라보는 슬픈 세대를 읊조리고 있다. 오죽하면 제목을 '그들은 소리 내 울지 않는다'고 지었을까! 나는 베이비부머 이상의 세대가 '자신을 잊고, 자신을 돌보지 않고, 오직 인생의 가속 페달만 밟은 세대'란 생각이 든다. 또 '온 몸으로 거친 풍파를 헤쳐 온 세대'라 부르고 싶다. 이 부분에서 모든 세대가 그렇지 않은 적이 있었느냐고 얘기하시는 분이 있을 것이다. 그러나 곤궁과 고난이 일정 시기를 지배한 것이 아니라, '몇 백 년 동안 겪을 일들을 몇 십 년에 걸쳐 헤쳐온, 시대의 압축이 베이비부머의 숙명이었기 때문이다.

송호근 교수는 "인생주기 중 여말선초(麗末鮮初)로 부르는 50대 초중반의 연령 지대에 이르자 '제2의 사춘기'가 다가왔다. 반면에 청춘의 욕망을 접어야 하는 체념의 고통에 직면했다. 명퇴와 은퇴, 해고와 실직이 겹치면서 정체성 혼란의 쓰나미는 거의 감당할 수 없고 적어도 한두 번은 거의 바닥까지 내려앉는 '혼절의 시기'를 거친다. 나는 이 시기를 거치면서 '너는 누구냐', '난 뭐지?', '이 사회에 도움이 되는 학문을 하고 있는가?', 느닷없는 공격이 엄습했다."고 썼다. 그럼 자신의 삶이 없는 인고의 시간을 헤쳐온 베이비부머 이상의 세대는 지금부터 인생을 어떻게 살아야 할까? 그동안 자신을 잊고, 자신을 돌보지 않고, 가속 페달을 밟았다면 이제부터 삶을 온전히 느끼고 체험하는 시간으로 채워야 한다. 그 동안 바쁘다는 핑계로 미루기만 했던 일은 없는지, 좋아한 일이 있었는데 시작해 보지 못한 것은 무엇인지, 도전해 보고 싶었는데 두렵고 겁이 나서 주저 했던 것은 무엇인지, 다음에 할 것이라 생각하며 아껴 두었던 일은 없는지를 살펴보아야 한다. 그것들부터 시작해 본다면 우리의 삶이 더욱 의미 있게 느껴지는 인생이 될 것이라 확신한다. 그래서 베이비부머인 여러분들이 자신의 삶을 반추해 보고자 한다면 『그들은 소리 내 울지 않는다』를 읽어 보길 권한다.

04 인생수업

인생! 이럴 줄 알았으면 공부 좀 할걸

『인생수업』
법륜스님 지음/
휴 2013

법륜스님은 현대인들이 일상생활에서 겪는 다양한 사회문제를 '즉문즉설' 하는 것으로 유명하다. 이번에 소개할 『인생수업』도 행복, 생로병사, 이별, 인연, 인생후반전, 잘 나이 드는 방법 등 스님의 즉문즉설의 내용을 담았다. 이 책을 선택한 이유 중 하나는 내용 중 "잘 물든 단풍은 봄꽃보다 아름답다."란 표현에 끌려서다. 아무래도 2013년 법륜스님의 희망세상 만들기 즉문즉설 강연장에서 있었던 아래 내용을 정리한 것으로 보인다.

(질문) "저는 지금 나이가 칠학년 일반입니다. 조금 부족하지만 열심히 산다고 살았습니다. 그런대로 대과 없이 살아왔다 이렇게 생각되는데,

이제 죽을 때도 기분 좋게 웃으면서 죽을 수 있는 그런 길이 없을까요?"
(법륜스님) "죽을 때 웃으면서 죽을 수 없겠느냐? 늙을 때 잘 늙으면 됩니다. 늙을 때 잘 늙어야 돼요. 낙엽이 떨어질 때 두 종류가 있어요. 잘 물들어서 예쁜 단풍이 되기도 하고, 쭈그러져서 가랑잎이 되기도 하거든요. 잎이 아름답게 물들려면 어떻게 해야 되느냐? (중략) 봄꽃은 예쁘지만 떨어지면 지저분해요. 그래서 주워 가는 사람이 없어요. 빗자루로 쓸어버리지요. 그런데 잘 물든 단풍은 떨어져도 주워가죠. 때로는 책갈피에 껴서 오래 간직하기도 하죠. 그러니 잘 물든 단풍은 봄꽃보다 예뻐요. 잘 늙으면 청춘보다 더 낫다 이런 얘기예요. 그런데 잘 늙는 게 어떤 것이냐 이게 문제입니다." 그래서 책에는 잘 늙어 가는 방법에 대해서도 정리가 되어 있다. 욕심을 내려놓아야 한다. 과로 하지 마라. 과음과식 하지 말고 건강을 관리 하라. 말 수를 줄이고 잔소리 하지 마라. 살아 있을 때 나눠 줘야 선물이다. 큰돈은 아니더라도 최소한의 대비를 해서 추한 모습을 보이지 마라 등이 이에 해당한다.

삶에 대한 내용도 즉문즉설의 형식을 빌어 정리해 본다.
(질문) "사람은 왜 살아야 합니까?"
(법륜스님) "젊을 때 많이 하는 질문입니다. 그리고 또다시 묻는 시기가 있습니다. 40대, 50대, 혹은 갱년기에 접어들어 '사는 게 뭔가, 대체 인생이란 무엇인가' 하는 회의가 들면서 다시 묻게 됩니다. (중략) 그런데 이런 질문에는 답이 나올 수가 없습니다. 내가 태어나고 싶어서 태어난 게 아니라 이미 태어나 살고 있습니다. 그런데 왜 살아야 하느냐고 물으

면 답이 나올 수가 없습니다. 한국 사람이 되고 싶어서 된 게 아니라 이미 한국 사람이 되어 있었습니다. 그런데 '내가 왜 한국 사람이 됐지?' 이렇게 물으면 답이 나오지 않는 것과 같은 이치입니다. '왜 사느냐'는 질문으로, 삶에 시비를 거는 대신 '어떻게 하면 오늘도 행복하게 살까'를 생각하는 것이 삶의 에너지를 발전적으로 쓰는 길입니다."

책은 각각의 주제에 대해 설명 형식의 표현을 하고 있다. 그 몇 개의 내용을 질문으로 바꿔보자.

"어떤 생이 성공적이고 좋은 인생인가요?",

"결혼해서 잘 살 수 있을지 고민입니다. 결혼을 해야 할까요?",

"요즘 몸과 마음이 많이 약해지는 걸 느낍니다. 어떻게 하면 젊게 살 수 있을까요?",

"어머니가 극락왕생 하시도록 기도했는데, 정말 극락이 있나요?",

"후회 없이 부모를 모시려면 어떻게 해야 하나요?",

"행복한 노후를 위해 무엇을 해야 할까요?"

그 밖에도 죽음, 자살, 치매, 실직, 돈, 퇴직, 은퇴, 일 등에 대한 내용을 담고 있다. 또 몇 개의 선언적 문구도 여기에 표현해 두려 한다. 지금 10년 뒤 하고 싶은 일을 경험하라. 가까운 사람에게 돈을 빌려 주려거든 그냥 주어라. 서로 다름을 인정하면 다툼이 사라진다. 농부보다 목동처럼 살아라. 잔소리와 간섭은 자식과 등지게 한다. 인생이란 어떤 일이 일어나느냐에 따라 결정되는 것이 아니라, 어떤 태도를 지니느냐에 따라 결정된다. 빚 갚는 셈치고 집안일을 하라 등이 그것이다.

법륜스님께서 말씀하신 "잘 물든 단풍은 봄꽃보다 아름답다."는 말을 이렇게 표현해도 좋을 것 같다.

"노년에는 화려한 꽃이 아니어도 된다.",

"노년은 자기의 색으로 드러내는 단풍이어야 한다.",

"노년은 누군가에게 영원히 기억되는 가을의 추억이 되었으면 좋겠다."

표현은 이렇게 해도

'어떻게 살 것인가?',

'어떻게 나이 들어갈 것인가?',

'어떻게 늙어갈 것인가?'는 여전히 배워야 할 숙제 같다.

그렇기 때문에 책 제목이 『인생수업』이다. 수업이란 그 단어적 의미가 '교사가 학생에게 지식이나 기능을 가르쳐 줌', '기술이나 학업을 익히고 닦음', '기술이나 학업의 가르침을 받음' 등의 뜻을 담고 있다. 수업처럼 배워야 한다는 말이다. 책 『인생수업』에는 세상이 추구하는 가치에 휘둘리지 않고 자기중심을 잡고 생활하는 인생의 지혜가 담겨 있다. 이 책으로 우리의 삶에서 소중한 것이 무엇인지 생각해 보고 나부터 행복한 삶을 사는 방법을 만들어 보길 기대한다.

05 차마 울지 못한 당신을 위하여

 인생! 울음이 나오는 순간 참지 마라. 차라리 실컷 울어라

과거의 죽음은 장례가 마을에서 이루어졌다. 동네는 장례가 진행되는 공동체다. 장례는 마을 전체가 모두 음식을 나눠 먹는 모습을 포함한다. 상여는 마을 사람들이 상여꾼을 했으므로 마을 누군가의 죽음은 곧 나의 일이다. 모두가 그 광경을 보았다. 죽음은 매우 공개적이고 지역 사회와 함께 하는 의례였다. 아이들조차 죽음의 장면에 익숙해질 수밖에 없었다. 죽음은 일상적이고 생활에서 멀지 않은 곳에서 늘 일어나는 일이었다. 충분한 애도의 기간을 함

『차마 울지 못한 당신을 위하여』 안 안셀렝 슈창베르제, 에블린 비손 죄프루아 지음/ 허봉금 옮김/ 민음인 2010

께 보내고 고인을 추모할 수 있었다. 현대의 죽음은 병원에서 일어나는 일이다. 망자는 죽음이 고립되어 있어 죽음조차도 외롭다. 살아 있는 자는 죽음이 늘 낯설다. 장례는 누군가 대행해 주는 일이 되기도 한다.

나의 일로 여겨 죽음의 지식을 갖출 이유와 기회가 없어진 배경이다. 죽음과 더불어 우리에게 찾아온 것은 슬픔과 상실이다. 애도(哀悼)는 죽음을 슬퍼하여 북받쳐 오르는 감정을 밖으로 표출하는 행동이다. 우리의 일상생활은 상실과 슬픔의 대상이 누구인가를 불문하고 짧은 애도의 시간만을 허락한다. 애도는 충분하여야 함에도 서둘러 문상하고 애도를 중단한다. 고인에 대해 충분하게 표현하지 못한 슬픔과 눈물은 고스란히 남는다.

『차마 울지 못한 당신을 위하여』의 저자 안 앙설렝 슈창베르제와 에블린 비손 죄프루아는 심리 가족력, 심리극, 집단 치료요법 전문가다. 이들은 이별과 상실의 고통에서 벗어나는 방법에 관해 주목했다. "누구든지 정신적인 안정과 건강을 유지하려면 반드시 애도 작업을 해야 한다. 애도 작업을 빼먹고 안 할 수는 없다. 그런데 우리는 앞만 보며 달리고 성공하는 법만 배웠을 뿐 감정을 다스리고 깊은 슬픔에서 벗어나는 법은 배우지 못했다."고 표현했다. 그러면서 "상을 당한 사람들이 이해해주는 사람이 아무도 없어 홀로 외롭게 큰 고통을 겪고 서서히 변모해 나갈 것이 아니라, 그와는 다른 따뜻한 분위기에서 고통과 변화를 겪을 수 있어야 한다."고 말한다. 특히 오늘날의 애도 환경이 옛날과 다르다며 저자들은 "옛날에는 이별과 애도의 의례가 있어서 우리가 빨리 슬픔을 극복할 수 있도록 도와주었다. 친척과 친구, 이웃이 와서 시신을 지키고 잘 가라는 인사를 했다. 검은 상복과 꽃 화환이 있었고, 기도를 하고, 헤어지는 인사를 했으며, 장례 예식에 따라 매장 했다. 고인을 추도했다. 문상과 조문 편지, 감사편지가 있었으며 탈상과 기일 미사가 있었다."고 적었다. 그럼 옛날과 오늘날의 차이는 무엇이 만들어 낸 것일까? 저자들은 인간 본성을 왜곡하게 하는 교육적 훈련에 일부 원인을 돌리고 있다. 즉, 우리는 어린 시절 이기적인 사람이 되어서는 안 되고, 즐거움을 경계하며, 남에게 봉사하고, 다른 사람들 앞에서 우리를 내세우지 않고, 친절하고 진지한 사람이 되라는 훈련을 받았는데, 이는 우리 몸의 일차적 생존 욕구인 본성을 왜곡한다고 보았다.

상실이 꼭 죽음만 있는 것은 아니다. 실연, 실직, 퇴직, 질병, 좌절과 포기 등도 모두 상실이다. 이 모든 것이 치유의 대상임에 틀림없다. 심지어 집에 관해서 저자들은 "집은 인생의 동지가 될 수도 있고 그 반대가 될 수도 있다. 집은 마치 제2의 피부와 같다. 자신의 삶의 터전인 집을 떠나는 것, 이사하는 것, 새로운 아파트를 찾아내어 그곳에 다시 자리 잡는 것, 이 모든 것은 여러 가지 스트레스를 동시에 유발한다. 너무 고통스럽지 않게 집이나 아파트를 떠나려면 각각의 방에게 작별 인사를 하라."고 권한다. 그러면서 "실제로 작별 인사를 꼭 해야 하는 이유는 작별 인사에는 상징성이 담겨 있기 때문이다. 그래야만 우리는 애도 작업을 하지 않은 이전의 집에 매여 있지 않고, 다른 집이나 새로운 삶의 터전으로 이동해서 새 집에 마음을 줄 수가 있다."는 이유를 덧붙였다.

저자들은 엘리자베스 퀴블러 로스의 연구결과를 토대로 애도 단계를 깊이로 표현하기도 했다. 애도 단계는 처음에는 얕은 단계로 시작해서 점점 깊은 단계로 진행되고, 가장 깊은 단계를 지나 점점 얕은 단계로 나온다고 보았다. 각각의 단계는 ① 충격과 쇼크 ② 부인 ③ 화와 분노 ④ 두려움 ⑤ 슬픔 ⑥ 받아들임 ⑦ 용서 ⑧ 삶의 의미 추구와 거듭남 ⑨ 마음의 평정과 되찾은 삶으로 되어 있다.

이 중에서 가장 깊은 심연의 애도 단계는 다섯 번째인 슬픔이다. 슬픔에 대해 "슬픔의 단계는 결정적으로 중요한 시기다. 견디기 힘든 시기이기도 하다. 그런데 이런 슬픔은 사실은 끝까지 체험해야 한다. 왜냐하면 그러고 나서 상실이 현실적으로 느껴질 때, 그 사람은 더 이상 존재하지 않는다는 사실을 받아들일 수 있고, 애도 작업도 할 수 있기 때문이다."라고 적었다. 슬픔의 가장 원초적 본능이 눈물이다. 저자들은 "이러한 일을 겪고 난 후, 우리는 자주 '눈물의 바다'에 빠져 들어간다. 하지만 무엇보다 눈물을 '삼키고' 마음속에 간직해서는 안 된다. 혼자 숨어서 우는 것은 치유 효과가 없기에 정신적 고통이 신체적 증상으로 나타나는 것을 막지 못한다. 애도 작업을 철저히 하고 나야만 비로소 우리는 곪은 상처를 짜낼 수 있고 상처는 서서히 아물기 시작한다."고 적었다.

나는 울고 싶을 때 실컷 울어야 한다고 말한다. 그런데 이 부분에 있어 나 자신조차 그렇게 해본 기억이 별로 없다. 오늘날의 문상 환경은 절대 울음을 참도록 만든다. 우리는 내 마음속 감정을 있는 그대로 겉으로 드러내는 것은 자제해야 한다고 배웠다. 눈물을 속으로 흘려 와서, 많은 사람 앞에서 소리 내어 우는 것도 익숙하지 않다. 그렇지만 눈물만이 슬픔과 상실을 치유하는 가장 좋은 방법이다. 눈물은 슬픔을 드러내는 방법이고, 흘린 눈물만큼 치유의 효과도 있다. 그런데 우리는 눈물은 참아야 하는 것, 눈물이 나오면 이내 멈추어야 하는 것으로 생각한다. 최근에 감정이 느끼는 그대로 실컷 울고 눈물을 흘려본 적이 있는가? 아니면 눈물이 나오는 것을 참고만 있었는가? 우리는 인생이라는 삶의 과정에서 울고 싶을 때가 참 많다. 울 수 있고 눈물이 나오는 자리는 감정에 내 몸을 맡겨 보는 것도 좋다. 상실에 있어 슬픔이 최고의 단계라고 하니 그 슬픔을 눈물로 쏟아 내야 한다. 이제 울음이 나올 때 실컷 울어보자. 가능하면 혼자 울지 말고 함께 울자. 함께 있는 자리에서 펑펑 울어도 좋다. 『차마 울지 못한 당신을 위하여』는 당신이 진짜 울고 싶을 때, 거침없이 울라고 말한다. 차마 울지 못하고 참아내는 당신이 읽어야 할 책이다.

06 인간이 그리는 무늬

 인생! 나는 나로, 진짜 사람으로 살고 있느냐?

서강대학교 철학과 최진석 교수는 '인간이 그리는 무늬'의 정체를 이과와 문과로 나누어 설명했다. "이과에서 배우는 학문의 대상은 이 지구상에서 인간이 전부 사라져 버려도 여전히 존재하는 것이다. 그것들에게 대하여 배우면 이과다. 그런데 문과에서 배우는 학문의 대상은 이 지구상에서 인간이 사라져 버리면 그것들도 모두 함께 없어져 버리는 것들이다. 그것들에 대해서 배우면 문과다."라고 했다. 또 "이과의 '리(理)'라는 글자는 옥돌에 새겨진 무늬를 '리'라고 하는 데서 따왔다. 즉, 옥돌에는 결이 있는 무늬가 있다. 그 무늬는 자연이 그린 거다. 인간과 아무 상관이 없이, 인간의 존재 여부와 상관없이 있는 것들에게 대한 연구, 그것이 바로 이과 학문이다. 한편 '문(文)'이라는 글자의 '문'은 원래 무늬라는

『인간이 그리는 무늬』
최진석 지음/
소나무 2013

뜻이다. 우리 옷에 무늬를 '문', 즉 문양이라고 한다. 무늬는 인간이 그린다. 그럼 인문은 뭐냐? '인간이 그리는 무늬'라는 말이다. 우리가 인문학을 배우는 목적은 무엇인가? 바로 인간이 그리는 무늬의 정체를 알기 위해서다."라고 부연했다. 이제 명확해지는 무엇이 있다. 책 제목『인간이 그리는 무늬』는 인간 본성 속 진짜 사람이 그리고자 했던 무늬에 대해 하고 싶은 말이 있고, 그것을 이 책에 담았다는 것이다.

그럼 사람으로 존재한다는 것은 무엇인가? 최진석 교수는 "사람으로 존재한다는 것은 개념의 구조물인 이념에 지배되지 않고, 피가 통하고 몸이 살아 움직이는 활동성을 위주로 한다는 것이다. 활동성의 힘은 바로 욕망이며 덕이며 개성이며 기질이며 감각이다. 이런 것을 바탕으로 할 때, 우리는 비로소 '사람'으로 살아 갈 수 있다."고 했다. 이런 것을 바탕으로 살아가는 사람은 구체적으로 어떤 자들일까? 최진석 교수는 그들을 다음과 같이 표현했다.

"'해야 할 무엇'보다 '하고 싶은 무엇'을 찾는 데 더 집중하는 자, 이성으로 욕망을 관리하지 않고 오히려 이성을 욕망의 지배 아래 둘 수 있는 자, '나'를 '우리' 속에서 용해되도록 내버려 두지 않을 수 있는 자, 모호함을 명료함으로 바꾸기보다는 모호함 자체를 품어 버리는 자, 남이 정해 놓은 모든 것에서 답답함을 느끼는 자, 편안한 어느 한편을 선택하기보다 경계에 서서 불안을 감당할 수 있는 자, 바로 이런 자들이 사람입니다. 이성이 아니라 욕망의 힘이 주도권을 가진 것이지요. 그런 자가 내 작은 정원의 문을 빠끔히 열고 들어올 때, 저는 비로소 공간에 갇힌 시간이 튀어나오는 느낌을 받으며 나지막하게 말하지 않을 수 없습니다. '저기, 사람이 내게 걸어 들어오네'라고 말입니다."

이 표현 속에 단어 하나를 콕 찍어 선택한다면 나는 주저하지 않고 '욕망'을 선택하겠다. 나만이 갖고 있는 욕망을 겉으로 드러내 활동할 때, 나를 사람으로 존재하게 하고, 사람이라고 부를 수 있다고 한다.

이제 책 속 표현을 빌려 나와 우리에게 질문을 해 보자.
지금까지 바람직한 일을 하면서 살았는지,
아니면 바라는 일을 하면서 살았는지?
해야 하는 일을 하면서 살았는지,
아니면 하고 싶은 일을 하면서 살았는지?
좋은 일을 하면서 살았는지,
아니면 좋아하는 일을 하면서 살았는지?
내가 우리의 일부가 아니라 온전한 '나'임을 확인시켜 주는 것은 무엇인지?
왜 나는 행복에 대한 지식만 쌓지 정작 내 자신의 행복한 삶을 꿈꾸고 실천하지 못했는지?
왜 나는 자유에 대한 지식만 쌓지 정작 내 자유로운 삶을 생각하지 못했는지? 왜 나는 행복과 자유를 창조하지 못했는지?
이 부분에 대해 최진석 교수는 바람직함, 해야 함, 그리고 좋음 등은 '우리'의 것으로 존재하면서 '나'를 지배하는 것이라고 했다.

온전한 나, 나에게만 고유하게 있는 것, 나를 나이게 하는 어떤 것은 결국 내 속에 나만이 간직하고 있는 '욕망'이 좌우한다. 그럼 질문은 하나로 모아진다. 당신은 당신의 욕망을 얼마나 활용하는 삶을 살고 있나요? 최진석 교수의 결론은 이렇다. "욕망은 내가 살아 있다는 사실을 확인할 수 있는 최전선입니다. 삶의 무늬는 죽으나 사나 '나'의 무늬여야 합니다. 이는 선택이 아니라 그냥 그런 것입니다. 그렇지 못했다면, 빨리 서둘러 돌아와야 합니다. 자기로부터 나온 나만의 이야기가 아닌 것은 힘이 없습니다. 자기로부터 나온 나만의 이야기가 아니면 행복하지 않습니다. 자기로부터 나온 나만의 이야기가 아니면 아름답지도 창의적이지도 않습니다. 나로부터 나오지 않은 것은 어떤 것도 완벽하지 않습니다. 장르는 자기로부터 나온 이야기에서 흘러나옵니다."라고 표현했다. 책 제목을 『인간이 그리는 무늬』로 붙여 인간 전체에 대한 무늬로 보았으나 궁극적 목표는 내가 그리는 무늬다. 세상을 살아가는 나의 무늬는 무엇인가? 어떤 모양이든 나의 무늬가 인생의 결정체임에 틀림이 없다. '나'를 중심에 둔 '욕망'을 그대로 받아들여 살아온 삶이 진짜 사람다운 삶이다. 내가 아니라 우리로 살고 있는 사람, 그래서 나로 살고 싶은 사람, 온전한 나이고 싶은 사람은 이 책을 접해 보길 바란다.

2017년 1월 7일에 장영혜중공업 전시회를 봤다. 신문에 전시회의 제목이 '삼성의 뜻은 죽음을 말하는 것이다'라고 되어 있었다. 무슨 굉장한 메시지를 담고 있을 것 같은 호기심이 발동했다. 입구에 장영혜 중공업이 소개하는 '세 개의 쉬운 비디오 자습서로 보는 삶'이라 안내되어 있었다. 바닥과 벽면에 몇 개의 구절이 표현되어 있기는 했지만, 사실 세 개의 비디오가 전부인 전시회다. 그중 하나는 처음 화면이 "축하해요! 삼성병원에서 태어났군요."로 시작한다. 이어지는 화면은 삼성의 학교, 삼성의 교복, 삼성아파트, 삼성 가전제품, 삼성 자동차, 삼성장례식장, 삼성 상복 등 삼성으로 점철된 인생을 표현했다. 그러면서 "아휴, 삼성 없는 삶은 외롭습니다." 라고 한다. 삼성으로 점철된 인생이 비교우위의 삶임을 은근히 과시했지만 전시회가 던지는 메시지는 이러한 삶을 '죽음' 이라 직언하고 있다. 우리는 이와 비슷한 방향으로 모아지는 삶을 따라 가며 또 선호한다. 시간이 흐를수록 개인의 색채는 옅어진다. 대개의 사람들이 보이는 하루, 한 달, 1년, 평생의 모습이 비슷하게 된다. 비슷한 바탕의 자서전에 개인의 내용이 조금씩 얹혀질 뿐이다. 이러한 모습을 보고 지금 잘 살고 있다고 할지 모르나 결코 '잘 살았다고 표현할 수 없 는 삶'이다. 좀 더 나의 색깔을 찾아야 하고 그렇게 살아야 한다는 결심 이 선다.

07 아직도 가야 할 길

인생은 문제와 고통에 직면하는 것!

『아직도 가야 할 길』의 첫 페이지 제목이 '인생은 문제와 고통에 직면하는 것'이다. 첫 구절은 또 어떤가? "삶은 고해(苦海)이다. 이것은 삶의 진리 가운데 가장 위대한 진리다. 이러한 평범한 진리를 이해하고 받아들일 때 삶은 더 이상 고해(苦海)가 아니다. 그러나 대부분의 사람들은 삶이 어렵다는 이 쉬운 진리를 깨닫지 못하고 살아간다. 삶이란 대수롭지 않으며 쉬운 것이라고 생각한 나머지 살아가면서 부딪치게 되는 문제와 어려움이 가혹하다고 불평을 하게 된다."고 썼다. 삶이 어렵다는 것을 받아 들여야 인생의 길을 스스로 찾게 된다고 한다. 삶을 시작하는 마음가짐으로 삶이 어려운 과정임을 인식하도록 주문하고 있다. 두 번째 구절은 여기서 한발 더 나아갔다. "사람들은 흔히 자신의 문제만 가장 특별하다고 믿으며, 왜 다른 사람들은 당하지 않는데 자신과 가족이나 자신이 속해 있는 집단만 이같이 고통스런 문제를 안고 살아가야 하는지

『아직도 가야 할 길』
모건 스콧 펙 지음/ 신승철 옮김/
열음사 2007

불평한다."고 했다. 당신만 그런 게 아니라 세상 사람들은 누구나 삶의
고통스런 문제를 안고 살아간다고 적었다.

우리는 주변에서 삶을 긍정적으로 표현하는 많은 내용들을 본다. 내가
본 것 중에 'Life is Good'이 있다. 이 내용은 LG 그룹에서 모토로 사용
하고 있다. 'Life is Wonderfull'은 KT가 사용하는 모토로 Wonderful
에 l이 하나 더 있다. 삶이 '경이롭다'에서 한발 더 나아가 '경이로움으로
가득 차 있다(Wonder+full)'로 해석할 수 있다. 사실 이러한 표현에 동
의하기가 쉽지 않다. 스콧 펙 박사의 '삶은 고해'와 같은 표현처럼 오히려
인생과 삶이 쉽지 않음을 표현한 내용들을 살펴보아야 한다.

2008년 베이징 올림픽에서 우리나라 야구는 9연승을 해 금메달을 목
에 걸었다. 당시 김경문 감독의 등 번호가 74번이어서 '김경문 감독의
등 번호 74번의 비밀'이란 내용의 기사가 중앙일보에 실렸다. 김경문 감

독은 "야구를 하다 보면, 인생을 살다 보면 행운(7)도 있고, 죽을 고비 (4)도 있다. 내가 남보다 나은 것은 어려움을 많이 겪어본 것 밖에 없다." 라고 하였다. 등 번호 74번은 인생은 행운과 죽을 고비가 어우러져 있음을 비유하여 붙인 번호다.

서울대학교 윤석철 교수는 『경영학의 진리체계』에서 "인생의 4고(苦), 즉 생로병사(生老病死)에서 생(生)을 포함시킨 것은 삶 자체가 고달픈 것이기 때문일 것이다." 또 "한자 문화권에서 생명(生命)이란 단어가 생(生)은 명령(命令)이다(생명生命 = 생생 + 명령命令)에서 온 것이다."라고 하였다. 생생은 고달프니 그냥 명령이라 생각하고 살아라는 뜻으로 그만큼 쉽지 않은 삶을 표현했다.

소설가 이외수는 어느 인터뷰에서 "그대의 인생은 당연히 비포장도로처럼 울퉁불퉁할 수밖에 없다. 명심하라. 모든 성공은 언제나 장애물 뒤에서 그대가 오기를 기다리고 있다. 하나의 장애물은 하나의 경험이며 하나의 지혜이다."라고 하였다. 각자의 인생에는 장애물이 놓여 있다. 각자의 장애물은 숫자도 다르고 높이도 다르다. 어디서 끝날지 모르는 장애물 뒤편에 성공이 있다는 말에 여운이 있다. 더군다나 그 길이 비포장도로라면 더한 어려움이 예상된다.

세상을 살아가는 것이 이렇게 어렵다면 도대체 어떻게 살아가라는 말인가? 스콧 펙 박사는 지도를 만들라고 한다. 스콧 펙 박사가 얘기하는 인생의 지도에 대한 부분을 여기에 모아 표현해 본다.

첫째, 우리가 갖고 있는 지도가 하나 있다. 전이(轉移)라고 하는 낡은

지도다. 전이는 어린 시절에 형성된 세계관이, 어린 시절의 환경에는 매우 적합하나 변화된 어른의 환경에는 적합하지 못한데도 어린 시절의 것을 그대로 옮겨 적용하는 것을 말한다. 전이라고 하는 낡은 지도를 언제까지 사용할 것인가?

둘째, 처음부터 지도를 가지고 이 세상에 태어나지 않았다면 우리는 지도를 만들어야 하는데, 지도를 만드는 데는 노력이 필요하다. 현실을 감수하고 파악하려고 노력하면 할수록, 우리의 지도는 정확하게 될 것이다.

셋째, 어떤 사람들은 청소년기 말에 그만 성장을 정지해 버리고 만다. 그들의 지도는 조그맣거나 대강 그려져 있으며, 세상에 대한 견해란 협소하고 오해로 가득 차 있다.

넷째, 중년 말기에 가서 대부분의 사람들은 그들의 지도가 완전하고, 그들의 세계관이 정확하다고 확신한다. 새로운 정보에 대해 더 이상 흥미를 가지지 않는다. 지친 듯이 보인다. 단지 소수의 사람들만이 다행스럽게도 죽을 때까지 현실의 미궁을 탐색하여 세계에 대한 이해와 진실이 무엇인가를 더욱더 넓히고 정리하고 있다.

다섯째, 지도 제작에 있어 제일 큰 문제는, 아무 것도 없는 데서부터 시작해야 하는 것이 아니라 지도가 정확해질 때까지 우리가 계속해서 지도를 고쳐 그려야 한다는데 있다.

여섯째, 우리가 가진 현실에 대한 지도가 정말 유효한지 확인해 볼 수 있는 단 하나의 방법은 다른 지도 제작자들의 비판과 도전을 받게끔 자신의 지도를 내보이는 것이다. 그렇지 않으면 우리는 꽉 막힌 세계 안에서 살게 된다.

이상의 내용은 '당신은 자신의 인생을 살아가는 지도를 갖고 있는가?', '그 지도는 끊임없이 고쳐 그리고 있는가?'라고 묻는 듯하다.

대놓고 인생이 힘드니 훈련이 필요하다고 하는 책은 드물다. 오히려 인생의 긍정적 메시지를 전달하려는 책들이 많다. 그러나 이 책은 그렇지 않다. 그래서 나는 『아직도 가야 할 길』을 인생을 직시한 책이라 평가한다. 인생의 실체를 고민하거나, 스스로 인생의 문제를 해결하려 노력한다면, 진정 사랑에 빠져 보고 싶은 사람이거나, 부모와 자녀의 관계를 객관적으로 알고 싶은 경우, 인생에서 종교의 역할을 고민한다면 이 책을 읽어보라. 그러면 당신의 손에 스콧 펙 박사의 후속 작 『끝나지 않은 여행』 The Unending Journey과 『그리고 저 너머에』 and beyond가 들려져 있을 것이라 확신한다. 이 세 권의 책으로 당신과 우리의 인생을 정면으로 마주하는 시간을 갖길 바란다.

08 강신주의 감정 수업

 인생! 이성이 아니라 감정에 충실한 삶을 살아라

책 『혜환 이용휴 산문전집』(이용휴 지음. 조남권 박동욱 옮김) 아암기 편
에는 이런 내용이 나온다. "나와 남을 마주 놓고 보면, 나는 친하고 남은
소원하다. 나와 사물을 마주 놓고 보면 나는 귀하고 사물은 천하다. 그
런데도 세상에서는 도리어 친한 것이 소원한 것의 명령을 듣고, 귀한 것
이 천한 것에게 부림을 당한다. 욕망이 그 밝은 것을 가리고, 습관이 참

『강신주의 감정 수업』
강신주 지음/
민음사 2013

됨을 어지럽히기 때문이다. 이에 좋아하고 미워하
며 기뻐하고 성냄과 행하고 멈추며 굽어보고 우러러
봄이 모두 남을 따라만 하고 스스로 주체적으로 하
지 못하는 바가 있다. 심한 경우에는 말하고 웃는 것
이나 얼굴 표정까지도 저들의 노리갯감으로 바치며,
정신과 의사와 땀구멍과 뼈마디 하나도 나에게 속한
것이 없게 되니, 부끄러운 일이다." 세상의 무엇과도

견줄 수 없는 귀중한 내가 그저 나를 잊고 남들의 눈치나 살피며, 그들의 하는 행동에 장단을 맞추며 사는 삶을 비판하고 있다. 정말 단 한 번도 소중한 나를 위해 무엇을 해 본 적이 없는 인생으로 끝낼 것인가?

철학자 강신주는 책『강신주의 감정 수업』에서 자신의 감정에 충실한 삶이 나를 위해 사는 삶이라 주장한다. 그러면서 현대인의 감정 없는 삶을 다음과 같이 표현했다.

자신의 감정을 억누르거나, 죽이며 살아가는 현대인들의 삶은 결코 행복할 수 없다. 감정이 없으면 삶의 희열도 삶의 추억도 삶의 설렘도 없다. 어른이 되어 별로 추억이 없는 것은 감정을 움직여 생활하지 않았기 때문이다. 어른이 된다는 것은 감정을 누르거나, 죽이는 기술을 갖고 있다는 말과 마찬가지다. 감정이 없다는 것은 살아 있으면서 죽은 척하는 것과 같다.

그는 자신의 감정을 충분히 살려 살아야 이 세상을 떠날 때 수많은 색깔로 덧칠해진 추억을 꺼내 들며 행복한 미소를 보낼 수 있다며 삶의 본능이자 의무인 감정을 다시 살려내라고 주문한다. 나는 이 책이 인간의 이성과 감정을 분리하여 설명한 부분에 주목한다. 우리는 이성적으로 살아야 한다는 말에 너무 익숙하다. 이 부분에 대해 저자는 우리가 생각하는 이성도 칸트의 이성과 스피노자의 이성이 다르다고 하고 나눠 설명했다. "사실 이성이 감정보다 먼저 일어나는 경우는 거의 없다. 심지어 이성은 감정을 통제하기 위해 발명된 것이라고도 할 수 있다. 그렇지만 이성이 감정을 적대시한다면 언젠가 감정의 참혹한 복수 앞에서 자신의 무기력을 인정할 수밖에 없을 것이다. 여기서 우리는 감정에 무조건 적대적이었던 칸트의 이성과는 달리, 감정을 극복하고 지혜롭게 발휘하는 스피노자의 이성이 필요함을 직감하게 된다. 철학자 중 유일하게 스피노자만이 개개인의 감정에 주목한 '감정의 윤리학'을 옹호했다."고 썼다. 그러면서 우리의 마음속에는 너무나 다채로운 감정들이 숨어 있는데, 문제는 지금 나를 사로잡고 있는 감정이 무슨 감정인지 명확하게 알기가 어렵다는 것이고, 그러니 감정을 정확히 식별하는 안목이 필요하다고 했다. 또 너무나 오랫동안 우리는 자신의 감정들을 부당하게 억압했고, 동시에 그것을 표현하는데 인색했기 때문에, 감정을 다루는데 미숙하고 서툴 수밖에 없다고 표현했다.

이 책에는 48가지나 되는 인간 본성의 감정이 등장한다. 그리고 48가지의 감정은 네 개의 부로 나뉘어 있다. 각 부의 이름은 땅, 물, 불, 바람이다.
땅은 작고 귀여운 대지에 피어나는 새싹과도 같은 감정을,
물은 굴곡과 고도차에 따라 다양한 모양과 소리를 만들어 내는
물과 같은 감정을,
불은 화려하지만 곧 쇠락하기 쉬운 모닥불과 같은 감정을,
바람은 차갑고 허허로운 바람소리를 연상하는 감정을 담았다고 한다.

이러한 구분은 인간의 상상력을 네 가지 물질적 상상력으로 설명했던

가스통 바슐라르를 따랐다고 설명했다. 나는 이 부분 세상 모든 존재의 구성요소를 지수화풍(地水火風-흙, 물, 햇볕, 바람)이라고 하는 사고에 기초하였다고 생각한다.

48가지의 감정 중에서 사랑, 탐욕, 욕망의 세 가지 감정을 정리해 둔다.

사랑은 '자신을 머리끝에서 발끝까지 변화시킬 수 있는 힘'이다.

사랑을 하면 "당신 뜻대로 하겠어요."라는 감정이 든다. 이런 감정을 수반해야 사랑이다. 사랑에 빠지면 온전히 두 사람이 주인공이어야 한다. 가족, 친구, 종교, 정치적 신념은 모두 조연이다. 주인공으로 살아갈 때 우리의 삶은 기쁨으로 충만할 수 있다. 자신의 꿈과 의지를 관철시키지 못하는 조연의 사랑은 행복할 수 없다. 또 모든 사람이 함께 주인공이어야 한다. 서로 동등한 주인공이 아닐 때 사랑은 비틀거리게 된다.

탐욕은 '사랑마저 집어 삼키는 괴물'이다.

무절제하게 부를 욕망하고 사랑하는 것이 탐욕이다. 탐욕에는 중용이 없다. 탐욕의 상태는 목이 말라서 바닷물을 마신 상태에 비유된다. 돈에 대한 갈망이 커질수록 우리는 인간과 인간이 만나는 직접적인 관계에서 멀어질 수밖에 없다. 돈에 대한 갈망에서 벗어나는 유일한 방법은 최적 생계비를 계산하고, 그것을 삶에 관철하는 것이다. "됐어. 이 정도면 됐어. 이제 삶과 사랑을 향유해야지." 갈망에서 자유로워지는 첫걸음은 이렇게 내딛는 것이다.

욕망은 '모든 감정에 숨겨져 있는 동반자'다.

욕망이란 자신의 의식을 동반하는 충동이고, 충동은 인간의 본질이다. 대부분의 철학자들이 인간의 이성에서 윤리학을 시작하려고 할 때, 스피노자는 자신의 윤리학을 욕망에서 출발했다. 우리는 모두 무엇인가를 욕망하는 존재다. 당연히 우리는 욕망을 부정하는 것과 맞서 싸우려고 한다. 그러니 만일 욕망을 억압당한 채 끝내 실현할 수 없다면, 우리는 살아도 죽은 것과 진배 없다. 하루라도 자신이 진정으로 욕망하는 것을 행하고 죽는 것, 그것이 더 커다란 행복이다. 기쁘면 기쁘다고 표현하고, 슬프면 슬프다고 표현하자. 그것이 바로 욕망을 긍정하는, 쉽지만 녹록하지 않은 방식이다. 자신의 감정에 충실하기! 그것이야말로 우리가 자신의 욕망을 긍정하고 복원하는 유일한 방법이다.

흔히 '아침에 집을 나설 때 자존심을 두고 나와야 한다'고 말한다. 하루 종일 나의 감정을 꽁꽁 묶어 두고 생활해야 지혜로운 사회생활이 가능하다는 얘기를 이리한지도 모르겠다. 우리는 나의 감정을 표현하기 어려운 세상을 산다. 그러다 보니 나의 감정을 잘 알지 못한다. 더더욱 나의 감정을 표현하는데 있어서는 두말할 필요도 없다. 누구나 이런 생각을 한다. 나의 감정을 긍정적이고 지혜롭게 발휘하고 싶다. 내면에서 우러나오는 감정의 목소리에 충실하고 싶다. 진정한 사랑의 감정에 충실하고 싶다. 나의 감정을 소중히 여기고 싶다. 이런 생각을 한다면 『강신주의 감정 수업』에서 시작하면 틀림없다.

09 노력중독

 인생! 누구나 몇 개의 중독에 빠져 산다

뇌과학자이며 뮌헨대 교수인 에른스트 푀펠과 상담치료전문가이자 작가인 베아트리체 바그너가 함께 쓴 『노력중독』은 한마디로 노력도 중독이라고 한다. 우리가 하는 노력을 한마디로 삐딱하게 본다. "우리 인간은 만물의 영장이라 자부해왔지만, 사실 구조적으로 실패한 존재이며 본질적으로 어리석은 존재다. '더 많이', '더 빨리', '더 열심히'를 강요하는 흐름에 떠밀려 일분일초를 다퉈가며 최선을 다해 왔지만, 무슨 이유에서인지 우리는 더 똑똑해지지도 더 행복해지지도 않았다."고 말한다. 즉 우리가 더 나은 삶을 위해 치열하게 노력하는 것에 중독이 되고, 그것 때문에 더욱 어리석어지고 있음을 지적하고 있다. 나는 이 책이 우리가 하고 있는 어떤 노력들을 한 번쯤 멈추고 왜 지속해야

『노력중독』
에른스트 푀펠,
베아트리체 바그너
지음/ 이덕임 옮김/
율리시즈 2014

하는지, 그렇게 하면 무엇이 좋아지는지, 부작용은 무엇인지를 돌아보게 한다고 여긴다. 저자들이 주장하는 중독은 모두 7개에 달한다. 나는 각각의 중독이 어느 정도 타당한 지적이라 여기지만, 우선 나의 생각을 배제하고 그 일곱 가지 중독을 정리해보려고 한다. 이렇게 하는 이유는 여기 독서노트를 보는 독자들도 각각의 중독을 자신의 상황과 대비시켜 보길 요청하기 위해서다.

첫 번째 중독은 지식 중독이다. 더 많이 알기 위해서 하는 노력이 지식 중독이다. 근본적인 질문은 "우리의 지식은 나날이 늘어나고, 따라서 인류는 과거보다 월등히 진화한 것처럼 보인다. 그런데 정말로, 우리는 더 현명해지고 있는 것일까? 지적 능력이 뛰어난 사람은 똑똑하고 그렇지 않은 사람은 멍청할까? IQ가 높고, 학교 성적이 좋으면 우리는 똑똑하고 더 나은 생활을 할 것인가?"로 귀결된다. 지식이 늘어날수록 모르는 것은 더 많아지고, 삶은 오지 선다형이 아님에도 자꾸 선택을 강요하며, 그것 때문에 어리석은 판단을 하게 된다고 주장한다.

두 번째 중독은 속도 중독이다. '시간은 돈이다. 큰 것이 작은 것을 잡아먹는 것이 아니라, 빠른 것이 느린 것을 잡아먹는다'고 생각한다. 우리는 점점 더 빠르게 작동되기를 기대하며 산다. 시간의 속도와 압력이 지나치게 되면 만성 피로로 인한 우울 상태인 번아웃 증후군에 빠지게 된다. 인간의 감정적 안정은 시간을 들여야 얻어질 수 있다. 감정과 관심, 그리고 소중한 가치를 느끼기 위해서는 분명 시간이 필요하다.

세 번째 중독은 편견 중독이다. 우리는 자기의 의견과 견해, 관점을 강요받는 사회에 산다. 세상 모든 종교는 자신들의 관점에서 세상을 해석할 권리를 독차지한다. 종교의 구조 안에서 보면 다른 종교는 절대로 존재해서는 안 되는 것이다. 각종 사상은 또 어떤가? 당신의 관점이 편견일 수 있음을 인정해야 하는데 그렇게 하지 못한다. 관점을 바꾸어 볼 기회가 없으면 자기 관점의 중요성과 한계를 모르고 지나치기 쉽다. 오히려 자신의 관점을 더욱 공고히 하는데 더 노력한다.

네 번째 중독은 친구 중독이다. 친구란 많으면 많을수록 좋은가? 사실 인간의 두뇌는 150명 정도와 관계 맺을 수 있을 만큼의 용량밖에 되지 않는다. 이 150명이란 수는 한 사람에게 안정감을 주는 사회 공동체의 숫자이기도 하다. 그 이상의 인간관계는 한 사람의 개성을 구별하고 상대방의 비판이나 제안을 있는 그대로 받아들일 수 있는 마음가짐을 갖지 못하게 한다. 또한 장기적으로는 오히려 삶을 망가뜨리고 타인과 더불어 성장하며 또 다른 나를 발견할 수 있는 기회를 앗아간다.

다섯 번째 중독은 완벽해야 한다는 강박 중독이다. 결정이란 늘 합리적이면서도 감정적인 요소를 가지고 있으며 때론 강하고 때론 약하게 서로 결부돼 있다. 이때 결정을 내리는 과정에서 여러 고려사항이나 요소들이 무의식적으로 영향을 미치는 경우가 많은데, 그 모든 사항을 의식적으로 일일이 확인하고 지각하기란, 우리 인간의 능력으로는 무리다. 그럼에도 완벽한 결정을 위해 계속 노력한다.

여섯 번째 중독은 전문가 맹신 중독이다. 전문가의 지식은 전체 중 일부를 깊이 있게 아는 것이다. 전체를 조망하는 포괄적 지식이 아니다. 전문가라고 맹신하면 안 된다. 전문가를 만나 상담할 때 이해할 수 있을 때까지 물어라.

일곱 번째 중독은 독서 중독이다. 우리는 독서의 유용성과 필요성을 두말할 필요가 없는 사실로 여기며, 끊임없는 독서를 강요받으며 살아간다. 그런데 저자들은 "글을 모를 때는 자신을 둘러싼 사람들의 이야기에 보다 세심하게 귀를 기울이고 세상을 알기 위해 직접 몸으로 부딪히는 일이 많다. 그렇다면 책을 읽게 되면서부터는 어떻게 되었을까? 세상에 대한 관점이 훨씬 좁아졌다.", "독서는 사람을 지적으로 풍요롭게 만들지만 다른 한편으로는 순수한 관점을 앗아가고 그 자리에 간접 경험이 대신 들어앉게 되지요.", "눈앞에 펼쳐진 세상을 더 이상 예전처럼 쉽게 받아들이지 못해요."라고 말했다. 그러니까 독서가 우리를 지금의 위치에 계속 붙들어 놓을 수 있다고 한다. 나는 충분히 그럴 여지가 있다고 확신하고 있다. 그럼 어떻게 하란 것일까? 저자들은 독서를 통해 즐거움과 유익함을 얻었으면 독서에 머물지 말고 세상 속으로 나아가 산책하며 이 세상을 보고 냄새를 맡고 느끼라고 주문한다.

우리는 지식이 많을수록, 속도는 빠를수록, 관점은 확고할수록, 친구는 많을수록, 독서는 많이 할수록 좋다고 생각한다. 또 모든 일은 완벽하게 처리할 수 있고, 전문가는 무조건 믿어야 한다고 여긴다. 그런데 인생을 살면서 당연하다고 여기는 이러한 견해들에는 왜 그런가라는 질문을 달아보지 못했을까? 철학자 이진우 교수는 공대생들을 위한 책 『의심의 철학』에서 '많은 사람이 당연하다고 여길 때 왜 그것이 당연한지 의심하고 질문할 줄 아는 사람들이 과학의 시대를 열었다'고 하면서 유명한 철학자들 또한 다양한 것들을 의심하였다고 말했다. 이진우 교수는 철학도 이처럼 의심에서 시작하므로 '정답을 의심하라. 의심하지 않으면 질문할 수 없다. 과학도, 정의도, 정치도, 신도, 심지어 나의 존재조차도 의심하라'고 강조했다. 에른스트 푀펠과 베아트리체 바그너는 『노력중독』에서 인간은 모든 것에 '왜'라는 질문을 해야 한다고 주장한다. 또 사물은 '왜' 그대로 받아들이지 못하고 자신의 잣대로 분석하려 하는지를 인간 본성의 어리석음으로 표현해 냈다.

'왜?'라는 질문은 그저 주어진 삶 속에 사는 내가 아니라 한 번 더 곱씹어 살아가는 나를 만들어 준다. 살면서 어리석음의 함정에 빠지지 않는 구체적인 방법을 알고 싶거나, 내가 어떤 강박관념에 빠져 있거나, 의심하고 싶은데 주저되는 감정이 있거나, 평소 생각한 무엇에 대해 다른 생각이 들어 이러한 마음을 이해하고 싶거나, 과도한 노력 끝에 번아웃 증후군에 시달린다면 『노력중독』을 읽어보자.

10 사피엔스

 인생! 고대인보다 현대인이 행복하다고 누가 말했나?

유발 하라리 교수가 쓴 『사피엔스』는 워낙 유명하다.
이미 이 책에 대해선 여러 평론가들과 일반 독자들이
많은 서평을 남겨두었다. 그래서 나도 한 번 이야기
를 해보려고 한다.

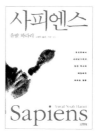

『사피엔스』
유발 하라리 지음/
조현욱 옮김/
김영사 2015

우선 나는 이 책이 농업혁명과 산업혁명이 인류에게
미친 영향을 풀어내는 방식에 주목했다. 유발 하라
리 교수는 우리가 익히 알고 있는 두 혁명의 내용과 전혀 다른 견해를 피
력하고 있기 때문이다. 그는 농업혁명을 역사상 최대의 사기라고 주장
한다. 수렵채집인의 삶을 기꺼이 포기하고 농부의 즐겁고 만족스러운
삶을 즐기기 위해 정착했다고 하는 이야기는 환상이라는 것이다. 오히
려 평균적인 농부는 수렵 채집인보다 더 열심히 일했으며 그 대가로 더

열악한 식사를 했고, 인구 폭발과 엘리트 집단을 만들어 냈다. 즉, 농업혁명은 밀과 쌀과 감자 등 식물 종이 호모 사피엔스를 길들인 것이지, 호모 사피엔스가 이들을 길들인 게 아니라는 주장이다. 물론 결과론적으로 우리가 누리는 풍요와 안전은 농업혁명이 놓은 기초 위에 세워졌고, 따라서 농업혁명이 놀라운 개선이라는 말이 틀렸다고 말하기도 어렵다. 그러나 수 천 년의 역사를 오늘날의 관점에서만 판단하는 것은 잘못되었다는 말이다.

한편 산업혁명은 한동안 정체되어 있던 세상에 살던 인류가 급격한 변화를 겪게 만들었다. 말하자면 도시화, 농민의 소멸, 산업 프롤레타리아의 등장, 민주화, 청년문화, 가부장제의 해체 등과 같은 발전과 진보다. 그러나 저자의 입장에서 산업혁명이란 가족과 지역공동체가 붕괴하고 국가와 시장이 그 자리를 대신한 사건이다. 산업혁명 이전의 가족은 복지, 의료, 교육, 건축, 노동조합, 연금, 보험, 라디오, TV, 신문, 은행, 심지어 경찰의 역할을 했다. 어떤 사람이 병에 걸리면 가족이 그를 보살폈다. 그가 늙으면 가족이 그를 부양했고 아들딸이 그의 연금이었다. 그가 오두막을 원하면 일손을 보탰고, 이웃과 분쟁이 생기면 가족이 끼어들었다. 이러한 환경에서 가족은 많을수록 유리하다. 마찬가지로 자식도 많아야 한다. 그러나 국가라는 개념이 보다 명확해지면서 그 역할은 국가가 대신하게 되었다. 국방과 치안을 담당하게 되었고, 확장된 공동체가 전체 복지를 책임지게 되었다. 가족의 역할이 약화된 것이다.

우리는 적어도 20만 년 이상 가족이 해 왔던, 가족의 의미가 200년 만에 완전히 바뀌고 있는 시대에 살고 있다. 그러나 오늘날 우리는 여전히 산업혁명 이전의 오래된 관점에서 가족을 이해하고 있다. 가족이 앞에서 말한 각종 역할을 수행해 줄 것이란 믿음, 특히 자식은 가장 믿을 수 있는 복지시스템이란 믿음 말이다. 결국 저자가 인류의 역사 연대기와 호모 사피엔스의 미래를 얘기한 이 책에서 궁극적으로 하고 싶은 이야기는 인류의 행복에 관한 부분이다. 인류의 문명이 발전할수록, 보다 나은 기술이 나올수록 인류는 더 행복할 것인가? 나는 이 책의 전체 내용에서 행복에 관한 부분을 정리해 보았다. 그 내용을 소개한다.

(고대 수렵채집인, 농업인, 현대인) 고대 수렵채집인 〈 농업인 〈 현대인의 순으로 행복하다는 것은 성립되지 않는다.

(능력과 행복) 인간의 능력과 행복 사이에는 역관계가 존재한다.

(주관적 안녕) 행복에 대해 일반적으로 받아들여지는 정의는 '주관적 안녕'이다.

(돈) 돈은 실제로 행복을 가져다준다는 것이다. 하지만 이는 어느 정도까지만이며, 그 정도를 넘어서면 돈은 중요치 않다.

(질병) 만일, 병이 더 나빠지지만 않는다면 사람들은 새로운 상황에 적응한다. 이들이 평가하는 주관적 행복은 건강한 사람과 같은 수준이다.

(가족과 공동체) 가족과 공동체는 우리의 행복에 돈과 건강보다 더 큰 영향을 주는 것으로 보인다.

(객관적 조건과 주관적 기대) 행복은 부나 건강, 심지어 공동체 같은

객관적 조건과 주관적 기대 사이의 상관관계에 의해 결정된다.

(행복 수준의 유지) 우리의 내부 생화학 시스템은 행복 수준을 상대적으로 일정하게 유지하도록 프로그램 되어 있는 듯하다. 우리가 너무 불행해하지도 행복해하지도 않게 만들어졌다는 사실은 놀라운 일이 아닐지 모른다.

(결혼) 좋은 결혼생활은 그녀로 하여금 때때로 행복지수 7을 누릴 수 있게 해줄 것이며, 행복지수 3의 낙담을 피하게 도와줄 것이다.

(신체적 감각) 행복하다는 것은 쾌락적인 신체적 감각을 느낀다는 것과 다르지 않다.

(인지적, 윤리적 요소) 행복에는 중요한 인지적, 윤리적 요소가 존재한다. 의미 있는 삶은 한창 고난을 겪는 와중이더라도 지극히 행복할 수 있다. 행복은 개인의 삶을 총체적으로 의미 있고 가치 있는 것으로 바라보는 데서 온다.

(행복 인자) 어떤 사람들은 즐거운 생화학 시스템을 갖고 태어난다. 그런 사람은 기분이 6에서 10 사이에서 움직이다가 시간이 지나면 8에서 안정된다. 그런 사람은 매우 행복하다.

(행복의 지속성) 몰려오는 쾌락적 감각을 일시적으로 누릴 수는 있지만, 그런 느낌은 결코 영원히 지속되지 않는다.

『사피엔스』는 인류가 좀 더 편한 생활을 추구한 결과 막강한 변화의 힘이 생겼고 이것이 아무도 예상하거나 희망하지 않았던 방향으로 세상을 바꾸었다고 주장한다. 그리고 인류가 점점 더 많은 힘을 갖게 될수록 우리의 진정한 욕구와는 동떨어진 차가운 기계적 세상이 만들어졌다는 점을 지적한다. 결론적으로 인류는 세상의 발전을 얘기하지만 근원적 행복한 삶은 포기해야 할 단계로 나가가고 있다는 것이다. 우리도 이제 그 행복을 포기한 것이 아닌지 고민해보아야 할 시점이다.

07 행복

독서노트 10선

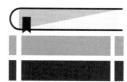

01 세상 모든 행복

행복! 당신은 당신의 인생을 얼마나 좋아하는가

사람은 누구나 행복하고자 한다. 다만 행복이 무엇인지 잘 모른다. 그래서 이 책은 등장했다. 바로 『세상 모든 행복』이다. 저자인 레오 보만스는 이 책을 쓰기 위해 2년여에 걸쳐 전 세계 50개국 100인의 행복학자와 전문가들에게 행복이 무엇인지를 묻고 그 대답과 그들의 행복에 관한 연구 자료와 에세이를 모았다.

이 책에서 에라스 뮈스 대학의 루트 빈호벤 교수는 행복의 정의로 "행복 Happiness이란 넓은 의미에서 안녕감, 삶의 질 같은 단어와 혼용되기도 하고, 개인과 사회의 복지를 의미하기도 한다. 한편, 구체적으로 '인생에 대한 주관적 수용'이라는 뜻도 있다. 또 '한 사람이 인생 전반을 호의적으로 보는 정도'로 정의 할 수도 있다. 쉽게 말해서 '자기 인생을 얼마나 좋아하느냐' 이것이 행복이다."라고 설명했다. 행복학의 시작은

『세상 모든 행복』
레오 보만스 지음/ 노지양 옮김/
흐름출판 2012

당신 스스로의 인생을 얼마나 좋아하는가라고 묻는 데서 시작한다.

그럼 100명의 학자는 어떻게 사는 삶이 나의 인생을 더 좋아하게 되는 행복한 삶이라고 말했을까? 이 책의 제목이 '세상 모든 행복'이니, 학자들이 얼마나 많은 행복론을 펼쳐 놓았을지 상상해보라. 나는 그중 인상 깊었던 몇 개의 내용을 질답의 형식으로 공유하고자 한다.

행복의 가장 못된 적은 무엇일까?
프랑스 소르본 대학 크라우디아 세닉 교수는 "바로 남과 비교하는 거다. 다른 사람과 비교하는데 시간과 감정을 낭비하지 마라. 질투와 선망 부러움이 들어선 자리에 야망과 의욕, 포부를 채워 넣어라."고 말했다.

행복은 좋은 행복과 나쁜 행복으로 나눌 수 있는가?
오스트리아 행복연구자 에른스트 게마허 교수는 "좋은 행복은 일과 취미, 관계 속에서의 우정과 사랑, 건강을 위한 운동 등에서 오는 행복이다. 나쁜 행복은 중독성과 관련 있다. 술과 마약, 성공과 권력을 향한 야망, 지루한 오락거리, 소외감만 키우는 가벼운 관계 등이다. 나쁜 행복은 얻기 쉽다. 좋은 행복은 얻기가 어렵다. 좋은 행복을 얻기 위해서는 배워야 한다. 지금 당장 행복을 공부하자."고 제안했다.

행복에도 십계명이 있을까?

15년 동안 행복을 연구하고 행복에 관한 책을 17권이나 쓴 행복전문가, 미국의 데이비드 G. 마이어스 교수는 행복에도 십계명이 있다고 주장하며 다음의 열 가지를 말했다.

1. 성공한다고 무조건 행복한 것은 아니다.
2. 소중한 사람을 무엇보다 우선순위에 두어라.
3. 능력을 발휘할 수 있는 취미를 찾아라.
4. 시간을 잘 활용하라.
5. 행복하게 행동하라.
6. 몸을 움직이자.
7. 잠을 충분히 자라.
8. 다른 사람에게 관심을 가지자.
9. 자신의 영혼을 돌아보라.
10. 일기를 써라.

행복은 유전자에 전적으로 달려 있는 걸까?

미국의 실험사회심리학자 소냐 류보미르스키 교수는 "행복의 50%는 유전적 설정 값이 결정한다. 이 사실을 받아들여야 한다. 다음으로 환경에 따른 결정은 겨우 10%다. 그러니 여기에 너무 집착할 필요 없다. 나머지 40%는 자신에게 달려 있다. 끊임없이 노력하고 실천하면 행복지수를 높일 수 있다."고 강조했다.

행복의 비결은 무엇인가?

남 아프리카 공화국 케이프타운대학 스트럼퍼 교수는 "느끼고 싶은 대로 느끼면 된다. 먼저 웃어라. 소리 내어 웃어라. 하지만 울고 싶을 때는 울어라. 그래야 할 때도 있다. 주변의 모든 아름다움에 눈과 귀를 열고, 적극 찾아 나서라. 마음껏 보고, 듣고, 맛보고, 냄새 맡고, 모든 삶의 기쁨을 경험하자. 그게 바로 행복의 비결이다."라고 설명했다.

중년이나 노년은 청년보다 덜 행복할까?

미국 브랜다이스대학 심리학과 마지 E. 라크만 교수는 "중년이나 노년이 청년보다 더 행복하다. '나이의 역설'이다. 나이를 먹으면서 많은 경험을 쌓으면 그만큼 지혜와 현명함이 내면에서 자라고, 어떤 상황에서도 충분히 만족할 수 있다는 사실을 깨우친다. 즉, 자신의 행복을 스스로 책임지는 것이다. 중년과 노년층은 현재가 인생의 절정기라 믿고 매 순간에 집중한다."고 말했다.

각자의 행복론을 펼치는 학자들의 모습은 모두 다른 행복을 추구하고 있는 것처럼 보인다. 하지만 이 책의 번역을 감수한 서은국 연세대학교 심리학과 교수는 100개의 목소리에 공통의 울림이 있다고 말했다. 그 첫 번째가 행복의 절대적인 원천이 타인과의 관계라는 점,

두 번째는 우리가 행복에 있어 '돈'의 역할을 과대평가한다는 점,

마지막으로 행복이 유전적 형질에 의해 일정부분 좌우되지만,

개인의 노력으로 성취할 수 있다는 점을 들었다.

그는 첫 번째 울림인 타인과의 관계에 대해 "세상 모든 것을 가졌어도 사랑하는 친구, 연인이 없는 삶은 결코 행복할 수 없다. 돈, 권력, 명예는 타인의 인정과 사랑을 얻기 위한 수단일 뿐이다. 그런데 우리는 이 '수단'들을 과도하게 추구하여 정작 타인과 벽을 쌓게 되는 모순을 범하며 살고 있다. 책에서 소개한 '사람이 없다면 천국도 갈 곳이 못 된다'는 레바논 속담이 인상적이었다."고 말했다.

이 책에는 행복에 관한 당신의 궁금증을 모두 담았다고 보면 된다. 세상 사람들은 행복을 무엇이라고 생각했고, 행복하기 위해 어떻게 살아야 하는지, 배워야 한다면 무엇을 배워야 하는지를 가득 담고 있는 책이 『세상 모든 행복』이다. 나는 이 책으로 행복학에 입문했다. 여러분도 이 책으로 시작하면 된다.

02 | 행복의 조건

 행복한 삶을 사는 사람들의 공통점은 무엇인가?

인생을 행복하게 산 사람들은 어떤 특징을 갖고 있 을까? 그들은 어떻게 오래도록 행복했을까? 『행복의 조건』은 하버드대학교 성인 발달 연구를 토대로 그 해답을 찾는다.

『행복의 조건』
조지 베일런트 지음/
이덕남 옮김/
프런티어 2010

하버드대학교 성인발달연구란 1938년 백화점 재벌 윌리엄 T. 그랜트의 후원으로 하버드 대학교 공중 보 건학부 알리 복 박사가 시작한 것이다. 그리고 이를 하버드대학교 의과대학 조지 베일런트 교수가 1967년에 이어받았다. 무려 42년 동안 지속한 총 70년의 종적 연구. 이 책은 하버드대학교의 3개 집단에 관한 성인발달연구로부터 찾아낸 수많은 주요 성과들을 다 음과 같이 요약했다.

① 우리에게 일어났던 나쁜 일들이 우리 미래를 결정하는 것은 아니다.

② 인간관계의 회복은 감사하는 자세와 관대한 마음으로 상대방의 내면을 들여다볼 때 이루어진다.

③ 50세에 행복한 결혼생활을 하고 있다면 80세에도 행복한 노년을 누릴 수 있다. 그러나 50세에 콜레스테롤 수치가 낮다고 해서 80세에 반드시 건강하고 행복한 것은 아니다.

④ 불행한 유년 시절과 관계없이 알코올 중독은 분명 실패한 노년으로 이어진다.

⑤ 은퇴하고 나서도 즐겁고 창조적인 삶을 누려라. 그리고 오래된 친구를 잃더라도 젊은 친구들을 사귀는 법을 배워라.

⑥ 객관적으로 신체 건강이 양호한 것보다 주관적으로 건강 상태가 좋다고 느끼는 것이 성공적인 노화에 훨씬 더 중요한 요소이다.

하버드 대학교 성인 발달연구에서 이 밖에도 주목할 만한 것은 유년기의 가정환경을 강조한 많은 내용들이다. 가족관계는 새로운 가족 구성원인 아이들의 유년기를 결정한다. 유년기에 겪게 되는 사건들이 아이들의 성격과 사회를 바라보는 시각으로 자리한다. 그리고 그것이 사회생활에서 되살아난다고 설명했다. 『행복의 조건』에서는 불행한 유년기를 보내게 되면 노년기에 끼치는 영향으로

첫째, 그들은 정신질환을 앓을 가능성이 훨씬 더 높다.

둘째, 그들은 놀이를 통해 인생을 즐기는 데 익숙하지 않다.

셋째, 그들은 자기감정은 물론 세상을 신뢰하지 않는다.

넷째, 평생 동안 친구를 사귀지 못하는 이들도 있다고 하였다.

이어 하버드 졸업생들 중 행복한 유년기를 보낸 이들은 자기감정을 존중하고 안도감을 느끼면서 행복한 노년에 이를 수 있는 반면에 불행한 유년기를 보낸 졸업생들은 몸에 배어 있는 불신과 의존성 때문에 삶을 고통으로 이끌었으며, 우리 연구에 대해서도 불신하는 태도를 보였다고 적었다. 그럼 어린 시절은 인생을 좌우하는가? 큰 영향을 미치는 것은 사실이나, 행복한 유년기가 행복한 삶을 반드시 보장하지 않듯이 불행한 유년기를 보냈다고 하여 자신의 삶이 불행하게 만들지는 않는다.

이 연구 결과를 토대로, 저자는 행복의 조건으로 7가지를 제시했다.
1. 고통에 대응하는 성숙한 방어기제
2. 교육
3. 안정된 결혼생활
4. 금연
5. 금주
6. 운동
7. 알맞은 체중

방어기제는 고통에 어떻게 대응하느냐는 것이다. 성숙한 방어기제는 소소하게 불쾌한 상황에 부딪히더라도 심각한 상황으로 몰아가는 일 없이 긍정적으로 전환할 수 있는 능력을 말한다. 교육이 행복의 요소인 것은 사회적 지위나 지적 능력 때문이 아니라 교육이 자기관리와 인내심을 높이고 교육을 많이 받은 사람일수록 담배를 끊거나, 음식을 조절하는 데 성공하는 확률이 높기 때문이다. 금연에 대해서는 젊은 시절에 담배를 끊은 경우가 행복하다. 술과 관련해서는 금주를 권하고 있는데 알코올 중독은 노년의 삶에 치명적인 악영향을 미친다. 운동은 신체적 건강뿐만 아니라 정신적 건강에 영향을 미치고, 비만은 담배만큼이나 해롭다. 행복의 조건에서도 안정된 결혼생활이나 교육 등 가족 관계가 행복의 조건으로 중요하다는 것을 보여주고 있다.

그리고 뒤이어 어떻게 살아가야 하는지를 총 세 개의 관문으로 설명한다.

첫 번째 관문은 긍정적 노화다.

긍정적 노화란 죽기 직전까지 계속 성장하는 것, 자연의 흐름에 따른 변화나 질병, 갈등 상황에 부딪치더라도 얼마든지 적극적으로 헤쳐 나가는 것, 나이 들어도 즐거움을 누릴 줄 아는 것으로 설명했다.

두 번째 관문은 건강하게 나이 들어가기다.

건강한 노년을 부르는 일곱 가지 요소는 비흡연 또는 젊은 시절에 담배를 끊음, 적극적 방어기제, 알코올 중독 경험 없음, 알맞은 체중, 안정적인 결혼 생활, 운동, 교육 년 수를 꼽고 있다. 이는 앞서 말한 행복의 조건과도 일치한다.

세 번째 관문은 품위 있게 나이 드는 것이다.

품위 있게 나이 드는 사람들의 특성은 다른 사람을 소중하게 보살피고, 새로운 사고에 개방적이며, 신체 건강의 한계 속에서도 새로운 사고에 개방적이며, 사회에 보탬이 되고자 노력했다. 노년의 초라함을 기쁘게 감내할 줄 알았다. 언제나 희망을 잃지 않았고, 스스로 할 수 있는 일은 늘 자율적으로 해결했으며, 매사에 주체적이었다. 유머감각을 지녔으며, 놀이를 통해 삶을 즐길 줄 알았다. 과거를 돌아볼 줄 알았고 과거에 이루었던 성과들을 소중한 재산으로 삼았다. 오래된 친구들과 계속 친밀한 관계를 유지하려고 노력했다.

지금 '행복하다'의 표현에는 삶의 과정에서 해온 노력의 결과가 포함되어 있다. 즉 행복이 지속되기 위해서는 지키거나, 지속해야 하는 종적 요소가 있기 마련이다. 긍정적 노화, 건강한 노년, 행복의 조건, 품위 있게 나이 들어가는 것을 보다 상세히 알고 싶다면 『행복의 조건』을 읽어 보자.

03 행복에 목숨 걸지 마라

 지금 우리가 누리고 있는 모든 것이 행복이다

행복만들기 전문가이자 심리학자인 리처드 칼슨이 1997년『사소한 것에 목숨 걸지 마라』를 출간하자, 그 후 그는 수천 통의 편지를 받았고, 대부분은 "사소한 일은 그렇게 무시한다 해도, 삶에서 정말 중요한 문제는 어떻게 하느냐?"라는 질문으로 가득했다고 한다. 책『행복에 목숨 걸지 마라』는 이 질문에 대답하는 시도다. 그래서 이 책은『사소한 것에 목숨 걸지 마라』의 완결판이라고 부르기도 한다.

『행복에 목숨 걸지
마라』
리처드 칼슨 지음/
이창식 옮김/
한국경제신문 2010

저자는 행복에 관하여 이렇게 선언한다. "삶에서 가장 큰 가치는 행복이며, 행복은 우리가 현재 누리고 있는 모든 것이다. 우리는 이미 충분히 행복한데도, 여전히 행복을 찾고 있다. 행복하기 위해 행복에 목숨 걸지 말고 행복의 발걸음을 붙잡는 사소한 것들을 버려라. 행복을 방해하는 방해물과 장애물을 버려라. 그러면 더 행복해질 수 있다." 그래서 리처드 칼슨 교수는 지금 행복하기 위해 차라리 버려야 할 39가지를 이 책에 빼곡히 채워 넣었다. 제1부는 지금 당장 버리면 행복해지는 사소한 생각들 13가지, 제2부는 지금 당장 버리면 행복해지는 사소한 감정들 12가지, 제3부는 지금 당장 버리면 행복해지는 사소한 행동 14가지들이다.

하지만 여기에 있는 생각과 감정, 그리고 행동을 버리고 나면 무엇이 남을까? 리처드 칼슨 교수는 위기가 절정에 다다르면 결국 이것이 사소한 것임을 깨닫고 버릴 수 있다고 했다. 맞는 말이지만 실제 생활에서 이를 적용하긴 어렵다. 모두 버리는 것은 불가능하다. 할 수도 없는 일이다. 앞서 말한 사소한 39가지, 버려야할 39가지가 있어 우리는 인간이기 때문이다. 그래서 여기 언급된 버려야 할 내용들 중에서 생각과 행동은 가급적 버리는 방향으로, 감정은 완전히 버릴 수 없으니 다스리거나 긍정적인 방향으로 바꾸려고 한다. 특히 감정 편 중 두 개의 내용은 반드시 짚고 넘어가기로 했다. 그 두 개는 나이 듦에 따른 불안과 삶의 궁핍이다. 다른 무엇보다 이 두 가지는 노년을 맞이하는 우리가 반드시 인식해야 할 부분이기 때문이다.

리처드 칼슨 교수는 제 2부 감정 편 중 '늙음에 대한 불안을 버려라'에서 초연한 마음으로 나이 들어감을 즐기라고 말한다. 이를 위해 그의 아버지가 말했던 "네가 끔찍한 불안과 고통 속에서 살고 싶다면 젊음을 유지하려고 몸부림치면 돼. 늙는 것에 대해 끝까지 저항하라구. 이건 절대로 이길 수 없는 게임이니까 네가 우울해지고 싶다면 젊음을 붙잡고 씨름을 하면 돼."라는 말씀을 인용하고 있다. 그는 스무 살이 서른 살보다 좋다거나, 서른 살이 마흔 살 보다 좋다고 말할 수는 없으며, 나이는 공평하고, 나이는 딱 나이 먹은 값을 한다고 했다. 이어서 '나는 정확히 지금의 나이를 먹었고, 그것이 나에게 가장 완벽한 나이인 것처럼 그대 역시 지금의 나이이고, 그 나이가 당신에게 가장 잘 어울린다'고 얘기한다. 또 '우리는 나이가 지금 몇 살이건 삶을 즐길 수 있다. 정말 중요한 것은 몸의 나이가 아니라 마음의 나이다'고 주장했다. 행복도 나이에 따른 구분 값이 없음은 당연하다. 인생은 어떤 나이도 다 의미가 있고 살만하다. 그러니 우리는 지금의 나이를 즐길 줄 알아야 한다는 것이다.

또 리처드 칼슨 교수는 같은 감정 편 중 '여유롭지 못하다 하더라도 궁핍한 마음은 버려라'에서는 "지금 가난할지라도 내면의 지혜로 극복하라." 고 말한다. 말은 이러해도 정말 쉽지 않다. 돈은 무조건 많으면 좋을까? 대부분은 '그렇다'고 대답할 것이다. 하지만 돈이란 게 마음먹은 대로 되지 않는다. 그래서 현실에 있어서는 다른 사람들이 살고 있는 정도만큼만 살면 되지 않겠느냐고 생각한다. 나는 지금 다른 사람들과 비교해서 잘 살고 있는가? 소득, 소비, 저축과 투자, 노후 준비 자산, 보유하고 있는 순재산이 다른 사람들과 비교해서 평균 정도는 되는가? 자산관리 세미나에 참여하신 분들의 눈동자에서는 이러한 의구심이 가득하다. 그럼 다른 질문을 해보겠다. 평균 정도면 만족할 수 있을까? 사람들을 순재산의 순위에 따라 1등부터 100등까지로 순서를 세운다고 가정해 보면, 순재산의 평균이란 중앙에 위치한 50번째 순위의 값보다 높은 곳에 있게 마련이다. 왜냐하면 상위 계층의 순재산이 너무 커 평균값을 올려놓기 때문이다. 자본주의가 고도화 될수록 평균치는 중앙값으로부터 계속 멀어질 가능성이 높다. 순재산과 소득의 중앙값과 평균치가 벌어지는 현상을 미국의 경제학자 에릭 브린욜프슨과 MIT 수석 연구원인 앤드류 맥아피는 '극심한 디커플링'이라고 명명하기도 했다. 그럼에도 사람들은 평균으로 노후 대책을 논의하기에는 다소 부족하다고 느낀다. 어떻게 해야 하는가? 나는 다른 건 몰라도 행복에 있어 어느 정도의 돈은 필수 준비사항이라고 주장한다. 그래서 "평균을 염두에 두지 말고 평균 이상을 추구하자!"는 목표를 세우길 요청한다. 돈이 중요하다면 우리가 할 수 있는 일은 미리 계획하여 실천하는 방법이 유일한 해법이다. 만약 나이 들어 내 생활이 궁핍하다면, 돈을 빼고 생활의 방편을 강구해 보아야 한다. 쉽지 않은 일이나 일자리를 찾고, 사회복지제도를 적극적으로 활용해야 하며, 주변으로부터 도움을 받아도 된다.

리처드 칼슨 교수의 핵심 주장은 "행복은 우리가 현재 누리고 있는 모든 것이다. 행복하기 위해 행복에 목숨 걸지 말고 차라리 행복의 발걸음을 붙잡는 사소한 것들을 버려라."라는 것이다. 결국 나중의 행복을 위한 사소함에 집중할 것이 아니라, 우리가 현재 누리고 있는 행복도 챙겨 보아야 한다는 것이다. 각자무치(角者無齒)라는 말이 있다. '뿔이 있는 동물에겐 이빨이 없다'는 의미다. 뒷모습 관찰가 한상복은 『지금 외롭다면 잘 되고 있는 것이다』에서 "1등이라는 멋진 뿔을 가지고 있으면 '행복이라는 날카로운 이빨은 없다. 상당수의 성공한 사람들에게 인생이 주는 가장 잔혹한 형벌은 행복이 비집고 들어올 틈을 완전히 막아 놓는다는 점이다."로 설명하였다. 우리 주변에서 이런 예는 너무도 많이 볼 수 있다. 특히 TV 드라마나 영화 등은 이런 소재들로 가득하다. 부잣집에서 태어나면 사소하고 평범하고 일상적인 것에서 행복을 느끼지 못한다. 또 너무 기대가 커서 중압감에 시달린다. 삶 속에서도 큰 부자가 되면 가족 구성원 사이에서 행복이 중간자리를 차지하기가 쉽지 않다. 각자무치는 어떤 사람이 좋은 점을 가졌으면 안 좋은 점도 있다고 생각하는 것이다. 이를 상보적(相補的) 신념이라고도 한다. 모든 것은 장점과 단점, 강점과 약점을 동시에 가지고 있다. 우리는 내가 가진 것에서 각자무치와 상보적 신념을 생각해 볼 필요가 있다. 모든 것을 다 가질 수는 없다. 그러나 행복은 누구나 누려야 하고, 누릴 수 있는 가치다.

04 행복의 함정

 행복! 불행의 요소를 배제하는 것이 우선이다

"지금 우리에게 필요한 것은 진정한 변화를 찾을 수 있도록 더 많은 사람이 함께하는 지혜다." 이는 영국의 경제학자로 일생을 행복연구에 바쳐 온 리처드 레이어드 교수의 『행복의 함정』 서론에 있는 문장이다. 저자는 2000년부터 21세기의 좋은 국가는 국민이 행복한 국가이며,

개인의 행복에 대해 정부가 철저히 책임지도록 할 필요가 있다고 주장해 왔다. 특히 이 책은 그가 연구한 행복의 매커니즘, 그리고 개인, 사회, 국가가 더 행복해지기 위해 무엇을 해야 하는지를 종합적으로 제안한 내용이 담겨 있다. 그렇다면 저자는 왜 국가의 역할을 강조하는가?

이를 이해하기 위해선 먼저 책의 제목이 왜 행복의 함정인가에 관해 알아야 한다. 이 책이 제시하는 가

『행복의 함정』
리처드 레이어드 지음/
정은아 옮김/
북하이브 2011

장 대표적인 함정은 소득증가의 역설이다. 책은 소득증가의 역설을 다음과 같이 설명했다. "가난한 나라에서 국민소득이 늘어나면 행복지수 역시 높아진다. 소득의 증가는 심각한 물리적 빈곤에서 벗어날 때 행복도를 높이는 진정한 가치를 발휘하기 때문이다. 그러나 2만 달러 대에 올라서면 그 다음부터는 소득수준의 향상만으로 행복지수를 끌어 올리는 것은 극히 어렵다. 소득이 증가한다고 행복도 계속 높아지지 않는 역설이 나타난다."

또 다른 것은 비교의 역설이다. 저자는 "우리에게는 불행을 부추기는 비교 습관이 있다. 그중에 비교의 대상은 주로 가까운 이웃이 된다."고 하며, 이를 하버드 대학생을 대상으로 한 설문조사로 설명했다. 당신은 1년에 평균 5만 달러를 벌고, 다른 사람들은 평균 2만 5,000 달러를 버는 세상과 당신은 1년에 평균 10만 달러를 벌고, 다른 사람은 평균 25만 달러를 버는 세상 중 어떤 세상을 살고 싶은가? 학생들은 대부분 전자를 선택했다. 사람들은 유독 돈과 관련한 사항은 비교를 하고, 특히 상대 소득을 실제 소득보다 중요하게 여긴다. 이상의 내용으로부터 우리는 행복의 비밀 두 가지를 알게 되었다. 소득이 증가한다고 계속 행복도가 올라가는 것은 아니며, 돈에 관한 왜곡된 비교는 버려야 한다는 점이다. 이는 행복에 관한 여러 질문으로 확인해 볼 수 있다. 사회적 지위가 높아진다고 행복지수도 계속 높아질까? 선진국이라고 후진국보다 행복지수가 높을까? 도시에 산다고 시골보다 행복지수가 높을까? 생활이 편리해질수록 행복지수는 계속 높아질까?

이러한 행복의 역설에 착안하여 리처드 레이어드 교수는 행복을 측정해 보기로 한다. 그럼 행복은 측정 가능할까? 그는 가능하다고 했다. "행복의 원천은 수없이 많으며, 고통과 괴로움의 원천 또한 수없이 많다. 또 모든 경험에는 좋거나 나쁘거나 하는 감정이 따른다. 사실 사람들은 자신이 얼마나 기분 좋은지 쉽게 말할 수 있으며 설문조사에서 이러한 질문이 나왔을 때 평범한 질문보다 응답률이 훨씬 높다. 자신이 어떤 감정을 느끼는지 잘 알고 있으며 질문의 타당성을 인식하고 있다."는 것이 이유다. 그가 미국 텍사스에 사는 직장 여성 900여 명을 대상으로 실시한 연구를 살펴보자. 그는 일과를 평균 15개 에피소드로 나눠 좋은 느낌 혹은 나쁜 느낌으로 단순 분류하고, 행복도를 매겼다. 가장 좋아하는 활동은 4.7점으로 섹스, 가장 싫어하는 활동은 2.6점인 통근으로 밝혀졌다. 또 혼자 있는 것보다 어떤 사람이라도 함께 있는 것을 더 선호하는 것으로 드러났다. 물론 직장 상사의 경우 혼자 있는 편이 나을 정도로 싫어한다는 결과가 나왔다. 이러한 연구과정을 거쳐 리처드 레이어드 교수는 행복에 그다지 영향을 미치지 않는 다섯 가지 특징을 확인했다. 나이, 성별, 외모, 지능지수, 교육수준이 그것이다. 이 중에 교육수준은 그 영향이 미미하지만 교육수준이 높아지면 소득이 증가해 행복을 높일 수는 있다는 점은 유의해서 봐야 할 부분이다.

한편 행복에 결정적 영향을 미치는 '빅 세븐 Big Seven'도 확인할 수 있었다. 빅 세븐을 중요성에 따라 배열하면 '가족관계, 재정, 일, 공동체와 친구, 건강, 개인의 자유, 개인의 가치관'이다. 저자는 이 빅 세븐의 내용을 설명하면서 행복의 하락 요인에 초점을 맞춘다. 행복은 상향으로 추구하고, 점점 더 높이 나아가야 하지만, 결국 이 하락 요인을 배제하는 것이 우선 되어야 한다는 의도다.

특히 리처드 레이어드 교수는 앞서 말한 빅 세븐 중 건강을 제외한 여섯 가지는 국가 간 행복도 차이를 80%까지 설명해준다는 것이 밝혀졌다고 말했다. 국가의 이혼율, 실업률, 신뢰도, 비종교적 모임의 회원, 정부의 질, 종교 활동 인구 같은 국가적인 지표가 그 행복도 차이를 결정한다는 것이다. 따라서 저자는 국민이 행복하기 위해서는 국가와 정부의 역할과 책임이 있다고 주장한다.

그럼 행복하기 위해 어떻게 해야 하는가? 리처드 레이어드 교수가 얘기하는 공동선과 최대 다수의 최대 행복 등은 국가의 역할 확대와 정부의 질 향상과 관련되어 있어 개인에게 실체적 접근이 쉽지 않다. 대신 이 책에서는 초중고 교과에서 행복에 관한 다음의 주제를 다루어야 한다고 하며 그 방법을 어렴풋이 소개한다. 바로 자신의 감정을 이해하고 다루기, 타인을 사랑하고 봉사하기, 아름다움 감상하기, 정신질환 마약 그리고 알코올 포함 질병의 원인과 치료법, 사랑, 가정, 부모의 역할, 일과 돈, 대중매체를 이해하고 자신만의 가치관 지키기, 타인을 이해하고 사람들과 어울리기, 정치에 참여하기, 철학적이고 종교적인 사상 이해하기 등이다. 누구나 잠재되어 있는 불행의 요소를 갖고 있다. 나는 이 책이 빅 세븐으로 행복을 추구한다는 목표를 세우기 전에 불행하지 않도록 불행의 근원을 차단하고 극복할 수 있는 힘을 기르는 것도 중요함을 지적했다고 본다. 행복의 함정과도 같은 불행의 요소들에 빠지지 말자.

05 How to be happy

행복요인은 환경, 유전, 의도적 행동이다

"행복이야말로 삶의 모든 영역에 셀 수 없이 많은 긍정적인 부산물을 안 겨준다." 『How to be happy』의 저자인 심리학자 소냐 류보머스키 Sonja Lyubomirsky교수는 동료인 에드 디에너 Ed Diener, 로라 킹 Laula King과 함께 행복해지면 무엇이 좋은지, 심리학적 자료들을 수집하여 위와 같이 결론을 내렸다. 이 부분에서 우리는 질문을 해야 한다. 행복한 사람들의 행복 요인은 무엇인가? 이 책의 핵심이 그 요인의 분석에 있다.

저자는 수천 명의 참가자들과 함께 '행복증진연구'를 진행한 결과들을 근거로 '행복 결정 요인에 대한 이론'을 제시한다. 이론의 핵심이 40% 해결책이다. 40%를 차지하는 행복 요인을 우리가 어떻게 하느냐에 따라 행복도 증진시킬 수 있다는 주장이다. 과연

『How to be happy』
소냐 류보머스키 지음/
오혜경 옮김/
지식노마드 2008

그 40%는 무엇일까? 바로 마음먹기에 달렸다는 것이다.

40% 해결책을 알아보기 전에, 먼저 나머지 60% 중 10%의 환경 요인에 대해 알아보자. 여기서 환경이란 성, 나이, 민족, 성장한 지역, 어린 시절과 사춘기의 여건과 사건들, 결혼유무, 직업과 연봉, 종교, 생활수준, 질병 등을 망라한다. 저자는 이 많은 환경적 요인이 단지 10% 밖에 영향을 미치지 못한다고 말하며, 궁극적으로는 적응할 수 있다고 말한다. 정말에 들지 않아 만족할 수 없다면 단지 10% 뿐이니 어렵더라도 옆으로 치우면 된다고 말한다. 이 밖에 나머지 50%의 경우, 저자는 연구를 토대로 행복한 또는 불행한 기질 등 유전적 요인이 차지한다고 했다. 일란성 쌍둥이의 경우 생후 따로 성장했더라도 그들의 유사성은 조금도 줄어 들지 않아 행복지수도 비슷하다는 것이다. 행복의 유전적 요인은 부모의 한쪽 또는 양쪽 모두로부터 물려받는다. 삶의 변화가 행복 수준을 올리기도 하고 내리기도 하지만, 유전요인으로 인해 궁극적으로 원래의 행복 설정값으로 되돌아간다고 보았다. 그러면서 유전 요인의 설정값은 불변하므로 바꾸려고 노력할 필요는 없다는 말도 덧붙였다. 우리는 유전자의 지시를 무조건 따라야 하는 운명을 타고 났다는 것이다. 결국 환경요인 10%와 유전요인 50%는 우리의 통제 영역 밖이라는 것이 그의 주장이다.

그럼 이제 어떻게 해야 하는가? 소냐 류보머스키 교수는 우리가 통제할 수 있는 행복 영역은 삶을 살아가는 체험이고, 행복요인의 40%가 체험, 즉 우리의 행동과 사고 등 의도적인 활동과 전략에 영향을 받는다고 한다. 따라서 이 책에서 주장하는 행복론의 결론은 다음과 같다.

유전적 요인으로 설정된 값은 변화와 영향, 통제에 저항하기 때문에 바꾸려 노력해 봤자 소용없다. 환경적 요인은 바꾸어 봤자 지속적인 행복을 찾을 수 있는 것도 아니다. 그러니 의도적 활동이라는 40%의 행복요인에 집중하라.

책 『How to be happy』는 분량이 400쪽을 넘어선다. 행복요인 분석은 112쪽에서 이미 끝났다. 나머지 300여 쪽은 의도적 활동을 위한 열두 가지 행복연습을 설명하고 있다.

1. 의미 있는 목표를 설정하고 그 목표에 헌신하라.
2. 몰입 체험을 늘려라.
3. 행복을 내일로 미루지 말고 삶의 기쁨을 음미하라.
4. 감사를 표현하라.
5. 낙관주의를 길러라.
6. 과도한 생각과 사회적 비교를 피하라.
7. 친절을 실천하라.
8. 사회적 인간관계를 돈독히 하라.
9. 스트레스 관리를 위해 대응전략을 개발하라.
10. 용서를 배워라.
11. 영혼을 위해 종교생활과 영성 훈련을 하라.
12. 몸의 건강을 보살피고 신체활동을 하라.

열두 가지 행복연습은 단지 선언적 문구로 그치지 않는다. 실제 실천할 수 있는 방법도 함께 제시한다. 물론 우리가 생각하기에 이 내용들은 너무 평이하다. 뭔가 특별한 것을 기대했다면 대단히 실망할 것이다. 그럼에도 저자는 싱겁고 뻔해도 적절하게 실천하면 믿을 수 없을 만큼 효과적이라고 말한다.

소냐 류보머스키 Sonja Lyubomirsky 교수의 『How to be happy』는 행복의 담론이 있는 자리에는 단골로 인용된다. 핵심은 '의도적 활동'에 관한 부분이다. 결국 지체하지 말고 의도적 활동을 하고 늘려가라는데 초점이 맞춰져 있다.

나는 다르게 얘기하고 싶다. 정말 60%의 요인은 바꿀 수 없기에 중요하지 않은 것일까? 저자는 환경 요인에 대해 적응하면 된다고 했지만 그것은 쉽지 않다. 또 환경은 적당한 수준을 갖추었을 때 10%의 역할을 한다. 일정 수준을 유지하지 못하면 행복 수준을 최악으로 떨어뜨린다. 50%의 유전적 요인 또한 마찬가지다. 만약 행복의 60%를 차지하는 이들을 결국 설정값으로 되돌아간다는 이유로 간과해 버린다면, 이 모든 담론이 무슨 의미가 있을까라는 생각마저 든다. 우리는 우리를 지배하는 환경적, 유전적 요소를 바로 직시해야 한다. 나의 행복 기질을 알아야 하고, 습관과 행동 태도를 바로 알아야 한다. 알면 의도적으로 이를 바꿀 수 있다는 게 나의 생각이고 주장이다. 알고 나면 스스로 노력할 수 있는 여지가 생긴다. 의도적 활동도 보다 쉽게 해 나갈 수 있다.

책 『How to be happy』의 부제는 '행복도 연습이 필요하다'이다. 아마도 행복을 좌우하는 의도적 행동 40%에 초점을 맞춘 표현일 것이다. 나는 그 의도적 행동 40%를 행복의 전부인 결론으로 받아들이지 않기 위해 이 책을 추천한다. 아마 당신의 환경과 유전적 요인도 함께 돌아보는 시간이 되리라.

06 행복의 경제학

물질을 빼고 행복을 추구하자

소설가 김연수는 중앙일보 2006년 5월 13일자 '삶과 문학' 편에서 C. 더글러스 러미스의 책 『경제성장이 안 되면 우리는 풍요롭지 못할 것인가』를 인용하여 '타이타닉 현실주의'에 대해 말했다. '타이타닉 현실주의'는 요리사나 기관사의 입장에서 배가 멈추면 그들의 일자리가 없어지게 되기 때문에 곧 빙산에 부딪치므로 당장 멈추어야만 한다고 소리치는 것은 현실적이지 않다는 것이다. 곧 부딪치는 타이타닉호에서 중요한 것은 일자리가 아니라 생명인데도 말이다. 우리 생활에서도 경제를 계속 발전시켜야 돈이 많아지고 그러면 더욱 행복해진다는 주장은 일면 타이타닉 현실주의에 사로잡힌 모습이다. 타이타닉호가 일자리 때문에 멈추지 못하여 생명을 잃듯이, 경제성장의 지속이라는 돈의 추구는

『행복의 경제학』
쓰지 신이치 지음/
장석진 옮김/
서해문집 2009

행복을 잃을 수도 있다. 일자리가 곧 생명이 아니듯, 돈이 곧 행복은 아니다. 오히려 너무 많은 돈은 행복을 저해하는 요인이 될 수도 있다. 경제의 성장은 행복에 기여할 수 있지만, 어느 단계부터는 경제적 요소를 줄이면서 행복을 추구할 수 있어야 한다. 나는 '오늘날 우리가 점점 더 행복해지고 있는가?'라는 질문을 한 번쯤 던져야 한다고 생각한다. 그냥 세상 속에 놓여 지내다 보면 매우 공허한 나, 결코 행복하지 못한 나를 발견할지도 모른다. 『행복의 경제학』은 그런 의도에서 선정했다.

저자인 쓰지 신이치 메이지학원대학 국제학부 교수는 우리가 살아가는 풍요를 위한 경제 시스템이 궁극적으로 사람을 행복하게 하지 않는 시스템이라면 새로운 경제 개념을 만들어야 한다고 주장한다. 그러면서 '경제학'이라는 학문을, 경제 그 자체를 발전시키기 위한 학문이 아니라 인간이 행복해지는 방법을 연구하는 학문으로 만들고, 그것을 '행복의 경제학'이라 이름 지었다.

나는 이 책이 우리가 살아가는 방식과 생활에서 여러 가지 의문을 제시하고 있음에 주목한다. 가장 대표적 의문점은 '그렇게 열심히 살면서 풍요를 위한 발전을 추구하지만 궁극적으로 행복한 삶과는 점점 멀어지는 이유는 무엇인가?'이다. 이에 답하기 위해선 먼저 발전이란 무엇인가부터 살펴보아야 한다. 이 책은 오늘날의 발전이란 오직 풍요로운 정도, 즉 물질적 부에 의해 측정된다고 본다. 가장 대표적 측정치는 GNP(국민총생산)나 GDP(국내총생산)다. 또 전 세계 모든 나라와 국민이 '발전'

이라는 프로세스 속에 있다고 말한다. 책은 이 발전의 개념에 반기를 들고 싶어 한다. 그렇게 진행된 발전이 궁극적으로 행복한 것은 아니기 때문이다. 그러면서, '국민의 노동시간이 줄어들고, 여가가 늘어나는 것을 '발전'이라고 하겠다거나, 자연과 문화를 소중히 하여 세계에서 가장 아름답고 즐거운 나라가 되는 것을 '발전'이라고 정의하면 안 되느냐'고 묻는다.

그렇게 해서 나왔던 말로 GNH를 소개한다. 이 말은 부탄의 지그메 싱기에 왕추크 Jigme singye Wangchuck 전 국왕이 1970년대에 만들어낸 말이다. Product-상품의 'P' 대신에 Happiness-행복의 'H'를 넣었다. 한 나라의 부(富)를 재기 위한 지표로 전 세계가 공통적으로 사용하고 있는 GNP(국내총생산)에 빗대어 마지막의 'P'대신 'H'를 넣었던 것이다. 즉 GNH는 국민총행복으로 해석할 수 있다. 어쩌면 부탄 전 국왕은 GNH라는 말을 통해 GNP라는 발전의 모델을 전면 부정하고 싶었는지도 모른다.

나는 100세 시대를 배우고 공부하면서 '우리의 인생을 거꾸로 들여다본다면 어떤 말을 할 수 있을까?'에 천착하여 그 내용을 모아 본 적이 있다. 나는 그 제목을 '거꾸로 생각하면 보이는 여유 있는 삶!'이라 이름 붙였다. 이 내용은 행복의 경제학과 일면 비슷한 점이 있다. 당신이 하는 오늘의 물질추구와 삶의 속도를 잠시 멈추고 다음의 내용을 보아주기 바란다.

너무 부지런하게 살려고 하지 마라. 사람들은 원래 게으르다. 따라서 부지런한 사람이 예외인 것이다. 재미있게 사는 것이 잘 사는 것이다. 재미를 아는 사는 사람이 세상을 잘 산다. 즐거운 삶을 추구해야 한다. 사람들은 원래 즐거운 것을 좋아한다. 따라서 즐겁게 할 수 있는 일을 하면 더 좋다. 완벽한 삶을 추구하지 마라! 완벽한 사람을 좋아하는 사람은 없다. 남들에게 잘 보이려고 하지 마라. 어색한 꾸미기보다 자연스러운 나의 모습을 사람들은 더 좋아한다. 직장이 제1의 인생 목표는 아니다. 직장에서의 성공은 내가 하고 싶은 목표를 이루게 해 주는 유효한 방법이므로 최선을 다해야 한다. 시간을 알뜰하게 사용해야 한다는 생각을 버려라! 가끔은 아무 일 없이 멍 때리고 있는 것도 괜찮다. 아침형 인간이 성공한다는 등 말을 따라서 할 필요가 있는 것은 아니다. 지나치지 않은 하루 일과가 오히려 낫다.

쓰지 신이치 교수는 『행복의 경제학』에서 물질주의로부터의 탈피와 슬로 라이프를 주장한다. 풍요에 대한 환상을 버리고, 크기와 속도를 줄이라고 조언한다. 물질부자가 아니라 시간부자, 소비부자가 아니라 자연과의 조화 부자가 되라고 한다. 현대 사회를 사는 우리는 물질과 속도를 뺀 행복을 추구해 보고 싶을 때가 있다. 그럴 때 『행복의 경제학』을 읽어라. 행복한 생활이 무엇인지 중심을 잡는데 큰 도움을 줄 것이다.

07 행복의 과학

 행복! 옥시토신 분비를 촉진하라

저자는 이 책이 친절에 관한 책이라고 명시했지만, 나는 행복에 관여하는 신경물질인 옥시토신에 관한 책으로 규정한다. 바로 유기화학 박사데이비드 해밀턴 David R. Hamilton의『행복의 과학』이다. 물론 이러한규정은 사실 순서만 틀렸을 뿐이다. 저자는 옥시토신을 지속적으로 강조하고 그 결과 친절이 옥시토신이라는 신경물질 분비에 미치는 지대한 영향을 고려하여 친절에 관한 책이라 표현한 것이기 때문이다. 친절은 과학적으로 설명하기 어렵다. 그러나 옥시토신은 과학적으로 설명가능하다. 나는 행복에 관하여 과학적 접근 방법을찾다가 이 책을 발견했다. 데이비드 해밀턴 박사는'행복'에 관여하는 신경물질은 나 자신과 관련이 있는'도파민 Dopamine'과 타인과의 관계에서 형성되는

『행복의 과학』
데이비드 해밀턴 지음/
임효진 옮김/
인카운터 2012

'옥시토신 Oxytocin'이 있다고 하였다. 그는 '도파민'은 내가 이루는 목표 달성과 꿈의 실현으로 얻을 수 있는 신경물질로 가령 시험에 합격했거나 시합에서 우승 했을 때 가슴이 터질 것처럼 행복하고 하늘로 날아갈 것처럼 들뜨는 것에 영향을 준다고 하고, '옥시토신'은 타인과의 관계에서 이타적인 행동이나 친절 등을 베풀 때 분비되는 신경물질로 행복을 느끼게 할 뿐만 아니라 건강에도 긍정적인 영향을 미친다고 했다. 여기에서 주목해야 하는 점은 도파민적 행복은 쾌감은 크지만 오래 지속되지는 못할 뿐만 아니라 성과에 따라 좌우되고, 목표를 향해 가는 과정에서 고통, 스트레스가 따른다는 것이다. 반면에 옥시토신적 행복감은 강렬하지 않아도 은은하게 오래 지속된다. 성과와 무관하고 타인과 경쟁도 없다는 것이다.

그럼 책에서 찾을 수 있는 정보로 옥시토신에 대해 좀 더 자세히 알아보자.
먼저 옥시토신은 언제 분비되는가?
다른 사람과 교류할 때, 애정을 느낄 때, 사랑을 나눌 때다. 이처럼 타인과 유대감을 느끼는 상황이면 언제든 분비되기 때문에 옥시토신을 행복 물질, 애정 물질, 포옹 물질, 사랑의 묘약이라고도 한다.
옥시토신이 건강에 좋은 이유는 무엇인가?
인간관계가 좋아 옥시토신이 분비되어 뇌나 몸속에 흐르면 상대방을 더 신뢰하고 너그럽게 대하게 된다. 또한 옥시토신은 혈압을 낮춰주기 때문에 심혈관 질환 예방에도 도움이 된다.
친절이 옥시토신 분비에 도움을 주는 이유는 무엇인가?

우리 뇌는 친절을 베풀 때 일종의 마약성분인 '엔도르핀 Endorphin'을 분비한다. 그래서 엔도르핀을 '뇌 내 마약'이라고 부른다. 몸속에서 만들어지는 이 화학물질은 마약과 유사한 작용을 하지만, 헤로인 같은 진짜 마약과 달리 우리 몸에 전혀 해롭지 않다. 친절을 베풀면 엔도르핀 외에도 '옥시토신'과 '세로토닌 Serotonin'같은 뇌 내 신경전달물질이 분비된다. 이들 물질은 기분을 개선하는 데 도움을 줘 긍정적이고 낙관적인 심리 상태를 만들어 낸다.

옥시토신이 우리 몸에 체계적으로 영향을 미치는 과정은 어떻게 되는가?

옥시토신은 '신경 펩타이드'의 일종이다. 신경 펩타이드 Neuropeptide는 뇌의 시상하부(視床下部)로 만들어져 우리가 생각하고 감정을 느끼면 뇌하수체(腦下垂體)로 흘러간다. 그리고 혈관을 타고 몸속을 돌아 각 부위의 세포 표면에 있는 수용체와 결합해 지령을 전달한다. 이 구조는 마치 여러 가지 모양의 블록을 끼워 맞추는 장난감과 닮았다. 다시 말해 신경 펩타이드가 수용체와 결합하면 세포에 정보가 전달된다. 결합에서 정보 전달까지는 한 치의 오차도 없이 정확하다.

옥시토신은 노화 방지에도 도움이 되는가?

노화는 혈관질환과 관련성이 높다. 일산화질소는 노화를 막는 중요한 인자다. 이것이 부족하면 수명이 단축된다. 일산화질소는 나이가 들수록 몸속에서 줄어드는데, 이로 인해 고령자의 경우에도 혈관 확장도 어려워진다. 그런데 옥시토신이 활발하게 분비되면 나이에 상관없이 일산화질소가 증가한다. 심장과 혈관이 건강해지며 노화를 막을 수도 있다.

옥시토신은 활성산소 억제에도 도움을 주는가?

우리는 음식물 소화 작용을 비롯해 흡연, 과도한 운동, 스트레스 등으로 인해 매 순간 활성산소를 만들어내고 있다. 활성산소는 다른 분자의 원자를 뺏으려는 성질이 있어서 세포와 DNA를 손상시킨다. 활성산소가 쌓여 농도가 짙어지면 체내 산화 균형이 무너지게 되는데, 이런 상태를 바로 '산화 스트레스'라고 한다. 마이애미 대학 연구팀에서는 사람의 혈관 세포를 옥시토신이 있는 상태와 없는 상태에서 각각 배양해 비교했다. 그 결과, 옥시토신이 있는 상태에서 배양한 세포에서는 산화 스트레스가 24~48%나 감소했다. 옥시토신이 산화 스트레스를 줄여준 것이다.

이상의 옥시토신에 관한 설명은 우리에게 옥시토신 분비에 관여하는 무엇을 특정하게 한다. 저자인 데이비드 해밀턴 박사는 그 무엇의 예로 친절, 감사, 용서를 들었다. 모두 타인과의 관계에서 일어나는 일이다. 그는 "타인에게 친절을 베풀기 전에 먼저 자신에게 친절을 베풀자. 자신을 배려하면 인간으로서의 그릇이 배는 커진다. 그러면 타인에게 친절을 베풀 수 있게 된다. 자연스럽게 연민이 생겨나고 항상 감사하는 마음을 갖게 된다. 당신이 자신과 타인에게 친절을 베푸는 삶을 살면 세상 전체가 밝아진다."고 했다. 『행복의 과학』은 우리가 왜 친절해야 하고, 늘 감사해야 하는지, 또 용서가 왜 나를 위한 행동인지를 옥시토신으로 설명한다. 그러면서 우리 몸이 행복하기 위해 옥시토신 분비를 촉진하라고 한다. 그리 어려워 보이지 않는 친절과 감사를 실천해보아야 하는 이유다.

08 이타적 인간의 출현

U(나의 행복)=
M(물질적 행복) + aV(타인의 행복을 느끼는 정도 X 타인의 행복)

경제학에서의 인간은 오직 '경제적 인간'이다. 즉 인간은 합리적 · 이기적 · 논리적 일관성을 갖고 있다는 것이다. 그런데 경제현상을 경제심리학적으로 연구한 결과, 이론과는 달랐다. 투자이론에서도 마찬가지였다. 투자자들은 결코 합리적이지 않았다. 투자자들은 단지 위험과 수익률이 아니라 더 많은 것을 고려했다. 투자자들은 자신의 전체 포트폴리오를 고려하는 것이 아니라 개별 투자를 각각의 이익과 손실로 파악했다. 무엇보다 중요한 것은 이익과 손실을 대하는 태도가 크게 달라, 손실은 이익보다 2.5배로 더 크게 받아들였다. 노벨경제학상 수상에서도 변화가 감지된다. 2009년 노벨 경제학상은 주류 경제학이 받아들이고 있는 합리적이고 완벽하게 작동하는 시장에 대해 반기를 든 올리버 윌리엄슨 Oliver Williamson UC버클리대 교수와 엘리너 오스트롬 Elinor Ostrom 인디애나 교수가 수상했다. 이때부터 본격적으로 행동경제학이 대두되기 시작했다. 나는 한국에서도 경제학의 범주를 넘어 인간의 행동을 연구한 학자가 있지 않을까라는 생각이 들었다. 그런 학자를 찾는 중에 2007년 10월 과학저널 사이언스지에 '자기집단 중심적 이타성과 전쟁의 공진화'라는 제목으로 논문을 낸 경북대학교 경제학과 최정규 교수님을 알게 되었다. 그 후 교수님이 하시는 2009년 7월 4일 '생물학은 인간을

『이타적 인간의 출현』
최정규 지음/
뿌리와이파리 2009

얼마나 이해할 수 있을까?'를 주제로 한 강의에도 참석했다. 인간이 이기적이라면 인류의 역사는 궁극적으로 이기적 유전자만 살아남아야 하고 타인을 이롭게 하는 이타적 유전자는 소멸되었어야 맞다. 그러나 인류는 이타적 인간이 생존하고 있다. 이날 강의는 이타적 인간이 생존에 유리한 이유를 여러 사례와 이론으로 풀어냈다. 이에 감명 받아 그의 책 『이타적 인간의 출현』을 바로 읽기 시작했다.

이 책은 게임이론을 바탕으로 인간 본성의 진화를 풀어내고 있다. 진화의 관점에서 보면 인간은 무조건 자신만의 이익을 극대화하는 경제적 동물이 아니었다. 인간은 이기적인 면과 이타적인 면을 함께 갖고 있고, 두 관계는 서로 충돌하며 진화해 왔다고 본다. 그럼 이타적 행위란 무엇인가? 저자는 이타적 행위에 대해 남들에게 혜택을 주지만 정작 행위자 자신에게는 손해가 되는 행위라고 정의했다. 그러면서 그는 우리가 알고 있는 딜레마 몇 가지를 소개한다.

먼저 죄수의 딜레마 Prisoner's Dilemma다. 죄수의 딜레마는 실제

죄의 유무를 떠나 궁극적으로 서로 자백하는 결과로 귀결된다. 즉, 서로 배신하는 것이다.

두 번째는 공유지의 비극 Tragedy of the Commons이다. 공유지의 비극에서 보면 공공재는 먼저 차지하는 놈이 임자다. 이런 공공재에는 지구도 포함된다.

세 번째는 동창회 자리에서 각자 주문하기다. 전체 비용을 회비로 계산하면 내가 비싼 음식을 시키더라도 내가 직접 부담하는 게 아니다. 이렇게 되면 전체 비용은 증가한다. 이런 딜레마에서 보면 상대방을 배신하는 행위가 우월한 것처럼 보인다. 하지만 결국 어떤 딜레마도 서로 협조적일 때가 최선의 방법이며, 서로 양보해야 공존함을 알 수 있다.

그러나 딜레마 상황이 아닌 다른 경우에도 이타적 행위는 나타난다. 저자는 그중에서도 많은 동물 사회에서 볼 수 있는 이타적 행위를 소개하고 있다. 꿀벌 사회에서 일벌들이 생애기간 동안 하는 이타적 행위, 흰개미 사회에서 침입자가 있는 경우 자신의 창자를 파열시켜 끈끈한 내용물을 뿌려 적들의 접근을 금지하는 이타적인 행위, 미어캣 사회에서 적이 다가올 때 큰 소리로 경계신호를 보내지만 정작 자신은 노출되는 이타적인 행위, 거피와 큰 가시고기 무리에서 큰 물체가 나타났을 때 정찰대 역할을 하는 이타적 행위, 흡혈박쥐 사회에서 사냥에 실패한 성인박쥐의 7%, 어린 박쥐의 40%를 헌신적으로 돕는 이타적인 행위, 침팬지 사회에서 서로 털을 다듬어 주는 행위와 먹이를 공유하는 이타적 행위 등이 그것이다. 이러한 이타적 행동은 인간에게도 똑같이 나타난다.

그렇다면 우리는 왜 이타적 행동을 하는 것일까? 우리 사회에서 보이는 이타적 행동은 어디에서 비롯된 것일까? 우리는 왜 협조적으로 행동하는 걸까? 최정규 교수는 다음의 네 가지로 설명하고 있다.

첫 번째는 '혈연선택가설'이다. 내 자식을 돕고, 내 형제를 돕고, 더 나아가 내 손자 손녀와 조카들을 돕는 것은 다름 아니라 나와 동일한 유전자를 갖고 있을 확률이 높은 사람을 돕는 일이다. 그 결과 자식 수가 늘어나면 그만큼 내 유전자를 퍼뜨릴 기회도 높아진다. 이것이 혈연관계에 있는 사람들에게 이타적 행동을 할 때 내가 얻는 이득이라고 강조한다. 궁극적으로 이타적 행동은 나에게 유리하기 때문에 선택하는 이기적 행동이란 설명이다.

두 번째는 '반복-상호성 가설'이다. 어떤 사회가 반복되는 과정에 있다면 협조는 협조를, 배신은 배신을 가져오고, 이를 무한 반복하면 서로 협조하는 것이 유리한 선택이어서 이타적 행동을 하게 된다는 설명이다. 반복되는 과정이 길수록 이타적 행동이 나타난다.

세 번째는 '유유상종 이론'이다. 협조적인 사람은 협조적인 사람과 모여서 상호작용을 하고, 이기적인 사람은 이기적인 사람들끼리 모여서 상호작용을 한다면 당연히 협조적인 행위가 유지, 진화되기에 더 좋다. 만일 사회가 이타적인 사람과 이기적 사람이 모여 산다면 이기적인 사람은 이타적인 행동이 유리함을 배워 이를 따라 할 가능성이 높아진다.

네 번째는 '집단선택 가설'이다. 인간은 농경사회 이전에는 수렵 채취가 가장 중요한 경제행위였다. 수렵 채취는 공동으로 해야 성과가 높았다. 이때는 함께 나누었다. 그래야 후에 내가 능력이 없더라도 함께 할 수 있기 때문이다. 또 적의 침입을 방어하는데도 집단의 공동 대응이 중요하다.

최정규 교수는 이타적인 행위와 관련하여 우리의 만족감을

U=M+aV의 도식으로 설명했다.

우리의 만족감은 U,

자신의 물질적 이득으로부터 얻게 되는 만족감의 정도를 M,

타인의 행복을 느끼는 정도는 a,

타인의 행복은 V다.

어떤 사람의 a가 0보다 크다면 그 사람은 타인이 행복할 때 그로부터 심리적 만족감을 느끼는 사람이다. 물질적 이득으로 얻는 만족감 M은 무한히 증대될 수는 없다. 우리가 만족감을 높이기 위해서는 타인의 행복으로부터 얻게 되는 만족감인 aV가 높아야 한다. 그럼 내 안의 이타성에게 질문해 보자. 나의 V값과 a값은 얼마인가? 분명한 것은 나이가 들수록 이타성에 의한 만족도가 삶의 만족도이자 행복도가 된다는 점이다. 이타적 관점의 경제학을 공부하고 싶다면, 당신이 하는 이타적 행동에 의미를 부여하고 싶다면, 또 나의 만족도를 높이는 방법으로 이타적 행동을 선택하려 한다면 이 책을 읽어보자. 이론을 설명하고 있어 다소 난해하긴 하지만 이해하는 데는 문제가 없다.

09 행복의 기원

행복이란? 사랑하는 사람과 함께 맛있는 음식을 먹는 것!

최근 많은 자리에서 행복은 중요 대화 주제 중 하나다. 지금 행복한지를 물어보고, '행복하세요'라고 인사한다. 나는 이 말을 들을 때마다 '지금 내가 살고 있는 방식은 행복일까 아닐까' 하는 생각이 끊임없이 든다. 연세대학교 심리학과 서은국 교수의 『행복의 기원』은 그런 점에서 우리에게 시사 하는 바가 크다.

『행복의 기원』
서은국 지음/
21세기북스 2014

앞서 수록된 『세상의 모든 행복』에서도 이야기했지만 저자는 세계에서 가장 활발하게 인용되는 행복 심리학자 중 한 명으로, 그의 논문들은 OECD 행복측정 보고서에 참고 자료로 사용되고 있다. 최근 '세계 100인의 행복학자'에 선정되기도 했다. 이 책을 선택했던 이유도 바로 서은국 교수의 행복에 관한 좀 더 깊이 있는 내용을 알아보기 위해서였다.

서은국 교수의 행복론은 "우리는 행복하기 위해 사는 것이 아니라, 행복해야만 생존할 수 있기 때문에 생활 속에 행복이 있어야 한다."고 결론을 맺는다. 그럼 생활 속의 행복은 과연 무엇인가? 바로 사람들과 함께 어울리는 것이다. 서은국 교수는 인간의 역사를 시간으로 바꾸어 1년으로 압축하면, 인간이 문명생활을 한 시간은 365일 중 고작 2시간 정도에 불과하고, 364일 22시간은 피비린내 나는 싸움과 사냥, 그리고 짝짓기에만 전념하여 살아왔다고 한다. 오늘날 우리는 단지 2시간을 보고 인간이 동물이 아닌 줄 알지만 여전히 동물임을 알아야 한다고 설명했다. 진화론적 관점에서 동물로서의 인간은 생존에 가장 유리한 방향으로 최적화했는데 그 방식은 짝짓기에 유리한 위치 선점과 사냥의 기회를 넓히기 위한 사회성의 발달로 나타났다고 보았다. 짝짓기와 사냥은 생존의 핵심 요소이지만 그것이 삶의 의미라거나 자아성취가 아니라 이성과 살이 닿을 때, 고기를 씹을 때 느낌이 아주 좋았기 때문에 그 방향으로 진화했다고 본다. 즉 짝짓기도 결국 타인이 있는 행동이므로 인간은 모든 면에서 사회성이 중요한 생존 도구임을 강조했다.

나는 행복을 설명하는 많은 책에서 '사람들 사이에 있을 때 행복하다'는 것을 한결같이 강조하고 있음을 알게 되었다. 에비게일 트래포드는 『나이 듦의 기쁨』에서 "친구가 없는 사람은 감기도 더 괴롭게 앓는다."고 했다. 에른스트 게마허 Ernst Gehmacher 교수는 "사람은 최소 4명에서 12명 이하의 가족이나 친구들 사이에서 '전폭적인 신뢰'와 '든든한 도움'을 받을 때 사회적 행복을 느낀다. 그리고 최소 15명 이상의 잘 알고 지내는 사람들과 사회적 조직 안에서 친밀하고 협조적인 관계를 유지할 때 강한 소속감을 느낀다. 이를 최적의 사회적 자산 Optimal social capital이라 한다."고 하였다. 심장 전문의 미미 구아르네리 Dr. Mimi Guarneri는 『기분 좋은 심장이 수명을 늘린다』에서 "병 Illness에서의 I 나는 고립 Isolation을 의미하며, 건강 Wellness에서 가장 중요한 글자는 우리 We이다."고 하였다. 레오 보만스는 『세상 모든 행복』에서 '사람이 없다면 천국도 갈 곳이 못 된다'는 레바논 속담을 소개하기도 했다.

서은국 교수는 영어의 becoming(~되는 것)과 being(~으로 사는 것)의 차이는 상당히 크다고 생각했다. 그러면서 우리는 무엇이 되기 위한 becoming은 관심을 가지지만 그렇게 되고 난 다음의 being에는 관심이 낮다고 말했다. 결국 행복이란 지속되는 삶, 즉 being 속에 있어야 하는데도 말이다. 그런 의미에서 그는 "행복이란 기쁨의 강도가 아니라 빈도"라고 주장한다. 큰 기쁨이 아니라 여러 번의 기쁨이 중요하다는 것이다. 행복은 아이스크림과 같은데, 행복의 공화국에는 냉장고가 없어 아이스크림을 보관할 수 없으니, 행복은 녹아 없어질 수 있음을 받아들이고, 자주 여러 번 맛을 보아야 한다고 주장했다.

서은국 교수는 이 책에서 인간이라는 동물은 쾌감을 느끼는 본질적 기원, 즉 행복의 기원이 섹스할 때(번식)와 사람들과의 관계(생존)에서 온다고 했다. 또 한국인이 즐거움을 느끼는 행위는 먹을 때와 대화할 때였다고 한다. 그래서인지 책 『행복의 기원』 191쪽에는 한 장의 사진이 실려 있다. 바로 사랑하는 사람과 함께 음식을 먹는 사진이다. 저자는 이 한 장이 사람의 행복을 설명한다고 한다. 이 모습이 바로 행복이라 한다.

우리는 파랑새를 찾듯이 행복을 찾아 나선다. 또 추구한다. 그러나 행복은 두 가지 질문을 던져 준다. 지금 사랑하는 사람과 함께 있습니까? 사랑하는 사람과 함께 맛있는 식사를 하고 있습니까? 이 물음에 답을 하지 못한다면, 당신은 행복에 한 걸음도 도달하지 못한 것이다.

10 행복의 중심, 휴식

인생! 계속해서 가속 페달만 밟는다면~~

영국의 심리학자 로스윌과 인생 상담사 코언은 행복
지수 HPI(Happiness Index)를 2002년에 발표했다.
행복지수는 18년 동안 1,000명의 남녀를 대상으로
80가지 상황 속에서 자신들을 더 행복하게 만드는
다섯 가지 상황을 선택하게 하는 실험 결과다.
행복지수는 '1P + 2P + (5 × E) + (3 × H)'로 측정
한다. 여기에서 P(Person)는 개인적 특성으로 인생
관, 적응력, 유연성 등을, E(Existence)는 생존 조건

『행복의 중심, 휴식』
올리히 슈나벨 지음/
김희상 옮김/
걷는나무 2011

으로 건강, 돈, 인간관계 등을, H(Higher order)는 고차원 상태를 의미
하는 것으로 야망, 자존심, 기대, 유머 등을 표현한다. 영국의 경제학자
로 일생을 행복연구에 바쳐온 리처드 레이어드는 『행복의 함정』에서 행
복에 결정적인 영향을 미치는 7가지를 중요성에 따라 '가족관계, 재정,

일, 공동체와 친구, 건강, 개인의 자유, 개인의 가치관'을 꼽고 이를 '빅 세 븐 Big Seven'이라 하였다. 정신과 전문의 조지 베일런트의 '하버드 대 학교 성인발달 연구'에 관한 책 『행복의 조건』은 행복의 조건으로 고통 에 대응하는 성숙한 방어기제, 교육, 안정된 결혼생활, 금연, 금주, 운 동, 알맞은 체중 등 7가지를 들고 있다. 이러한 행복 방정식 속을 들여다 보고 있으면 또 다른 의구심이 든다. 행복하기 위해 우리는 무엇인가 계 속 추구해야 한다는 내용이 대부분을 차지하고 있기 때문이다. 정말 그 래야 하는 것일까? 독일 인문과학 전문기자 올리히 슈나벨의 책 『행복의 중심, 휴식』은 이러한 생각에 반기를 든다. 휴식을 행복의 중심에 둔다.

우리는 시간이 돈인 사회에서 살고 있다. 사람이 시간을 지배하는 게 아 니다. 시간이 인간을 지배한다. 그래서 우리는 시간 속에 하는 일의 속 도를 끊임없이 높여가야 했다. 점점 더 가속화되어가는 세상의 변화를 따라가기 위해 분초를 다투어 달려가야 했다. 그 결과 완벽주의, 조급 증, 번아웃 신드롬 등이 더욱 증가했다. 더 잘 살기 위해 노력한 결과는 행복과는 점점 더 멀어지고 있다. 관건은 시간의 빈곤이다.

이 책은 시간의 빈곤과 가속화하는 사회 환경에 대해 상당 부분을 할 애하여 설명하고 있다. 노벨상을 수상한 경제학자 허버트 알렉산더 사 이먼은 정보로 넘쳐나는 세상의 출현으로 생겨난 정보의 과잉은 반드 시 다른 분야의 빈곤을 야기할 것이라고 경고했는데, 바로 그것이 시 간의 빈곤이다. 또 미국의 경제학자 대니얼 해머메쉬는 '부의 증가와 더불어 시간 부족으로 인한 고통도 늘어남을 확인했다. 아무래도 벌이가 늘어날수록 시간은 귀해지는 모양'이라고 썼다. 그러면서 "갈수록 시간이 점점 더 부족하다는 사람들의 불평은 쓸 수 있는 시간에 비해 너무 많은 돈을 가졌기 때문에 비롯되는 현상이다. 다시 말해 수입의 증가와 더불어 갖고 싶은 것, 누리고 싶은 것도 늘어나는데 이 모든 것을 충족시킬 시간이 턱없이 부족한 탓에 사람들은 시간 스트레스를 느끼는 것이다."고 표현했다. 이상의 내용은 현대인에게 있어 휴식이 필요한 충분한 이유가 된다.

올리히 슈나벨 기자에게 있어 휴식은 나와 시간의 일체감이 있어야 하고 곧 자신만의 시간을 누리는 것이다. 그래서 시간을 누리는 모든 것은 휴식이다. 심지어 일조차도 충족감이 넘치면 휴식이라고 주장한다. 그는 휴식의 2가지 핵심 조건으로 자신이 시간의 주인이 되는 느낌을 가지기, 늘 새로운 가능성을 찾고 더 나은 대안이 무엇인지 고민하는 것을 포기할 줄 알기를 제시했다. 말하자면 휴식이란 자신만의 시간을 누리는 것, 휴식을 위해 현명하게 포기할 줄 아는 것이다. 우리가 평소 생각한 휴식과는 다소 차이가 있다.

올리히 슈나벨 기자는 우리가 생각하는 휴식에 대해 네 가지 오해가 있다고 하고 이를 정리하여 표현했다.

첫째, 휴식을 취하기에 시간이 부족하다는 문제는 개인의 차원에서 다루어야 하며, "단순하게 살아라"와 같이 적절한 태도만으로 아주 쉽게 해결될 수 있다고 하는 오해다. 사실 시간 부족은 더 이상 개인의 문제가 아니다. 사회라는 집단의 문제가 된지 오래다. 바삐 움직이는 사회와 사람들 속에 홀로 여유를 부릴 수 있겠는가?

둘째, 휴식을 위해서는 특별한 시간을 내서 익숙한 일상으로부터 탈출하여야 하고, 이를 위해 많은 돈을 들여야 한다는 오해다. 휴식을 위한 일상탈출의 과정은 어떻게 계획하고 실천해야 하는가? 그 자체가 휴식이 아니다.

셋째, 휴식도 소비할 수 있는 상품으로 보아 각종 프로그램에 등록하여야 즐길 수 있다는 오해다. 장거리 여행과 프로그램에 대한 스트레스, 환경 적응은 그 자체가 휴식이 아니다.

넷째, 휴식은 충분한 시간만 있으면 가능하다는 오해다. 사람들은 충분한 시간이 있어도 쉬지 못하고, 행복감을 키워 줄 수 없는 일에 매달리기도 한다.

"내일 죽는다 해도 해야 할 일인지 나에게 묻는다. 지상에서 누리는 짧은 시간에 비추어 볼 때, 우리가 벌이는 일은 거의 대부분 웃기는 일이기 때문이다. 막판에 가서 우리는 정작 무얼 했는지 전혀 알지 못한다. 돌아보는 그 순간, 우리 인생은 이미 지나갔다."

저자가 책에서 전하는 독일의 영화감독 도리스 되리의 말이다.

우리는 행복하기 위해 열심히 산다고 하지만 그럴수록 시간에 쫓기는 삶은 멈출 수가 없다. 정보의 홍수 속에서 나 자신을 찾기도 어렵다.

세상을 더 누리는 것이 행복이라고 생각했지만 그 방법을 추종할수록 시간을 누리지는 못한다. 누리지 못한 인생의 시간은 나의 시간이 아니다. 나의 시간을 팔아 돈을 벌고, 그렇게 사는 삶을 잘 살았다고 표현하기는 어렵다. 그래서 묻는다. 지금 당신은 휴식하고 있는가?

08 어떻게 살 것인가
독서노트 10선

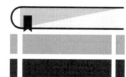

01 사람은 무엇으로 성장하는가

✎ 당신의 성장! 호기심 하나면 충분하다

리더십 전문가 존 맥스웰은 자신의 책 『사람은 무엇으로 성장하는가』에서 두 가지 점을 강조한다. 인생이라는 경기에서 너의 가능성을 펼쳐라, 또 가능성을 펼치기 위해서는 성장해야 한다가 그것이다. 그럼 우리는 다시 두 가지에 주목하게 된다. 하나는 나의 가능성은 무엇인지 그것을 어떻게 찾을 것인지다. 또 다른 하나는 성장하기 위해 어떻게 변화할 것인가이다. 이 책은 가능성과 성장 이 두 가지에 관한 내용을 모두 담고 있다. 그리고 그 가능성과 성장이 있는 더 멋진 삶을 위해 해야 할 일들로 모두 15개의 법칙을 제시하고 있다.

나는 그 중에서도 제12장 호기심의 법칙 하나만 소개해보려고 한다. 결국 내가 갖고 있는 호기심이 발동하여야 다른 모든 법칙들도 시작할 수 있기 때문이다. 존 맥스웰은 "인생을 신기한 것이 가득한 곳으로

『사람은 무엇으로 성장하는가』
존 맥스웰 지음/ 김고명 옮김/
비즈니스북스 2012

만들어라. 호기심이 많은 사람은 늘 지식에 목말라 한다. 인생, 사람, 생각, 경험, 사건에 관심이 많고 항상 더 배우고 싶어 한다. 호기심이 있으면 평범함 너머에 있는 가능성을 생각하고 그것을 확장하게 된다. 또한 호기심은 평범함을 넘어 비범한 존재가 되게 한다. 왕성한 호기심으로 계속 성장하려면 인생을 즐겨야 한다."고 말했다.

호기심은 궁금한 것을 알기 위해서 답을 찾게 한다. 더 많이 배우게 한다. 더 많이 참여하게 하고, 더 많은 사람을 만나게 한다. 호기심이 충족되면 삶에 여유가 생긴다. 모르면 불안하지만, 알고 나면 평안해지기 때문이다. 아는 것이 힘이 되어 삶에 자신감도 생겨난다. 또 새로운 도전이 자연스러워진다. 호기심이 긍정의 에너지를 끊임없이 불어 넣어 주어 도전의 자세가 만들어졌기 때문이다. 이렇게 인생을 흥미진진하게 해주고 죽을 때까지 지치지 않는 에너지를 불어넣어 줄 수 있는 단 하나가 호기심이다. 100세 인생에서 이보다 중요한 준비물은 없다.

브라이언 그레이저 Brian Grazer는 책『큐리어스 마인드』에서 "위대한 업적은 '왜'라는 아이 같은 호기심에서 탄생한다. 인간의 마음에서 발견할 수 있는 가장 단순하고 우선적인 감정은 호기심이다. 호기심은 우리가 지금 하는 방식이 유일한 방법도, 최선의 방법도 아닐 수 있다는 가능성을 허용한다. 호기심에서 비롯된 만족감은 삶에서 가장 중요한 행복의 원천이다."라고 호기심을 표현했다.

그러나 사람마다 호기심의 정도가 다르고, 아예 호기심 자체가 없어 보이는 경우도 있다. 따라서 우리는 호기심에 불을 붙이는 발화점을 찾아야 한다. 나는 그 발화점이 메모, 기록, 일기에 있다고 주장한다. 이 세 가지는 작은 의지와 노력만으로 가능하다. 생활 중 어느 장소에서든 갖고 다니며 적을 수 있다. 독서, 각종 세미나, 심포지엄, 포럼, 아카데미와 사람들과의 교류에서 느낌이 온 내용을 요약 정리한다. 이를 바탕으로 궁금한 점을 적어 본다. 그리고 반드시 질문한다를 기본으로 정해 두고 실천해 보자. 발표자의 저서와 소개된 책을 찾아 읽고, 언급된 장소를 찾아가고, 모임과 학회에 가입하여 활동해 보기를 권유한다. 분명히 새로운 세상이 열린다고 장담한다.

서민 단국대 교수는 2017년 3월 9일 서울 50 + 중부캠퍼스에서 '글 잘 쓰는 비결'을 주제로 강연했다. 결론은 매일매일 조금씩 글을 써보라는 것이었다. 그러면서 "노트와 펜을 가지고 다니다 글감이 있으면 간단히 얼개를 써 놓을 것, 노트를 가지고 다니면 우리네 삶이 글을 쓸

소재로 가득 차 있다는 것을 알게 된다."고 설명하였다. 바로 호기심이 발동했다. 서민 교수님의 노트는 어떻게 생겼을까? 질의응답 시간에 "교수님의 노트를 보여 주실 수 있나요?"라고 질문했다. 교수님은 가방 안에서 노트를 꺼내 쫙 펼쳐 보여주셨다. 과감한 행동은 마치 이 질문을 기다린 듯했다. 거의 다 쓴 노트다. 펼쳐진 공간은 내용들로 빼곡하게 채워져 있었다. 습관화된 '메모, 기록, 일기'는 호기심을 펌프질하는 마르지 않는 샘물이다.

호기심은 누구나 갖고 있다. 나의 호기심을 따라 우선 마구 달려가 보자. 그래야 내가 무엇을 좋아하는지, 잘 할 수 있는지 알 수 있다. 존 맥스웰의 15개의 법칙도 결국 당신의 호기심에 달렸다. 당신 속 호기심을 끄집어내고 호기심이 이끄는 힘에 자신의 몸을 맡겨보자. 당신의 가능성이 발현되는 순간 성장으로 나아가는 길이 열린다고 확신한다.

02 어떻게 살 것인가

 자유로움과 열정, 설렘과 기쁨이 있는 인생을 살고 있는가?

이 책이 출판된 2013년, 당시 쉰다섯 살의 유시민 작가는 어떻게 살아야 하는지 그가 하고 싶은 얘기를 이 책에 담았다. 그 과정에서 '나는 무엇인가?', '나는 누구인가?', '어떻게 살아야 하고 어떻게 죽는 것이 좋은가?', '의미 있는 삶, 성공하는 인생의 비결은 무엇인가?', '품격 있는 인생, 행복한 삶에는 어떤 것이 필요한가?'라고 묻는다. 결국 질문은 하나로 모아진다. '어떻게 살 것인가?'

『어떻게 살 것인가』
유시민 지음/
아포리아 2013

유시민 작가는 본인이 직접 '나답게 살기'가 세상을 살아가는 방법이라고 명확히 하면서, "삶을 자기 방식대로 살아가는 것, 자기 결정권을 행사하며 사는 것이다."고 말했다. 나는 그가 하고 싶은 말을 정리하는 과정에서 작가가 '당신은 나답게 살고 있는가?'라고 묻기 위해 던지는 질문들을 찾아냈다. 우리는 이 질문들 속에서 '나답게 사는 방법'을 찾아야 한다.

나답게 살기 위해 그가 하는 **첫 질문은 '어떻게 죽을 것인가'다.** 죽음을 인식하고 삶을 들여다보아야 나답게 산다고 보았기 때문이다. 그는 "죽을 수밖에 없기 때문에 삶은 아름다울 수 있다. 영생은 축복이 아니다. 그것은 존재의 의미를 말살한다. 어떤 죽음을 준비하느냐에 따라 삶의 내용과 의미, 품격이 달라진다. 아직 젊은 사람일수록 더 깊이 있게 죽음의 의미를 사유할 필요가 있다. 자기 자신의 죽음까지도 냉정하게, 있는 그대로 바라보자. 인간은 모든 면에서 유한한 존재이다. 이 사실을 담담하게 받아들여야 한다. 영원한 것에 대한 갈망, 삶이 찰나에 지나지 않는다는 사실을 아는 사람이 사람다운 삶을 제대로 살 수 있다."고 말했다.

두 번째 질문은 '어떤 직업을 선택할 것인가'다. 그는 "직업 선택이 인생 성패의 절반을 좌우한다. 좋아하는 일을 직업으로 삼아 남들만큼 잘하려면 필요한 기능을 갖추기 위해 공부하고 노력해야 한다. 아무리 나이가 들었어도, 자신이 일상에서 즐거움을 느끼는 쪽으로 직업을 바꾸는 것은 언제나 바람직하다. 직업을 잘 선택하려면 열등감을 극복해야 한다. 타인의 평가에 휘둘리지 말고 내가 좋아하는 일을 고르면 된다."고 했다.

세 번째 질문은 '당신은 어떤 놀이를 즐기며 사는가'다. 그는 "놀이는 단순한 스트레스 해소 수단이 아니라 그 자체가 행복한 삶의 핵심 요소이다. 놀 때는 떳떳하게 노는 게 좋다. 지나치지만 않다면, 스스로를 죄의식 느끼지 않아도 될 범위 안에만 있다면, 밝은 마음으로 당당하게 즐기는 게 좋다고 생각한다."고 피력했다.

네 번째 질문은 '사랑하며 살고 있는가'다. 그는 "누군가와 영원한 작별을 상상하는 것만으로 가슴이 아리다면 당신은 그 사람을 깊게 사랑하고 있는 것이다. 사랑의 대상은 제한이 없지만 가장 크고 황홀한 사랑은 '성적(性的) 교감을 토대로 한 사랑'이라고 나는 믿는다. 성적 교감 위에서 존재 그 자체를 있는 그대로 껴안고 모든 것을 나눌 수 있는 동반자가 있을 때, 인간은 비로소 절대 고독을 벗어날 수 있다. 혼인이 깨지는 것 가체가 가장 큰 불행은 아니다. 사랑을 잃어버리는 것이 진짜 불행이다. 결혼은 구애의 종착점이 아니다. 혼인한 이후에도 배우자에게 이성으로 매력 있는 사람이어야 한다."고 어떻게 사랑해야 하는지를 설명했다.

다섯 번째 질문은 '아이들을 올바르게 사랑하고 있는가'다. 그는 "부모가 저지를 수 있는 가장 중대한 잘못은 자녀의 삶을 대신 설계하고 자녀의 행복을 대신 판단하는 데서 시작된다. 아무리 지위가 높고 돈이 많은 사람도 자녀에게 행복을 상속해 줄 수는 없다. 행복은 사람이 저마다 느끼는 주관적 만족감이기 때문이다. 부모는 자녀가 자신의 행복을 찾아나갈 수 있도록 지켜보고 격려하면서 필요할 때 적절한 도움을 주는 선에 머물러야 한다. 아이를 잘 키우려면 도를 닦는 자세를 가져야 한다. 따지고 드는 아이를 존중해야 한다. 끝없이 '왜?'를 쏟아내는 아이를 억압해서는 안 된다. 제대로 된 사랑을 듬뿍 받고 자라나 스스로 인생을 만들어나가는 사람은 아주 작은 일에도 쉽게 행복을 느끼게 된다."고 아이에 있어 부모가 어떻게 해 주어야 하는지 그 역할을 강조했다.

여섯 번째 질문은 '품위 있게 나이 들고 싶은가'다. 그는 "품위 있는 어른은 잘난 체, 있는 체, 아는 체 하지 않고 겸손하게 처신한다. 없어도 없는 티를 내지 않는다. 힘든 일이 있어도 의연하게 대처한다. 매사에 넓은 마음으로 너그럽게 임하면 웬만한 일에는 화를 내지 않는다. 다른 사람을 배려하며 신중하게 행동한다. 내 이야기를 늘어놓기보다는 남의 말을 경청한다. 이렇게 하면 품위 있는 어른으로 존중 받을 수 있다. 젊어서나 늙어서나 품격 있게 사는 게 가장 바람직하다. 차선은 젊을 때 품격이 없더라도 나이 들면서 품격을 갖추는 거다. 최악은 젊어서 품격이 있었던 사람이 늙어서 밉상이 되는 것이다."고 품위 있는 삶을 살 것을 강조했다.

일곱 번째 질문은 '신념의 도구로 살고 있는가'다. 그는 "인생에서 가장 '달콤 살벌한' 것은 신념이 아닌가 싶다. 신념은 때로 삶 그 자체가 된다. 사람은 신념을 위해 살기도 하며 신념을 위해서 죽기도 한다. 이렇게 신념은 누군가의 인생 전체를 채우기도 한다. 어떤 신념도 완벽하게 옳다거나 훌륭하다고 할 수는 없다. 삶에서 더 중요한 것은 신념 그 자체보다는 그것을 대하는 태도이며, 그 신념을 실천하는 방법이다. 신념이 잘못된 것이 아닌 경우에도 그것을 실현하는 방법을 잘못 선택하면 삶이 죄악의 구렁텅이에 빠진다. 인생에도 정치에도 확정된 진리 같은 것은 존재하지 않는다고 나는 생각한다."고 강조하고 결코 신념의 도구가 되지 말라고 조언한다.

그럼 이쯤에서 궁금해진다. 그래서 '유 작가는 지금 나답게 살고 있는 가?' 저자는 "나는 '세상을 떠날 때 내가 지금 하는 일들에 대해서 스스로 어떤 평가를 하게 될까?'라고 자문해 보니 '직업으로서의 정치'를 떠나 글 쓰는 일로 돌아가자. 마음이 설레고 일상이 기쁨으로 충만한 삶을 살자는 답이 돌아왔고, 그래서 글쓰기로 되돌아왔다."고 말한다. 그는 "행복은 '지금 여기'에만 있는 것이다. 행복을 느끼려면 육체와 정신, 감각과 이성이 모두 필요하다. 삶은 준비 없이 맞았지만 죽음만큼은 잘 준비해서 임하고 싶다. 때가 되면 나는, 그렇게 웃으며 지구 행성을 떠나고 싶다."고 적었다.

나는 유시민의 "삶이 찰나에 지나지 않는다는 사실을 아는 사람이 사람다운 삶을 제대로 살 수 있다."는 표현에 동의한다. 사람다운 삶이란 나답게 사는 것이다. 유시민의 나답게 사는 방식은 '열정이 있는 삶, 마음이 설레는 일을 하는 것, 내 삶에 단단한 자부심을 느끼고, 자유로움과 열정, 설렘과 기쁨이 있는 인생을 사는 것'이다. 우리는 자신에게 그러한 삶을 살고 있는지 물어 보아야 한다.

03 몰입 flow

 미치도록 삼매경에 빠져 본 적이 있는가?

우리는 언제 제일 행복할까? 삶의 질 연구소 미하이 칙센트미하이 Mihaly Csikszentmihalyi 소장은 그의 책 『몰입 flow』에서 "행복은 좋든 싫든 간에 우리 인생의 순간순간에 충분히 몰입하고 있을 때만이 오는 것이다."라고 말한다. 그러면서 몰입해 있는 순간이 행복한 상태라고 했다. 그에 따르면 몰입 상태는 우리가 완전히 어떤 것에 몰입했을 때 시간이 가는 것도 모르는 백 퍼센트의 주의 집중 상태를 말하는 것으로 일종의 삼매경(三昧境) 같은 것이다.

『몰입 flow』
미하이 칙센트미하이
지음/ 최인수 옮김/
한울림 2013

그럼 몰입을 지속 가능하게 하는 방법은 무엇인가? 칙센트미하이 소장의 지속성 있는 몰입 flow을 2차원의 x축과 y축으로 설명해 본다. 가로의 x축 기술 Skills은 주어진 과제를 해결할 수 있는 정신적, 신체적 기술이나 능력을 말한다. 세로의 y축 도전 Challenges은 한번 도전해 볼까라고 하는 의욕 수준과 주관적으로 느끼는 난이도다. 몰입은 두 축이 만나는 중간인 45도 선상에서 기술과 도전이 균형을 이룰 때 경험하게 된다. 즉, 개인이 갖고 있는 기술 수준과 도전 의욕의 수준이 균형을 이룰 때 경험하는 게 몰입이다. 이때 45도 선상이 아니라 세로 도전 쪽 y축으로 가면 불안해진다. 이 상태는 기술보다 의욕이 높은 상태다. 가로 기술 쪽 x축으로 가면 지루함을 느낀다. 이 상태는 기술은 높은데 의욕이 못 따라가는 상황이다. 균형 상태가 아니면 도전을 상하로 이동시키거나 기술을 좌우로 이동시켜 45도 선상에서 균형을 이루도록 하면 몰입을 유지할 수 있다. 그리고 보다 높은 차원의 몰입을 위해서는 도전을 강화하고, 기술을 향상시켜 45도 선상에서 점점 더 우상향의 방향으로 나아가면 된다. 몰입의 대상은 운동, 보는 것, 듣는 것, 맛보는 것, 성적인 것, 독서, 말, 글쓰기, 배우기, 다른 사람과의 관계, 친구, 가정, 일, 악기, 미술, 과업 등을 모두 포함한다. 나는 여기 몰입이 중요한 개념 하나를 도출했다고 본다. 몰입의 통로에서 보면 비록 도전과 기술이 낮아도 그 통로에만 있으면 행복감을 느낀다는 점이다. 행복하기 위해 반드시 높은 차원의 도전과 기술을 필요로 하지 않음을 보여주고 있다. 또 지속적인 몰입은 나를 한 차원 높은 단계로 나아가게 해 준다.

행복과 배움을 주제로 계속 책과 씨름하는 중에, 칙센트미하이 소장의 『몰입 flow』이 많은 석학들의 행복, 성취, 배움을 설명하는 과정에 인용되고 있음을 알게 되었다. 그만큼 행복의 방법으로 몰입이 중요하기 때문일 것이다.

몰입에 대하여 이어령 교수는 『젊음의 탄생』에서 "대학이 요구하고 키우는 창조적 지성은 '자기 목적적'이라 할 수 있습니다. '자기 목적적'은 영어로 '오토텔릭 Autotelic'이라고 합니다. 오토Auto는 희랍어로 '자기 스스로의 것'을 의미하고, 텔릭 Telic은 '목적'을 뜻하는 테로스 Teros 에서 나온 말입니다. 그러니까 인간에게는 죽지 못해 어쩔 수 없이 해야 하는 행동보다 그저 하고 싶어서 행하는 자율적인 행동, 무상의 행위인 오토텔릭의 삶, 그 쪽이 더 즐겁고 신명이 납니다. 그것이 칙센트미하이 소장이 말하는 플로 flow 몰입상태의 삶인 것이지요."라고 표현하였다.

서울대학교 황농문 교수는 『인생을 바꾸는 자가 혁명, 몰입』에서 "놀아도 몰입하지 않으면 재미가 없고 아무리 돈이 많아도 몰입하지 않으면 행복을 경험하기 어렵다. 행복을 추구하면서도 해야 할 일을 남보다 더 잘할 수 있도록 해주는 방법이 바로 몰입이다. 몰입은 즐거움과 특별한 감정을 동반하는 놀라운 경험이다."고 표현했다.

리처드 레이어드는 『행복의 함정』에서 "케인스와 버트런스 러셀은 일단 가난을 극복하고 나면 지루함이 인간을 위협하는 최대의 위험이라고 생각했다. 이는 다소 과장된 말이지만, 그 반대는 확실한 진실이다. 가장 큰 행복은 외부 목표에 몰입하는 데서 온다. 심리학자 미하이 칙센트미하이는 어떤 일에 푹 빠져서 자신을 잊어버릴 정도로 현재에 몰입하는 경험을 '플로'라고 묘사했다."고 인용한다. 그 밖에도 서울대학교 최인철 심리학과 교수는 『나를 바꾸는 심리학의 지혜, 프레임』에서 행복과 성취를 설명하면서 찰스 두히그 Charles Duhigg는 『습관의 힘』에서 『몰입 flow』을 인용하고 있다.

'우리는 흔히 어떻게 살 것인가?'라는 거대 담론 앞에 서곤 한다. 그 답 중 하나는 몰입임에 틀림없다. 이제 우리는 '몰입할 수 있는 일을 찾았고, 그 일을 하고 있는가?'라는 질문을 해야 한다. 나는 노년, 노후, 은퇴 후 삶의 행복도 어떤 일에 몰입하며 사느냐에 따라 결정된다고 본다. 그런데 문제는 우리가 좋아하는, 하고 싶은 몰입이 무엇인지 모른다는데 있다. 나는 그 원인이 배움의 부재에 있다고 본다.

칙센트미하이 소장은 "많은 사람들이 학교를 졸업함과 동시에 배움을 포기하는 이유는, 13~20년에 걸친 교육이 외적 동기에 의해 주어진 것이기 때문이다. 즉 배운다는 것이 불유쾌한 기억으로 자리 잡고 있는 것이다. 학생들의 주의력이 오랜 기간 동안 외부에 의해, 즉 교과서와 교사들에 의해 조종되어 왔기 때문에 그들은 졸업을 첫 자유의 날로 간주해 왔던 것이다."고 하였다. 사회로 진출한 출발점이 진정한 배움의 시작이어야 함에도, 공부와 학습을 지겹고, 어렵고, 그저 멀리 하고 싶은 것으로 인식하게 되었다. 시험을 치거나, 성적표가 없고, 숙제가 없어도 하고 싶은 공부가 사회에서 계속되어야 하는데, 학교에서 이를 잘 심어 주지 못했다. 어쩔 수 없다. 이제부터라도 몰입의 대상을 찾아 배움을 시작해 보자. 호기심이 넘치는 배움이면 더 좋다. 다양한 취미를 경험하는 데서 시작해도 된다. 배움으로 몰입을 시작하자. 인생을 헛살았다고 얘기하지 않으려면 몰입한 일들이 있어야 한다.

04 습관의 힘

습관이 당신의 인생을 지배한다

우리는 중년의 나이가 되도록 정신없이 산다. 그리곤 한마디 한다. '나는 누구인가, 나는 나로 살고 있는가?' 나의 지금 모습은 인생의 삶 속에서 해온 습관과 태도, 행동의 결과다. 지금의 모습이 맘에 들지 않으면 과거의 나와 과감하게 결별해야 한다. 그 방법은 무엇인가? 우선, 나의 삶에 영향을 미친 나쁜 습관과 태도, 행동이 무엇인지 알아야 한다. 그리고 바꾸어 살아야 한다. 문제는 바꾼다는 것이 쉽지 않음에 있다. 나는 우리의 삶이 습관의 총합이라고 본다. 그래서 습관을 연구하기 시작했다. 그래서 선택한 책이 뉴욕타임스 기자 찰스 두히그 Charles Duhigg의『습관의 힘』이다. 그는 오랜 연구 끝에 우리 삶의 모든 부분에 영향을 미치는 습관을 간단하고 완벽하게 지배할 수 있다는 것을 밝혀냈

『습관의 힘』
찰스 두히그 지음/
강주헌 옮김/
갤리온 2010

다. 저자는 "습관은 우리 모두가 어떤 시점에는 의식적으로 결정하지만, 얼마 후에는 생각조차 하지 않으면서도 거의 매일 반복하는 선택을 의미한다. 과학자들의 연구에 따르면 습관이 형성되는 이유는 우리 뇌가 활동을 절약할 방법을 끊임없이 찾기 때문이다. 어떤 자극도 주지 않고 가만히 내버려 두면 뇌는 일상적으로 반복되는 거의 모든 일을 무차별적으로 전환시키려고 할 것이다. 습관이 뇌에게 휴식할 시간을 주기 때문이다."고 말했다.

찰스 두히그 기자가 습관의 과학에 처음 관심을 갖게 된 계기는 무엇일까? 바로 한 신문사의 바그다드 특파원으로 일하던 때에 보게 된 미군의 생활이다. 그는 미군이 역사상 최대 규모의 습관 형성 실험실이라고 생각했다. 군인들은 수많은 훈련을 통해 정교하게 설계된 습관을 몸에 익혀, 전쟁터에서 모든 명령이 행동으로 옮겨져야 하기 때문이다. 그러면서 조지아 출신의 자그마한 체구의 소령이 "내가 군대에서 배운 것 중에 가장 중요한 게 바로 습관을 이해하게 되었다는 것입니다. 습관은 모든 것을 바꿔 놓을 수 있습니다. 우리가 세상을 보는 관점까지 바꿔 놓을 수 있습니다."라고 한 이야기를 전하고 있다. 그러고 보면 군대는 반복적 훈련의 연속이다. 모든 훈련은 전쟁을 수행하는 데 있어 반드시 필요한 능력이 몸에 배도록 한다. 몸에 배려면 버릇이 되어 익숙해져야 한다. 즉, 군대는 어떤 행동과 태도가 자동으로 나와야 한다. 행동과 태도 등이 잊힐 만 하면 그 훈련을 반복하여 전과 같은 방법으로 실시한다. 그러니 몸에 밸 수밖에 없다. 나는 1985년 11월 22일 논산 훈련소에 입소하였다. 그 해 연말 부대로 배치를 받고 1986년 2월 17일부터 수양록 (修養錄)을 기록하기 시작했다. 수양록은 군대에서 쓰는 일기다. 사실 부대 내 수양록을 쓰라는 명령이 있었다. 한두 달이 지나자 고참들 중에 수양록을 기록하는 사람은 없었다. 나는 "그래 바로 이거다. 군대 생활 에 수양록 하나는 남기자."는 생각으로 계속했다. 그리고 86년 5월 31일 1권의 수양록을 끝냈다. 1권은 104일간의 기록이다. 100여 일간의 기록 이 남긴 강력한 힘이 이때부터 작동되었다. 작은 습관이 만들어졌기 때 문이다. 그 결과 2권째 노트는 주저함이 없이 샀다. 그렇게 계속된 수양 록은 1988년 2월까지 노트 8권을 작성하고 전역했다. 수양록은 1권당 100여 일, 750일의 기록이다. 그렇게 시작한 일기 쓰기는 오늘도 계속하 고 있다.

그럼 습관은 어떻게 변화시킬 수 있을까? 찰스 두히그 기자는 습관을 변화시키는 방법을 신호 → 반복행동 → 보상으로 설명하였다. 즉 좋지 않은 자극에 대한 열망(신호)으로 계속 반복하게 되는 행동(좋지 않은 반복행동)은 부정적 보상을 받게 되고 나쁜 습관을 형성하게 된다. 이를 극복하기 위해서는 앞선 과정 대신 긍정적인 열망(새로운 신호)으로 계 속 반복하게 되는 행동(새로운 반복행동)에 의해 긍정적 보상을 받게 되 면 새로운 습관(좋은 습관)을 형성할 수 있다고 보았다.
찰스 두히그 기자는 이를 '반복되는 행동이 만드는 극적인 변화'라고 하 면서, 반복되는 새로운 행동만이 새로운 습관을 만들 수 있다고 하였다. 예컨대 식습관에 적용해 보면 먹는 것에 대한 욕구가 계속 이어져(신호)

과식이나 간식을 먹는 반복되는 행동(반복행동)이 비만(좋지 않은 보상)으로 이어져 나쁜 습관이 된 경우, 식욕이 당길 때 마다 다이어트에 대한 열망(새로운 신호)이 생기고 그때마다 가벼운 산책이나 운동(새로운 반복행동)을 하게 되면 체중 감소(좋은 보상)로 이어진다. 이것의 계속 반복은 산책과 운동이라는 새로운 습관을 형성하게 된다는 것이다. 처음에는 매우 어렵고, 힘든 과정이지만 지속적으로 하다 보면 어떤 것은 습관이 된다. 그때부터는 더 이상 힘들지 않고, 즐거움이 된다. 하지 않으면 이상하게 느껴지는 것이다.

오늘이 쌓여 나의 삶이 된다. 오늘 일상 속에 반복하여 행한 어떤 습관이 나의 미래 모습을 만든다. 오늘 하는 일이 쌓여 갈 때 미래에 일어날 수 있는 많은 가능성을 열어 준다. 오늘 일상 속에 꾸준하게 행한 무엇이 있는지 자문해 보아야 한다. 어제도 오늘도 꾸준하게 채운 일상이 곧 희망이자 꿈이다. 문제는 나쁜 습관이다. 어떻게 하면 나쁜 습관을 바꿀 수 있을까? 왜 우리는 후회할 줄 알면서도 똑같은 일을 반복하는가? 습관을 바꾸기 위해 알아야 할 황금률은 무엇인가? 습관이 작동하는 원리를 이해하고 싶다면 『습관의 힘』에서부터 시작해보자. 그리고 나의 습관을 들여다 보자. 준비가 되었으면 습관을 바꾸는 실천을 시작하자. 당신의 운명이 바뀔지 모른다.

05 텅 빈 레인코트

두 번째 시그모이드 곡선을 만들어라

우리는 누구나 열심히 세상을 살아간다. 그런데 그 결과는 예상과 다른 경우가 많다. 우리가 바라던 모습이 아닌 낯선 곳에 서 있는 나를 발견한다. 나는 단지 열심히 한 것 밖에 없다. 그렇게 살아야 한다고 생각했는데, 도착한 장소가 예상과 다르다. 도대체 무엇이 잘못 되었을까? 책『텅 빈 레인코트』는 우리가 처한 사회를 제정신이 아닌 시스템이라 한다. 우리 사는 세상은 많은 시간과 에너지를 가족 Family, 친구 Friends, 축제 Festivals, 즐거움 Fun의 4F에 쏟았던 환경이었는데, 이제는 이윤 Profit, 실적 Performance, 보수 Pay, 생산성 Productivity의 4P에 몰두하는 세상으로 변했다고 꼬집고 있다. 『텅 빈 레인코트』의 저자 찰스 핸디. 그가 이 책에서 우리시대에 대해 정말

『텅 빈 레인코트』
찰스 핸디 지음/
강혜정 옮김/
21세기북스 2009

하고자 한 얘기는 무엇일까? 이 책의 제목에 주목해보자. 텅 빈 레인코트는 미국 미네소타 주의 미니애폴리스 야외 조각공원에 있는 주디스 셰어 Judith Shea의 무언이라는 3가지 형상의 조각 중 하나가 레인코트인데 안에 사람이 없이 텅 빈 상태로 세워져 있어 붙여진 이름이다. 찰스 핸디는 우리시대의 환경이 결코 우리 내면을 채울 수 없다고 여겨 책 제목을 이리 정하였음에 틀림없다. 그럼 우리 내면의 환경을 이해한다면 내면을 채울 방법도 강구할 수 있지 않을까?

저자 찰스 핸디 Charles Handy는 책 『텅 빈 레인코트』에서 경제 발전을 이룬 사회에서 드러나는 우리시대의 아홉 가지 역설을 제시하였다. 이 역설이 바로 우리가 처한 상황이자 텅 빈 내면의 상징이다. 나는 그 중 두 가지를 소개하고자 한다.

먼저 시간의 역설이다. '격동의 시대를 사는 우리는 항상 시간이 부족하다. 여유로운 시간은 더더욱 그렇다. 예전에 비해 수명도 길어졌고 능률적인 사회가 되면서 물건을 만들거나 일을 하는데 소요하는 시간도 크게 줄었다. 당연히 여유로운 시간이 늘어나야 마땅하나 그렇지 못하다', '시간을 아끼려고 돈을 쓰는 사람이 있는가 하면 돈을 벌려고 시간을 쓰는 사람도 있다. 늘 시간에 쫓기는 사람들은 가능한 시간을 아끼기 위해 돈을 쓸 것이다'라고 했다. 우리는 나의 시간을 팔아 돈을 번다. 그렇게 번 돈을 또 시간을 확보하는 데 쓴다. 이 무슨 아이러니인가?

다음은 개인의 역설이다. 찰스 핸디는 '사무실이 밀집한 도심, 블록 쌓듯 하늘 높이 쌓아 올린 마천루들을 보면서 우리는 그 안의 서류 정리함과 각종 단말기들 속에 과연 '나'를 위한 공간이 얼마나 있는지 자문해야 한다'고 했다. 찰스 핸디는 내가 포함된 타인들의 무리 속에 매몰된 나, 우리라는 무리 속에 매몰된 내가 아니라 나는 그 자체인 나로 존재하고 싶은 심정을 표현하였다. 시간과 개인의 역설은 경제발전의 과정에서 자본화되어 가는 개인의 시간과 조직과 사회 속 존재인 나를 비판하고 있다. 나의 시간이 없고 나의 존재가 없는 삶이 오늘의 생활이다. 그럼 나의 존재감은 어디에서 어떻게 찾을 수 있을까? 저자는 이러한 역설 속에서 그래도 꽤 괜찮은 삶으로 바꾸려면 역설을 잘 활용하는 법을 배워야 한다고 말한다. 모순과 불일치 속에서 균형을 찾고 좀더 바람직한 방향으로 길을 찾아야 한다고 했다.

이 책을 주목하는 또 다른 이유는 시그모이드 곡선으로 우리 삶의 성장을 표현하고 있기 때문이다. 누워 있는 S자 형태의 성장을 시그모이드 성장 곡선이라 하는데, 나는 찰스 핸디의 시그모이드 곡선을 그리고 그 내용을 담아 보았다.

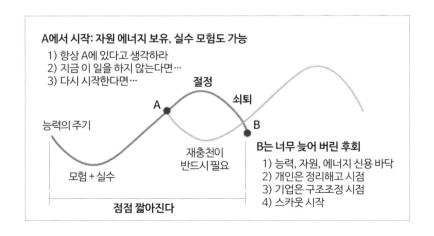

그림을 참고로 찰스 핸디의 시그모이드 곡선을 설명해 본다. 호기심에 이끌려 모험과 실수를 하면서 초기 단계를 거친 뒤 절정에 이르고, 이후로는 달이 기울듯이 이지러진다. 더욱 우울한 것은 하향 곡선에 이르기까지 시간이 점점 짧아진다. 짧아진 곡선을 넘어 계속 발전하려면 첫 번째 곡선이 하락하기 전에 새로운 곡선을 그리는 것이다.

두 번째 곡선을 그릴 적당한 시점은 A지점이다. 새로운 시작은 실험과 실수가 있게 마련이므로 시간, 에너지 자원이 충분해야 한다. A처럼 안정적인 상황에서 변화를 생각하기란 쉬운 일이 아니다. 개인이나 조직은 진정한 변화 에너지가 재난에 직면해야 나온다고 믿는데 그 지점은 B이다. 하지만 B지점에서 두 번째 곡선까지 올라가려면 치열한 노력이 필요하다. 또 신용은 떨어지고 자원도 고갈되고 에너지도 바닥인 지점이 B이다. 개인에게는 정리해고 시점이 전형적으로 B지점이다. 조직은 새로운 인물을 스카우트해서 새로운 신용과 비전을 그리려 한다. 훌륭한 인생은 첫 번째 곡선이 사라지기 전에 두 번째 곡선을 시작하는 것이다.

두 번째 곡선을 만들려면 항상 첫 번째 곡선의 A지점에 있다고 간주하고, 두 번째 곡선을 시작할 준비를 해야 한다. 두 번째 곡선 훈련은 늘 의심을 품고 호기심과 창의력을 발휘하게 만든다. 이는 변화의 시대에 반드시 필요한 덕목이다. 두 번째 곡선 훈련은 질문을 던지는 것으로 시작한다. 질문은 아이디어, 가능성, 가정 등의 발단이 된다. 그리고 실험하고 재검토하게 한다. 항상 '지금 하는 일을 하지 않는다면, 다시 시작할 기회가 주어진다면'이라고 생각해야 새로운 곡선이 가능하다. 이 책의 저자 찰스 핸디는 시그모이드 곡선의 성장 이론이 사랑과 인간관계 등 다양한 분야도 설명이 가능하다고 했다.

공교롭게도 100세 시대의 도래는 급격한 기술의 변화와 함께 우리에게 와 있다. 100세 시대가 나에게 좋은 것이 되기 위해서는 성장과 발전을 위한 지속적인 노력이 동반되어야 함은 당연하다. 개인은 스스로 노력에 의한 성장과 발전을 계속해야 한다. 한 직장에서 정년까지 하더라도 성장과 발전은 지속되어야 한다. 그것이 성공적으로 일하는 방법이다. 또한 몇 번의 퇴직과 취직 있다면 지속적인 성장과 발전의 노력은 진행형이어야 한다. 노년 노후를 얘기하는 모든 긍정적인 메시지 속에는 '준비할 것이 있다', '배울 것이 있다'라고 한다. 멀리 가려면 준비하고 미리 연습해 두어야 할 것이 많은 것은 당연하다. 『텅 빈 레인코트』는 우리 시대의 역설을 통해 빈속을 채울 방법을 제시한다. 또 지속적인 성장과 발전을 위한 방법을 알게 한다. 우리 시대의 역설로부터 나답게 사는 삶도 일깨워 준다.

06 프레임

 ## 독불장군의 프레임을 바꿔야 인생이 바뀐다

나는 금융투자업계에서 30여년을 생활했다. 투자의 세계는 결코 쉽지 않았다. 아무리 공부하고 배워도 결코 따라갈 수 없는 경지가 있는 듯 했다. 나는 그 원인을 찾아보기로 했다. 그 결과 인간의 행동 특성이 합리적, 논리적, 이성적 판단에 따른 것이 아니라 편견, 성격, 사회적 영향을 받는 존재였음을 알게 되었다.

'인간의 행동은 이성과 감정이 이끄는 쌍두마차이며, 이성은 조랑말, 감정은 커다란 코끼리'라고 말하기도 한다. 그만큼 감정적인 동물이 인간이란 표현이다. 나는 투자에서 보이는 사람들의 행동 특성을 정리하여 책『투자행태학』을 출판하기도 했다. 투자 세계에서 도드라지는 사람들의 행동 특성을 똑똑한 자존심, 욕심, 심리회계, 사회성으로 분류하여 설명한

『프레임』
최인철 지음/
21세기북스 2007

책이다. '똑똑한 자존심'은 내가 붙인 용어다. 자기중심적으로 생각하는 경향을 이리 이름하였다.

그러한 점에서 서울대학교 심리학과 최인철 교수의 『프레임』도 내 책과 비슷하다. 인간이 갖고 있는 자기중심적 사고에 관한 내용을 정리하였기 때문이다. 그럼 왜 제목이 프레임일까? 저자는 프레임의 원래 뜻은 창문, 액자의 틀, 안경테이지만 심리학에서는 '세상을 바라보는 마음의 창'으로, 어떤 문제를 바라보는 관점, 세상을 관조하는 사고방식, 사람들에 대한 고정관념 등이 프레임에 해당한다고 설명했다. 이를 설명하기 위해 핑크색을 좋아한 대왕에게 핑크색 안경을 해준 이야기, 금식으로 배가 고프면 TV방송에 유난히 먹는 장면이 많다고 느끼거나, 어린 아이가 있으면 집안에 온통 위험한 물건이 많다고 여기고, 다이어트 중이면 식품 광고가 훨씬 더 눈에 띄는 현상 등을 예로 들었다. 또 1만원 나눠 갖기의 최후 통첩게임, 밥그릇 크기로 본 비만 해결책, 불확실한 나의 감각 기재들, 순서만 바뀌어도 달라지는 판단력, 동메달이 은메달보다 행복한 이유 등을 설명하면서 인간이 갖고 있는 자기중심적 심리를 정리했다.

최인철 교수는 이 책에서 인간들의 자기중심적 사고를 다음과 같이 표현했다. "심리학자들은 '자기'를 가리켜 '독재정권'이라고 부른다. 이 '자기'라는 것은 우리가 세상을 보는 방식을 일방적으로 결정해 버린다. 자기 자신이 세상을 바라보는 소통의 도구가 되는 것을 막을 순 없다. 하지만 지혜는 우리에게 이런 자기중심성이 만들어 내는 한계 앞에서 철저하게 겸허해 질 것을 요구한다. 이런 자기중심성에서 벗어나는 순간 삶의 여러 면에서 놀라운 변화가 일어난다."

이 책은 또한 돈에 대해서도 자기중심적 사고가 있음을 지적한다는 점에서 주목할 만하다. 주관적 생각에 따라 돈에 이름을 붙이는 행위가 가장 대표적인 자기중심적 사고다. 공돈, 푼돈, 월급, 빌린 돈, 빌려 준 돈, 용돈으로 받은 돈 등 우리가 돈의 출처에 따라 붙이는 이름은 너무 다양하다. 우리는 돈을 벌고, 모으고자 한다. 그런데 돈에 이름을 붙이는 행동은 그 이름에 따라 돈을 사용하거나 대하는 방법이 달라 모으고 불리기가 쉽지 않다. 최인철 교수는 돈 버는 방법으로 '돈에 이름을 붙이지 말고 모든 돈을 똑같이 대하라'고 제시한다. 그리고 사회심리학자 토머스 길로비치의 조언대로 "공돈을 은행에다 2주간만 저축을 해 놓아라."고 한다. 공돈이 예금으로 바뀌는 순간이다. 그는 공돈이 예금이라는 돈 세탁 과정을 거치면 돈을 아끼게 될 것이라고 했다. 투자의 세계에서도 이득과 손실의 상황에서 달리 보이는 돈에 대한 태도가 관건이 된다. 똑같은 크기의 돈을 사람들은 이득과 손실의 상황에서 매우 다르게 본다는 얘기다. 이를 '심리회계'라 한다. 최인철 교수는 이 부분도 상세히 설명하고 있다.

우리는 각자가 마음 속 심리의 안경을 갖고 있다. 안경의 색은 각기 다르다. 이 안경으로 세상을 본다. 당신의 안경 색은 무엇인가? 하지만 나의 심리안경 색을 잘 모르는 게 인간이다. 나의 심리적 프레임을 잘 모른다면 어떻게 해야 하는가? 이 때는 사람들이 저지르는 특정 프레임을 걷어 내고 새로운 프레임을 설정하여야 한다. 최인철 교수는 매우 다양한 프레임을 제시하고 있다. 그리고 나는 그 프레임 중 하나를 실천하려 매우 노력하고 있다. 바로 '지금, 여기'에서 만끽하고, 짜릿하게, 실컷, 딴짓을 하며 살자는 프레임이다. 내일은 없다고 생각하면 오늘 그렇게 살 수 있다. 누군가가 제시하거나 정답이라 여겨 알려주는 프레임이 아니라 나만의 프레임을 새롭게 만들어 보는 것도 좋겠다.

07 한번은 원하는 인생을 살아라

나는 나로 살고 있는가?

『한번은 원하는
인생을 살아라』
윤태성 지음/
다산북스 2015

이래저래 세상살이는 어렵다. 그런데도 나는 나름대로 잘 버텨 내고 있다. 무슨 연유가 있어 꿋꿋하게 버티고 있을까? 단 하나 호기심이 있었다. 그래서 가끔 내가 죽어 무덤에 묘비명을 세운다는 상상을 해본다. 나는 '호기심 하나로 평생을 버틴 사람 여기 잠들다'라고 적고 싶다.

이러한 묘비명에 대해 박영만은 책『묘비명으로 본 삶의 의미 인생열전』에서 '후세에 전할 목적으로 고인의 출신 내력과 생시의 행적, 특징, 남긴 말 등을 새겨 장례 후에 무덤 앞에 세우는 것이다. 죽은 자는 말이 없지만, 그가 생전에 뜻하고 염원하며 몸부림쳤던 자취들은 영롱한 묘비명으로 남아 후세에 전한다. 그러기에 우리는 죽은 자의 회한과 깨달음과 소망을 한꺼번에 압축하여 웅변하는 이 묘비명들에서 그 어느 가르침보다도 더 많은 지혜를 배울 수 있다'고 적었다.

리더십 전문가인 존 맥스웰 John C. Maxwell은 『사람은 무엇으로 성장하는가』에서 에드먼드 가우데트 Edmund Gaudet의 '평범average'에 관한 글을 소개하고 있다. 그 내용에도 묘비명에 관한 내용이 나온다.

"성공한 사람은 기여한 대로 기억되고 실패한 사람은 도전한 까닭에 기억되지만 '평범'한 사람, 침묵하는 다수는 까맣게 잊힌다. '평범'하게 사는 것은 자기 자신, 인류, 신에게 커다란 범죄를 저지르는 것이다. 가장 슬픈 묘비명은 이것이다. '평범' 씨, 여기 잠들다. 자신이 '평범'하다고 믿지 않았다면 그 손으로 이룰 수 있었던 모든 것도 모두 여기 잠들다."

존 맥스웰은 이런 묘비명을 원하는 사람은 없겠지만, 너무 많은 사람들이 아무렇지도 않게 평범함에 안주하려 한다고 적었다.

카이스트 윤태영 교수의 『한번은 원하는 인생을 살아라』에도 묘비명에 관한 내용이 나온다. 우리 사회는 다양한 직업군이 있는데, 아무리 그 직업이 좋아도 죽어 회사원, 공무원, 자영업을 묘비명으로 하려 하지는 않을 거라는 게 요지의 설명이다. 회사원, 공무원, 자영업이 나의 묘비명이 된다고 생각하면 갑자기 나의 인생이 너무 슬퍼질 것이라고 표현했다. 그리고 보면 묘비명이란 남들과 다른, 그러면서 본인이 직접 느끼고 생활한 무엇을 담아야 함을 알 수 있다. 이제 우리가 질문해야 할 하나가 생겨났다.

"나는 남들과 다르며, 나는 나로, 어제와 오늘이 다른 삶을 살고 있는가?"라는 질문이 그것이다. 윤태영 교수는 이 책에서 본인 스스로 기존의 것을 답습하고 얽매이는 것보다 새로운 것을 하는 것에 크게 흥미를 갖고 있다면서, 인생은 여러 개의 산으로 이루어진 인생 산맥인데, 그중에 하나쯤은 내가 원하는 산에 올라야 한다고 말한다.

책 『한번은 원하는 인생을 살아라』는 인생 산맥 중 하나쯤은 내가 원하는 산이어야 한다는 의미에서 붙여진 제목이다. 원하는 인생을 살기 위해 필요한 첫 단계는 내가 누구인지를 알아야 한다. 내가 누구인지를 알아야 원하는 일을 찾을 수 있기 때문이다. "나는 누구일까?"라는 질문은 인생의 어느 시기에 하게 되는 질문일까? 저자는 "인생은 40세를 정오로 해서 오전과 오후로 나누어진다."고 한 심리학자 융의 말을 인용하면서 오전에는 다른 사람과 경쟁에서 이기는 것이 목표이지만 오후가 되면 나에게 가치 있는 것을 중요하게 여긴다고 했다. 그러기 때문에 40세 언저리가 되면 많은 사람들이 '나는 누구인가'에 대해서 깊이 생각한다고 했다. '나는 누구인가?'의 물음은 나로 살고 싶은 욕망을 담았다. 인생의 오후는 저녁과 밤도 포함한다. 우리의 인생이 저녁이 되고 밤이 되었을 때 나는 나로 살았다고 자부할 수 있을까? 나는 나의 묘비명으로 정할 무엇을 해 왔다고 여길 수 있을까?

'나는 누구인가?'의 물음에 답하며 나로 살기 위해서는 많은 용기가 필요하다. 왜냐하면 기존의 질서와 체계에 그저 순응하고 따른 삶에서 벗어나 다르게 살아야 하기 때문이다. 윤태영 교수는 그렇게 하기 위해 다섯 가지의 용기가 있어야 한다고 했다.

흔들리지 않을 용기,

내 삶을 원하는 대로 디자인 할 용기,

한 번쯤 방황할 용기,

행복을 선택할 용기,

더 큰 세상을 펼칠 용기가 그것이다.

당장의 용기가 생기지 않는다면 윤태영 교수가 던진 마흔일곱 가지 질문에 답해보는 것으로 시작하면 된다. 그중 몇 개를 여기 적어 본다.

지금 하는 일이 내가 하고 싶은 일인가?

이 일을 평생 할 것인가?

나는 왜 항상 바쁜 걸까?

끝이 좋으면 과정은 필요 없는 걸까?

나는 어떤 사람이 되어야 하나?

나의 미래는 이미 정해진 것일까?

출발이 너무 늦은 것은 아닐까?

미래설계는 반드시 실현되어야만 의미가 있는 걸까?

만약 20대로 돌아간다면 무엇을 할까?

은퇴 후에는 무엇을 할까?

남들과 차별화하는 방법은 무엇일까?

나는 지금 내 인생에 어떤 질문을 해야 할까?

만약 내가 창업을 한다면 어떨까?

나는 이 책에서 하나의 힌트를 얻었다. 다른 사람들과의 차별화에 목 매지 말고 나와 나의 차별화에 주력하라는 주장이 그것이다. 윤태영 교수는 "성공하려면 다른 사람과 차별화 하라거나 '온리 원(only one)'이 되어야 한다는 주장이 많다. 그러나 이런 주장에 휘둘리면 안 된다. 어차피 모든 사람은 다 다르기 때문이다. 중요한 것은 나와 다른 사람의 차별화가 아니라 나와 나의 차별화다. 어제의 나와 오늘의 내가 달라야 하며 내일의 나는 또 다시 달라져야 한다는 의미다. 어릴 적에 벽에 대고 키를 재면 매일 재어도 키가 조금씩 커져 있었다. 성장도 마찬가지다. 어제보다 오늘이 조금 더 발전했고 오늘보다 내일이 조금 더 발전할 수는 있다"고 말한다. 나는 이 말에 매우 공감하고 있다. 매일 매일, 매달 매달, 매년 매년, 인생의 오전과 오후가 다른 나, 그 시기마다 늘 성장 발전하며 나로 살고 있는 나, 그것만이 나만의 스토리가 있는 인생을 사는 방법이다.

08 왜 우리는 대학에 가는가

수업시간에는 질문 세 개를 꼭 하자!

삶을 예술로 가꾸는 사람들 대표 장길섭은 김재진의 책 『물음표 혁명』 추천사에서 "사는 것이 답답하다고 한다. 볼 것이 이렇게 많고 들리는 것이 이렇게 많은데 사람들은 왜 답답하다고 할까? 그것은 답을 갖고 살기 때문이다. 이미 답을 갖고 있어 그 답에 삶을 맞추려고 해서 '답답'한 것이다. 삶은 답을 달아야 할 문제가 아니라 물음을 갖고 물음을 통해서 만나가는 경험이고 신비이다. 그래서 물음을 가진 사람들은 삶이 답답하지 않고 재미있다. 흥미롭고 아름답다. 활기차고 신이 난다."고 하였다. 삶을 재미있게 살아가는 가장 간단한 방법이 물음표에 있다. 그럼 물음, 즉 질문은 사람들이 보편적으로 가진 능력인가? 아니면 특별한 사람들만이 가진 능력인가?

책 『왜 우리는 대학에 가는가』는 EBS 교육 방송에서 2014년 1월 20일

『왜 우리는 대학에 가는가』
EBS제작진 지음/
해냄출판사 2015

부터 1월 29일까지 6부작으로 방송한 '다큐 프라임-우리는 왜 대학에 가는가'의 내용을 담았다. 조벽 동국대 석좌 교수는 추천사에서 "대학은 모두가 도달해야 하는 목적지가 아니라 인생이란 긴 여정에서 선택하는 한 갈래이며, 성공과 행복에 대한 정답이 아니라 더 깊은 질문을 할 기회일 뿐이다."라고 설파하였다. 그럼 오늘날 우리 대학은 질문이 넘쳐나는가? 대학생은 질문으로 시작하고 질문으로 마치는 수업을 하고 있는가? 질문하지 않는 이유가 질문이 수업을 방해할 우려와 질문의 내용이 부끄러운 수준이라고 생각하기 때문만은 아닐 것이다. 나는 이 책에서 표현한 질문에 관한 두 가지 내용을 소개한다.

먼저, 질문맨 실험이다. 이 실험은 대학교육에서 사라진 질문을 다시 꺼내 수업시간의 반응을 확인해 보는 거다. 질문맨에게 주어진 미션 내용은 '수업 시간에 질문 다섯 번 이상 하기'이다. 무슨 일이 벌어졌을까? 교수와 학생들의 반응은 각기 달랐지만 질문맨들은

① 의식적으로라도 질문하려다 보니까 오히려 생각을 많이 하게 되었다.
② 궁금한 점을 그 자리에서 질문하고 바로 피드백을 받으니 스스로 학습 능률이 올랐다.
③ 다른 때보다 더 수업에 집중하게 되었다는 점을 한결같이 얘기했다.

두 번째는 2010년 9월 서울에서 열린 G20 정상회의 마지막 날 버락 오바마 미국 대통령이 폐막 연설을 끝내고 돌발 제안으로 한국 기자들에게 질문권을 주었는데 누구도 질문하지 않는 상황이 발생했다. 이 내용은 오늘날에도 회자되고 있다.

책 『왜 우리는 대학에 가는가』로 비추어 볼 때, 우리가 대학에 가는 이유는 자기 주도적 인생을 살 수 있는 힘을 기르고, 정답 프레임이 아니라 가능성 프레임으로 살아가도록 생각하는 힘을 기르기 위함이다.

이 책은 그걸 실현하는 한 마디로 '질문이 있는 교육'을 강조했다. 우리는 질문하는 능력을 누구나 갖고 태어났지만 질문에 익숙하지 않다. 질문은 늘 우선순위가 아니었다. 수업시간의 질문이란 오히려 대단히 불편한 존재였다. 그러니 질문은 그만큼 삶에서 멀어졌다. 질문은 평생 해야 한다. 특히 대학생활의 질문은 인생을 좌우한다. 또 이때를 놓치면 다시 기회가 오지 않을 수 있다.

『왜 우리는 대학에 가는가』책의 말미에는 연세대 철학과 김형철 교수의 학기 마지막 수업 광경을 풀어내고 있다. 김 교수는 1층 로비에서 질문전시회를 한다고 했다. 수업 시간에 무엇이든 질문하되, 질문이 너무 많은 경우 시간이 오래 걸리므로 종이에 써서 내라고 하였고 그렇게 모인 질문지를 전시하고 수업을 한다고 했다. 상상의 범위를 넘어선 질문의 숫자와 질문들에 답을 하며 토론하는 학생들의 모습은 놀람을 넘어 탄성을 지르며, 질문이 꼬리를 문다고 적었다. 책의 마지막 페이지에 표현된 김형철 교수의 말을 옮겨 본다. "모르는 것은 죄가 아닙니다. 그러나 모르면서 질문하지 않는 것은 죄가 성립합니다. 왜냐고요? 아는 척하는 것이니까요! (중략) 답을 원하십니까? 질문을 던지세요. 왜냐고요? 우리는 물어보지 않고 답을 알 수 있는 길을 알지 못하니까요!"

『물음표 혁명』의 저자인 김재진은 "마침표는 씨앗처럼 생겼다. 씨앗은 씨앗 상태로 머문다면 어떠한 성장도 발전도 없다. 씨앗은 싹트길 기다리고 있다. 물음표도 아랫부분은 마침표처럼 씨앗 모양이다. 그런데 물음표는 씨앗 위로 구부러진 무언가가 있다. 마치 씨앗에 싹이 나서 자라고 있는 듯한 생김새라고 해야 할까? 싹트지 못한 씨앗이 마침표라면, 그 씨앗이 싹을 틔워 자란 것이 물음표이다."라고 마침표와 물음표를 표현했다.

우리 스스로에게 질문해 보자. 씨앗으로만 존재하는 마침표 인생을 살 것인가? 씨앗의 싹을 틔우는 물음표 인생으로 살 것인가?

09 습관의 재발견

『습관의 재발견』
스티븐 기즈 지음/
구세희 옮김/
비즈니스북스 2014

내 인생의 기적! 갖고 싶은 기적 만들기

습관과 관련하여 시중에 얼마나 많은 책이 나와 있는지 가까운 서점과 인터넷 등에서 찾아 조사한 적이 있다. '습관'만 쳐도 거의 수백 권의 책을 검색할 수 있다. 문제는 대부분의 책이 습관을 선언적으로 명시하는데 그친다. 바람직한 습관 만들기나 나쁜 습관을 올바른 방향으로 고치기 등의 방법론에 관한 책은 부족하다.

내가 소개하고자 하는 습관에 관한 책은 자기 계발 전문가 스티븐 기즈 Stephen Guise의 『습관의 재발견』이다. 스티븐 기즈는 우리 뇌가 작동하는 원리를 설명하고 '작은 실천'으로 습관을 새롭게 형성할 수 있다고 설명한다. 만일 어떤 일을 할 때 뇌가 그때그때마다 같은 의사결정 과정을 거친다면 매우 비효율적이다. 반복되는 어떤 일들은 의사결정의 과정이 아니라 자동모드로 전과 같이 하도록 프로그램 되어 있으면 어떻게 될까? 뇌는 훨씬 효율적이고 에너지 측면에서도 유리하다. 스티븐 기즈는 반복이야말로 뇌의 언어라고까지 주장했다. 뇌가 반복을 좋아함을 이리 표현했다. 생각하는 뇌가 생각 없이 의사 결정하는 것을 좋아한다고 했다. 이를 달리 표현하면 뇌가 가장 싫어하는 것은 변화다. 뇌는 변화에 저항한다.

변화 경영전문가 구본형은 『사람에게서 구하라』에서 "변화는 매우 위험한 단어다. 변화란 엄청난 힘을 필요로 하는 에너지 집약적인 활동이다. 변화가 있는 곳에는 반드시 전투가 있고, 이 전투에서 지면 변화는 없다. 금연은 담배를 피우던 습관과 싸워야 하고, 다이어트는 식욕과 싸워야 한다. 그만큼 변화는 실천을 요구한다. 변화는 로맨틱한 것이 아니며, 구호도 아니다. 그것은 생명이 자신의 길을 찾아가는 방식이다."라고 말했다. 그만큼 습관의 변화는 어렵다는 말로 들린다.

스티븐 기즈는 "명심하라. 당신의 뇌는 당신이 반복하는 일은 무엇이든 고수하려고 한다. 일단 유익한 습관을 새롭게 만들고 나면 모든 것이 쉬워진다. 매번 뇌와 싸움을 벌이는 대신 매일 자동적으로 일어나고 몸에 좋은 음식으로 아침 식사를 하고, 헬스클럽에 갈 수 있다. 이런 사람들의 뇌 역시 느리고, 안정되어 있다. 오로지 습관만이 시간이 흐름에 따라 더 강하게, 더 높이 쌓을 수 있다."고 했다.

소냐 류보머스키 Sonja Lyubomirsky는 "습관은 반복과 연습을 통해서 형성 된다. 반복을 거치면서 상황적인 단서가 자동적으로 습관적인 행동을 유발한다. 그러면 그 행동은 결국 의식의 통제를 받는 과정으로부터 자동화 과정으로 넘어 가게 된다."고 표현하기도 했다. 그럼 변화에 저항하는 뇌의 특성을 뚫고, 유익한 습관을 만드는 방법은 무엇인가? 반복과 연습으로 새로운 습관을 형성하는 방법은 무엇인가?

스티븐 기즈는 "모든 변화는 '팔 굽혀 펴기 한 번'에서 시작되었다.", "당신의 인생을 작은 습관으로 채워라."라고 주장한다. 우리 모두에게는 각자의 '컴포트 존' Comfort Zone 즉, 스스로 편안하고 익숙하다고 느끼는 영역 혹은 활동 범위가 있다. 이것을 커다란 원이라고 생각해 보면, 당신은 이 원 안에 있을 때 가장 편안함을 느끼지만, 당신이 원하는 목표 중 일부는 그 원 밖에 있어서 약간의 불편함을 감수해야만 한다고 설명했다. 그리고 뉴턴의 제1법칙을 인용하여 재차 설명했다. 제1법칙은 멈춰 있는 물체는 외부의 힘이 가해지지 않는 한 계속해서 멈춰있고, 움직이는 물체는 외부의 힘이 가해지지 않는 한 같은 속도로 계속해서 움직인다는 내용이다. 이를 습관과 연결하여 일단 첫걸음만 떼면 당신은 공식적으로 움직이기 시작한 물체가 된다고 설명했다.

우리 속담에 "천 리 길도 한 걸음부터"란 말이 있다. 천 리 길을 가야 한다는 의무와 책임, 목표를 앞에 두고 있다면 우선 엄두가 나지 않는다. 열정과 도전 의욕 등은 좋은 말이지만 우선 첫걸음을 떼고 보아야 한다.

그리고 다음 걸음을 내딛고 그리고 다음 걸음을 가야 한다. 여기에서 가장 중요한 핵심은 첫걸음의 실천과 지속이다. 스티븐 기즈는 이를 '더도 말고 덜도 말고 딱 한 번 하기'라고도 표현했다. 우리 주변에는 운동, 일찍 일어나기, 일기쓰기, 독서, 금연, 소식(小食) 등 좋은 습관을 가진 분들이 많다. 그들의 습관도 결국 처음 한번에서 출발했음에 틀림없다.

스티븐 기즈의 주장에 따라 질문을 해 보자.
"갖고 싶은 습관을 형성하기 위해 지금하고 있는
'단 하나의 팔 굽혀 펴기'는 무엇인가?"
스티븐 기즈는 작은 습관에 능숙해질수록 삶의 다른 부분에서도 더 많은 성공을 거둔다고 한다. 습관이 나를 지배한다. 습관이 나를 이끈다. 습관이 나의 삶을 구성한다. 습관은 내 삶의 결과를 좌우한다. 그래서 누구나 갖고 싶은 습관과 고치고 싶은 습관, 버리고 싶은 습관이 있다. 이를 제대로 실천하기는 어렵다. 특히 오늘날의 삶에서 실천하기는 더욱 어렵다. 스티븐 기즈의 『습관의 재발견』은 당신의 첫 실천과 지속을 자극한다. 우선 이 책으로 시작하는 것도 방법이다.

10 열두 발자국

✎ 계획에 몰두하기보다 행동으로 좌충우돌하라!

나는 학교가 다음의 몇 가지는 명확하게 알려 주어야 한다고 생각한다. 먼저, 학교에서 주로 '국가를 위해 충성하고, 사회를 위해 봉사하며, 가정을 위해 희생하는 것'이 보람되고 의미 있는 삶이라 배웠다. 그러다 보니 그것을 절대 선이라 여기며 살았다. 나는 학교에서 충성, 봉사, 희생과 더불어 때론 자기 인생을 만끽해도 된다고 얘기해 주었으면 어땠을까 싶다. 만끽하는 삶은 자기의 인생을 사랑하는 삶이다.

두 번째는 우리는 학교에서 '커닝'하지 말라는 소리를 귀에 딱지가 앉을 만큼 들었다. 그래서 사회생활에서도 곁눈질 하지 않고 살아야 한다고 생각한다. 그러나 사회생활은 모범이 될 만한 사람의 살아가는 모습과 태도 등은 따라 해도 무방하다. 학교에서 커닝은 위법이지만 사회는 타인의 생활을 본받는 커닝은 허용되는 곳이다. 그러니 사회생활은 커닝해도 된다고 가르쳐주었으면 좋았겠다는 생각이 든다.

세 번째는 선생님들께서 흔히 하시는 말씀으로 '딴짓하지 마라'가 있다. 공부와 수업에 집중하라는 말씀이다. 직장에서도 상사가 '딴짓하지 마라'고 얘기한다. 일에 집중하라는 얘기다. 딴짓은 취미생활이며 여가를 활용하는 방법이다. 100세 시대는 딴짓을 잘하는 사람이 공부와 일도 더 잘한다. 또 은퇴 후에도 잘 산다. 왜냐하면 자신이 좋아하는 것과 자신을 위한 것이 무엇인지 이미 알고 있기 때문이다. 이상의 내용에서 우리는 학교에서 배운 내용을 의심하고, 배우지 못한 부분이 있어 사회생활에서도 계속 공부해야 함을 알아야 한다. 그런데 왜 우리는 지속적 배움에 나서지 못하는 걸까?

『열두 발자국』
정재승 지음/ 어크로스 2018

카이스트 바이오 및 뇌공학과 정재승 교수는 책 『열두 발자국』에서 학교의 가장 중요한 의무가 '공부라는 게 너무 즐거워서 학교를 졸업하고도 평생 공부하고 싶어 하는 학생들을 배출하는 것'인데, 지금 우리는 '졸업하면 이런 공부 절대 다시 안 할 거야!'를 외치는 졸업생들을 세상에 내

보낸다고 표현했다. 또 '더 이상 미적분을 풀지 않아도 된다는 것이 삶의 가장 큰 기쁨'이라고 느끼는 어른들을 세상에 내보내고 있다고 말한다. 우리는 공부가 싫다. 그 이유는 공부를 억지로 해야 하는 것, 나의 시간을 공부로 빈틈없이 빼곡히 채워 넣어야 하는 것으로 인식하기 때문이다. 정재승 교수는 무료한 시간을 허락하고, 그 시간에 스스로 재미있는 걸 찾기 위해 나설 수 있어야 성취동기로 가득 찬 어른으로 성장한다고 한다. 그래야 계속 재미있는 공부를 할 수 있다. 정재승 교수는 이를 호기심과 결핍으로 설명하기도 했다. 우리는 그냥 주어진 시간이 있을 때 잠시도 가만히 있지를 못한다. 그러니 무언가를 하게 된다. 나는 호기심은 인간 누구나 갖고 있는 것이니 스스로에게 주어진 시간이 있으면 호기심을 따라 배움과 공부의 길을 찾아 나선다고 본다.

정재승 교수는 책 『열두 발자국』을 굉장히 모호하고 미지의 대상이면서 탐구의 대상이기도 한 인간이라는 거대한 숲을 향한 과학자의 열두 발자국이라고 설명했다. 책에는 열두 가지 질문이 담겨있고, 그 질문에 답을 하는 방식으로 진행한 강연의 내용으로 이루어져 있다. 그 열두 가지 질문은 인간의 다양한 모습들이다. 우리가 너무나 중요하게 생각하는 선택, 창의적인 혁신, 놀이, 낯선 미신, 결핍, 심지어는 혁명 같은 주제들이다. 나는 그 첫 번째 발자국 '의사결정과 선택'에 집중해 보려 한다. 의사결정과 선택은 '계획과 행동'으로 연결된다. 우리는 흔히 의사결정 과정을 거쳐 계획을 세우고 행동으로 옮긴다. 이 부분 학교에서도 '보다 철저한 의사결정 과정을 거쳐 빈틈없는 계획을 세워야 한다'고 교육 받아왔다. 특히 더 많이 배울수록 더 나은 계획이 수립된다고 본다. 또 계획 없이 하는 행동은 없다고 생각하기 쉽다. 그러다 보면 계획에 너무 많은 시간과 에너지를 소비한다.

책 『열두 발자국』에서 '의사결정과 선택'을 위한 설명기재는 마시멜로 탑 쌓기 챌린지다. 이 게임은 4명의 참여자와 스무 가닥의 스파게티 면과 접착테이프, 실, 그리고 마시멜로 한 개를 갖고 바닥에서 마시멜로까지의 높이로 승리 팀을 가린다. 주어진 시간은 18분이다. 이 게임에서 기록이 제일 좋은 팀은 건축가와 엔지니어지만, 그 다음으로는 CEO와 비서, 유치원생이다. 결론은 이렇다. 소위 가방 끈이 긴 경영대학원 학생이나 변호사 등은 계획하는데 상당한 시간을 사용한다. 그런데 유치원생은 바로 실행하고 실패하면 다시 하는 방법으로 진행한다. 유치원생이 시도하는 횟수는 적게는 세 번, 많게는 여섯 번에 이른다.

정재승 교수는 많은 사람들이 인생의 '계획'을 세우는 데 많은 시간을 보낸다고 하고, 특히 학교에서도 '도대체 너의 계획이 무엇이냐'를 따져 물으며, 시간 계획과 나름의 가설을 세워 접근하라고 요구한다고 지적했다. 그는 예전에 '나꼼수'의 김어준 씨와 대담할 때 김어준 씨가 "인간이 하는 것 중에 제일 멍청한 짓이 계획을 세우는 거다. 나는 지금까지 한 번도 계획대로 살아본 적이 없다. 내가 생각하기에, 신이 있다면 그는 아마 계획을 세우고 있는 인간을 골탕 먹이는 재미로 살 것 같다."라고 말한 내용을 전한다. 그러고 보면 계획이란 설계도 어렵지만 그 실천은 더 어렵다. 며칠 가지 못한 실천에 마음만 상처 입는다.

정재승 교수는 의사결정에서 '이거 괜히 했다'라는 후회보다 '내가 그때 그걸 했어야 했는데'라는 후회를 더 많이 하는데, 그 이유는 99퍼센트, 95퍼센트 혹은 90퍼센트 이상의 확신이 들어야 실행가능성이 높은데, 살다 보면 여러 조건이 맞고 확신이 드는 경우가 드물기 때문이라고 설명한다. 그럼 어떻게 해야 하는가? 그가 내린 결론은 확신의 비율을 70퍼센트로 잡아 그 정도면 먼저 빠르게 실행하고, 잘못되었다고 판단되면 끊임없이 의사결정을 조정하라고 조언한다.

나는 나 자신에게 물어 본다. 지금 계획을 세우고 있는 것은 무엇인가? 그 계획에 너무 많은 시간을 허비하고 있지는 않은가? 우선 떠오른 느낌이나 영감이 있다면 바로 행동으로 옮길 수 있는 일을 찾아 실행해 봄은 어떤가? 내가 인생을 살아가는데 내가 무엇을 좋아하는지, 잘 할 수 있는지, 적성은 무엇인지 모른다. 그러니 먼저 부딪쳐 보아야 한다. 그런데 우리는 그러지 못한다. 또 계획을 세우는 단계에서 사회적 모범답안 같은 내용들이 끼어들기 마련이다. 그러니 계획하기 전에 우선 행동부터 해 보길 추천한다. 앞서 소개한 학교에서 알려주어야 할 목록에 하나를 더 추가해 보려 한다. '철저한 계획 수립 후 행동하지 말고　때론 좌충우돌하며 행동부터 먼저 해도 된다'가 그것이다.

정재승 교수의 책 『열두 발자국』 속 강연들은 '인간들은 어떤 존재인지 나는 어떤 존재인지 그것을 이해하기 위해 조금씩 다가가는 노력이다'고 말한다. 또 우리가 좀 더 현명해지려면 어떻게 해야 하는지, 좀 더 행복해 지려면 어떻게 해야 하는지, 늘 새로운 자극에 깨어 있으려면 어떻게 해야 되느냐를 이 책에 담았다고 표현했다. 나는 이 책이 우리가 생각하는 선택과 놀이, 창조적 삶, 도전을 어떻게 설명하는지에 관심을 두었다. 일반적인 생각과 뇌과학자의 주장이 어떻게 다르고 같은지를 공부하는 시간이 될 것으로 확신한다.

09 돈

독서노트 10선

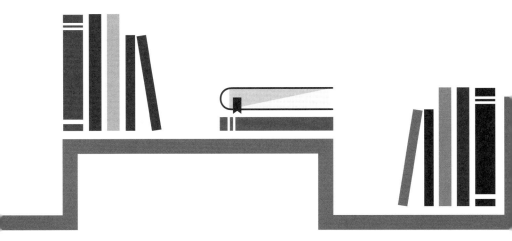

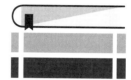

01 비하인드 은퇴스토리

✎ 은퇴 준비하신다구요? 돈보다 중요한 준비가 있을까요?

나이 들어 돈이 본성을 드러낼 때는 이미 늦었다. 우리는 살아가면서 돈에 대해 너무 모르고 그 중요성을 간과한다. 탈무드에 "사람을 상처 입히는 세 가지가 있다. 번민, 말다툼, 텅 빈 지갑이다. 이 중에서 텅 빈 지갑이 가장 큰 상처를 입힌다."는 말이 있을 정도로 돈은 중요하다. 돈에 대한 애착이 이 세상 불행의 절반을 만들어내고, 돈의 부족이 그 나머지 반을

『비하인드 은퇴스토리』
한화생명 은퇴연구소
지음/
W미디어 2013

만들어낸다고 말하기도 한다. 100세 시대를 살아가는 우리 세대는 누구도 돈에 대한 고민을 비켜 갈 수 없다. 그만큼 돈에 대해 알아야 할 것이 많고 따라서 돈 교육은 꼭 필요하다. 만일 내가 학교 선생님으로 교단에 서서 돈에 대해 이렇게 말을 했다고 가정해 보자. "돈은 사람의 피이며 영혼이다. 따라서 돈이 없는 사람은 살아 있는 사람 사이를 돌아다

니는 죽은 사람이다. 이 말은 17세기에 시피옹 드 그라몽이라는 사람이 한 말이다. 돈이란 서로 주고받을 땐 세종대왕과 신사임당께서 환하게 웃으시지만, 만일 빚이 많아 돈을 너무 갈망하게 되면 칼날 모양의 돈이 천장에서 떨어지는 꿈을 꾼다. 여러분이 백 살 이상 살면 부모님에 비해 2~3배 더 많은 돈이 필요하니 지금 공부도 중요하지만, 자산관리의 핵심인 돈에 대해서도 미리 공부해야 한다." 이 말을 들으면 학생들은 부모님께 이렇게 말할 수도 있다.

"엄마, 오늘 선생님이 돈은 사람의 피고 영혼이라고 하셨어." 그러면 이 내용을 교육청에 얘기하는 부모가 있을지도 모른다. 하라는 공부는 안 시키고 엉뚱한 얘기를 한다고 말이다. 교육청에서 조사가 나오면 얘기를 한 것은 사실이니 안 했다고 할 수 없고, 왜 이러한 말을 했냐고 물으면 설명이 쉽지 않다. 선생님이 할 수 있는 말은 "황금 보기를 돌 같이 해야 한다. 돈은 사람을 치사하게 만들고, 성격을 버리게 한다. 학생은 공부를 열심히 하고 돈은 사회로 진출해서 고민하기 바란다. 지금은 열심히 공부만 하면 된다."와 같은 정도의 설명이다. 선생님들 대상의 강의장에서 물어본다. "학생들에게 돈에 대해서 가르쳐 주고 계시나요?" 그러면 다양한 말씀을 하신다. 가르쳐 주기도 하지만 대부분 쉽지 않다고 한다. 선생님이 아닌 분들을 대상으로 한 자산관리 설명회에서도 학교 다닐 때 돈에 대해 배운 분이 있는지 꼭 물어본다. 어느 회사에서는 이 질문의 순간 아주머니 한 분이 갑자기 벌떡 일어나 살짝 떨리는 큰 소리로 "맞아요. 학교에 가서 따져야 해요."라고 하셔서 당황한 적이 있다. 학교에서 돈에 대해 미리 그 실체를 교육해 주었으면 돈 관리를 더 잘 했을

텐데 하는 원망이 섞여 있었다.

 한화생명 은퇴연구소는 2012년 설립되었고, 이『비하인드 은퇴스토리』
는 2013년 출판되었다. 은퇴에 대해 정면에서 얘기하지 못한 부분, 즉
기사화하는 과정에서 잘려나간 부분을 이 책에 담았다고 한다. 그래서
책 제목이『비하인드 은퇴스토리』다. 은퇴에 있어 정면으로 다루기 어려
운 부분은 돈이니, 이 책은 한마디로 돈에 관한 책이다. 오래 사는 세상
에서 돈은 반드시 필요하며, 잘 준비해야 한다. 나는 모든 강의에서 돈
에 대해 "돈은 은퇴준비 사항 여러 가지 중 하나가 아니다. 돈은 선택이
아니라 필수다. 돈을 준비하고 나서 다른 것들을 준비해야 한다."고 말
한다. 책은 돈에 대해 다음과 같이 선언하고 있다.

① 야구에서 선발투수가 6회까지 책임을 지는 이닝 이터 Inning Eater
처럼 인생도 국민연금이 나올 때까지 일을 해야 한다.

② 주된 직장에서 주로 퇴직하는 53세부터 국민연금이 나오는 65세까
지 마의 구간을 대비해야 한다.

③ 한 번뿐인 내 인생! 간(肝)처럼 살지 말자. '침묵의 장기'라고 불리는
간에 이상이 있음을 알아 차렸을 때는 이미 회복할 수 없는 경우가 많
다. '노후, 그때 가서 하면 되겠지' 간! '그래도 내 아이들은 다 챙겨 줘야
지' 간! '아파도 내색 않고 살아야지' 간!이 그것이다. 사람들은 인생의
황금기를 아무런 준비 없이 살다가, 은퇴 직전에야 문제의 심각성을 깨
닫는다. 그 때는 이미 준비하기엔 늦었다. 미리미리 준비해라.

④ 살아가면서 가장 소중한 4가지 금은 '황금, 저금, 소금, 지금'이다.

그중에서 가장 중요한 것이 '지금'이다. 늦었다 싶은 지금, 부족하다 싶은 바로 지금 은퇴 준비와 은퇴 설계를 시작해라.

⑤ 여성의 경우 남편이 사망한 후에도 10년 정도를 홀로 살아야 한다. 나 홀로 10년 준비하자.

⑥ 은퇴 설계는 나 자신을 기준으로 부모와 자식의 생애, 즉 3세대를 동시에 고려해야 한다.

⑦ 은퇴자산은 조기에 소진 되지 않도록 자신이 원하는 시기(When)에 정해진 금액(What)을 정기적인 수령(While)이 가능하도록 계획(3W)해야 한다.

이를 준비하기 위해 먼저 질문을 해 본다. 초 저금리 상황에서 자산관리의 방법은 무엇인가? 은퇴 후 30년을 더 산다면 얼마가 필요할까? 필요한 돈은 무엇으로 준비해야 하는가? 부동산은 어떻게 관리해야 하나? 국민연금, 퇴직연금, 연금저축을 지속적으로 관리하고 연금으로 수령하는 방법은 어떻게 되는가? 자산관리의 관건은 얼마나 일찍 준비하느냐에 달렸다. 또 가장 큰 문제는 50세부터 65세 사이에서 발생하는 일자리의 공백이다. 이 기간을 책은 마의 구간, 소득 절벽 구간이라 표현했다. 소득절벽 구간에서 낙하산이 없으면 그대로 추락이다. 이 때 낙하산은 곧 돈이다. 마의 구간을 잘 넘길 만큼의 돈을 마련해야 한다. 연금으로 준비하는 것도 좋은 방법이다. 나는 다음과 같은 방법을 제시한다.

첫째 부족한 돈을 일자리로 채워야 한다. 주된 일자리는 그만 두었더라도 '시간제 일자리'나 허드렛일을 하더라도 한 달에 50만 원~100만 원 정도의 소득을 창출하는 것은 너무도 중요하다.

둘째 지금부터라도 3층 자산관리를 실천하고 반드시 연금으로 받으면 된다.

셋째 가족회의를 해서라도 절약할 수 있는 부분을 찾아 소비를 줄여야 한다. 한 달에 20~30만원만 줄일 수 있다면 지금의 금리로는 1억 이상의 자산이 생기는 것과 같은 효과가 있다.

넷째 주택연금 등을 적극 활용해야 한다.

자본주의를 살아가는 우리는 돈이 얼마나 중요한지 잘 알고 있다. 그러나 구체적으로 준비하는 방법은 잘 모른다. 어떻게 되겠지 하는 태도를 보이기도 한다. 오래 산다는 것은 반드시 준비해야 할 무엇이 있다는 뜻이다. 돈이 그중 첫 번째임을 명심해야 한다. 『비하인드 은퇴스토리』는 20대, 사회초년생, 30대, 맞벌이, 골드미스, 40대, 전업주부, 50대에 따른 자산관리와 3층 연금, 주택연금, 자녀 교육비에 관한 내용 등을 망라하고 있다. 그 실천 방법도 제시하고 있다. 이 책에서 돈의 소중함과 준비의 필요성을 확고하게 정립하기 바란다.

02 스마트 에이징

 오래 사는 것은 좋으나 돈보다 오래 살면 안 된다

평균 수명 60세일 때 사람들은 평생 일하다 돌아가셨다. 그들은 비록 가난할지는 몰라도 죽을 때까지 소득이 있었다. 그들은 죽을 때 일자리 수명, 돈 수명이 한꺼번에 죽었다. 이제 100세 시대다. 주된 직장에서 퇴직하는 나이가 54세 무렵이라고 한다. 정년퇴직을 한다고 해도 60세다. 그러고도 40년 이상을 살아야 한다. 50대 후반 어느 날 퇴직을 했다.

『스마트 에이징』
김동엽 지음/
청림출판 2013

즉, 일자리가 없어졌다. 일자리가 없으니 소득이 없어졌다. 어떻게 살아야 하는가? 그래도 벌어 놓은 돈이 있으니 얼마간 견딜 수 있다고 생각한다. 그렇게 살다 어느 날 그 돈마저 소진되었다. 앞으로 살아야 할 날이 20~30년 남았는데 어찌 해야 하나? 그렇다고 죽을 수도 없는 노릇이다. 오래 사는 것은 좋으나 돈보다 오래 살면 어려움이 한두 가지가 아니다. 이럴 때를 대비하여 은퇴자산관리가 필요하다.

나는 우선 연금화 할 수 있는 자산을 100세를 기준으로 거꾸로 채워 보라고 한다. 거꾸로 채울 수 있는 가장 대표적 은퇴자산은 국민연금이다. 국민연금은 노령연금을 받을 나이로부터 죽을 때까지 나온다. 그 밖에 퇴직연금, 연금저축, 금융자산과 부동산 등을 연금자산으로 만들어 채워 넣어 본다. 이렇게 거꾸로 채우다 보면 결국 못 채우는 구간이 나온다. 주된 직장에서 퇴직한 시점부터 국민연금이 나오는 때까지다.

또 국민연금 수령 금액이 적으면 그 기간은 더 길다. 이 기간이 은퇴자산관리를 해야 하는 이유다. 이 기간은 어쨌든 일을 해야 한다. 나는 강의장에서 이렇게 말한다.

"근로자 여러분! 대단히 죄송하지만 더 일을 하셔야 합니다. 그래서 중장년 일자리가 그만큼 중요합니다." 말은 이렇게 하지만 돈으로 준비하는 은퇴설계와 일자리로 준비하는 노후설계 모두는 쉬운 일이 아니다. 그러니 차근차근 미리 준비하는 방법을 추천한다.

『스마트 에이징』이 출판되던 2013년 당시는 은퇴설계에 대한 거대 담론이 본격적으로 시작되던 때다. 이 책의 저자인 김동엽 센터장은 똑똑하게 나이 들어가는 방법으로 우리 시대의 변화부터 인지할 것을 주문한다. 급격한 수명의 연장에 따라 생각보다 오래 살게 되었다는 점, 고성장 고금리가 아닌 저성장 저금리의 뉴 노멀 환경, 인구가 증가함에 따른 보너스가 아닌 인구가 감소하는 '인구 오너스 Demographic Onus' 시대의 도래, 세대간의 갈등, 부의 양극화 등이 그것이다.

이에 따른 사회현상들도 지적하고 있다. 부모에게 기생하는 젊은이들 – 이들을 일본에서는 '패러사이트 싱글 Parasite Singles' 영국에서는 '키퍼스 KIPPERS' 라고 부른다– 혼인 감소와 저출산, 맞벌이, 황혼이혼, 은퇴 남편과 함께 오래 사는 시대, 무연사회와 독거노인의 증가가 여기에 해당한다. 또 오래 살게 됨으로써 나타나는 리스크를 크게 네 가지로 제시한다.

첫째, '무전장수(無錢長壽)'다. 자산관리를 제대로 하지 못하면 사망하기 전에 돈이 먼저 바닥나는 상황이 일어날 수도 있다.

둘째, '유병장수(有病長壽)'다. 세계보건기구WHO 발표에 따르면 한국인의 건강수명은 71세에 불과하다.

셋째, '무업장수(無業長壽)'다. 일 없이 오래 살아야 하는 것이다.

넷째, '독거장수(獨居長壽)'다. 통계청 자료에 따르면, 가구주가 60세 이상인 가구의 30퍼센트가 혼자 사는 집이다.

김동엽 센터장은 앞서 소개한 우리 시대의 변화, 사회 환경, 장수 리스크에서 똑똑하게 나이 들어가는 방법도 소개한다.

'소비는 줄이고 취향은 높여라', '죽을 때까지 은퇴하지 마라', '건강검진과 민간의료보험을 활용하여 건강 수명을 늘려라', '에듀 푸어를 경계하라', '금융 자산관리를 하라' 등이 그것이다.

나는 스마트 에이징을 위한 준비의 핵심은 자산관리라고 확신한다. 자산관리의 첫 번째는 푸어의 환경을 만들지 않아야 한다. 푸어의 환경을 만들지 않아야 그 다음 단계로 진행이 가능하다. 나는 우리를 어렵게 하는 각종 푸어에 대해 살펴 본적이 있다. 스펙 푸어, 워킹 푸어, 허니문 푸어, 카 푸어, 하우스 푸어, 렌트 푸어, 에듀 푸어 등 너무도 많았다. 그중에서 에듀 푸어는 절제할 수 없는 최대의 난제다. 아무리 강조하고 주장해도 도대체 빠져 나올 방법이 없다고 말하는 사람도 있다.

김동엽 센터장은
도시에 거주하며 자녀교육비를 지출하고 있는가?
현재 빚을 지고 있는가?
가계소득보다 지출이 많은가?
자녀교육비를 다른 가구의 평균보다 많이 쓰는가? 라고 묻고
"만약 이 네 가지 질문에 모두 '예' 라고 답했다면 당신이 바로 에듀푸어이다. 에듀푸어의 주류는 '대졸 이상 학력을 가진, 40대 중산층'이다."고 설명했다.

그 다음은 소득 공백기에 대비하는 것이다. 김동엽 센터장은 55~65세 사이의 소득 공백기를 신 보릿고개라 불렀다. 그는 신 보릿고개를 다음과 같이 표현했다. 정년은 맞았지만 국민연금은 수령하지 못하는 시기, 소득은 줄었지만 자녀 관련 지출은 여전한 시기, 부모부양의 부담이 여전히 남아있는 시기, 자산부채 조정을 해야 하는 시기, '회사 중심'에서 '가정 중심'으로 거듭나는 시기, 자산관리 방법이 '적립'에서 '인출'로 바뀌는 시기, 서서히 노화가 시작되면서 건강관리가 필요한 시기이다.

신 보릿고개를 표현하는 가장 많은 내용은 역시 돈의 문제다.

『스마트 에이징』은 에듀 푸어 대처 방법과 노후 자금 관리 방법, 소득 공백기를 넘기는 준비 방법 등을 자세히 설명하고 있다. 연금 개시 이전에 은퇴하는 50대 독자, 자녀교육과 노후준비 사이에서 갈등하고 있는 독자, 은퇴 후에도 폼 나게 돈을 쓰고 싶은 독자, 똑똑하게 노후 대비를 하고 싶은 독신여성 독자, 맞벌이를 하지만 노후 대책은 무방비인 독자, 신 보릿고개를 슬기롭게 대처하고자 하는 독자는 이 책으로 그 해법의 서문에 들어서길 주문한다.

03 당신의 노후는 당신의 부모와 다르다

 당신의 노후에 있어 Risk, Crisis, Danger는 무엇인가?

우리가 포괄적으로 사용하는 '위험(危險)'이란 단어는 영어로 표현하면 Risk, Crisis, Danger로 세분된다. Risk, Crisis, Danger를 우리말로 다시 번역하면 '불확실성(不確實性)', '위기(危機)', '위험(危險)'으로 표현할 수 있다.

Risk는 앞으로 발생할 수 있는 '불확실성'이다. 불확실성은 관리의 대상이다. 투자의 관점에서 보면 불확실성 속에는 위험과 기회가 공존하고 있다.

Crisis는 이미 발생한 위험으로 '위기'라 표현한다. 위기는 위험에 빠진 상태이지만 그 속에 기회가 엿보인다고 생각할 수 있다. IMF 금융위기, 글로벌 금융위기, 남유럽 재정 위기 등이 대표적인 위기다. 투자의 관점에서 위기의 끝 또는 바닥을 알 수 있다면

『당신의 노후는
당신의 부모와
다르다
강창희 지음/
샘앤파커스 2013』

당신의 노후는
당신의 부모와
다르다
강창희 소설가
100세 시대를 위한 인생설계

강창희 지음

'100세 시대는 오직
준비된 자에게만 천국이다!'
정가 ₩ 80,000HZ, 인생설계에게 다시 세워

위험을 기회로 활용 할 수 있다.

Danger는 해로움이나 손실이 생길 우려가 있는 것이다. 투기, 도박, 만용 등은 여기에 속한다. 미래에 일어 날 수 있는 상황을 대비하기 위해서는 그 내용이 Risk 불확실성, Crisis 위기, Danger 위험 중 무엇에 해당하는지 명확하게 이해해 둘 필요가 있다. 재무 은퇴 설계, 노후 설계에 있어서도 일어날 수 있는 일들을 Risk, Crisis, Danger로 나누어 생각해 두어야 한다.

이번 책은 미래와 금융 연구포럼 강창희 대표의 『당신의 노후는 당신의 부모와 다르다』이다. 강창희 대표는 재무은퇴 설계를 Risk 관점에서 장수 리스크, 건강 리스크, 자녀 리스크, 자산구조 리스크, 인플레 리스크를 들고 있다. 리스크라고 했으니 이를 잘못 다루면 위험하고 잘 다루면 기회가 될 수 있다. 그런데 저자는 일단 위험의 관점에서 이를 설명한다. 위험을 대비하는 방법이 곧 기회가 되기 때문이다. 그중 두 가지 리스크에 대한 내용을 덧붙인다.

장수 리스크는 예술도 길고 인생도 길다면서 정년 후 80,000시간을 어떻게 보낼 것인가라고 묻는다. 강창희 대표는 60세 정년퇴직 후 80세까지 생존할 경우, 1일 11시간 X 365일 X 20년 = 80,300시간이라고 했다. 이는 퇴직 후 하루 일과의 여유시간을 11시간으로 보고, 특별한 게 없으면 365일이 이와 같음을 염두에 둔 계산 방법이다. 8만 시간은 직장인의 1년 근무시간이 2,256시간임을 감안하면 직장 생활 36년에 해당 된다고 한다. 만일 정년 후 30년, 40년 생존하면 12만 시간, 16만 시간이 된다. 이를 직장 생활과 비교하면 54년과 72년에 해당하는 어마어마한 시간이 된다. 이 많은 시간을 리스크로 볼 때의 핵심은 외로움이다. 그 많은 시간의 외로움을 무엇으로 채워야 하나? 외로움에 대비하는 것이 은퇴 준비다! 확실한 사실에 직면했다.

강창희 대표는 고독력을 길러 두라고 말한다. "고독력은 단순히 외로움을 견디는 능력이 아니다. 어찌 보면 '고독력'이야말로 인생 100세 시대에서 반드시 필요한 삶의 경쟁력이라 할 수 있을 것이다."라고 말했다. 강창희 대표는 고독력이 있다면 자신의 여건에 맞춰 생활할 수 있기에, 은퇴 후에도 당당하게 살아갈 수 있다고 했다. 당당하게 살아가는 은퇴 생활은 장수의 위험을 기회로 바꾼 것이라 할 수 있다.

자녀 리스크는 자녀로 인하여 나의 노후가 영향을 받는 것이다. 물론 직접적 요인은 과도한 교육비의 지출이다. 하지만 강창희 대표가 강조하는 자녀 리스크의 핵심은 교육비에 있지 않다. 자녀들이 주어진 경제적 상황에 자기 자신을 맞추어 넣는 능력을 기르지 못함을 지적한다. 즉, 결핍을 배우지 못하고 성년이 되었음을 가장 큰 자녀 리스크로 꼽는다. 부모의 세대는 누구나 결핍을 경험했지만, 자녀는 풍족한 삶을 살았는데, 앞으로 경제 환경이 변할 때 어떻게 견뎌 내겠는가 하는 질문이 꼭 따른다. 나는 강창희 대표의 강의 장소를 부단히 참석했다. 그곳에서 자녀 리스크와 관련하여 인용하는 성경 구절이 있다. 빌립보서 4장 13절이다. "내게 능력 주시는 자 안에서 내가 모든 것을 할 수 있느니라."가 그것이다. 한국 사람들에게 이 구절은 자신이 믿는 종교 안에서 무엇이든 다 할 수 있다고 하여 매우 매력적으로 와닿았을 거라고 한다. 그런데 이 표현 속에는 사도 바울이 "어떠한 형편에서든 내가 자족하기를 배워, 비천과 풍부에 처할 줄도 알고, 배고픔과 배부름도 아는, 즉 일체의 비결을 배웠다."라고 하는 빌립보서 4장 13절의 앞 내용을 이해하지 못한 결과라고 설명한다. 강창희 대표는 결핍을 배우게 할 수 없으면 금융교육이라도 반드시 해야 함을 강조했다. 이 밖에도 평생 현역이 답이다, 건강 리스크는 보험으로 대비하자, 노후 자산으로 3층 연금을 준비하자, 부동산 위주의 자산구조에서 벗어나라, 대체 불가능한 '나'를 만들어라 등을 강조하고 있다.

앞서 Risk의 관점에서 노후를 살펴봤다면 나는 Crisis적 관점에서 살펴보고자 한다. Crisis는 '이미 발생한 위험' 즉 위기다. 노년의 삶에서 발생한 Crisis는 그 크기를 가늠하기가 쉽지 않다. 대부분의 문제는 여기에서 발생한다. 통제되고 관리되지 못하여 현실이 되어 버린 Crisis는 해결하기에 이미 한계를 넘어선 상황일 가능성이 높다. 노후에 리스크가 통제되지 못하고 실제의 사건 Crisis로 나타나면 이를 어떻게 극복해야 할까? 노년의 대표적인 위기는 황혼이혼, 창업 실패, 사기를 당하는 것, 투자 실패 등이 있다. 또 준비되어 있지 않은 연금, 과도한 소비와 같이 지금 하고 있는 금융행동이 위기의 환경을 만들어 가는 경우도 있다. 금융환경이 악화되는 곳은 브레이크가 없다! 모든 금융 문제는 돌이킬 수 없이 악화된 시점에서 현실을 알게 된다. 내가 하고 있는 금융행동이 위험하다는 것을 알게 되면 그 때는 이미 늦었다. 우리가 생각하는 이상적인 행동은 Risk를 관리하고 Crisis가 발생하면 이를 잘 극복하고 Danger는 원천적으로 차단하는 것이다. 그런데 금융위험에 빠지는 환경은 이를 거꾸로 한다. 먼저 위험 Danger 환경에 스스로 빠지고, 위기 Crisis는 닥쳐서야 인식한다. 그리고 평소에 불확실성 Risk을 관리하지 못한 후회를 한다. 이를 예견하여 미리 대비해야 하는 숙제가 장수 노후 준비의 관건이다.

『당신의 노후는 당신의 부모와 다르다』는 내가 살아가는 세대가 앞선 세대와 확연히 다른 리스크가 있음을 알게 한다. 스스로 그 위험에 대비하는 방법을 제시한다. 시간이 지나 내가 Crisis 위기 상황에 빠지는 환경을 미리 대비하도록 돕는다. 당신의 노후에 있어 Risk, Crisis, Danger가 무엇인지 미리 생각해 보는 시간으로 충분하다.

04 우물쭈물하다 이럴 줄 알았다

은퇴 후 5년! 사기는 당하지 말자

『우물쭈물하다 이럴 줄 알았다』가 출판된 해는 2013년이다. 저자는 2013년이 베이비부머 전체가 50대가 되는 해라고 했다. 베이비부머는 1955년생부터 1963년생까지로 2013년은 1955년생은 58세, 1963년생은 드디어 50세가 되었다. 본격적인 은퇴를 앞둔 베이비부머에게 닥친 당면하고 있는 은퇴에 대해 할 말을 이 책에 담았다. 그 내용은 은퇴 후 5년을 경계하라는 설명이 핵심 사항이다.

저자는 은퇴 후 5년의 위기를 은퇴 크레바스라고 불렀다. 나는 이 책이 은퇴 크레바스에 관한 책이라고 규정짓는다. 왜 크레바스라고 이름 붙였을까? 김진영 소장은 히말라야 등반과 관련된 '숫자로 본 히말라야The Himalaya by the Numbers'라는 논문

『우물쭈물하다
이럴 줄 알았다』
김진영 지음/
홍익출판 2013

에 주목했다. 통계를 보면 지난 56년 동안 5,240명이 히말라야 거봉 14 좌 등반을 시도했고, 그중 단 하나라도 성공한 사람은 2,850명, 이 과정에서 사망한 사람이 782명으로 시도한 사람의 15%에 달했다고 한다. 사망자들은 절반이 등반 과정에서, 11%는 정상을 앞두고, 나머지 30%는 하산 과정에서 숨졌다. 김진영 소장은 하산은 상대적으로 짧은 시간이어서 시간당 사고율이 매우 높다는 점에 주목하여, 인생도 이와 같아 은퇴 후 5년이 매우 위험하다는 의미에서 크레바스라고 이름 붙였다. 심지어 은퇴 크레바스 5년이 은퇴생활 전체를 결정한다고 주장했다. 흔히 마의 10년이라고 부르기도 하는 은퇴 후 10년은 주로 생활비가 없는 공백기를 말하지만, 김진영 소장의 은퇴 크레바스는 은퇴 후 5년의 과도기가 앞으로의 전체 생활을 비정상적으로 만들거나 아예 불가능하게 만들 수 있는 치명적인 함정이라는 의미다.

김진영 소장이 꼽은 은퇴 크레바스는 창업, 사기, 건강, 부부, 자식 등 모두 다섯 가지다. 다섯 가지 은퇴 크레바스에 대한 김진영 소장의 설명을 간략히 요약한다.

첫째, 창업 크레바스는 퇴직 후 생활비로 쓸 제2의 월급을 만들기 위해 창업 전선에 나섰다가 당하는 경우다.

둘째, 사기 크레바스는 퇴직금 사기 같은 날벼락을 맞아서 그나마 쥐고 있던 목돈을 다 날리고 빚더미에 앉게 되는 경우다.

셋째, 건강 크레바스는 본인이나 가족이 중병에 걸리거나 사망함으로써 몸과 돈이 다 병원에 묶이는 케이스다.

넷째, 부부 크레바스는 황혼이혼 등으로 인해 전혀 예상치 못한 모년을 보내야 하는 케이스다.

다섯째, 자식 크레바스는 은퇴생활의 보루였던 자식이 결혼은커녕 취직도 못한 채 빈둥거리거나 사업을 한답시고 설치는 통에 밑 빠진 독에 물 붓기가 되어 버리는 경우다.

이상의 은퇴 크레바스는 사실 모두 돈과 관련이 있다.

그중에도 사기 크레바스에 주목해보자. 나는 평소 강의장에서 인생에는 모두 네 번의 고비가 있다고 말한다. 어머니 배 속에서 이 세상으로 나올 때, 학교생활을 마치고 사회에 나갈 때, 사회생활을 마치고 퇴직이나 은퇴를 할 때, 이 세상을 죽음으로 맞이하며 저 세상으로 갈 때가 그것이다. 이 중에서 사기꾼들의 중요 표적은 사회 진출기와 은퇴기에 있는 사람들이다. 김웅 검사의 『검사내전』이 2018년 출판되었다. 나는 이 책이 사기에 관한 실체를 여과 없이 표현했다고 생각하여 그 내용을 비교적 상세히 소개한다.

① 한 해에 24만 건의 사기 사건이 발생한다. 2분마다 1건씩 사기 피해액은 매년 3조원이 넘는다.

② 사기범의 재범률은 77%에 이른다. 사기범의 55%는 5개 이상의 전과를 가지고 있다. 사기꾼에게 걸리면 어떤 사람도 벗어나지 못한다.

③ 보장한다는 말은 대개 그 약속을 지키지 않겠다는 뜻이다.

④ 사기꾼들의 속임수란 실상 제비가 물어온 박씨에서 고대광실 기와집이 나온다는 것만큼 허무맹랑하다. 그런데도 당한다.

⑤ 유혹이 사기라는 신호는 밤하늘의 별보다 많다. 밤하늘에 별이 아무리 많아도 욕심이라는 간섭조명이 생기면 보이지 않는다.

⑥ 사기꾼들은 없는 사람, 약한 사람, 힘든 사람, 타인의 선의를 근거 없이 믿는 사람들을 노린다.

⑦ 부모를 떠나 사회에 첫발을 내딛는 청년들은 범죄의 손쉬운 먹잇감이다. 청년들은 발끈하겠지만 그들은 물 밖에 나온 물고기와 같다. 청년들이 쉬운 먹잇감인 이유는 자신들이 초보라는 것을 인식하지 못하는 경우가 많기 때문이다.

⑧ 야수는 그다지 많지 않다. 그러나 평생에 야수 한 마리 안 만나겠는가? 세상은 야수 한 마리로도 충분히 지옥이 될 수 있다.

⑨ 파렴치범들은 다른 가치관으로 세상을 살아간다. 그들을 개과천선시켰다고 생각하는 것은 백면서생이 꿈꾸는 상황극일 뿐이다.

⑩ 먹잇감이 쓰러지면 들개도, 하이에나도, 독수리도 모두 모이는 법이다. 먹잇감의 살을 발라 먹고 나면 뼈까지 사골로 우려내는 것이다.

김웅 검사는 사기 피해의 당사자를 특정하진 않았지만, 주로 사회 초년생에 주목하여 기술하였다. 나는 은퇴 초년생도 이와 같다고 생각한다. 왜 그럴까? 사회생활에서 충분히 경험하여 이제 자기의 주관이 뚜렷해서 어떠한 경우에도 흔들리지 않는다고 자신한 결과다.

김웅 저자는 "사기꾼들의 말에 의하면, 머리가 나쁜 사람한테는 사기도 안 통한다고 한다. 그래서인지 옛날부터 똑똑하고 논리적인 사람을 속이기가 더 쉽다는 말도 있다. 머리가 나쁜 사람은 하도 많이 속아서 의심이 많지만, 머리가 좋은 사람은 자기 꾀에 자기가 넘어가는 일이 많아서 작정하고 덤비면 영락없이 당하고 만다."고 말했다. 나는 이를 '똑똑한 자존심'이라 표현한다. 똑똑하다고 생각할수록 사기 당할 가능성이 더 크다. 은퇴 초년생이 사기 당하지 않을 방법은 무엇인가?

내가 추천하는 방법은 "은퇴 후 3년 동안은 어떠한 경우에도 자산을 움직이지 마라."이다. 그러고 나면 보인다. 나의 주변에서 무슨 일이 일어났는지가 보인다. 그 때 판단해도 늦지 않다. 김진영 소장은 이 책에서 다섯 가지 은퇴 크레바스에 이어 반드시 막아야 할 은퇴 5적(五賊), 반드시 지켜야 할 은퇴 5계(五誡), 반드시 다뤄야 할 은퇴 5품(五品) 등에 대해서도 설명했다.

마지막으로 책 제목을 한 번 더 살펴보자. 제목이 『우물쭈물하다 이럴 줄 알았다』이다. 이 문구는 영국의 극작가 버나드 쇼가 남긴 묘비명에서 따왔다. 김진영 소장은 우물쭈물하다가, 어영부영하다가, 우왕좌왕하다가 결국에 이렇게 살게 되고 마는 인생을 경계하고 싶었던 거다. 당신은 은퇴 후의 삶을 고민하고 있는가? 더 이상 우물쭈물하지 말자.

05 | 40세, 흔들리지 말아야 할 7가지

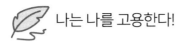 나는 나를 고용한다!

'고용상 연령 차별 금지 및 고령자 고용 촉진에 관한 법률의 개정'(2013
년 4월 30일)으로 2016년부터 상시 근로자 300인 이상 사업장과 국가
및 지방 자치단체의 근로자의 정년은 60세가 되었다. 또 2017년부터는
300인 이하 사업장도 정년이 60세가 되었다. 하지만 의문이 든다.
과연 근로자의 입장에서 정년 60세는 축복일까?
이 법이 있으면 근로자는 노력 없이도 정년이 보장되는 것일까?
입사 후 그저 주어지는 정년 60세는 지속되기 어렵다. 나는 이와 관련하
여 우리 기업에서 일어나고 있는 다양한 문제를 목도했다. 특별한 문제
나 사고를 치지 않는다면 정년퇴직까지 근무할 수 있다. 내부의 지시나
통제는 느슨해진다. 상사의 지시는 적당한 선에서 따르면 그뿐이다. 승
진과 인센티브를 추종하지 않는다면 회사 생활이 이보다 편할 수는 없
다. 이런 환경에서 굳이 나의 경쟁력을 따져 볼 필요는 없다. 다만, 회사

에서 내가 하고 있는 일이 나만 알고 있는 일로 만들면 된다. 그러면 누구도 나를 함부로 대할 수 없다. 하지만 이러한 환경이 지속된다면 회사는 어떻게 될까? 나는 어느 순간 돌이킬 수 없는 문제점들로 가득 채워진다고 장담한다. 더군다나 지금 기업 비즈니스 환경은 점점 더 어렵고 복잡하며 변화를 요구 받고 있다. 정년의 또 다른 문제는 개별 근로자의 능력과 무관하게 모두 한꺼번에 정리한다는 점이다.

『40세, 흔들리지 말아야 할 7가지』
인생전략회의 지음/
김종태 옮김/
이콘 2014

이와 더불어 이 직장과 직종이 자신의 적성과 맞지 않아도 계속 근무하는 근로자도 적지 않다. 이제 냉정하게 생각해보자. 근로자가 느끼는 정년퇴직하는 회사 생활의 만족도는 높을 것인가? 그저 잘 살았다고 표현할지는 모르나, 자신의 인생을 돌이켜 볼 때 도전과 응전 그리고 창조적 삶이라는 관점은 어디에서도 찾아보기 어렵다. 내가 생각하는 정년이 정해진 직장 생활의 가장 큰 문제는 따로 있다. 정년은 직장 생활이 끝나는 날이다. 그날까지 최선을 다하는 사람은 드물다. 어느 순간 그 다음을 준비해야 한다. 그럼 언제부터가 그 준비의 때가 될 것인가? 정년 1년 전인가, 2년 전인가? 아니면 5년 전? 어떤 사람은 10년 전이라고도 한다. 그때부터 일손이 안 잡힌다.

이제 한 번 다르게 표현해보자. 만일 우리가 죽는 날이 정해져 있다면 어떻게 될 건가? 아마도 세상은 대단히 어수선하고 급격히 무기력증에 빠질 것이다. 내가 죽는 날을 아는데 그날까지 최선을 다하기는 쉽지 않다. 그래서 우리는 죽을 때까지 열심히 살지만, 죽는 날을 몰라야 한다. 마찬가지로 직장 생활도 내가 나가는 날을 몰라야 한다. 그런데 이미 정년은 정해졌다. 어떻게 해야 하는가?

일본 인생전략회의의 저서인 『40세, 흔들리지 말아야 할 7가지』는 '번영의 프론티어 분과 보고서'(2012년 7월 6일)를 인용하여 평균수명 80세 이상인 지금은 75세까지 일을 해야 하는데 정년 65세(일본의 경우)는 개인과 기업의 입장에서 바람직하지 못하다고 한다.

기업의 경우 기업 내 인재의 고정화, 고착화가 진행되어 기업 신진대사가 원활하게 이루어지지 않고, 이것은 결과적으로 기업의 경쟁력 저하와 고용 감소로 이어 질 수 있다는 것이다. 야나가와 노리유키 도쿄대학원 교수가 발의한 보고서에서는 개인의 경우 75세까지 일하기 위해 40세 정년제를 주장하고 있다. 40세에 일단 정년퇴직한 후 재취업을 하고, 60세에 두 번째 정년퇴직을 해서 다시 취업하여 75세까지 일을 한다면, 인생을 세 번 즐기는 것이 되고, 개인은 전직할 때마다 '새로운 학습'을 하게 되고, 회사로서도 신진대사가 촉진되어 모두에게 장점이 클 것이라 주장하고 있다.

우리나라의 경우 정년의 연장은 공적 연금의 수령 연령이 60세 이후로 연기되면서 반드시 필요한 부분이긴 하다. 단, 한 직장에서 정년을 한다 하더라도 개인의 노력에 의한 성장과 발전은 멈추지 않고 계속 되어야 한다. 또한 세 번의 퇴직 또는 정년이 있다면 지속적인 성장과 발전의 노력은 진행형이어야 한다.

나는 100세 시대를 사는 우리가 정년퇴직과 명예퇴직을 비롯한 다양한 조직 형태에 대해 다음과 같은 태도로 근무하였으면 하는 바램을 갖고 있다.

'오늘 내가 이 회사에 다시 입사지원서를 낸다면 채용될 것인가?'
'오늘 내가 다른 회사에 입사지원서를 낸다면 채용될 것인가?'

이 질문에 바로 그렇다고 답하기는 어렵다. 우리가 회사에 입사했다는 사실로만 20년을 살 수는 없다. 일류 대학을 나온 것으로 평생을 생활할 수 없고, 올해의 우수사원 표창이 계속 우수사원으로 이어진다고 할 수 없듯이, 승진과 자격증 취득 등의 기분에 머물러 있으면 발전은 없다. 과거의 영광은 그 순간 머릿속에서 지워야 한다. 사람을 변하게 하는 계기는 외부적인 충격과 내부적인 쇼크가 되기도 한다. 그러나 이러한 변화는 엄청난 희생 위에 성립되는 것이고 스스로 변하는 것은 매우 어렵다. 우리가 겪은 충격과 쇼크가 그동안 부족했다고 말할 수 있을까? 그 내용을 함축하여 나는 이렇게 표현해 보고 싶다.

'나는 나를 고용할 것인가?'
'내가 경영자라면 나를 채용할까?' 라는,
이 질문을 달고 살아야 한다. 조금 비켜서서 자신을 돌아볼 수 있는 시간을 가져야 한다. 내가 하나의 회사로서 신입사원이나 경력 사원을 채용한다고 가정해 보고 나 자신에 대해 스스로 입사 할 수 있는지 점검해 보자. '내가 설립한 회사의 인력 채용기준은 무엇인가?', '우리 업계에서 필요한 자원의 능력과 자질은 무엇인가?'와 같은 질문에 답을 정리해 보자. 우리는 각자가 그 차이를 메워나가는 노력을 하며 교육훈련을 적극적으로 받아 들여야 한다.

『40세, 흔들리지 말아야 할 7가지』는 특별히 40대를 강조한다. 40대에 일, 돈, 집, 건강, 소통, 가정, 부모와 노후를 예로 들어 설명한다.
평균수명을 생각하면 40대는 반환점의 나이이다. 그런데 우리나라에서는 40대의 중요성을 간과하고 있는 듯하다. 이웃나라 일본의 경우, 우리나라보다 20년 빠르게 고령화가 진행되었다. 이 책을 통해 일본의 40대가 대응해온 사례를 살펴볼 수 있다. 40대뿐만 아니라 곧 40대를 맞는 독자들은 주목하라!

06 불안한 노후 미리 준비하는 은퇴설계

 가족 버킷 리스트 Family bucket list를 만들고 실천하자

은퇴 이후를 대비하라는 내용으로 다양한 설명회들이 꾸준하게 열리고 있다. 하지만 대부분 그 대비 방법에 대해 핵심을 전달하지 못한다. 참석하는 사람들은 많지만 정작 실천하는 사람들이 적은 이유다. 한화생명은퇴연구소는 이를 간파하고 보다 간결하게 은퇴 이후 대비해야 할 것들을 정리해서 전하고 있다. 이 책은 바로 그 내용을 모두 모았다. 대표 저자인 한화생명은퇴연구소의 최성환 소장이 우리가 궁

『불안한 노후 미리 준비하는 은퇴설계』 한화생명 은퇴연구소 최성환 외 지음/ 경향미디어 2015

금해 하는 은퇴 준비의 요소를 어떻게 간략히 표현했는지 살펴본다.

● 5자(子)도 부러워할 5자: 동양의 5현(賢) 또는 5자(子)는 공자, 맹자, 순자, 노자, 장자다. 최성환 소장은 나이 든 사람, 가진 사람, 윗사람들

이 존경과 대우를 받으려면 먼저 3가지 자, 3자를 잘해야 한다고 주장한다. 바로 '놀자, 쓰자, 주자(베풀자)'이다. 여기에다 잘 웃고 잘 걷는 사람이 되면 동양의 5자도 부러워할 5자, 즉 '놀자, 쓰자, 주자, 웃자, 걷자'가 된다고 했다. 최성환 소장은 '잘 놀고 잘 쓰고 잘 주고(베풀고) 잘 웃고 잘 걷는 사람을 누가 싫어하고 욕하겠는가'라고 했다.

● 노년(老年)을 위한 은퇴설계 'L·E·D' 전략:

Long work 길게 일하기, 한 두 직장에서 20~30년 근무하는 것을 넘어 인생 이모작 삼모작하기.

Early start 빠른 은퇴 준비, 돈을 버는 순간부터 은퇴설계를 염두에 두기. 일찍 시작하고 늦게까지 소득을 올리는 양동작전 실천하기.

Double income 장수시대는 맞벌이하기.

● 은퇴 준비에 필요한 4가지 FACT:

① Friends 가장 소중한 재산은 오래된 벗이다.

② Adventure &

③ Communication 용기와 모험을 즐기고, 부족함은 소통으로 채우자.

④ Travel 남은 인생에 여행을 선물하자.

● 행복한 은퇴 '인생 5계(計)':

① 생계(生計), 무슨 일을 하며 살아갈 것인가?

② 신계(身計), 병치레에 대비하자.

③ 노계(老計), 경제적으로 당당하게 자립하자.

④ 가계(家計), 지금부터 가족과 함께하라.

⑤ 사계(死計), 어떻게 떠날 것인가?

● 은퇴 전 후 꼭 준비해야 할 버킷 L-I-S-T:

Leisure, 현역 시절과 은퇴 후에도 계속 즐길 나만의 취미를 2개 이상 만들고, 그것을 함께 할 친구도 만들자.

Insurance, 보험으로 은퇴 전후의 안전장치를 확실히 만들어 놓아야 한다.

Safe Asset, 은퇴 후 노후자금 관리는 무엇보다도 안전하게 운용하는 것이 최고이다.

Travel, 현역 시절 열심히 일한 당신의 노후를 여행 등으로 즐겨라.

● 노후 4고(四苦):

몸과 마음이 아프게 되는 병고(病苦),

경제적 어려움인 빈곤고(貧困苦),

자식의 출가와 배우자의 사별로 인해 외로움을 겪는 독고(獨苦),

소일거리 없음으로 인한 무위고(無爲苦)

● 인생 후반 삶을 대하는 자세 10 Up:

① Cheer Up 스스로 격려하기

② Dress Up &

③ Clean UP 깔끔히 차려 입고 주변도 청결하게

④ Health Up 건강 관리하기

⑤ Shut Up &

⑥ Listen Up 쓸데없는 잔소리는 줄이고 경청하기

⑦ Pay Up 빚이 있다면 갚고 주변에 베풀기

⑧ Open Up 모르면 열린 마음으로 배우기

⑨ Show Up 성실한 모습 보여주기

⑩ Give Up 때로는 눈높이와 기대치 낮추기

● 1인 가구가 긴 노후를 씩씩하게 살아가기 위한 세 가지 방법 A·C·E :

Active 혼자일수록 적극적으로 활동하라.

Community 관계의 단절은 독약이다.

Expert 한 분야라도 전문가가 되어라.

● 성공적인 은퇴 이주에 필요한 '5C':

첫째, 부부간의 합의(Consensus)다.

둘째, 쾌적한 주변 환경(Circumstance)이다.

셋째, 건강상태(Condition for Health)를 점검할 수 있는
　　　의료기관의 존재 여부다.

넷째, 주거비용(Cost)도 무시할 수 없다.

다섯째, 인적 네트워크와 관련한 공동체(Community)의
　　　　중요성도 간과해서는 안 된다.

● 노후를 더욱 행복하게 보내기 위해 준비할 'HELP' :
사람(Human), 건강(Energy), 취미(Leisure), 자산(Property)

● 은퇴 준비 키워드 5F:
Fitness, 만만디 간(肝)처럼 살지 말고 건강을 챙겨라.
Finance, 은퇴 후(後) 경제적 자립을 준비해라.
Field, 야구에서 선발 투수가 6회까지 책임지는
　　　'이닝 이터(Inning Eater)'처럼 평생 현역의 각오로 생활하자.
Fun, 인정(認定), 열정(熱情), 긍정(肯定)으로 준비하자.
Friends, 결국 사람이다.

● 인생의 5복: 수(壽), 부(富), 강녕(康寧), 유호덕(攸好德), 고종명(考終命)으로, 수는 오래 사는 복을, 부는 부유함을 나타내고, 강녕은 큰 우환 없이 살고, 유호덕은 덕을 즐기며, 고종명은 주어진 명을 다하고 편안하게 숨을 거두는 것이다.

우리는 흔히 '나'를 중심으로 은퇴설계를 설명한다. 그러나 과연 '나'만 고려하는 은퇴설계면 괜찮은 것일까? 확장된 은퇴설계의 중심에는 가족이 있다. 은퇴설계의 많은 내용들은 가족과 함께할 때 가장 효과적인 까닭이다. 그래서 이 책에선 가족 버킷 리스트 Family bucket list라는 말을 사용한다. 개인의 버킷 리스트는 익히 들어봤다. 그러나 가족 버킷 리스트는 생소하다. 나는 이 책으로 깨달았다. 은퇴란 가족과 함께 준비해야 한다. 가족과 함께 하는 버킷 리스트를 만들고 실천하는 삶이 행복한 삶이다. 책의 표현처럼 '가족끼리 왜 이래'가 아니라 가족이니까 함께 하고픈 가족 버킷 리스트를 만들어 실천하는 삶이 은퇴 준비다. 나는 그렇게 생각하고 실제로 버킷리스트를 작성해보았다. 지극히 사소한 내용이 많았다. 그렇다면 평소에는 왜 하지 못했을까? 세상을 좀 살아본 사람들은 한결같이 가족과 함께 한 시간만큼 후회를 덜 한다고 말한다. 우리는 내가 갖고 있는 시간의 대부분을 일과 타인을 위해 사용한다. 내가 작성한 가족 버킷 리스트의 내용은 거창하지 않았다. 오직 가족과 함께 하는 시간만으로 충분히 가능한 내용이었다. 우리는 그것을 못한다. 가족 버킷 리스트를 작성하기 전에 가족과 함께 하지 못한 지난 시간을 되돌아보며 반성문부터 쓰고 싶은 심정이 되었다.

07 정해진 미래

한국의 적정 인구는 몇 명일까?

『정해진 미래』
조영태 지음/
북스톤 2016

100세 시대와 고령화는 개인의 은퇴설계와 생애설계, 그리고 국가의 복지 확대로 상당 부분 이해의 폭을 넓혀왔다. 그런데 저출산은 여전히 해결하지 못하고 있다. 우리 사회는 온통 저출산을 가장 큰 문제라고 지적하고 있지만, 그 어떤 해결책도 답이 되지 못했다. 만약 출산율이 현재와 같이 계속 진행된다면 한국의 인구는 어떻게 될까? 2014년 국회 입법 조사처 분석에 따르면 한국 출산율 1.19명이 지속될 경우 2750년 인구수는 '0'이 된다. 2019년 통계청 자료에 따르면 그보다 더 출산율이 줄어든 약 0.92명 정도다.

조영태 교수는『정해진 미래』에서 이러한 저출산 상황을 극복할 출산율

증가 조건을 설명한다. 출산율을 설명하는 도구는 인간개발지수 HDI (Human Development Index)다. HDI는 UN개발계획이 각국의 교육 수준, 1인당 국민 소득, 평균수명, 여성의 사회참여 등을 조사해 전반 적인 삶의 질을 평가하는 지수다. HDI지수는 경제적인 수준 외에도 우리 사회가 얼마나 인간적인 면에서 발전했는지 알게 한다. HDI 지수와 합계출산율의 상관관계를 보여주는 그래프를 보면, 삶의 질이 나아져 HDI가 0.9까지 상승하는 동안에는 아이를 적게 낳았다. 조영태 교수는 점점 더 잘 살게 될수록 출산율이 떨어진다는 통념에 부합한다고 했다.

그런데 그래프는 HDI지수가 0.9를 넘어서면 합계출산율이 증가하는 것을 보여준다. 결국 저출산 문제를 풀기 위해서는 인간의 삶의 질을 0.9 이상으로 높여야 한다는 결론이 나온다. 특히 여성의 전반적인 처우를 개선하면 출산율이 올라 갈 수 있음을 보여준다. 조영태 교수는 과거에는 삶의 질이 0.9 이상 높은 나라가 없어 잘 살면 아이를 덜 낳았지만, 인간적으로 행복한 삶을 영위하면 아이도 많이 낳는다고 설명했다.
그럼 HDI를 어떻게 높일 것인가? 조영태 교수는 HDI에 여성들의 교육이나 사회참여 등 여성의 처우에 관한 항목이 다수 포함되어 있으니 여성의 처우를 개선하면 올라 갈수 있다고 한다. 그리고 저출산의 장애 요인인 고용불안, 높은 집값, 육아휴직이나 보육비등의 해결과 양성평등에 기반을 둔 휴가 제도, 공보육 제도, 출산과 양육이 걸림돌이 되지 않는 직장 생활 등 육아의 사회화를 위한 제도의 정비가 중요함을 강조했다.

나는 이 즈음에서 저출산이 왜 문제인가라는 질문을 던져 본다. 왜 저출산이 문제일까? 저출산으로 인구가 줄어들 수도 있는 것 아닐까? 인구가 줄어들면 많은 부분에서 좋아지는 것도 있지 않을까? 우리 사회가 저출산이 문제라고 보는 이유는 명백히 경제적 이유 때문이다. 2018년 5월 24일 조선일보 8면에 '아이 가장 많이 태어나는 1, 3월조차 저출산 쇼크'라는 기사가 실렸다. 이 기사에서 미국 경제학자 해리 덴트는 "한국이 2018년쯤 '인구절벽'에 직면해 경제 불황을 겪을 가능성이 크다."고 하였고, 오늘의 책 저자인 조영태 서울대 보건대학원 교수는 "전쟁이나 국가 부도 상황도 아닌데 이렇게 빠른 속도로 출생아가 줄어드는 것은 세계적으로 유례가 없다. 이대로 두면 경제 전반의 충격을 감당하기 어려울 것이다."고 했다. 모두 사회적인 측면에서 경제 충격을 우려한다.

하지만 국민들은 지금과 같은 자본주의에서 출산을 한다면 생활환경을 유지하고 지속하기 어렵다는 사실을 간파하기 시작했다. 저출산의 위기를 아무리 강조해도 국민 개인에게 전혀 설득력이 없다. 개인의 입장에서 지금의 출산과 양육환경은 과거와 판이하고 더욱 더 어렵다. 현재를 사는 국민 개인이 선택한 삶의 적응 방법이 저출산과 출산의 포기다. 윤홍식 인하대 교수는 "저출산은 현재 한국 사회 상황에 가장 최적화된 행동."이라고 했다. 현재와 같은 환경에서 우리는 일정기간 저출산에 의한 인구의 감소를 피해가기 어렵다.

어느 시대가 될지 모르나 저출산은 결국 어느 순간 진정될 것이다. 그리고 인구의 감소도 어느 순간 멈출 것이다. 인구가 적절하게 유지되는 환경이 오면 우리의 후손들은 훨씬 더 잘 살 것이라 믿는다. 다만, 급격한 변화를 겪어야 하는 오늘의 우리는 힘든 시간을 보내야 한다. 사회적 대비는 너무 멀다. 나만의 대비 방법이 있어야 한다.

조영태 교수는 『정해진 미래』에서 그 방법을 제시한다. 아파트의 미래, 가족의 중요성, 학교 환경의 변화 방향, 100세 시대와 건강관리, 인구 감소에 따른 개인의 생애 주기 결정의 다양성, 개혁 수준의 기업 인식 개선, 인구 다운사이징에 맞춘 사회 환경 조성 등이 그것이다. 저자가 정해진 미래라고 당당히 말했지만 책 속 내용이 모두 고개가 끄덕여지는 것은 아니다. 다만 참고하기에는 충분하다.

08 2020 하류노인이 온다

아! 결국 돈이 제일 중요하다는 건가?

2017년 8월 29일 광화문 KT 스퀘어 드림홀에서 생
명보험사회공헌위원회가 주최하는 '낀세대를 위한
토크 콘서트 유행기'-유병장수시대를 행복하게 살아
가는 기술-라는 행사가 진행되었다.

1부는 손미나 아나운서의 사회로 후지타 다카노리가
'하류노인 문제와 고령자 빈곤'을 주제로 50분 동안
강연을 하고 2부는 손미나 아나운서의 사회로 후지
타 다카노리, 노명우 교수, 로버트 할리 국제변호사,

『2020 하류노인이
온다』
후지타 다카노리
지음/ 홍성민 옮김/
청림출판 2016

오한진 박사 등 다섯 명이 참석해 이야기를 나누었다. 나는 참석을 전제
로 후지타 다카노리의 『2020 하류노인이 온다』 책부터 샀다. 책은 하류
노인에 대해 '보통의 생활이 불가능하여 하류 생활을 할 수밖에 없는 노
인을 뜻하는 조어로, 생활보호기준 정도의 소득으로 생활하는 고령자

또는 그 우려가 있는 고령자'로 정의했다.

이 책이 출판된 2016년 당시 일본의 하류노인은 600만~700만 명으로 추정된다고 한다. 나는 이 책을 읽고 콘서트 현장에서 어떻게 설명하는지를 들었다. 콘서트에서 손미나 아나운서는 후지타 다카노리를 일본 사이타마 현을 중심으로 12년 동안 빈곤 생활자를 지원하는 비영리단체 안심플러스에서 활동하며 노후 빈곤의 실상 파악 및 지원 방식에 대한 제언을 해오고 있다고 소개했다.

이날 후지타 다카노리는 일본 노인의 실상을 상세히 전했다. 그는 "일본 노인의 상대적 빈곤율은 2015 후생노동성 자료에 의하면 15.6%로 OECD 가입국 34개국 중에서 6번째로 높은 수준이며, 소득으로 환산하면 1인 가구 122만엔, 2인 170만엔 미만, 3인 211만엔, 4인 245만 엔이다. 65세 이상 고령자 빈곤율은 19.4%로 고령자 5명 중 1명은 빈곤하며 OECD 중 4번째로 높다. 게다가 홀몸 노인 남성 38.3%, 홀몸 여성 노인 52.3%가 빈곤하다. 기초 생활 수급가구 162만 5922 가구 중 고령자 가구는 83만 2525 가구(2016년 6월 시점)로 51%가 고령자 가구다."고 전했다. 또 하류 노인의 삶에 대해 "가족 친구가 없고, 일 년 내내 방에 은둔한 채 TV를 보며 보낸다. 수입이 적어 세끼를 제대로 못 먹는다. 집세를 못 내서 표류 생활을 하고 있다. 의료비를 못 내서 통증을 참으면서 집에서 요양한다."고 말했다. 하류 노인의 특징으로는 "수입이 적다. 충분한 저축이 없다. 의지할 사람이 없다."고 표현했다. 그리고 하류 노인의 본질적 문제는 모든 안전망을 상실한 상태라고 했다. 마지막으로 행복한 하류 노인의 공통점으로 "돈이 없어도 생활을 즐길 수 있다. 돈이 없는 대신 이를 보충할 지식, 기술이 있다. 가족과 친구 등 인간관계가 넓고 좋다. 다양한 복지제도를 잘 활용할 수 있다."는 점들을 예로 들고 결국 생활을 간소화하면서 주변 사람들과 상호 도와가면서 살아갈 수 있는 사람이 행복한 하류노인이라 설명했다.

이날 콘서트에서 오한진 을지대 교수는 "95살 전까지 자식에게 돈 주지 마라. 요양원 모신다고 너무 자책하지 마라. 요양원에 모시는 것도 방법이다. 65세는 청년, 66~85세는 장년, 86세 이상이 노인이다. 노인 자살 원인은 무가치성 때문이다. 흡연하지 마라. 월급 3년 차압을 당해 봤다. 지금은 보험이 12개다. 빨리, 일찍 망하면 일찍 깨닫는다."고 했다. 나는 이날 콘서트가 끝나고 현장이 매우 어수선했지만 단상을 찾아 후지타 다카노리로부터 책에 사인을 받고 사진도 찍었다.

빈곤율은 소득이 중위 소득의 50%에 미치지 못하는 상태를 뜻한다. 한국의 노인 빈곤율은 2016년 기준 46.5%다. OECD 회원국 중 가장 높다. 『2020 하류노인이 온다』는 누구나 하류노인이 될 수 있다고 경고한다. 원인은 매우 다양하다. 치매, 의료비, 자녀, 황혼이혼, 적은 수입, 적은 연금 등이다. 책은 하류 노인이 겪는 실상을 적나라하게 표현했다.

이제 어떻게 대비해야 하는가? 후지타 다카노리는 노후 붕괴를 막는 방법으로 사회보장 시스템의 강화를 첫 번째로 제시한다. 이는 국가적 차원이다. 개인은 어떻게 해야 하는가? 책은 '저축하라, 사회 보장 시스템의 내용을 파악해 두어라, 자존심을 버리고 적극적으로 도움을 받자, 지역사회에 참여하라, 질병과 요양에 대비하라'고 말하며 이 방법들을 추천한다. 나는 노인, 노년, 노후, 은퇴, 장수 등의 용어가 있는 모든 행사장과 책, 만나는 사람마다 가장 중요한 핵심이 결국 돈이라는 생각이 들었다. 나만 그렇게 느끼지는 않았을 것이다.

하류노인이 되지 않는 방법의 첫 번째는 돈이다. 돈 문제의 관건은 문제를 인식 하는 순간 이미 늦을 수 있다. 다만 미리 문제를 들여다 보면 좀 더 일찍 준비할 수 있다. 그다음 준비는 적극적 대처와 사회보장제도의 활용이다. 『2020 하류노인이 온다』와 같은 책은 경고성이 짙어 매우 자극적이다. 그래도 문제를 직시하게 하여 미리 준비하는데 도움을 주는 것은 사실이다. 노인이라는 용어가 들어가 있지만 젊은 독자와 청년들이 읽었으면 한다.

09 빚 권하는 사회 빚 못 갚을 권리

 빚으로 빚 갚는 악순환 끊으려면… "차라리 연체하세요."

『빚 권하는 사회
빚 못 갚을 권리』
제윤경 지음/
책담 2015

가수 박진석이 부른 '천 년을 빌려준다면'이라는 노래가 있다. 가사의 내용을 이렇다. "당신을 사랑하고 정말 정말 사랑하고, 그래도 모자라면 당신을 위해 무엇이든 다해주고 싶어, 만약에 하늘이 하늘이 내게 천 년을 빌려준다면 그 천 년을 당신을 위해 사랑을 위해 아낌없이 모두 쓰겠소." 이 노래를 들으며 가슴이 철렁 내려앉았다. 내가 가진 모든 것을 다 주어도 모자란다면 천 년을 빌려다가 한꺼번에 사용해야 직성이 풀린다'고 한다. 그럼 하늘로부터 빌리면 갚지 않아도 될 것인가? 빌린 것은 모두 갚아야 한다면, 하늘로부터 천 년을 빚지고 나 몰라라 하면 누가 대신 갚아 줄 것인가?

나는 세미나를 진행할 때 "조상께서 1,000년을 빌려 다 사용하고 가셨으므로 후손들은 살아갈 100년 중 50년만 살고 나머지 50년은 조상님이 사용한 1,000년을 갚는데 사용해야 할지도 모른다."고 얘기한다. 물론 빚의 문제를 강조하다 나온 말이다.

모 카드사의 광고다. 밝은 달 아래 두 연인이 사랑을 속삭이고 있다. 출연자는 배우 김강우와 김태희다.

"사랑도 할부가 되나?"

"뭐?"

"만약에 할 수 있다면 100년을 할부로 너랑 살고 싶어서."

"그런데 너 그런 카드 있어?"라는 대화 끝에

'사랑도 할부가 된다면 OO카드일 거예요' 라고 끝을 맺는다.

우리는 사랑을 위해서 할부로라도 모든 것을 쏟아 부어야 한다. 모든 사랑을 할부로 한다면 도대체 얼마를 할부로 해야 할 것인가? 광고를 비판 하고자 함이 아니라 우리의 시대상을 짚고 넘어 가고자 한다. 나는 빚이란 근본적으로 시작하지 않는 것이 옳다는 생각을 갖고 있다. 빚이 시작되면 일순간 어려움에 빠지고 다시 회복하려면 평생이 걸릴 지도 모른다.

프레드 영은 『나도 부자가 될 수 있다』라는 책에서 "통계적으로 5~10%의 사람만이 빚을 효과적으로 활용한다. 오늘이라도 파산 법정을 찾아가 보라. 돈을 빌려 돈을 벌겠다고 생각했던 사람들로 발 디딜 틈이 없다. 그들은 모두 나름대로 머리가 좋다는 사람들이다."고 말했다. 레버리지 효과를 노려 기회가 왔다고 할지 모르지만 내가 5~10% 범위에 들어가기에는 여전히 좁은 문이다.

나는 2014년 봄 서울 인생 이모작 센터에서 진행하는 '사회공헌 아카데미 4기'에 참여했다. 그 과정의 하나로 3월 13일에는 제윤경 강사로부터 '돈으로부터 행복해지는 방법'을 주제로 강의를 들었다. 이날 강의에서 나는 내 귀를 의심했다. 강사는 다음과 같은 표현을 하는데 거침이 없었다.

우리 사회는 빚에 관한 한 비정한 사회다. 연체 1회에서 2회가 되면 강제 집행이 가능하고, 2회부터 원금에 대해 연체이자가 가능하다. 빚 갚을 능력이 없는 저소득층에게 대출해 주는 것이 맞는가? 우리나라만큼 빚을 악착같이 갚는 나라가 없다. 갚아야 하는 채무자의 의무가 너무 강하다. 선진국일수록 채권자의 의무가 강하다. 선진국은 '어떻게 갚으시겠습니까'를 묻고 신중한 대출을 한다. 연체자가 되면 삶이 순식간에 무너진다. 은행은 부실채권을 대부업체에 8%에 판다. 이때부터 추심이 시작된다.

이날 제윤경 강사의 강의는 일반적 빚에 대한 인식과는 매우 달랐다. 우리는 일반적으로 빚은 활용 가능한 것, 빚 내는 것도 능력, 빚은 반드시 갚아야 하는 것으로 인식한다. 그런데 제윤경 강사는 빚을 바라보는 다른 시각을 보여주었다.

나는 2015년 한겨레 신문 '2막 상담실'이라는 코너에 격주로 은퇴설계를 주제로 기고하였다. 2월부터 12월까지 총 21회에 걸쳐 기고하는 동안 또 다른 주의 기고는 제윤경 에듀머니 대표가 주로 '빚'을 주제로 기고했다. 나는 제윤경 대표의 기고를 하나도 빠짐없이 꼼꼼히 읽었다.

7월 28일 기고문의 제목은 〈빚으로 빚 갚는 악순환 끊으려면…"차라리 연체하세요."〉다. 제윤경 대표는 빚은 반드시 갚아야 한다는 강박이 오히려 빚을 늘리고 악화시킨다고 하면서 기를 쓰고 빚을 갚으려다 다른 빚으로 돌려 막으면서 고금리 빚의 덫에 빠지게 되니, 감당하기 어려운 채무가 발생하면 우선 멈추고 연체를 시작하라고 조언했다. 그는 우리나라는 잔인하게도 연체를 하지 않으면 워크아웃이나 개인회생 등 모든 채무조정 프로그램의 적용을 받을 수 없다고 하고, 연체를 시작하면 채무 독촉으로 고통이 따르게 되는데, 이때 금융복지 상담센터 등을 찾아 적극적으로 도움을 받으라고 했다. 나는 "연체하세요."라는 글을 보는 순간 빚과 부채에 대해 좀 더 알아야겠다는 생각이 들었다.

그날로 이번에 소개할 책인 『빚 권하는 사회 빚 못 갚을 권리』를 사서 읽었다. 나는 '빚은 과연 무엇일까'에 보다 주안점을 두고 내가 이 책에 대해 정리한 내용을 여기에 표현해 두려 한다. 먼저, 사람들이 빚진 다음에 하는 말에는 다음과 같은 용어들을 볼 수 있다. '지옥, 숨도 제대로 쉴 수 없는, 살아서 뭐하나, 하루하루 위태로운, 고통스럽다, 암담하다, 사람답게 살 수 없는 현실, 빚으로 빚을 갚는 악순환, 소리 없는 울음, 어디에도 하소연 할 수 없는, 능력 없는 부모인 것 같은, 허덕이는, 가슴에 피멍, 극도로 부끄럽고, 인생에서 패배한 것 같은, 희망이 사라진 것 같은' 우리가 빚에 대해 무엇을 상상하든, 실제 빚은 생각보다 훨씬 더 심각하게 우리를 짓누르는 무엇이었다. 다음으로 빚의 흐름도다. 금융 회사는 세 달 이상 연체된 부실채권이 발생하면 손실을 대비하기 위해 대손 충당금을 적립한다. 이에 유동성이 감소하면 금융회사 건전성에 이상 신호가 오게 되는데, 이때 부실 채권을 손실 처리하거나 매각한다. 비교적 담보가 있는 부실채권 등은 2009년 신한, 국민, 하나, 기업, 우리, 농협 등 6곳이 출자하여 만든 유암코로 넘기고, 그 밖의 신용도가 낮은 채권은 대부업체 등에 매각한다. 대부업체는 부실 신용채권을 헐값에 매입한다. 2012년 평균 5.7%에 매입했다. 매입한 채권은 원금과 이자뿐만 아니라 법정 비용 청구 권리까지 획득한다. 이때부터 추심을 시작한다. 추심원의 자격요건은 없으며 대부업자 또는 신용정보회사로부터 위임 받은 자영업자 등이 한다. 추심의 방법은 전화, 방문, 그 밖의 물리적 방법을 동원하는 경우도 있다.

제윤경 대표는 채무자에 대한 조언도 상세히 기술하고 있다. 그는 "채무자는 부득불 연체한 경우, 도저히 감당이 되지 않으면 억지로 갚으려 하지 말고 의도적으로 연체해야 한다. 빚은 반드시 갚아야 하는 것이 아니다. 과감하게 연체해야 구제의 길이 열린다. 3개월 이상 연체 한 경우에 채무조정 절차에 들어갈 수 있다. 또 추심이 시작되면 채무 독촉 전화는 반드시 녹취를 해야 한다. 욕설은 명백한 불법이다. 대부업체가 아닌 신용정보회사 등의 불법추심은 금융감독원에 민원을 제기하자. 대부업체 불법추심은 관할 구청 혹은 기초 단체에 신고하자. 사적 채무조정은 신용회복 위원회와 개인 워크 아웃을 이용하자. 공적 채무조정은 한국자산관리공사의 국민행복기금이나 지방자치단체의 금융복지 상담센터를 활용하자. 법적 채무조정은 파산 면책 및 회생제도를 이용하자."고 말한다. 물론 지금은 그 내용이 상이할 수 있으니 그 점을 참고하여 보기를 요청한다.

나는 제윤경 대표의 책과 그 밖의 빚에 대한 내용들을 들여다보며 빚에 대한 질문을 해 보았다.

현금을 쓰면 손해, 신용 카드를 사용하면 혜택인가? 세상에 빚을 '좋은 빚'과 '나쁜 빚'으로 구분 할 수 있을까? 금융회사가 대출을 유도하기 위해 나를 특별히 우대한다며 대출 금액 한도 확대와 금리 할인을 해 준다는 유혹에 넘어 가야 할까? 자본주의 사회에서 적당한 빚은 어쩔 수 없다고 생각하는가? 빚은 무조건 갚아야 한다고 누가 말했나? 채무자 윤리는 있고, 채권자 윤리는 없는가? 금융기관이 망하는 것은 안 된다고 하여 금융 소비자만 피해자가 되어야 하는가? 보이스 피싱과 금융 대출 마케팅이 서로 닮았다고 생각하지 않는가? 신용카드를 사용하고 있는 나는 이미 빚으로 상품을 사는 마케팅의 유혹에 넘어 간 것이 아닐까? 부자 되기 재테크 열풍의 핵심이 빚의 레버리지 광풍이란 생각을 해 본 적이 있는가? 저금리 시대에는 반드시 빚을 내어 투자해야 부자가 될 수 있다고 한다는데 맞는 말인가? 빚테크 능력은 금융 소비자에게 반드시 유리한 능력인가?

우리는 빚으로 생활하는 환경에 완전히 노출되어 있다고 해도 과언이 아니다. 제윤경 대표는 이를 빚으로 쌓아 올린 일상이라 표현하고, 가전제품, 옷, 가방, 주방기구, 침구류 등 할부 구매, 유아용품, 취미활동에 필요한 장비 구매, 마트 장보기, 자동차 할부금, 휴대전화 2년 약정, 주택 담보 대출, 매일 교통. 식당. 커피 등에 사용하는 신용카드, 카드론 등이 모두 빚임을 강조했다. 돈 관리와 관련하여 어떤 분은 우리가 신용카드를 사용하지 않고 현금을 사용한다면 우리가 하고 있는 소비의 30%를 줄일 수 있다고 말한다. 또 모든 물건을 살 때 먼저 돈을 모으고 물건을 사면 그 기쁨은 말로 표현할 수 없다. 그런데 먼저 사고 갚아 나가는 방식은 우리의 소중한 기쁨 하나를 앗아 갈 뿐만 아니라 고통을 수반하게 한다고 표현하는 분도 있다.

『빚 권하는 사회 빚 못갚을 권리』는 닥친 빚의 굴레를 이해하는 가장 유익한 책이다. 다만 빚지기 전에, 빚의 위기가 닥치기 전에 읽었으면 한다. 이 책을 읽게 할 좋은 방법이 있으면 조언을 부탁한다.

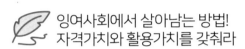

10 1인 1기

잉여사회에서 살아남는 방법!
자격가치와 활용가치를 갖춰라

한병철 박사는 『피로사회』에서 "시대마다 그 시대에 고유한 주요 질병이 있다. 21세기는 자기 스스로를 자발적으로 착취하는 성과주의에 의한 신경증적 질병이라 규정할 수 있다. 성과주의에 의한 피로 사회는 무기력과 짜증, 신경질 그리고 영혼의 경색으로 귀결된다."고 하였다.

우리는 피로사회 속에서 사회생활을 한다. 그리고 직장에서 퇴직 또는 정년퇴직을 하면 이제는 노동하고자 하는 의지는 있지만 기회가 주어지지 않는 사회가 시작된다. 어떤 경우 전혀 쓰임이 없는 존재로 전락할 수 있다. 최태섭은 『잉여사회』에서 이렇게 더 이상 쓸모없어진 존재의 모습을 잉여라 표현했다. 그러면서 사람은 너무 많으나, 자리는 없어 잉여가 넘치는 우리 시대를 잉여사회라 지칭했다. 잉여는 기술의 발전으로 발생하기도 한다. 인간이 하던 일을 기계가 대체하고 있어서다.

잉여사회 다음에는 바로 연고 없이 초고령사회를 살아가는 고독한 사회가 찾아온다. 이를 무연사회라 부른다. 무연사회가 반드시 노년에만 나타나지는 않지만, 우리 인생의 마지막 모습이 무연사회로 가고 있음을 부인하기 어렵다. 궁극적으로 100세 시대를 좀 더 냉철하게 들여다본다면 피로사회에 이어 잉여사회, 무연사회로 이동하고 있음을 직시하게 된다. 특히 이 중에서도 '잉여사회 생존방법'에 은퇴설계의 또 다른 측면이 있다.

『1인 1기』
김경록 지음 / 더난출판 2016

나는 그 대처 방법을 미래에셋 은퇴연구소 김경록 소장의 『1인 1기』가 상세히 설명했다고 생각한다. 김경록 소장은 우리 사회가 직면하고 있는 초저금리(저금리는 2~4%, 초 저금리는 1% 이하), 초고령사회(노인 인구가 20% 이상)는 오래 살지만, 돈은 부족하다고 주장한다. 그가 주장하는 고령화, 저금리 시대의 안전벨트는 기술과 전문성에 기반을 둔 인적 자본과 연금이다. 그는 특히 인적 자본에 주목한다. 그 이유는 뭘까?

그는 자산 축적과 관련하여 초 저금리 시대는 돈의 가치가 뚝 떨어지지만 일의 가치는 쑥 올라가기 때문에 인적 자본을 강조한다. 그가 주장하는 은퇴설계의 요점은 반 연금, 반기술 전략이다. 연금에서 나오는 소득과 기술에서 나오는 소득을 합하는 '반(半)연금, 반(半)기술' 전략이다. 이를 재무와 비재무가 균형을 이루는 삶이라고 했다. 그는 "소자본창업으로 들어가는 문은 넓으나 문 뒤에 있는 길은 험난하다. 출구를 찾기 어렵다. 반면에 기술 창업은 들어가는 문은 좁고 어려우나 문 뒤에 있는 길은 넓다."고 말한다. 그러면서 노후에 기술이 좋은 7가지 이유를 들고 있다.

첫째, 기술은 생존을 가능케 한다.
둘째, 기술은 글로벌하게 쓰일 수 있다.
셋째, 기술은 고정자본이 필요 없다.
넷째, 기술은 시간이 갈수록 전문성이 깊어지고 부가가치가 높아진다.
다섯째, 기술에 대한 몰입이 건강을 가져온다.
여섯째, 기술을 익히면 사회적 관계가 확장된다.
일곱째, 기술을 익혀 물건을 직접 만들거나 자신의 일을 함으로써
　　　　　 대량생산 산업사회에서 일어나는 소외를 극복할 수 있다.

이상의 내용에서 보면 기술이 있는 일이란 소득차원을 넘어 건강과 인적 교류를 가능하게 하고 소외를 극복하는 방편이다. 은퇴설계에서 강조하고 있는 평생 현역과 은퇴하지 않는 삶이란 기술이 있는 일이 가능

하게 한다. 그는 노후에 가져야 할 기술로 "혼자 설 수 있는 것이어야 한다. 다른 사람보다 훨씬 잘할 수 있는 것이어야 한다. 돈을 벌 수 있어야한다. 자신이 좋아하는 것이어야 한다."를 제시했다. 김경록 소장은 기술이 있는 인적 자본을 강조하고 1인 1기로 은퇴전략을 다시 짜라고 주장한다. 1인 1기는 내 몸에 간직한 나만의 인적 자본이다. 그럼 기술이 있는 일을 어떻게 찾을 수 있을까? 김경록 소장은 1인 1기 실천 전략으로 "퇴직 후 치킨 집이 아닌 학교로 가라. 한국 폴리텍 대학은 평생직업을 찾는 사람들에게 집중적으로 기술교육을 하는 대표적 기관이다. 혼자 배우지 말고 코칭을 받아라. 모바일 활용법을 배워라. 사업 마인드를 가져라. 장인정신을 가져라. 네트워크에 투자하라."를 강조하고 있다.

나는 김경록 소장의 1인 1기를 자격 조건과 활용가치로 구분해 보고자한다. 우리는 직장 생활에서 고유한 역할이 있었다. 그 역할을 하기 위해서 자격조건과 활용가치가 있어야 한다. 자격조건은 변호사, 의사, 공인회계사, 그 밖의 자격증, 학력과 같이 그 일을 하기 위한 진입 조건이다. 활용가치는 그야말로 그 일을 할 수 있는 능력이다. 자격 조건이 바로 활용가치로 연결될지는 알 수 없다. 활용가치가 높으면, 자격조건이 없더라도 할 수 있는 일은 많다. 자격 조건을 갖춘 사람은 점점 늘어난다. 자격 조건만으로 활용가치가 있던 시대는 지났다. 활용가치는 각자가 알아서 만들어야 한다.

나는 은퇴 후 새로운 일의 기회를 탐색하는 사람들에게 묻는다. "본인의 자격 조건은 무엇인가요?" 그 다음 질문은 "하고자 하는 일의 입장에서 본인의 활용 가치를 어떻게 평가 받을 수 있나요?" 사실 답하기 쉽지 않다. 공무원, 선생님, 금융회사 직원 등 모든 사회의 직업으로 있었던 기간은 경험일 뿐이다. 퇴임과 더불어 어떤 가치도 아니다. 더군다나 활용가치는 그 조직에 몸담았을 때의 활용가치일 뿐 사회에서 그대로 통용되지 않는다. 퇴직을 하면 그간 갖고 있었던 자격가치와 활용가치는 고스란히 반납하고 나오는 경우도 있다. 그러면 퇴임 후 다른 일자리를 찾은 사람은 어떤 사람인가. 그들은 자기 몸에 자격 조건과 활용가치가 있는 사람이다. 몸으로 간직한 자격가치와 활용가치는 퇴직하더라도 내 것이다. 방법은 하나다. 퇴임하기 오래 전부터 자신이 소용될 수 있는, 하고 싶은 분야의 자격 조건과 활용가치를 갖추어야 한다. 문제는 그게 무엇인지 모를 가능성이 크다. 그러니 적극적으로 탐색해야 한다.

나는 1인 1기가 은퇴설계의 으뜸 목표가 되어야 함에 동의한다. 1인 1기는 몸으로 익히는 기술이다. 자신의 자격가치와 활용가치를 끊임없이 질문하라. 이 회사가 아니어도 내가 갖고 있는 자격가치와 활용가치가 있는지 항상 확인해라. 그리고 회사에 근무할 때 자신의 자격조건과 활용가치를 높이기 위해 노력하자. 최소한 퇴사 5년 전부터는 시작해야 한다.

10 가족

독서노트 10선

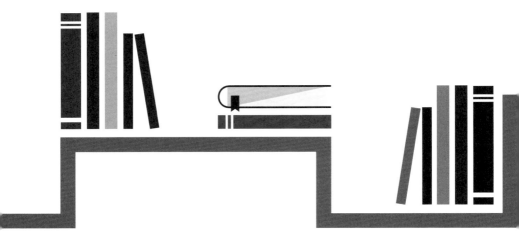

01 부모의 5가지 덫

우리 부모님이 달라졌어요

2006년부터 2015년까지 매주 금요일, SBS에서는 '우리 아이가 달라졌어요'를 방송했다. 아이의 습관들을 바로잡아 주는 프로그램이다. 이때 코칭 선생님이 오셔서 하는 첫 번째 행동은 아이의 습관을 관찰하는 데서 시작한다. 그런데 두 번째 행동이 특이하다. 바로 아이를 코칭하지 않고, 아이의 습관을 받아들이는 부모의 태도를 관찰한다. 선생님이 부모의 태도에서 찾아낸 행동 특성은 무엇일까? 부모는 시간이 좀 지나면 좋아질 거라고 기다리거나, 아이의 감정에 공감하지 않거나, 자초지종을 듣지 않고 무서운 폭력을 행사하거나, 아이의 말만 듣고 수긍하며 다 들어주거나, 아무런 잘못도 없는데 아이의 요구에 사과하는 등의 태도를 취한다. 코칭 선생님의 세 번째 행동은 부모에게 아이의 행동 개선을 위해 단호한 자세를 요구하며, 자녀는 부모의 소유가 아니라 서로 독립된 인격체임을 주지시키고, 가족이 함께 하는 시간을 늘리고 놀이를 통해 긍정적 상호작용을 키우라고 한다. 또 사랑, 행복, 자존감이 있는 가정환경을 조성하도록 도와준다. 마지막 행동은 아이에게 이를 적용하게 한다. 그것도 매우 끈기 있게 지속하도록 강조한다. 이 프로그램 제목은 '우리 아이가 달라졌어요'이지만 그 결과를 놓고 보면 '우리 부모님이 달라졌어요'가 먼저 달성되었다고 본다. 부모님이 달라져서 아이가 달라졌다는 명제가 우선되었다.

책 『부모의 5가지 덫』은 부모 교육 전문가이면서 다섯 아이의 엄마인 비키 호플 Vicki Hoefle이 썼다. 비키 호플은 다섯 아이를 키우면서 터득한 자신만의 육아법과 국제 코칭 연맹(ICF)에서 인정한 공인 코치로서의 경험, 그리고 알프레드 아들러 개인 심리학을 결합해 '올바른 육아 프로그램 Parenting On Track Program'을 만들기도 했다. 그녀는 "성인이 되어서 나타나는 많은 문제점들은 어린 시절에 나타나 오랫

『부모의 5가지 덫』
비키 호플 지음/
도희진 옮김/
예담 2014

동안 지속된 것들이다."고 하면서, 우리가 흔히 타고난 기질처럼 생각하는 문제점들은 자녀교육의 5가지 덫에서 비롯되었다고 보았다.

5가지 덫은 부모의 지나친 관심에서 비롯된 간섭의 덫,

그 순간만 넘기려는 일회용 처방에 의한 모면의 덫,

아이가 할 일을 부모가 대신해 주는 헌신의 덫,

믿고 맡기면 잘 못 될 것이라는 두려움 때문에 생기는 불안의 덫,

부모는 맞고 아이는 틀렸다는 착각의 덫이다.

그녀는 "부모를 머리끝까지 화나게 하는 아이들의 행동을 잡초라고 한다면, 이 행동을 보고 부모들이 취하는 행동을 비료라고 할 수 있다. 부모의 이러한 행동은 '잡초에 비료를 주는 격'이므로 과감하게 중단해야 한다."고 했다.

이러한 자녀 양육이 현대 사회에 와서 특별히 문제가 되는 이유는 무엇일까? 지금 사회는 대부분이 아파트에서 주거하기 때문에 활동 반경이 실내로 한정되어 있고, 가족 구성원은 자녀가 1~2명이며, 우리 아이를 최고로 키워보고자 하는 교육열이 한몫을 하고 있다. 부모는 아파트 내에서 자녀를 보고 있으니 항상 눈앞에서 시선을 떼지 않는다. 이것이 지나친 관심이 되고, 자녀를 필요 이상으로 간섭하고 관리하게 된다. 또 부모와 자녀가 함께 하는 실외 공간들은 주변 사람들에게 신경을 쓰지 않을 수가 없다. 이럴 경우 자녀가 떼를 쓰면 말을 들어주고 우선 현장을 벗어나려 한다. 우리 아이가 밖에서의 평가가 좋아야 하므로 각종 과제와 학습은 부모의 능력으로 채우려 한다. 여기에는 부모들이 고학력이 되면서 자녀보다도 우월한 상태에서 지도하려는 강한 욕구를 갖고 있는 것도 하나의 문제다.

나는 그 중에서도 '간섭의 덫'이 가장 큰 문제라고 여긴다. 결국 4가지 덫도 지나친 간섭으로부터 발생하는 문제라고 보기 때문이다. 비키 호플은 아이들은 다섯 살이 될 때까지 "어떻게 하면 엄마 아빠가 나만 쳐다볼까?", "나는 누구이며, 우리 집에서 나는 과연 어떤 존재인가?" 이 두 가지 궁금증을 풀기 위해 아이들은 끊임없이 움직이고 무슨 일이든 저지를 준비가 되어 있으며, 세 살 때부터 본격적으로 행동을 개시한다고 한다. 이때 자신의 행동 가운데 어떤 특정한 행동이 부모로부터 지속적으로 관심을 보이면서, 부모로부터 민첩하고 헌신적인 대응에 이어 잔소리, 타이름, 꾸중 등의 큰 반응을 얻게 되면 그 즉시 잡초가 뿌리를 내리기 시작하는데, 이를 반복하면 잡초는 더더욱 빨리 자랄 것이고, 그 결과 아이는 투덜이, 고자질쟁이, 떼쟁이, 울보, 수다쟁이, 트집쟁이 등으로 자신의 정체성을 세워 나가게 된다는 것이다.

그럼 어떻게 하면 '잡초'와 '비료'라는 악순환을 끊고, 아이의 문제 행동을 바로잡을 수 있을까? 비키 호플은 아이에게 간섭하고 싶을 때마다 입과 발바닥을 접착테이프로 단단히 붙여 놓고, 상황이 그저 흘러가는 대로 내버려두어 새로운 선택의 기회를 기다리는 인내의 시간을 가지라고 조언한다. 일일이 타이르거나 혼내는 대신, 아이 혼자 알아서 하게 내버려둘 수 있어야 하고, 아이의 속임수나 허튼소리에 감정적으로 반응하지 말아야 한다고 강조했다. 간섭의 덫에서 벗어나는 방법을 정리해 보면

① 얼굴 전체에 접착테이프를 붙이는 한이 있더라도 먼저 얼굴을 붉히는 일은 피하자.

② '무언가를 하던' 방식에서 '반응하지 않는' 방식으로 바꾸자.

③ 잡초를 없애려면 저 멀리 눈에 보이지 않는 곳에 잡초를 던져버리고 신경을 쓰지 말자가 된다.

비키 호플은 "그러면 몇 주 지나지 않아 잡초는 흔적도 없이 사라질 것이다."고 했다.

비키 호플은 부모의 5가지 덫은 알면서도 빠져드는 부모의 5가지 문제 행동이라고 하고, 덜 말하고, 덜 해주고, 덜 간섭하는 부모가 아이를 성장시킨다고 강조한다. 우리는 자녀들에게 부모가 아니라 선생님, 운전기사, 가정부, 청소부, 세탁소, 식당의 역할을 충실히 하고 있는지도 모른다. 그렇게 하면 우리 아이들이 사회에서 스스로 살아가는 능력을 키울 수 있을까? 책 『부모의 5가지 덫』에서 부모가 아이에게 어떻게 좋지 않은 영향을 미치는지 알 수 있다. 평소 자신의 행동이 다섯 가지 덫과 연관이 있다면 이 책을 꼭 읽어야 한다.

02 문제는 무기력이다

어린 시절 학습된 무기력이 평생 간다

100세 인생에 있어 가장 중요한 시기가 잉태된 순
간부터 세 돌까지임을 지속적으로 강조하고 있다.
이때의 양육환경이 평생을 지배하게 된다. 사실 어
른이 되어 지금 하고 있는 어떤 습관과 행동 및 태도
는 내가 어른이 되어 스스로 형성했다기 보다는 어린
시절 가정환경에서 형성되었다고 본다.

우리가 어른이 되어 한 일은 사회 환경에 적응하면

『문제는 무기력이다』
박경숙 지음/
와이즈베리 2013

서 터득한 기술 정도가 덧붙여진 결과일 뿐이다. 어린 시절의 양육 환경
은 가정뿐만 아니라 어린이집, 유치원, 학교 등 다양한 사회 환경으로부
터도 영향을 받는다. 그럼 우리 사회에서 일어나고 있는 어린이에 대한
학대와 방치, 폭력과 강압적 환경은 그들에게 어떤 영향을 미칠까?

인지심리학자인 박경숙 박사는 책 『문제는 무기력이다』에서 '어린 시절 학대와 방치, 폭력과 강압적 환경이 있으면 어른이 되어서도 무기력을 심어주게 되고 스스로 행동하려는 자율성을 제약한다'고 말한다.

박경숙 박사는 무기력이란 행위 하지 않으려고 하는 힘으로 게으름보다 우리를 더 힘들게 하고 극복하기도 더 어려울 뿐만 아니라, 겉으로 잘 드러나지 않는 인생의 발목을 잡는 강력한 방해자라고 설명한다. 이렇게 어린 시절 학습된 무기력은 그 사람으로 하여금 평생 무기력하게 살아가게 할 수 있다고 강조한다. 학습된 무기력은 긍정심리학의 대가 마틴 셀리그만이 주창한 이론이다. 피하거나 극복할 수 없는 환경을 반복적으로 경험한 사람에게 나타나는 현상으로, 다른 상황에서 자신이 실제로 극복할 능력이 있음에도 불구하고 시도조차 하지 않으려는 현상, 외부의 힘 때문에 자신의 에너지를 발산하는 것이 차단당할 때 느끼는 좌절감이 무의식 중에 학습되어 다음 번에는 시도조차 하지 않으려고 하는 심리적인 현상을 말한다.

박경숙 박사는 '어린아이는 원래 천진함과 솔직함, 창조의 상징이다. 이는 수천 번 실패해도 포기 하지 않는다. 수없이 옹알이를 하다가 말을 배우고 넘어지길 반복하며 걸음마를 배운다. 어린아이의 눈으로 세상을 바라보면 아무런 한계도, 억압도 없이 어떤 일이든 새롭게 시작할 수 있다'고 하였다. 그러면서 '무기력을 배우기 쉬운 양육 유형은 학대와 방치다. 갓난아기 때 애정결핍으로 애착이 형성되지 않은 아이는 성장발달에 상당한 문제를 겪는다는 사실은 많은 심리학자들의 연구로 밝혀진

바 있다. 방치나 소외로 촉발된 무기력이 아동기에만 나타나는 것은 아니다. 학교에서 따돌림을 받거나 성인이 된 후 직장이나 소속 집단에서 받는 따돌림과 소외가 성인에게도 무기력을 불러올 수 있다'고도 하였다.

이 부분에 대해 미국 정신신경의학회 전문의인 미실다인 박사는 '강압적인 부모가 자녀에게 무기력을 심어준다'고 말한다. 즉, "강압적으로 자녀를 대하면 아이는 이를 심리적인 학대로 받아들이고, 이것은 피할 수 없는 전기 충격과 같이 아이의 마음에 상처를 남긴다. 이 과정에서 자녀는 자신의 환경을 통제하는 것이 불가능하다고 느끼고 무기력을 야기할 만한 심리적 장애를 겪는 것이다."고 말했다. 결국 어린 시절 양육 과정에서 학대와 방치, 폭력과 강압적 환경은 그 자체로도 문제지만, 그들에게 학습된 무기력을 심어주어 평생을 무기력하게 살 수 있다는데 사태의 심각성이 있다.

인생을 발목 잡는 은밀한 방해자, 무기력을 이겨내려면 자신을 무기력하게 만드는 모든 것을 확인해야 한다. 가장 좋은 방법은 어린 시절 자신의 양육환경을 직시하는 것이다. 이를 통해 자신의 학습된 무기력으로부터 탈피해야 한다.

박경숙 박사는 '자기감정을 모르면 인생을 바꿀 수 없다. 자기감정을 이해할 때 인생에서 무엇을 어떻게 바꿔야 하는지 알 수 있다'고 말했다. 그리고 이 책의 말미에 무기력으로부터 벗어나기 위한 방법도 제시하고 있다. 박경숙 박사의 지론은 무기력으로부터 벗어나 당장 자신의 힘을 믿고 스스로의 방식대로 각자가 원하는 인생을 살아가라는 것이다. 인생의 어느 시기에 자신에게서 보이는 무기력의 모습을 확인 할 때, 어린 시절에 배운 무기력에서 벗어나고자 하는 경우, 학습된 무기력을 극복하고자 하는 경우, 자존감을 회복하여 보다 나은 인생을 살고자 할 때, 이 책이 도움이 된다. 누구에게나 자신이 느끼는 열등감이 있다. 책 『문제는 무기력이다』는 자신의 모습에서 보이는 열등감과 무기력을 치유하는 기회를 제공한다.

03 몸에 밴 어린 시절

결혼은 네 사람이 하는 것

정신의학자이자 정신과 전문의인 휴 미실다인 W. Hugh Missildine 박사의 『몸에 밴 어린 시절』은 내재 과거아에 관한 내용을 주로 다룬다. 휴 미실다인 W. Hugh Missildin 박사는 환자들을 진료 하는 가운데, 어린 시절 가정환경에서 구타, 학대, 화, 방임, 방치, 강압, 통제, 애지중지, 응석받이, 완벽, 심기증, 애물단지, 응징과 처벌, 애정표현의 미흡, 비난과 경멸이 있으면 어른이 되어서도 삶 속에 어린 시절 거쳐 온 환경이 고스란히 영향을 미치는 정서적 문제점들을 발견했다. 미실다인 박사는 이를 내재 과거아(Inner Child)라 이름 붙였다. 내재 과거아는 어린 시절에 익힌 부모의 태도와 감정이 어른으로서 생활하는데 고스란히 적용된다는데 착안한 표현이다.

『몸에 밴 어린 시절』
휴 미실다인(W. Hugh
Missildine) 지음/
이종범, 이석규 옮김/
가톨릭출판사/2006

미실다인 박사는 내재 과거아의 관점에서 결혼은 네 사람이 하는 것으로 보았다. 결혼하는 당사자인 두 사람과 두 어른의 내재 과거아를 포함한 네 사람이다. 이 네 사람은 저마다 가진 성질과 성격이 있어, 한 사람은 나머지 세 사람을 서로 존중하며 잘 적응해야 한다고 보았다. 서로 사랑하여 결혼한 두 사람이 살아가다 보면 어느 날 연애할 때는 몰랐던 어떤 성격이나 성질, 태도 같은 것이 돌출한다. 이때 보이는 모습이 어린 시절 내재 과거아가 어떤 인생의 장면과 만났을 때 모습을 드러낸 것이다.

강의장에서 "결혼하고 살다 보니 연애할 때는 몰랐던 성격이나 성깔이 나타나던가요?"라고 물어본다. 대부분 배우자의 내재 과거아가 나타났다고 한다. 신혼여행 가서 바로 나타났다고 하기도 하고 몇 달 또는 1년, 2년 이내에 나타났다고 한다. 드물게 20년이 지났는데 아직 안 나타났다고 하는 경우도 있다. 그러면 축하의 박수를 보내 달라고 요청한다.

우리는 누구나 '내재 과거아'를 품에 안고 살아간다. 내재 과거아는 반드시 나타난다. 이런 이유로 결혼이란 내 속에 있는 내재 과거아가 밖으로 돌출되었을 때 이를 사랑으로 감싸 안아줄 사람이 필요해서 하는 것이라 생각했다. 전혀 그런 내재 과거아가 없을 거라 생각하고 결혼하는 것이 아니라 돌출하는 내재 과거아를 감싸 안아주는 것이 사랑이라 생각하자. 우리는 배우자의 내재 과거아로부터 상처받는 존재다. 내재 과거아는 그대로 두고 그 상처를 허락하는 게 사랑이라 한다. 깊은 상처의 흔적을 치유하려면 사랑의 크기가 커야 한다.

톨스토이도 "행복한 결혼 생활은 상대와 얼마나 잘 지낼 수 있느냐가 아니라 얼마나 불일치를 감당할 수 있느냐에 달려있다."고 말했다. 사랑이 위대하긴 하다. 그러나 살다 보면 상처 때문에 사랑이 소진될지 모른다. 그러니 자신의 내재 과거아가 나의 배우자에게 너무 큰 상처를 주지 않도록 해야 한다. 상처로 사랑을 시험하지 않아야 한다. 그러려면 자신의 내재 과거아가 어떤 모습인지 알아야 한다. 그리고 관리해야 한다. 새로운 성격, 성깔, 태도와 습관을 만들어야 한다.

사랑하는 딸이 결혼하겠다고 남자를 데리고 와서 인사를 한다. 아들의 경우도 같은 맥락에서 읽어 주기 바란다. 이제 어떻게 말해 주어야 할까?

"사랑하는 딸! 네가 데려온 그 남자가 용모 준수하고 예의 바르고 생활력도 있어 보인다. 너를 너무 사랑하는 모습이 맘에 드는구나. 그런데 살다 보면 네가 연애할 때 몰랐던 어떤 성격, 성깔, 태도, 기질 같은 게 나올 거야. 그러면 너의 큰 사랑으로 감싸 주어야 한다. 그것이 성숙한 결혼 생활을 하는 방법이란다. 그렇게 살아가다 보면 어느 날 변화하는 남편의 모습을 보게 된다. 세월이 흘러 너의 큰 사랑을 정말 고마워 할 거야. 이런 마음가짐을 갖고 결혼해야 한다. 그럴 수 있겠니?"

딸에게 또 이렇게도 말해주어야 한다.

"사랑하는 딸, 네가 남편과 살다 보면 너도 성깔이 나타날 때가 있게 마련이다. 내가 너를 너무 곱게 키워서 그게 너의 성깔에 안 좋은 영향을 미쳤으리라 본다. 아마도 그때는 네 남편이 큰 사랑으로 너를 감싸 줄 거라 믿는다. 오늘 내가 보기에 네 남자친구가 그 상처를 안아 줄 만큼 큰 사랑을 갖고 있다는 믿음이 생기는구나."

이제 양가 집안이 서로 만나 상견례를 한다. 미실다인 W. Hugh Missildine 박사가 결혼은 네 사람이 한다고 했으니 결혼은 집안 간의 혼사이기도 하다. 과거부터 집안을 보고 결혼한다고도 했다. 그럼 뒤 조사를 해 보지 않았다면 이 결혼이 잘하는 것인지 어떻게 알 수 있을까? 상견례 장에서 바로 알 방법은 없을까? 사돈 될 분들의 모습에서 확인할 수 있으나, 워낙 준비를 철저히 하고 용모를 갖추었다면 쉽게 판단하기 어렵다. 다만 이때 결정적인 방법이 있다. 안사돈 될 분이 행복해 보이는지를 보면 된다. 집안의 분위기는 어머니가 좌우한다. 어머니가 행복하면 집안이 행복할 것이고, 그러면 사위도 행복한 기운을 받아 내 딸을 행복하게 해 줄 가능성이 높다. 바깥사돈과 다르게, 안사돈이 행복해 보이면 이 결혼 잘하는 거라 생각해도 된다.

강의장에서 여기까지 얘기하고 건배를 제의한다.

컵을 들어도 되고 볼펜을 들어도 된다.

강사인 내가 먼저

"Happy"라고 하면 참석자들이 "Wife"라 하고 이어

내가 "Happy"라고 하면 참석자들이 "Family"라고 한다.

마누라가 행복하면 우리 가족이 행복하다!

"Happy" "Wife" "Happy" "Family"

04 가족이라는 병

 사실은, 가족이 가장 어렵다

살면 살수록 가족이 어렵다. 가장 가까운 사이라 생각했는데 가장 먼 관계가 되기도 한다. 한상복 작가는 "마음 깊숙이 봉인해 놓은 가장 미운 원수는 대개 가족 중 한 사람이다."고 말하기도 했다.

권수영은 책 『한국인의 관계 심리학』에서 동, 서양에 있어 '나'란 개인을 어떻게 인식하는지 이렇게 표현하고 있다. "서구 문화권은 '나'를 울타리가 있는 외딴 집에 독립해 사는 존재로 이해한다면, 동양 문화권

『가족이라는 병』
시모주 아키코 지음/
김난주 옮김/
살림출판사 2015

은 '나'를 큰 기와집에 식구들과 함께 모여 사는 방식으로 이해한다. 전자를 '독립적 자기 해석'이라고 부르고, 후자를 '상호의존적 자기해석'이라고 부른다. 그러면서 특히 한국은 '미우나 고우나', '죽으나 사나', '피는 물보다 진하다', '군사부일체(君師父一體)'로 받아들인다."고 했다. 그리고

보면 우리에게 가족은 '피붙이'다. 모든 상황은 여기에서 비롯된다. 즉, 관계만 있고 경계는 옅어져 있다. 가족관계란 '무조건'이란 수식어를 동반한다. 그럼 우리는 무조건의 용어를 쓸 만큼 가족 각자를 잘 알고 있을까? 정신분석 전문의 김혜남은 책 『당신과 나 사이』에서 가족 사이에서 일어나는 상처에 대해 지적하고 있다. "제일 가까운 사람들이 가장 큰 상처를 준다. (중략) 누군가가 자신을 사랑해 주기를 바라지만 막상 상대방이 다가오면 두려워하면서 도망가기를 반복한다. 뭔가 특별히 잘해야만 사랑 받을 수 있다고 생각하며 완벽해지려고 애쓰다가 어느 순간 지쳐버린다." 이 표현 속에는 가족 내 상처가 평생 동안 어떤 영향을 미치는지 설명해 준다.

NHK 아나운서 출신으로 일본의 작가, 평론가, 수필가인 시모주 아키코는 『가족이라는 병』에서 "나는 요즘 들어 내 가족에 대해 아무것도 몰랐다는 사실에 아연해하고 있다. 한 사람, 두 사람, 세상을 떠나가고 있는데 중요한 것을 묻지 않았다고 이제야 깨닫는다. 아버지는 과연 무엇에 의지해서 살았을까? 어머니는 내게 거의 비정상이다 싶을 정도로 애정을 퍼부었는데 왜 그랬을까? 오빠는 동생인 내게 어떤 감정을 품고 있었을까? 그런 의문들 어느 하나도 답이 없다."고 하였다. 시모주 아키코는 사실은, 아무도 가족에 대해 모른다고 주장한다. 그래서 가족은 가장 어려우며, 가장 까다롭고, 가장 힘들게 하는 존재라고 한다. 우리는 가족을 잘 모르는 타인이지만 가족이라는 이름으로 그저 가장 편하게 대해도 되는 존재로 인식한다. 그러니 때론 상처를 주고, 때론 폭력을 행사하며, 그러면서도 '가족이니까'를 연발하는지 모른다.

산업혁명 이전에는 가족이 많으면 그게 곧 부의 상징이었다. 또한 국가와 정부 및 사회가 하고 있는 일을 가족이 모두 도맡아 왔다. 예를 들어 의료, 복지, 연금, 교육, 건축, 방어와 공격 등이 모두 가족 내에서 해결되었다. 그럼 현대 사회로 오면서 전통적 가족 역할은 약해지고 있다는 말인가? 사실 그렇게 진행되어 왔다. 그럼에도 우리는 여전히 산업혁명 이전의 오래된 관점에서 가족을 이해하고 있다. 가족이 앞에서 말한 각종 역할을 수행해 줄 것이란 믿음, 특히 자식은 가장 믿을 수 있는 복지 시스템이란 믿음 말이다. 오늘날 이것이 가능할 수 있을까? 내 새끼라는 혈연의식을 바탕으로 무한 사랑은 계속될 수 있을까? 무한 사랑은 나의 노후를 자식이 책임진다는 무한 믿음을 바탕에 깔고 있다. 이젠 이 믿음이 거의 옅어지고 있다. 누가 누구에게 완전히 의지할 수 있는 사회 환경이 아니다. 그러니 부모와 자식 간에 형성되어 있는 연결고리에 대하여 보다 심도 있는 해석이 필요하다.

이제 우리는 가족이라면 왜 무조건 믿어야만 하는지 의문을 던져야 한다. 고령화 사회에서 가족의 의미는 어떻게 변하고 있을까를 생각해 보아야 한다. 시모주 아키코는 "고령화 사회에서 가족이란 혈연관계에 있는 사람이 아니라 지역사회의 이웃이 아닐까. 이웃이 있으면 외롭지도 않고 별다른 불평도 없다. 가족이란 무엇인지를 재삼 생각해 봐야 할 시기가 도래 했다고 생각한다. 가족 사이에는 산들산들 미풍이 불게 하는 것이 좋다. 상대가 보이지 않을 만큼 지나치게 밀착하거나 사이가 너무 벌어져 소원해지면 가족만큼 까다로운 것도 없다.”고 말했다. 그는 가족 내에서 일어나는 일들을 병이라 보고 이를 어떻게 바라보아야 하며 또 어떻게 인식하고 해결해야 하는지를 『가족이라는 병』에 기술하고 있다. 시모주 아키코는 “그러니 단란하고 화목한 가족이라는 환상이 아니라, 한 사람 한 사람이 개인의 인격을 되찾는 것, 그것이 진정 가족이 무엇인지를 아는 지름길이 아닐까 한다.”라고 적었다.

그럼 이제 부모와 자식 간의 관계를 어떻게 설정해야 하는가? 칼릴 지브란은 ‘당신의 아이는 당신의 아이가 아니다. 그들은 그 자체를 갈망하는 생명의 아들, 딸이다. 그들은 당신을 통해서 태어났지만, 당신으로부터 온 것은 아니다. 당신과 함께 있지만 당신의 소유물이 아니다. 당신은 그들에게 사랑은 줄지라도, 당신의 생각을 줄 수는 없다’고 했다.

마광수 교수는 ‘효도’에서 ‘어머니, 전 효도라는 말이 싫어요. 제가 태어나고 싶어서 나왔나요? 어머니가 저를 낳고 싶어 하셔서 낳으셨나요? 또 기르고 싶어 하셔서 기르셨나요? ‘낳아 주신 은혜’ ‘길러 주신 은혜’ 이런 이야기 듣고 싶지 않아요.(중략) 그러나 어머니, 전 어머니를 사랑해요’ 라고 표현하였다. 자식은 나의 핏줄이며 당연히 가족이다. 수백만 년의 역사 기간 동안 자식의 정의는 ‘내 새끼’였다. 이제 온전히 독립된 개체가 자식이다. 그들도 세상 살기가 힘들고 바쁘다. 가족이 해결해 주는 데 한계가 있다. 산업사회 이후 새로운 가족에 대한 개념 설정이 이루어져야 한다.

100세 시대와 초고령 사회, 그리고 자본주의의 발달은 가족의 재해석을 요구하고 있다. 나는 가족 구성원 사이의 관계와 경계를 분명히 해야 한다고 주장한다. 가장 가깝지만 가장 이해하기 힘든, 우리 시대의 가족을 다시 생각하고 싶거나, 가족의 의미를 되새기고 싶거나, 가족을 알기 전에 자기 자신을 먼저 돌아보고 싶거나, 가족이라는 병을 치유하고 싶은 경우, 책『가족이라는 병』을 추천한다.

05 | 버럭맘 처방전

 엄마의 자존감은 대물림 된다

책 제목으로 보면 아이에게 버럭 하는 엄마의 반성문 정도의 내용일 것
으로 생각하기 쉽다. 하지만 이 책은 엄마의 자존감이 아이들에게 미치
는 영향을 서술하고 있다. 책이 표현한 자존감이란 '자기 스스로에 대한
존중, 사랑, 그리고 신뢰'다. 박윤미 작가는 자존감을 어려움이 닥쳤을
때 자신에 대한 믿음을 바탕으로 극복할 수 있는 힘, 자신의 장점뿐만
아니라 단점마저도 편안하게 받아들이는 능력이라고 표현했다. 반면에
자존감이 부족하면 조금만 힘들어도 쉽게 좌절하거나 포기해 버리고,
다른 사람과 자꾸 비교하고, 이상적인 생각에 맞춰지지 않을 때 스스로
를 비판하며 괴롭힌다고 적었다. 저자는 자존감이 중요한 이유로 '자존
감이 높은 사람이 행복한 삶을 산다'고 주장한다. 우리는 누구나 자녀
가 행복하게 살길 원한다. 행복을 좌우하는 요소로 자존감이 등장했다.
그럼 자존감 있는 아이로 키우면 될 것 아닌가? 말은 이렇게 해도 쉬운

『버럭맘 처방전』
박윤미 지음/ 무한 2016

일이 아니다. 왜 그럴까? 책은 '우리는 대부분 부모님이 나를 대했던 방식 그대로 자기 자신을 대한다. 그리고 자신을 대하는 방식 그대로 사랑하는 가족을 대하게 된다'고 표현했다. 책 속에서 이와 관련된 표현들을 많이 찾을 수 있다.

① 아이 때 경험한 부모의 행동과 말이 지금까지도 자신에게 영향을 미쳐, 자신조차도 반복하며, 그 상처가 육아에서뿐만 아니라 모든 인간관계에도 영향을 미친다.

② 사랑을 받아 보아야만 사랑을 줄 수 있다.

③ 부모가 자식을 키우는 방식은 그들 또한 그들의 부모에게 키워진 방식, 보고 배운 방식 그대로 행한 것이다.

④ 소중하고 귀한 것이라 혼자 고이 갖고 있으려고 나에게 주기 싫어

내 놓지 않았던 것이 아니라, 자신이 갖고 있지 못했기 때문에 나에게 주지 못한 것이다.

⑤ 송혜교와 강동원이 출연해 인기를 모으기도 했던 영화의 원작《두근두근 내 인생》에서 작가 김애란은 "사람들은 왜 아이를 낳을까?"라고 묻는다. 그 대답이 참 신선했다. "누구도 본인의 어린 시절을 또렷하게 기억하지는 못하니까 자식을 통해 그것을 보는 거다. 그 시간을 다시 겪는 거다."

이상의 내용에서 우리는 양육환경이 대물림됨을 확실히 받아들여야 한다. 그러니 자존감 있는 아이로 키우려 해도 내가 자존감 있는 아이로 키워지지 않아 자존감이 없다면, 내 자녀들을 자존감 있는 아이로 키울 수 없게 된다.

우리는 누구나 좋은 엄마가 되고 싶어 한다. 박윤미는 '많은 엄마들이 좋은 엄마가 되어야지 다짐하면서도 결혼을 하고 아이를 가졌다고 부모가 될 자격이 저절로 생기는 것은 아니다. 우리는 부모가 될 준비를 해야 한다'고 했다. 부모가 될 준비의 첫 번째를 자존감이 넘치는 부모로 정해 본다. 특히 엄마의 자존감이 높아야 한다. 그럼 엄마의 자존감을 어떻게 알 수 있을까? 나는 엄마의 마음과 자존감을 알기 위해서 우선 자신의 어린 시절을 들여다보아야 한다고 주장한다. 엄마는 자신의 자존감에 영향을 미친 어린 시절을 되돌아보아야 한다. 스스로 자신의 자존감을 들여다보고 상처 입은 자존감이 있다면 이를 치유해야 한다. 그렇게 해서 엄마의 자존감부터 키워야 한다. 그래야 아이들에게 자존감을 선물할 수 있다. 엄마의 자존감이 자녀에게 나눠 준다고 줄어드는 것도 아니다. 만일 상처가 많은 어린 시절이라면 그 어린 시절을 들여다보는 자체가 고통이다. 그래도 들여다 보아야 한다. 왜 그럴까? 이 부분은 매우 중요하다. 박윤미는 책 속 곳곳에 그 이유를 설명했다.

① 어린 시절의 상처를 헤집으며 고통스러운 기억을 꺼내는 것은
　　부모를 탓하기 위해서가 아니라 문제가 되는 대물림의 사슬을
　　끊어 내기 위함이다.
② 가족상담치료 분야의 대가 존 브래드쇼는『가족』에서
　　"우리가 우리의 가족사를 모른다면 똑같은 가족사를 그대로
　　반복할 수밖에 없다."라고 했다.
③ 아이를 잘 기르기 위해서는 부모로부터 어린 시절에 형성되어
　　삶의 원칙이라고 믿고 사는 왜곡된 신념들을 제거할 수 있어야 한다.

이상은 상처 입은 나의 과거로부터 단절하기 위한 노력의 필요를 설명한 대목이다.

책『버럭맘 처방전』은 엄마가 스스로 자신의 어린 시절을 점검할 수 있도록 도와준다. 엄마를 위한 자존감 테스트, 기억나는 어린 시절의 상처를 적어보는 마이 스토리 작성, 원 가족 분석, 감정일기 작성 등을 통해 자신을 확인하도록 돕는다. 우리는 평소 생각한대로 행동하지 못한다.

그저 생각한다고 바로 실천하지 못한다. 보다 체계적인 원인 분석과 실천 지침을 이행해 보아야 다소 진전된 상황을 만들 수 있다.

이 책의 저자 박윤미는 저자 소개 글에서 "아이에게 절대 ~하지 말아야지 하고 다짐했던 것을 하고 있는 자신을 발견했을 때만큼 스스로에게 화가 나고 좌절감을 느낄 때가 있을까? 아이를 낳고 좋은 엄마가 되고 싶다고 소망하면서도 좋은 엄마가 될 수 있을까 늘 불안했다. 아이에게 주고 싶은 게 있다면 먼저 엄마인 내가 갖고 있어야 줄 수 있다는 걸 알았다."고 표현했다. 어쩌면 당연한 얘기처럼 들린다. 당연히 내가 갖고 있어야 줄 수 있다. 아이가 갖고 있으면 좋겠다고 하는 무엇은 부모, 특히 엄마가 갖고 있어야 줄 수 있다. 엄마에게 없는 무엇은 지금 갖도록 노력해야 한다. 어떻게 해야 할까? 이 책 『버럭맘 처방전』에서 그 답을 찾을 수 있다. 책대로 육아가 되지 않았던 진짜 이유가 궁금한 독자에게, 아이의 자존감을 높이는 공감 대화법을 배우고 싶은 독자에게, 엄마 혹은 아빠인 자신의 언어습관을 체크하고 싶은 독자에게, 아이를 있는 그대로 바라보기 위해 필요한 것이 무엇인지 알고 싶은 독자에게 이 책을 권한다.

06 상처받은 내면아이 치유

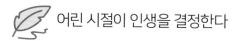

어린 시절이 인생을 결정한다

『상처받은
내면아이 치유』
존 브래드쇼(John
Bradshaw)/
학지사/2004

서울 50+재단 중부캠퍼스에서 2017년 5월 10일과 17일 양일에 걸쳐 상명대학교 가족복지학과 조은숙 교수가 '가족 안에서 형성된 내 모습 알기'를 주제로 강의했다. 형식은 강의이지만 가족 상담의 형식을 빌려 가족 내 상처를 어떻게 치유할 수 있는지 알려주셨다.

조 교수는 "부부가 된 사람들은 결혼할 때, 자신의 어린 시절과 비슷한 사람을 찾는다. 이는 좋든 나쁘든 가장 익숙한 환경을 가장 편하게 여기기 때문이다. 반면 정작 본인은 그 환경을 탐탁하게 여기지 않기 때문에 그 반대로 행동하려 한다. 그런데 묘하게도 배우자가 실제 그런 사람인지 잘 모르고 일면만 그런 점이 있는데 그것을 전부로 해석하는 듯하다."고 하였다. 특히 부부는 배우자와 싸울 때 전혀 예상치 못했던 모습이 나타나면 당황한다고 했다. 왜냐하면 자신의 어린 시절 모습과 비슷한 사람을 선택해서 다른 모습은 없다고 여겼기 때문이다. 조은숙 교수는 이를 두고 올바른 선택이라 믿었는데 그러지 않은 결과가 나타났으므로 '배우자 선택의 자기 발등 찍기'라고 표현했다. 강의장에서 질문을 통해 조은숙 교수로부터 여러 권의 책을 소개받았다. 그중 한 권이 오늘의 책 존 브래드쇼 John Bradshaw의 『상처받은 내면 아이 치유』다.

우리 모두는 어린 시절 받은 상처가 있다. 어린 시절 받은 상처를 고스란히 간직한 '내면아이'가 어른이 된 지금 내 몸에 그대로 자리 잡고 있다. 상호 의존증, 공격적 행동, 성격장애, 신뢰형성이 잘 안 됨, 스스로 뭔가를 잘 하지 못함, 친밀감 장애, 무질서한 행동, 중독적 행동, 강박적 행동, 사고의 왜곡, 공허감 등은 모두 내면아이가 성인이 된 지금 겉으로 드러난 모습이다. 내면아이는 당신의 인생을 방해하고 파괴시킬 수도 있다. 책은 어른으로서 갖고 있는 모습을 즉시 바꾸고자 하면 그 유일한 길은 '내면 아이와의 접촉을 시도하는 것'이라 했다. 나의 내면 아이는 무엇일까? 그것을 어떻게 확인할 수 있을까?

『상처받은 내면 아이 치유』는
신생아기(나이 0~9개월),
유아기(나이 9개월~18개월: 탐험의 단계/ 18개월~3세: 분리의 단계),
미취학기와 유치원시기(나이 3세~6세),

학령기(나이 7세~사춘기),
청소년기(나이 13세~26세) 등 다섯 단계로 나눠 각각의 시기별로 내면 아이를 찾도록 하고 있다.

먼저 제시된 설문서를 작성하여 내면아이의 모습을 확인한다. 그리고 그 시기가 갖는 정상적인 모습과 비교한다. 그 차이에 따라 치유의 과정을 진행한다. 각 단계에서 중요하게 여긴 정상적인 모습은 무엇일까?

예를 들어 신생아기는 아이가 세상으로부터 환영 받았는가?
자신을 진지하게 수용해 주는 어머니의 존재가 있어 건강한 자기애가 형성되었는가? 어머니가 아이에게 신체적 편안함을 주었는가?
어머니는 원하는 임신을 했으며, 행복한 결혼생활을 하고 있는가?
적절한 신체 접촉이 계속 되었는가?
주위의 환대와 평화롭고 따뜻한 목소리를 들을 수 있는 환경이 조성되어 있는가? 등이다.
신생아기는 성장장애, 정서적인 유기가 대표적 내면아이이다. 앞서 소개한 조은숙 교수는 원 가족 분석으로 자신의 내면아이를 찾을 수 있다고 했다. 원 가족 분석은 나를 중심으로 부모님과 조부모님, 형제와 자녀들을 망라하여 관계망을 그려보고 그들의 좋은 점과 그렇지 않은 점을 파악하여 자신 속에 형성된 내면아이를 찾는 방법이다.

100세 시대는 삶 속에 좋은 일만 있다고 장담 할 수 없다. 가족은 가장 가깝지만 그래서 상처를 입기도 쉽다. 필요할 경우 가족 상담을 받아야 한다. 우리는 상담에 익숙하지 않다. 서로 다른 환경에서 자란 두 사람이 같이 살고 있다. 서로 다름을 받아 들이고 이해하면서 살아야 한다. 결혼할 무렵과 50세 전후로 가족 상담을 받으면 가족 사랑이 더 증가되지 않을까 한다. 만일 황혼 이혼과 졸혼 등을 고려한다면 가족 상담 후에 결정해도 늦지 않다.

책『상처받은 내면 아이 치유』는 그 혜안을 제공한다.
책 속에서 한 줄을 옮겨 본다.
"상처받는 모든 방식들은 결국 '나'라는 자아를 잃어버린 데서 비롯된다. 모든 아이들에게 진정으로 필요한 것은 부모가 모두 건강하고 그들을 돌봐 줄 수 있으며 자신이 부모에게 정말로 귀한 존재라는 사실을 아는 것이다. 한 사람으로서 사랑 받고 싶어하고, 또 자신의 사랑이 받아들여지기를 바라는 아이들의 바람이 좌절되는 것은 아이가 경험할 수 있는 가장 커다란 정신적인 충격이다."

07 가족

가족의 관계와 경계

송복 전 서울대 교수는 "가정(家庭)House은 가족(家族)(姓)Family(혈통), 가구(家口)Household(경제), 가풍(家風)Discipline(정신적, 심리적, 교육적, 도덕적 요소)으로 이루어진다. 가풍이라 함은 집안에 기강이 서 있고 명령이 있으며, 자식을 훈육하는 방식이 있는 것."이라고 말했다. 이 참에 우리가 생각하는 가정을 좀 더 깊이 들여다 보자. 우리는 흔히 가정을 달콤한 우리 집 Sweet home이라고 표현하지만 실상을 들여다 보면 다양한 모습이 내재되어 있게 마련이다. 왜 그럴까? 나는 가정 내 혈연으로 맺어진 가족관계에 주목하게 되었다. 가족은 혈연이라는 이유로 매우 폭력적이며 강압적이고, 서로에게 상처를 입히는 주체들일 수 있다. 혈연을 강조하는 가족은 관계를 강조할 뿐 경계

『가족』
존 브래드 쇼 지음/
오제은 옮김/
학지사/ 2006

는 모호하다. '피는 물보다 진하다'는 말이 모든 문제를 덮어 버린다. 예컨대 권수영의 『한국인의 관계 심리학』에는 노망난 늙은 어머니가 한 살배기 손자를 솥에 넣고 삶으면서 맛있는 닭죽을 끓였다고 하는데, 이를 본 며느리가 다리가 후들거렸지만 마음을 추스른 다음 죽은 아들을 뒷산에 묻고, 어머니에게 얼른 닭을 잡아 닭죽을 끓여 드렸고, 남편은 "아이는 또 낳을 수 있지만 어머니는 한 분 뿐이다."고 하며 눈물을 흘렸다는 이야기가 나온다. 또 이를 알게 된 어사 박문수가 효부비를 세워 주었다고 한다. 효에 더 가치를 둔 결과 한국 사람들은 이를 너무도 감동적인 이야기로 받아들인다.

이번에 소개할 책은 상처 입은 내면아이 치료 전문가이자, 가족치료사인 존 브래드 쇼가 지은 『가족』이다. 책이 정의하고 있는 가족의 지극히 긍정적 측면을 옮겨 본다.

가족은 성격이 형성되는 모형이다. 즉, 가족은 우리가 참된 미덕의 기초를 닦으며 변치 않는 진정한 가치관을 내면화 하는 장소다. 그리고 가족은 생존과 성장을 위한 단위이며, 여러 구성원들의 정서적 필요를 위해 무엇을 공급해주는 토양이자, 부모를 포함한 각 구성원의 성장과 발달을 제공하고, 견고한 자존감의 발달이 이루어지는 곳이며, 사회화가 이루어지는 중요한 단위로 사회가 존속되기 위해 중요한 곳이다.

이때의 가족은 장소의 의미를 포함하고 있어 가정과 혼용되어 사용된 것으로 보인다. 가족이 이처럼 중요한 역할을 수행해야 함에도 우리는 모두 역할 경험을 충분히 하지 못했으며, 오히려 발달 장애를 겪고 어른이 되었다. 브래드 쇼는 어른이 아이처럼 미성숙된 상태에 머무르는 모습을 '성인아이'라 불렀다. 즉, 우리가 어린아이였을 때 정말로 어린아이로서 성장했다면 청소년기로 들어갈 수 있는 기반을 갖게 되며 계속 자라서 어른이 되는 것이지만, 반대로 우리가 어린아이였을 때 어린아이가 될 수 없었다면 우리는 성인아이가 된다고 했다. 성인인 우리는 누구나 일정 부분 성인아이의 요소를 갖고 있다.

어린아이는 어린아이답게 성장할 수 있어야 한다. 어린아이는 즐거움과 재미, 자유, 마땅히 겪어야 할 고통, 자존감 형성을 통해 성장한다. 그런데 가족은 이와 같지 않은 경우가 많다. 교육도 마찬가지다. 우리는 순종하는 아이, 착한 아이, 가르침을 받은 데로 행동하는 아이, 말을 시킬 때만 말을 하는 아이, 고통을 참아 내는 아이, 무조건 효도를 잘 하는 아이로 훈육된다. 결국 어른이 되어서도 그 속에 내면아이가 자리하고 있다. 성인이지만 아이의 내적 감정이 그대로 잠재 한다. 이 감정들 사이에서 발생하는 문제들을 치료하는 것이 가족 상담이다.

브래드 쇼는 가족 자체를 환자로 여기며, 문제를 보이는 구성원은 가족의 정신병리를 나타내고 있는 것으로, 환자는 가족체계의 역기능이 증상으로 나타난 것으로 보았다. 또한, 가족문제의 확장된 상태를 사회문제로 인식했다.

『가족』은 가족 속에서 자존심이 어떻게 손상되고 상처받았는지 확인할 수 있도록 도와준다. '잃어버린 나'를 겉으로 드러낼 수 있도록 해준다. 치유의 과정을 통해 진짜 자기를 발견하고 완전한 자신의 삶을 살 수 있도록 안내한다.

가족도 결코 넘어서는 안 되는 경계가 있어야 한다. 오늘 나의 모습은 그 경계를 넘어서지 않았는지 반성하게 한다. 지나친 간섭도 사랑으로 포장되어서는 안 된다. 가족은 원래 따로인데 같이 사는 사람으로 보면 좋겠다. 내면아이가 너무 크게 자리하고 있는 어른들은 이 책을 꼭 읽어야 한다. 자기로 살 수 있어야 진정한 삶을 사는 것이다.

08 천일의 눈 맞춤

 부모의 응시로 조각되는 아이들

우리는 100살까지 산다. 그럼 어느 시기를 가장 잘 보내야 100살까지 잘 살 수 있을까? 예를 들자면 잉 태된 순간부터 세 돌까지, 사회에 진출하고 결혼을 하는 등의 기간 10년, 중년기로부터 정년퇴임하기 전까지, 정년퇴임 후 10년, 죽기 전 10년 등이 있을 수 있겠다.

『천일의 눈맞춤』
이승욱 지음/
한겨레 출판 2016

사람들은 모두 자신의 나이에 견주어 지금의 나이대가 중요하다고 한다. 그래서인지 잉태된 순간부터 세 돌까지(한국 나이로 5살 정도까지)가 가장 중요하다고 하면 모두들 놀라는 눈치다. 100세 시대를 잘 살기 위해서 가장 중요한 시기는 잉태된 순간부터 만 3돌까지, 정확한 표현으로 임신 기간 266일과 태어나서 3년인 1,095일을 합한 1,361일이 가장 중요하다는 말이다. 이 말의 핵심 정의는 잉태된 순간 어떤 부모를 만났느냐와 세 돌까지의 양육환경이 100세 인생을 결정한다는 것이다. 우리는 나의 100세 인생을 좌우하는 나의 아버지와 어머니를 내가 선택하여 태어나지 않았다. 그 밖에 여러 가지 요소들도 부모를 따라 자동으로 선택된 것이 대부분이다. 더군다나 세 살까지의 환경이 평생 간다고 하니 도대체 내가 만들어 가는 나의 삶은 어디 있는지 알 수가 없다.

심지어 지금 소개할 정신분석가 이승욱의 『천일의 눈 맞춤』은 제목부터 태어나서 천일 즉, 3년을 강조하고 있다. 저자는 '어린 시절의 경험은 쉬이 사라지지 않는다. 그 기억은 훗날 20년, 30년이 지나 자신이 부모가 되고 주 양육자로서 한 아이를 키우기까지 적지 않은 영향을 미친다. 좋은 부모가 되기 위해서는 마음의 건강이 몸의 건강만큼 중요하다'고 말한다. 그는 영아시절의 가장 중요한 요소로 수유, 응시, 품 안에 있는 것을 꼽는다.

먼저 '수유행위'는 단순한 먹는 행위를 넘어 정신발달에도 결정적 영향을 미친다고 한다.

'응시'는 아기에게 부모가 쳐다보는 그 눈빛이 곧 자기의 모습이 되며, 아기의 자아가 어떤 형태로 형성될지 결정하는 행위라고 강조했다.

'품 안에 있기'는 심리적 안정감과 육체적 안정감을 동시에 제공하는 행위로 아이 곁에는 항상 누군가가 있어야 한다는 점을 들었다.

저자는 영아시절 이상의 세 가지 수유, 응시, 품 안에 있기가 잘 진행되면 아이의 내면에 자기와 세상에 대한 견고한 신뢰가 형성되어 희망을 지속적으로 생성해 낸다고 한다. 또한 인생에는 좌절과 고통도 따르기 마련인데 어린 시절 부모와의 관계에서 형성된 견고한 신뢰가 좌절과 고통의 시기에 놀라울 정도로 빠른 회복을 보여준다고 하면서 이를 '회복 탄력성'이라 표현했다. 저자는 그만큼 영아기와 생후 3년 즉 천일의 중요성을 강조하였다.

그중에서도 엄마가 아이와의 관계를 잘 형성하려면 엄마의 모성이 무엇보다 중요하다. 저자는 '항상 우울한 엄마, 분노 조절이 어려운 엄마, 외로운 상태여야 안정감을 느끼는 엄마, 자신의 삶이 불행하며 그 이유가 모두 타인 때문이라고 믿는 엄마, 어떤 부정적 상태에 있을 때에야 안전하다고 느끼는 엄마의 경우, 아이는 엄마가 제공하는 환경을 최초의 경험으로 겪게 되므로 아이가 성장하여 엄마의 상태를 반복하게 될 것'이라고 말한다. 그러므로 부모, 특히 엄마는 자신의 모습과 태도가 어린 시절 자신이 성장한 가정환경의 반복이 아닌지 되돌아보아야 하고, 보다 나은 엄마의 모습이 되도록 노력해야 한다. 이 책은 엄마가 자신의 모습을 다시 들여다 볼 수 있도록 돕는다.

강의장에서 '그럼 어떤 부모를 만나야 할까요?', '부잣집이나, 학력이 높거나, 기타 여러분이 부러워하는 부모의 환경에서 태어나야 한다는 뜻일까요?'라는 질문을 해본다. 나는 이 질문의 답으로 "부부가 서로 사랑하는 집안에서 태어나야 한다. 부부가 서로 사랑하면 만면에 웃음꽃이

피고 그 마음이 온전하게 아이에게 전달된다. 태교는 그 자체가 아이에게 전달되는 것은 아니지만, 태교로 기분이 좋아진 어머니의 감정이 태아에게 전달된다. 태어난 아이는 아버지 어머니가 서로 사랑하는 모습을 보고 자란다. 이러한 집안 환경은 아이의 자존감을 한껏 높여 주어 세상을 살아가는 긍정의 힘을 길러 준다."고 말하고 있다.

이 책의 저자가 육아에 사용되었던 '포대기'의 유용성을 어떻게 설명하고 있는지 궁금하거나, 육아용품의 유모차를 가장 동의하지 않는 이유가 무엇인지 알고 싶을 때, 독자들이 생후 3~6개월 된 아기를 다른 사람에게 맡겨야 할 경우에 어떻게 해야 하는지, '내가 좋은 부모가 될 수 있을까'하고 고민하거나, 심리적 결핍을 아이에게 물려주고 싶지 않거나, 자녀를 잘 키울 수 있는 방법을 알고 싶거나, 아이에게 견고한 신뢰를 심어주고, 평생을 살아가는 튼튼한 자존감을 형성 시켜 주고 싶다면 반드시 이 책을 읽어 보길.

09 엄마 냄새

어린 시절 엄마냄새는 튼튼한 뿌리가 된다

『엄마 냄새』
이현수 지음/
김영사 2013

2018년 봄에 영화 '리틀 포레스트'를 보았다. 주인공 혜원은 네 살 때 병 든 아빠의 요양 때문에 아빠의 고향으로 내려온다. 그후 영화는 아빠가 돌아가시고도 도시로 돌아가지 않고 혜원이 고등학교 졸업 때까지 그곳에 살면서 있었던 일들을 시골 풍경과 함께 소소하게 보여준다. 또 서울 생활을 하던 혜원이 다시 이곳으로 돌아와 농촌 생활을 하며 직접 음식을 만들어 먹는 모습을 담는다. 그런데 여기서 하나 궁금증이 생긴다.

혜원은 왜 농촌으로 돌아왔을까? 고단하고 지친 도시 생활이 싫었던 걸까? 고향의 무엇이 다시 찾게 하였을까? 그 답이 엄마가 남긴 편지글 속에 있다.

"아빠가 영영 떠난 후에도 엄마가 다시 서울로 돌아가지 않은 이유는 너를 이곳에 심고 뿌리 내리게 하고 싶어서였어. 혜원이가 힘들 때마다 이곳의 흙 냄새와 바람과 햇볕을 기억한다면 언제든 다시 털고 일어 날 수 있을 거라는 걸 엄마는 믿어."

나는 영화의 이 표현이 고향이 갖는 참 의미라 생각한다. 우리에게 고향은 그 곳의 흙 냄새, 바람과 햇볕을 기억하는 뿌리와 같다. 뿌리가 튼튼하면 언제든지 다시 일어설 수 있다. 우리가 100세 인생을 살아가는데 꼭 필요한 것이 어떤 경우에도 다시 일어설 수 있는 튼튼한 뿌리다. 고향이 뿌리로서 기능을 하려면 충분할 만큼 그곳의 냄새와 바람과 햇볕을 간직해야 한다.

리틀 포레스트 영화의 임순례 감독이 2019년 7월 16일 50+ 중부캠퍼스에서 '나만의 리틀 포레스트를 찾아서'라는 주제의 강의를 했다. 이날 임순례 감독은 자신만의 리틀 포레스트를 가져야 한다고 말했다. 특히 인생 후반기의 리틀 포레스트에 대해 '인생의 아름다운 마무리를 위한 숲 가꾸기'를 강조하면서 '균형 잡기, 외로움과 떠나보내기에 익숙하기, 소통과 공감, 도전하기, 내려놓기'를 강조하였다.

그렇다면 우리의 리틀 포레스트는 어디서 찾을 수 있을까? 답은 아주 가까이에 있다. 우리에게 100세 인생을 살아가는 데 필요한 또 다른 뿌리는 나를 지지해주는 부모님이다. 다시 부모 입장에서 생각해보자. 부모님은 어떤 역할을 해야 아이에게 튼튼한 뿌리가 되어 줄 수 있을까?

『엄마 냄새』의 저자 이현수 임상심리전문가는 아이가 냄새로 엄마를 각인한다면서 양육의 333법칙을 기억하라고 한다.

즉, 하루 3시간 이상 아이와 같이 있어주어야 하고, 발달의 결정적 시기에 해당하는 3세 이전에는 반드시 그래야 하며, 피치 못할 사정으로 떨어져 있다 해도 3일 밤을 넘기지 말아야 한다고 했다. 또한 "아이가 태어날 예정이라면 가장 먼저 '어떻게 하면 이 아이와 많은 시간을 보낼 수 있을까'를 고민해야 한다. 아이를 키우는데 '시간은 금이다'라는 말은 진리다. 아이를 전담해서 키워줄 양육자가 있더라도 저녁에는 부모 중 한 사람이 반드시 아이와 충분한 시간을 보내야 한다. 아이를 대상으로 한 시간 투자에는 한 가지 불가피한 속성이 있다. 반드시 그때, 즉 아이가 어렸을 때 제공해야지 나중이 되어서는 거의 효과가 없다는 것이다. 이를 결정적 시기라고 한다. 이 시기에 부모의 시간을 제대로 투자 받은 아이가 온전하게 자란다."고 설파했다. 그러고 보면 어린 시절 온 몸으로 나를 안아주었던 엄마 냄새가 오늘날 세상을 살아가는 원동력이자 견디는 힘이다.

저자는 "내 아이가 100세까지 행복하려면 튼튼한 정서적 기둥을 세워야 하는 어린 시절 10년을 정말 잘 보내야 합니다. '시작이 반'이라는 속담이 있지만 이 경우는 시작이 90%입니다. 어린 시절 10년이 이후 90년의 성공과 행복을 좌우합니다."고 말했다. 아이가 100세 인생을 살아가는 데 튼튼한 뿌리를 가졌느냐의 질문은 어린 시절 엄마 냄새를 충분히 맡으며 성장했는가로 바꿔 물을 수 있다.

그러나 최근 아이들의 성장 환경은 충분히 엄마 냄새를 맡을 수 있을까?

우리 부모님 세대는 아버지는 열심히 일하시고 어머니는 전업주부로 지극정성을 다하여 아이를 키웠다. 비교적 엄마 냄새를 가까이 했다.
요즘은 맞벌이 가정이 51%가 넘는다. 부모가 자녀를 24시간 돌봐주기가 그만큼 어렵다. 그러니 아이가 태어나면 어딘가 맡겨야 하는 상황이 발생한다. 그만큼 헤어져 있어야 한다. 그런데 의존할 수 있는 삼촌, 고모, 이모, 동네 사람, 친구들, 학교 선생님 등이 모두 예전만 못하다. 함께하는 공동체의 삶이 아니라, 각자가 바쁜 삶을 살기 때문이다. 이제 선택할 수 있는 방법 중의 하나는 할아버지, 할머니께 맡기는 거다. 할아버지, 할머니에게 맡겨도 될까? 할아버지 할머니가 건강하고 열정이 넘치며, 손주를 무조건 사랑으로 보살펴 줄 수 있으면 맡겨도 된다. 실제로 이런 환경의 할아버지와 할머니와 함께 자란 손자들이 사회생활을 더 잘한다고 한다. 이를 할머니즘 Grandmotherism 또는 할머니 가설 Grandmother hypothesis이라 하여 연구되고 있기도 하다. 하지만 그렇다고 하더라도, 『엄마 냄새』가 강조하는 것처럼 하루 3시간, 아무리 길더라도 3일을 넘기지 않고 엄마가 안아주어 엄마 냄새가 온 몸에 밸수 있도록 길러보자. 이 책을 출산을 앞두고 있는 부부, 일도 하고 아이도 돌봐야 하는 워킹맘, 내 아이가 잘못되어 간다는 생각이 들어 불안한 부모, 내 아이의 성공과 행복을 바라는 부모에게 적극 추천한다.

10 가족의 두 얼굴

어쨌든 가족이니까

김승기 박사는 『어른들의 사춘기』에서 '가족은 욕망이 얽히고 설킨 위험한 화약고'라 표현했다. 잘못 다루면 언제 터질지 모른다는 의미다.
또 정신의학자 이사도르 프롬은 '가족은 실제로 존재하지 않는 신이 내린 최악의 발명품', 한상복은 『지금 외롭다면 잘되고 있는 것이다』에서 '마음 깊이 봉인해 놓은 가장 미운 원수는 대개 가족 중의 한 사람', 하르트무르 라데볼트는 『인생의 재발견』에서 '형제자매는 사랑하는 적'이라는 다소 과격한 결론을 내리고 있다. 가족은 가정 내에 혈연으로 연결된 사람들이다. 한국의 경우 가족이라는 주제어 앞에 그 무엇의 잣대도 무너져 내린다. 심지어 소설가 박범신은 『소금』에서 가족은 자본주의가 만든 '핏줄'이라는 이름으로 된 '빨대'라고까지 표현했다. 가족이라는 이름

『가족의 두 얼굴』
최광현/
부키/2012

으로 들이 댄 빨대가 곳곳에 꼽혀 있다. 주변을 보더라도 자녀수를 불문하고 빨대는 대단한 흡입력을 보이고 있고, 그 빨대는 제거되지 않는다. 맞벌이와 홑 벌이를 막론하고 빨대의 위력 앞에 자금 줄은 바닥을 드러낸다.

그럼 가족은 따뜻한 우리 가족이 아니라 서로의 경계를 무상으로 넘나들며 상처를 입히는 존재일 뿐인가? 행복한 가족이 되기 위한 길은 존재하는가? 은퇴 설계에는 많은 영역이 있다. 건강, 자산, 일, 친구, 여가와 취미, 주거 등이다. 그런데 그 많은 것을 준비했다 하더라도 '가족관리'를 잘못하면 일순간 무너질 수 있다. 가족관리를 잘하기 위해서는 가족 구성원의 행동 특성을 이해하고 그들로부터 받은 상처를 치유해야 한다. 그러면 그 행동 특성은 어디서 만들어졌을까?

최광현 트라우마 가족치료 연구소장은 책 『가족의 두 얼굴』에서 가족의 행동 특성을 가족상담으로 확인 가능하다고 하였다. 최광현 소장은 우리 모두는 어린 시절 경험한 부모의 결혼 생활과 그 당시 받았던 상처들을 안고 어른이 되었는데, 그 상처는 몸에 각인되어있다고 한다. 각인된 어린 시절은 어른이 되어 반복하게 된다. 나는 몸에 각인된다는 말에 전율을 느끼곤 한다. 우리는 세월 속에 많은 부분을 잊어버린다고 생각하지만 몸은 다 기억하도록 새겨 둔다는 뜻이기 때문이다. 최광현 소장은 각인된 어린 시절의 모습을 존 브래드쇼우가 말한 '내면아이'로 표현했다. 내면아이가 갖고 있는 각각의 상처를 겉으로 드러내어 치유하는 방법을 제시한 책이 바로 『가족의 두 얼굴』이다. 그럼 어떤 상처가 가장 클까? 최광현 소장은 "주인이 두 번 이상 바뀐 경험을 한 애완견은 더 이상 애완견 역할을 하지 못합니다. 버림받은 충격으로 지나치게 우울하거나 공격적인 성향을 갖기 때문입니다. 강아지도 그러한데 사람은 어떠할까요?"라고 표현했다. 나는 이 부분에 특히 주목한다. 어린 시절 부모로부터 사랑 받지 못하고 버려졌다는 느낌이 가장 큰 상처다. '당신은 부모로부터 사랑 받고 성장했나요'를 나 자신에게 해본다면 어떤 답을 할 수 있을까?

사람들은 어린 시절 상처를 지독하게 기억하기 싫어하면서, 살아가는 방식은 어린 시절의 환경을 동경하며, 그 전철을 반복한다. 왜냐하면 그것이 익숙하여 편하기 때문이다. 지극히 끊어 버리고 싶은 어린 시절의 모습을 반복하는 어른이 된 자신의 모습이 밉지만 이미 습관으로 밴 것을 떨쳐 버릴 수 없다. 심지어 부모가 맘에 들지 않아도 자신을 탓하는 게 덜 고통스럽기 때문에 모든 원인을 자기 탓으로 돌리면서 부모를 미화한다. 이제 '나는 누구인가'를 첫 질문으로 던져야 한다. 나를 알기 위해 나의 어린 시절을 낱낱이 파헤쳐 당시 아이로서 경험했던 공포, 수치심, 분노, 무력감 등을 직면해야 한다. 그리고 부모가 했던 행동을 그대로 반복하고 있지는 않은지 되돌아봐야 한다. 만일 반복하고 있고, 그 반복이 맘에 들지 않으면 그것과 다른 습관과 태도를 만들어 가야 한다. 지난한 과정이 되겠지만 이 과정이 행복한 우리 집과 가족을 만들 수 있다. 마지막으로 그런 경험을 누구에게도 물려주지 않겠다는 다짐을 해야 한다. 우리의 자녀들도 부모로부터 경험하고 학습한다. 자녀는 또 다른 나의 모습이다. 자녀들의 삶도 돌아 볼 수 있어야 진정한 부모로서의 역할을 다하는 거다. 각각의 상담사례 속에 어떻게 극복하여야 하는지 오늘의 책에서 지혜를 구할 수 있다.

우리는 가족 상담에 익숙하지 않다. 그럼에도 적극적인 상담이 필요할 때가 있다. 그때는 주저하지 말고 전문가를 찾아 상담을 받아야 한다. 가족의 해체가 상담으로 극복되어 더 나은 삶으로 이어지는 사례는 많다. 최광현 소장은 책의 말미에 이렇게 적었다. "가족 안에서 사소한 것으로 싸우고 우울해 하지만 가족이 있기에 세상에 맞설 힘과 용기를 얻는다. 가장 힘든 고통과 아픔을 주는 사람들 또한 가족이지만 우리는 함께 살 수 있다. 가족은 쉽게 얻을 수 있는 것도 아니고 끊임없이 노력하고 참고 배우며 알아가야 할 사람들이다. 이것이 우리 삶에서 가장 의미 있는 노력일 것이다. 왜, 가족이니까."

가족은 왜 상처를 주고받는가? 왜 우리는 자기 파괴적 행동, 불행한 인간관계, 고통스러운 가족관계를 반복하는가? 가족을 나의 아바타로 삼고 있진 않은가? 어린 시절 불행한 가족관계를 재현하려는 귀향증후군에서 벗어날 방법은 없을까? 사랑하는 가족과 함께여도 외롭거나, 불행한 결혼 생활을 하고 있다고 느끼는 경우, 가족들로부터 상처 받는다면, 행복한 가정을 꾸리고 싶고, 아이를 '잘' 키우고 싶은 독자라면 『가족의 두 얼굴』에서 그 시작을 해 보길 추천한다.

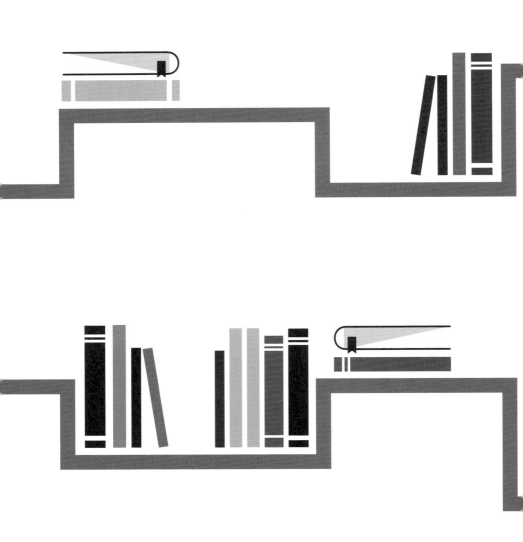

11 부록 & 에필로그

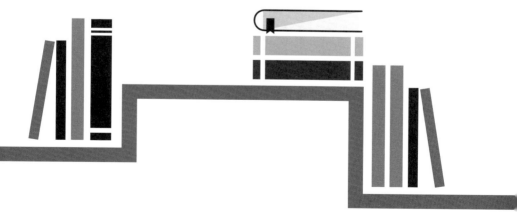

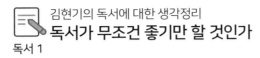

독서는 그 자체로 유익할 것인가?

2018년 6월 24일 국제도서전이 열리는 코엑스에 갔다. 여느 때보다 많은 출판사와 관계기관이 나와 있었다. 그 넓은 장소가 참여자들로 발 디딜 틈이 없을 정도다. 한국인의 독서량을 탓하지만, 현장의 열기는 이와 다르다. 특히 자녀들과 함께 오신 분들이 정말 많았다. 부모들은 자녀가 넓은 도서전 광장의 모습에서 큰 꿈을 꾸길 바라는지 모른다. 가족 단위로 온 분들일수록 양손 가득 책이 들려 있었다. 오늘 산 책들은 모두 읽혀질까? 독서는 그 자체로 유익할 것인가? 우리 주변에 독서의 유익함을 주장한 내용들은 차고 넘친다.

독서의 유익함을 주장하는 사람들

김무곤은 책 『종이 책 읽기를 권함』에서 '아무짝에도 쓸모없는' 책을 읽어서 도대체 어디다 써먹을 거냐는 핀잔에 대하여 기록하고 있다.

김무곤은 "오히려 아무짝에도 쓸모없는 책 읽기를 거듭한 사람일수록 나중에 세상에서 여러모로 쓸모가 많아지는 사람이 된다는 걸 살면서 새록새록 깨달아 왔다. 아무짝에도 쓸모없는 책 읽기를 많이 한 사람일수록 목적 있는 책 읽기만 주로 한 사람들에 비해 세상을 보는 눈이나 다른 사람들을 이해하는 마음이 더 깊고 더 따뜻한 것을 나는 보았다."(52쪽)고 했다. 김대식 카이스트 전기전자과 교수는 책『어떻게 질문할 것인가』에서 '우리는 왜 책을 읽는가?'라는 질문을 한다. 김대식 교수는 "책은 또 하나의 비밀을 가지고 있다. 바로 인간의 뇌가 몰입하기에 가장 적절한 형태일 수 있다는 사실이다. 책을 펴면 세상이 보이지 않는다. 눈은 글을 읽지만, 뇌는 새로운 세상을 만들어 낸다. 읽는 자에게 새로운 세상을 만들어 줄 수 있는 책"(74쪽)이라고 표현하였다. 또 카이스트 윤태성 교수는 책『한번은 원하는 인생을 살아라』에서 "책을 읽으면 한계효용 체증의 효과가 일어난다. 책을 한 권 읽으면 한 단위의 지식이 증가한다고 했을 때 n권을 읽으면 2의 n승으로 지식이 증가하는 것이 한계효용 체증의 법칙이다. 이것이 바로 책이 사람을 만드는 원동력이다."(204쪽)고 하였다. 박웅현은 책『책은 도끼다』의 저자 말에서 "내가 읽은 책들은 나의 도끼였다. 나의 얼어붙은 감성을 깨뜨리고 잠자던 세포를 깨우는 도끼, 도끼 자국들은 내 머릿속에 선명한 흔적을 남겼다. 어찌 잊겠는가? 쩌렁쩌렁 울리던, 그 얼음이 깨지는 소리를, 시간이 흐르고 보니 얼음이 깨진 곳에 싹이 올라오고 있었다. 그전에는 보이지 않던 것들이 보이고, 느껴지지 않던 것들이 느껴지기 시작했다. 촉수가 예민해진 것이다."라고 읊었다. 이 말은 카프카『변신』에 '우리가 읽는 책이 우리 머리를 주먹으로 한 대 쳐서 우리를 잠에서 깨우지 않는다면, 도대체 왜 우리가 그 책을 읽는 거지? 책이란 무릇, 우리 안에 있는 꽁꽁 얼어버린 바다를 깨뜨려버리는 도끼가 아니면 안 되는 거야'를 모티브로 하였다고 한다. 이처럼 독서가 미치는 긍정적 효과는 그 끝을 알 수 없을 만큼 많다.

그렇다고 독서가 무조건 좋기만 할 것인가?

뇌과학자이며 뮌헨대 교수인 에른스트 푀펠 Ernst Poppel은 책 『노력중독』에서 "글을 모를 때는 자신을 둘러싼 사람들의 이야기에 보다 세심하게 귀를 기울이고 세상을 알기 위해 직접 몸으로 부딪히는 일이 많다. 그렇다면 책을 읽게 되면서부터는 어떻게 되었을까? 세상에 대한 관점이 훨씬 좁아졌다." "독서는 사람을 지적으로 풍요롭게 만들지만 다른 한편으로는 순수한 관점을 앗아가고 그 자리에 간접 경험이 대신 들어앉게 되지요." "눈앞에 펼쳐진 세상을 더 이상 예전처럼 쉽게 받아들이지 못해요."(248~249쪽)라고 말했다. 우리는 이 부분을 상세히 들여다보아야 한다. 독서가 이미 읽은 책에 한정하여 세상을 보도록 제한할 수 있다고 하지 않는가? 단지 아는 것은 많아졌을지 모르나, 이미 알고 있어 그 간접경험에 만족하면, 직접 몸으로 부딪치는 일은 하지 않을 가능성도 있다고 한다. 독서가 우리를 지금의 위치에 계속 붙들어 놓을 수 있다고 한다. 나는 충분히 그럴 여지가 있다고 확신한다. 이원석은 책 『서평 쓰는 법』에서 책 읽는 목적뿐만 아니라 어떻게 읽을 것인가에 대해서도 말하고 있다. '한편으로 숭배자가 되고, 다른 한편으로 비판자가 되어야 한다', '책 속으로 들어갔다 나올 때 나의 세계가 흔들릴 정도로 읽어야 한다', '사랑한 자가 미워할 수 있듯이, 숭배자만이 배교자가 될 수 있듯이, 가장 좋은 적이야말로 가장 좋은 친구가 될 수 있듯이, 매료된 적이 없는 사람이 그것에 대한 의미 있는 비판을 할 수 없듯이, 비판을 위한 비판이 아니라 이해를 위한 비판을 할 수 있어야 한다'(74~75쪽)라고 적었다. 책 때문에 흔들린 나, 충분히 알게 되어 비판할 수 있고, 때론 매료되어 추종하는 내가 책 밖으로 나왔을 때 가만히 있을 리 없다. 사실 책 읽기의 효과는 책 밖으로 나왔을 때 그 다음 행보를 어떻게 하느냐에 달려 있다. 이러한 견해는 책 읽기에서 매우 중요하다. 우리는 이 부분도 상세히 들여다보아야 한다. 책을 읽고 과도한 숭배자가 될 때 나타나는 문제는 어떻게 해야 할까? 또 책을 읽었는데 그 책의 내용과 나를 비교하여 내가 너무 초라하게 느껴지거나, 도저히 따라 갈 수 없는 경지를 알게 되어 좌절한다면 어찌해야 할까? 도저히 다다를 수 없는 한계를 알면서도 본 책 때문에 무모한 도전을 하게 된다면 어떻게 해야 할까? 많은 이들이 책 읽기가 무조건 좋은 결과를 낳으리란 보장을 누누이 강조하지만 개인에 따라 다르다.

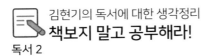

책보지 말고 공부해라!
독서 2

생각보다 우리는 독서를 매우 어렵게 느낀다. 또 자연스러운 생활의 일부가 아니다. 고전 평론가 고미숙 작가는 책『공부의 달인 호모쿵푸스』에 '학교가 퍼뜨린 가장 질 나쁜 거짓말은 공부로부터 독서를 분리시켰다는 사실에 있다. "책보지 말고 공부해라!"는 상투어가 말해 주듯, 학교에서 독서는 공부가 아니다'(112쪽)라고 적고 있다. 학창시절 책 읽기는 시험성적과 직접적인 관련이 없다고 생각했다. 가끔은 공부 안 하고 책 읽는다는 꾸중도 들어야 했다. 공부할 시간에 독서한다는 나무람이다. 학창시절 하지 않아도 되는 하나가 독서였음은 분명하다. 독서는 공부와 관련 없는 것일까? 그렇지 않다. 독서는 공부에 분명 도움이 된다. 그러나 우리는 독서를 공부와 분리시킨 채 어른이 되었다. 어른은 너무 바쁜 일상을 보낸다. 독서가 끼어들 틈이 없다.

2016년 6월 23일 최재천 국립생태원장은 '신 노년 세대와 미래사회'란 주제의 세미나에서 '책은 모르는 것을 배우는 것이며, 독서는 힘든 일이다. 인간은 원래 눈으로 3차원의 자연환경을 보도록 특화되어 있는

데, 2차원 평면에 집약해 놓은 책을 보는 것은 힘든 일이다. 즉, 책을 보는 것을 취미라 하기에는 적합하지 않다. 인간이 발명한 최악의 발명품이 책이란 생각이 들기도 한다'고 하였다. 독서가 원래 힘들고 어려운 일이라고 얘기하고 있다. 그럼에도 독서는 유익하다고 했으니 사실 강요된 독서가 시작되었다. 나는 책 읽기의 방편으로 얘기되는 고전 100선, 중·고등학생이 반드시 읽어야 하는 책 목록, 위인전 전집, 사회 저명인사의 추천 도서 등의 책 읽기를 반대한다. 우리 국민들은 강요된 독서 목록으로부터 해방되어야 한다. 이런 과정을 거쳐 자연스럽고 재미있는 책 읽기와는 거리가 멀어지고 있다.

2018년 가을 학기에 50+ 서부캠퍼스가 진행하는 '작은 책방' 과정에 참여했다. 그 과정에서 11월 9일 노명우 교수가 운영하는 '니은 서점'을 찾았다. 이날 노명우 교수는 동네 책방이 갖는 의미, 책방의 역할, 한국인의 독서 등에 대하여 진솔한 말씀을 해 주셨다. "독서가 취미라는 말을 많이 한다. 이 말은 거짓말이다. 이게 사실이라면 책이 잘 팔릴 것이다. 독서가 취미라고 하는 말 속에는 어쨌든 독서를 고상한, 우아한 영역으로 여기는 것만은 분명하다. 책을 안 읽는 이유로 시간이 없다는 건 핑계다. 진짜 이유는 책을 좋아하지 않는다. 우리는 입시 때문에 본 책, 대학가기 위해 본 책이 전부다. 책에 대해 재미있는 기억, 의미 있게 읽은 기억이 없다."고 하였다. 이날 나는 여러 질문을 했다. 그중에 "독서를 해야 하는 진짜 이유는 무엇인가요?"가 있다. 교수님은 "독서는 수용자의 능동적인 활동을 요구하는 유일한 미디어입니다. 인간을 지성적으로 만들어 주며, 책을 읽은 사람은 티가 납니다."라고 말씀하셨다.

이제 독서를 바라보는 우리의 시선을 이해하게 되었다. 독서가 반드시 좋다고는 할 수 없으나 어쨌든 매우 유익하다는 것은 사실이다. 그럼에도 독서는 쉽지 않다.

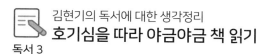

독서 3

김현기의 독서에 대한 생각정리
호기심을 따라 야금야금 책 읽기

일본의 저명한 기자이자 지성인으로 불리는 다치바나 다카시는 책 『나는 이런 책을 읽어 왔다』에서 '뇌 연구 최전선'이라는 테마의 글을 쓰기 위해 500권 정도의 책을 읽었다고 한다. 그러면서 "왜 이렇게까지 공부를 하는가 하면, 기본적으로 이런 지적 욕구는 책을 쓰기 위한 욕구가 아니라 제가 본래 가지고 있는 '어떻게 해서든 알고 싶다', '좀 더 자세히 알고 싶다'는 욕구 때문입니다. 확신을 가지고 말씀드립니다만, 이는 저만이 가지고 있는 욕구가 아니라 분명 모든 사람들이 가지고 있는 욕구입니다."(20쪽)라고 하였다.

모든 사람은 본래 가지고 있는 지적 호기심이 있다. 사람들은 현재 알고 싶고 궁금해 하는 호기심과 질문에 따라 선택된 책을 재미있게 읽으면 된다. 이것이 처음이자 끝이다. 개인은 자신의 경지가 있을 뿐이다. 따라서 연결고리와 호기심이 연속되는 책 읽기를 추천한다. 이근후 교수는 책 『나는 죽을 때까지 재미있게 살고 싶다』에서 여든을 바라보는 현재도 삶의 매 순간을 치열하게 생각하고 스스로 할 수 있는 일을 행동으로 옮길 수 있는 에너지의 원천을 '야금야금'이라 했다. 야금야금 일하고, 야금야금 공부하고, 야금야금 봉사하고, 야금야금 생각하고… 그렇게 조금씩 나아가고 좋아지는 걸 즐기니 지루하지 않게 오래 해 올 수 있었다고 했다. 나는 이 야금야금이 너무 좋다. 지금 야금야금하고 있으면 된다. 책 읽기의 방법으로 야금야금을 추천한다. 더 이상의 추천 방법이 없다. 야금야금은 내가 알고 있는 것과 모르는 것의 사이, 알고 난 사실과 맞닿아 있어 새롭게 알고 싶은 무엇으로 나아가는 지점, 하나의 호기심을 해결했더니 다시 일어난 새로운 호기심과의 경계에서 앞으로 나아가게 하는 가장 효율적인 방법이다. 우리는 사이, 지점, 경계에서 조금씩 나아가면 된다. 그 방법이 야금야금에 있다. 야금야금 읽어 쌓아 놓은 책을 분류하였더니 고전 100선, 중 고등학생이 반드시 읽어야 하는 책 목록, 위인전 전집, 사회 저명인사의 추천 도서 등을 읽게 되었다는 말이 되어야 한다. 야금야금이 아닌 책 읽기는 너무 재미가 없다. 독서가 어려운 일임을 강조한 최재천 국립생태원장은 '조성진 쇼팽 콩쿠르 우승자가 어느 날 갑자기 우승한 것이 아니다. '피아노를 치면서 배운다' 즉, 작은 노력과 진전이 모여서 이루어진다. 책도 이와 같다. 책 한 권을 읽고 할 일이 생기고, 또 한 발 더 나아가게 된다'고 하였다. 현재 발동하는 호기심과 질문에 따라 야금야금 조금씩 재미있는 책 읽기를 계속하면 어느 순간 행동하는 나와 실천하는 나를 만날 수 있다. 이것이 힘든 책 읽기를 나의 생활 기재로 삼는 방법이다.

세상을 살아가는데 내가 읽은 책은 어떻게 영향을 미치고 있을까? 책을 읽고 나면 순간 사라지는 느낌이라 생각할지 모르나 우리 몸 어딘가에 그대로 간직된다. 그러다가 지금 내가 하는 생각, 습관, 행동과 태도, 결정의 순간들, 도전과 응전, 자존감과 행복 등 모든 곳에 영향을 미친다.

박웅현 작가의 책『책은 도끼다』를 다른 제목으로 붙여보자. 책은 터 파기다. 어떤 건물이 올려질지 모르나 그 결과는 터파기에 달렸다. 책은 길이다. 책은 내 앞에 길을 놓는 것이다. 어떤 길이 놓여질지 읽은 책에 달려 있다. 책은 주방용 칼이다. 책은 망치다. 책은 연필이다. 이렇게 무한정 표현이 가능하다. 그런데 책이 그냥 도끼, 터 파기, 길, 칼, 망치, 연필이면 의미가 없다. 반드시 사용해야 한다. 그것이 바탕이 되어 한 발짝 진도가 나가야 한다. 그럴 때 독서는 의미가 된다. 진도가 나간 독서를 한다면 '나는 누구인가?'라는 질문에 '어떤 책을 읽었는가?'로 답을 해도 된다. '나는 무엇이 되려고 하는가?' 라는 질문은 '지금 무슨 책을 읽고 있는가?'로 답을 하면 된다. 단, 독서는 쉽지 않으므로 지적 호기심을 따라 관심 분야의 지평을 넓히는 재미있는 독서를 추천한다.

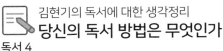
우선 어떤 책을 선정하여 읽을 것인가? 책『이동진 독서법』에 나오는 얘기로 시작해 보자. "제가 가지고 있는 책은 1만 7천여 권입니다. 방송이나 강연 등에서 가장 많이 받는 질문에 '그 책들을 다 읽었는가' 입니다. 당연히 다 읽지 못했습니다. 매일 한 권씩 읽는다고 해도 1년 동안 읽을 수 있는 책은 365권에 불과합니다. 1만 7천 권의 책을 하루에 한 권씩 읽어 치운다고 해도 약 45년이 걸립니다. 다 읽는 것은 불가능합니다. 다 읽은 책도 상당하지만, 끝까지 읽지 않은 것도 많습니다. 서문만 읽은 책도 있고 구매 후 한 번도 펼쳐보지 않은 책들도 있습니다. 그런데 저는 그것도 독서라고 생각합니다. 책을 사는 것, 서문만 보는 것, 필요 부분만 찾아 읽는 것, 그 모든 것이 독서라고 생각합니다."(13쪽) 이동진 작가는 다 읽지 못하더라도 책에 너무 미안해할 필요가 없다고 했다. 또 '닥치는 대로 끌리는 대로 오직 재미있게' 라고 독서 방법을 설명하고 있다. 나도 이와 같다. 책은 무조건 사서 본다. 그러나 정독하는 책은 10권 중 두세 권 정도다. 김영하 작가도 "읽을 책을 사는 것이 아니라, 산 책 중에서 읽는 것이다."라고 했다. 내가 읽은 다양한 '책 읽기 방법'에 관한 책들

은 한결같이 못다 읽은 책에 미안함, 죄책감을 느끼지 말라고 한다. 책 읽기의 첫 번째 방법으로 오직 재미있게 읽되, 읽지 않은 책에 미안해하지 않기로 정해 본다. 이러한 결과로 나의 경우 어렵고, 두껍고, 그저 홍보되거나, 특히 기관장 추천도서 등은 우선 선택되는 책이 아니다. 재미와 호기심으로 연결된 책만 읽으려 한 결과다. 이때 읽지 못한 책은 그대로 잊히는 것이 아니다. 지속적인 독서가 계속되면 어느 날 읽지 않은 책이 내 손에 들려 있는 날이 온다. 그 어렵게 느껴지던 책이 가깝게 느껴지는 날이 온다. 읽기 싫었던 인문고전도 조금씩 찾게 되는 날이 온다. 그러니 우선 재미있는 책을 읽기만 해도 된다.

두 번째 독서방법은 다양한 독서 방법 중에 자신은 어떤 방법으로 읽는지와 관련되어 있다. 고영성 작가는 책『어떻게 읽을 것인가』에서 다양한 독서 방법을 설명하고 있다.

① 계독(系讀)-한 가지 주제를 파고들어 그와 관련한 서적을
　　　　　　　　두루 읽는 방법

② 남독(濫讀)-특정 주제나 장르에 얽매이지 않고
　　　　　　　　다양하게 책을 읽는 방법

③ 만독(慢讀)-느리게 집중해서 읽고, 잘근잘근 씹어서 읽는 방법

④ 관독(觀讀)-관점을 갖고 읽는 방법. 외국인, 여행가, 문화인류학자,
　　　　　　　　역사학자 등의 눈으로 읽는 방법

⑤ 재독(再讀)-책을 다시 읽는 방법

⑥ 필독(筆讀)-밑줄을 긋고, 별표를 그리고 메모를 하며, 궁극적으로

글쓰기까지 이어지는 독서 방법이 그것이다.

우리가 책을 읽는 방법은 위 여섯 가지가 고루 섞여 있을 가능성이 높다. 나는 주로 남독으로 시작한다. 즉, 닥치는 대로 읽는다. 그러다 보면 장르가 보이고 그 장르를 따라 깊이 있는 탐구를 시작한다. 독서 방법도 취향이므로 각자의 몫이다. 그러므로 책 읽기의 두 번째 방법으로 다양한 책 읽기 방법 중에 자신만의 방법으로 읽으면 된다고 정해 본다.

세 번째 책 읽기의 방법은 필독(筆讀)의 방법을 사용할 것인가와 관련이 있다. 책을 읽으며 밑줄을 긋고, 별표를 그리고 메모를 하는 필독 방법은 바람직한 행동인가? 고영성 작가는 필독 방법의 찬성자로 작가 본인과 아우구스 티누스, 요로 다케시 도쿄대학 명예교수, 박웅현 작가, 필독의 반대자로 조국 서울대 교수, 최재천 이화여대 교수, 김중혁 작가를 들고 있다. 나는 지독한 필독(筆讀) 신봉자다. HB 연필을 주로 사용한다. 중요 내용은 밑줄을 심하게 그어둔다. 그것도 모자라 그면은 붙임 쪽지를 빼곡히 붙여 놓는다. 우아한 형제들 대표인 김봉진은 책『책 잘 읽는 방법』에서 '접고 싶은 부분은 접고 밑줄을 막 그어도 돼요. 책은 고이 모셔놔야 하는 비싼 물건이 아니에요. 읽었던 책을 몇 년 지나 다시 펼쳤을 때, '아 그때 이렇게 밑줄을 치고도 다 잊어버렸구나'하는 생각이 들 거예요. 하지만 그 밑줄을 시작으로 다시 여행을 떠날 수 있답니다. 책에 흔적을 많이 남겨두세요. 그럼 책이 더 소중해질 거예요'(34. 35쪽)라고 했다. 그 역시 필독을 추천하고 있다. 책『서재를 떠나보내며』의 저자 알베르토 망겔도 필독의 신봉자다. 그는 "나는 빌려 온 책의 여백에 필기하지 못한다는 것도 너무 싫다. 책에서 어떤 놀랍고 진귀한 것을 발견했는데 그 책을 도서관에 다시 반납해야 하는 것도 싫다. 나는 탐욕스러운 약탈자처럼 내가 다 읽은 책이 나의 것이 되기를 바란다."(29쪽)고 적었다. 책 읽기의 세 번째 방법으로 필독을 추천한다. 다만 내 생각이므로 독자들은 자신의 방법을 사용하면 된다.

유시민 작가는 책 『유시민의 글쓰기 특강』에서 '취향 고백과 논증해야 할 주장을 분명하게 구별해야 한다. 취향을 두고 논쟁하지 마라. 주장은 반드시 논증하라'(20, 25, 26쪽)고 했다. 어떤 책을 선정하여 어떻게 읽든지, 필독하든지 말든지 책을 어떻게 보관하든지 모두 개인의 취향이다. 책을 읽는 방법은 개인의 취향이다. 어떻게 읽든 개인의 마음대로다. 필독하든 그렇지 않든 무슨 상관이겠는가? 다만 즐거운 독서법이면 족하다.

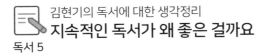

김현기의 독서에 대한 생각정리
지속적인 독서가 왜 좋은 걸까요
독서 5

1. (인생의 재미) 인생살이에는 재미도 있어야 한다. 인간이 추구하는 재미는 이야기를 포함한다. 수많은 이야기가 책 속에 있다. 인문학과 소설뿐만 아니라 위인전과 자서전 등이 모두 이야기다. 그 밖에 주제별 책들도 이야기의 다름 아니다. 책보다 쉽게 접근할 수 있고 공감할 수 있는 재미있는 이야기를 찾기가 쉽지 않다.

2. (통찰력의 향상) 우리는 시대적 변천과 역사적 사건들을 점철하여 오늘의 세상에 살고 있다. 지금의 시대를 이해하기 위해 과거에 있었던 일들을 이해하여야 한다. 역사와 철학 그리고 인문학이 그 이해의 폭을 향상시켜준다. 이 분야의 독서는 통찰력을 키워주고, 사람들 사이에서 일어날 수 있는 일들을 알게 하여 보다 나은 결정을 하게 도와준다.

3. (합리적 의심) 확신보다 의심이 세상살이에 도움이 된다. 의심하면 확인하게 된다. 거듭된 확인이 실패와 실수를 줄이는 방법이다. 그런데 의심하려면 알고 있는 무엇이 있어야 한다. 아는 것이 많을수록 정확한

의심을 한다. 특정 분야의 책을 수십, 수백 권 읽으면 전문가 반열에 오를 수 있다. 전문가는 참과 거짓을 구분할 수 있는 능력이 있다. 광범위한 독서가 '합리적 의심'을 할 수 있는 힘을 제공한다.

4. (호기심의 충족) 호기심이 평생을 사는 에너지와 지치지 않는 열정을 불어 넣어 준다. 호기심을 충족하는 가장 편한 방법이 독서다. 독서로 충족된 호기심은 처음보다 훨씬 많은 새로운 호기심을 생기게 한다. 호기심을 따라 지속적으로 하는 독서의 즐거움이 인생의 활력소가 된다. 무엇에 관한 질문도 이와 같다. 질문의 답을 찾는 가장 편리한 방법이 독서다.

5. (기회의 탐색) 흔히 100세 시대는 무슨 일이 일어날지 모른다고 한다. 그만큼 기회가 열려 있다. 내게 어떤 기회가 올지 어떻게 알 수 있을까? 그런데 그 기회는 가만히 있어 주어지진 않는다. 부단한 독서는 기회를 탐색하도록 돕는다. 기회를 놓치지 않고 잡을 수 있도록 도와준다.

6. (능력의 향상) 4차 산업혁명 시대는 자격 조건이 아니라 사용가치가 있어야 한다고 말한다. 자신의 사용가치를 높여 두어야 한다. 자신의 사용가치를 확인하고 이를 높이는 방법을 책 속에서 찾을 수 있다. 부단한 독서가 자신의 사용가치를 높이는 계기를 제공한다.

7. (영역의 확장) 나의 사고와 행동반경을 제한하는 단 하나의 방법이

있다. 현재에 머무르는 것이다. 그런데 그 경계를 넘어 새로운 세계로 나아가고 싶다면 무엇인가를 해야 한다. 사람은 근본적으로 새로운 경계로 나아가는 변화를 싫어한다. 책은 새로운 세계를 알게 하고 지금의 경계를 넘어 그 장소로 나갈 수 있는 자연스러운 힘을 제공한다. 그 힘으로 어학을 배우거나 새로운 기술을 배우거나 새로운 사람을 만나는 자신을 발견할 수 있다.

8. (저자의 모방) 창조적 삶이 우선한다는 말에 동의한다. 그런데 세상살이에 가장 편한 접근 방법은 따르고 싶은 모델을 정해두고 그 사람을 따라 하는 것이다. 그러면 그만큼 확장된 삶을 살 수 있다. 책의 저자는 때론 훌륭한 모델이 된다. 책은 그 사람의 인생 경험과 지혜가 녹아 있게 마련이다. 그래서 책을 읽으면 저자와 빨리 닮아질 수 있다. 따르고 싶은 모델을 여러 명 연속해서 설정하고 그들의 책을 읽어보자.

9. (삶의 균형) 세상은 무서운 속도로 변한다. 끊임없이 변화에 적응하려는 노력은 가상한 일이지만, 인간 본성의 상실로 이어진다. 또 세상은 양극단의 주장이 서로 교차하면서 진행하는 폭주 기관차와 같다. 내가 중용의 길을 선택하여 살기가 쉽지 않다. 내가 누구인가를 탐색하고, 인생의 중심을 잡아 균형 있는 삶을 살아가기 위해서 책을 읽어야 한다. 저자들은 자신이 거쳐 온 인생에 대해 하고 싶은 말을 글로 표현하고, 이를 독자들에게 알려 주려고 안달이 난 사람들이다.

10. (인격과 품격의 향상) 주머니 속의 송곳이라는 뜻의 낭중지추(囊中之錐)는 재능과 지혜를 가진 사람은 가만히 있어도 자연스럽게 겉으로 드러난다는 의미이다. 깊이 있고 폭넓은 독서는 사용하는 언어와 표현하는 글, 그리고 의사결정에 이르기까지 그 사람의 인격과 품격, 그리고 지성이 자연스럽게 드러나도록 해 준다.

11. (자신감 향상) 무슨 이렇게 거창한 의미 부여를 한다고 할지 모르지만, 한 권의 책을 끝까지 읽으면, 어떤 일을 완수한 듯한 성공의 감정이 일어난다. 지속적인 독서는 성공감정이 쌓이게 하고, 다른 일들도 할 수 있다는 자신감으로 연결되게 한다. 성공감정을 쌓는 가장 간단하고 좋은 방법이 독서에 있다.

에필로그

호기심 하나로 살아가는 사람이 있습니다.

2021년 2월 이사를 했습니다. 이사는 대공사입니다. 그중에서 정리하고 가야 할 물건이 관건입니다. 핵심은 많은 책이 문제입니다. 그동안 이사를 핑계로 버려진 책들이 너무나 많습니다. 당연히 정리되어야 하지만 손길이 닿은 책이 버려지는 현장에서는 애도를 해야 합니다. 그리고는 또 책을 삽니다. 책은 또 쌓여갑니다. 이제 다음 이사할 때까지 버리지는 못합니다. 감당할 수 없는 책이 계속 증가합니다. 그러면서 든 생각입니다. 딱 천 권의 책만 갖고 있으면 어떻게 될까? 딱 천 권의 책으로 서재를 꾸미면 어떤 모습일까? 프롤로그에서도 언급하였듯이, 우리나라 작은 서점, 동네책방과 독립서점은 800권에서 2천 6백권 정도였습니다. 『100세 시대를 讀하다』 책은 천 권의 서재가 꾸며지는 과정에서 탄생하였습니다. 저는 자연스레 만들어지는 서재가 자신의 지평을 야금야금 넓히는 지름길이라 생각합니다. 저의 경험으로 볼 때 서재는 안식과 위로를 제공해 줌에 틀림이 없습니다. 서재에서 책을 펼치고 차 한 잔 하는 나의 모습은 언제나 큰 기쁨입니다. 최근 TV프로그램에서 책 소개와 기부가 있어 재미있게 보고 있습니다. 기부자들은 자기만의 서재를 갖고 있었습니다. 저는 그들의 책장을 유심히 봅니다. 책장만으로도 독서의 취향을 파악할 수 있습니다. 책들 중에서 읽고 싶은 책 몇 권을 단박에 찾아내기도 합니다. 다음 기회가 있다면 저의 서재도 보여드리고, 여러분의 서재도 보고 싶습니다.

이 책의 범주는 ① 중년 ② 노년 ③ 은퇴 ④ 건강 ⑤ 웰다잉 ⑥ 인생 ⑦ 행복 ⑧ 어떻게 살 것인가 ⑨ 돈 ⑩ 가족입니다. 범주는 제가 정하였으나, 모든 범주는 삶을 관통하는 사람들의 공통 관심사입니다. 이중 몇 범주는 당장 닥치면 당황하거나 황당한 상황에 빠질 수 있습니다. 건강과 웰다잉, 그리고 돈이 그렇습니다. 어느 날 갑자기 건강을 잃을 수도 있고, 죽음과 마주할 수도 있고, 돈이 없는 노후를 맞이 할 수 있다는 생각을 해야 합니다. 그런데 우리는 바로 닥친 일에 매몰되어 생활할 뿐 이를 간과합니다. '준비되지 않은 100세 시대는 재앙이다'는 말 속 재앙은 건강, 웰다잉, 돈이 중심에 있음을 염두에 두어야 합니다. 그럼 어떻게 해야 할까요? 다른 범주는 몰라도 건강과 웰다잉, 그리고 돈 범주는 배움, 준비, 실천으로 이행하시길 간곡히 요청합니다. 가장 빠른 시작이 유일한 방법입니다. 나의 건강 실천서, 나의 웰다잉 선언서, 나의 노후자산 준비 실천서 등을 작성해 보면 명확히 알 수 있습니다.

사람들은 가끔 제게 묻습니다. "지금 주로 읽는 책은 무엇인가요?" 저는 이 책의 범주 외에도 글쓰기, 독서, 호기심, 일기, 서평 등의 범주 책들도 많이 접해왔습니다. 글쓰기와 독서는 다른 분들이 생각하는 글쓰기와 독서 방법에 관심이 많아서입니다. 호기심은 저를 따라 다니는 평생 지기입니다. 저의 묘비명을 '호기심 하나로 평생을 버틴 사람 여기 잠들다'로 정해 둘 만큼 호기심에 관심이 많습니다. 일기는 군대 생활부터 써 왔고 지금도 계속 진행형입니다. 일기가 삶의 태도와 습관에 미치는 영향을 고려하여 계속해서 독서하는 주제입니다. 서평 책은 다른 분들의 독서 목록을 살펴보는 지름길입니다. 서평의 내용으로 책을 사 보기도 합니다. 또 『100세 시대를 독하다』 책을 쓰기 위해 집중하여 다양하게 살펴보았습니다. 조금씩 쌓여 가는 책들도 있습니다. 시집이 그렇고, 고전이 그렇습니다. 그냥 그렇게 야금야금 독서하며 여유와 자유를 누리고 살려 합니다.

저는 저의 서재 이름도 '호야 서재'라 하였습니다. 호야는 '호기심으로 야금야금'이란 의미를 담고 있습니다. 호기심으로 야금야금 꿈의 크기를 키우는, 삶의 지평을 넓혀가는, 자유와 여유를 즐기는 등의 공간을 표현한 말입니다.

『100세 시대를 독하다』 책과 관련하여 책의 목록, 범주, 독서노트 내용이 여러분의 견해와 다를 수 있습니다. 이 또한 다양한 자기表現임을 감안하고 봐 주시라고 거듭 요청합니다. 다음 기회에 여러분의 범주와 견해를 접할 수 있었으면 좋겠습니다. 거듭 이 책에 보내주신 관심과 성원에 감사드립니다.

호야 서재에서

김 현 기